卑鄙的聖人

曹操7

王曉磊——著

現場直播，赤壁之戰

目錄

三國鼎立　敵人的敵人就是我的朋友　004
第一章　曹操的請君入甕之計　006
第二章　力排眾議，曹操遠征烏丸　027
第三章　張繡郭嘉殞命，曹操連折兩員愛將　053
第四章　狹路相逢，曹軍大破烏丸騎兵　074
第五章　戰後整頓，曹操大肆集權　089
第六章　罷黜三公，恢復舊制　114
第七章　襄助劉琦，劉備暗謀荊州　135
第八章　曹操稱相　161

第九章　劉表暴斃，荊州歸降曹操　185
第十章　趙雲護主，長阪坡之戰　210
第十一章　孫劉聯手抗曹　237
第十二章　赤壁初交鋒，曹操出師不利　260
第十三章　暗布奇兵，周瑜的苦肉計　283
第十四章　千年經典一役，赤壁之戰　315
第十五章　步步驚心華容道　333
第十六章　戰敗總結，曹操追悔莫及　353

敵人的敵人就是我的朋友

研讀三國歷史難免狐疑，曹操和劉備不斷開疆擴土，孫權為何得以獨自偏安一隅？除了合肥之戰，似乎沒有發動幾場真正的「侵略」戰爭，難道是他天生愛好和平，只想要力保東吳六郡而已嗎？當然不是，孫權也不想如此，除了朱、張、顧、陸四大家族的牽制外（這些世族在赤壁戰前，絕大部分都是提議歸順「朝廷」的啊！），最主要的就是山越的襲擾了。

魏、蜀、吳邊境各自都有外患為禍，孫吳是山越、蜀漢是南蠻、曹魏則是烏丸、鮮卑和羌。這些民族的特點都差不多，當國力強盛之時，他們表面上服從，而朝廷也封給他們官位，甚至和親，互相給些物資財寶也就相安無事。然而一旦起了戰事，他們便會蠢蠢欲動，開始劫掠邊境，甚至攻入州府；等到大軍到來又立刻躲回境內。他們大多立身在蠻荒不適農耕之地，有的四處游牧（烏丸、鮮卑、羌），有的躲在易守難攻的山岳險地（南蠻、山越），防不勝防。例如蜀漢攻魏，便會派人攏絡羌人，讓其騷動。而曹魏攻蜀，則以金銀餽贈南蠻，使之在南方作亂讓蜀漢不堪其擾。至於山越一直都是孫吳難以擺脫的心腹大患。《三國演義》中，諸葛亮親率大軍征伐南蠻，七擒七縱南蠻王孟獲，歷經各種毒泉、猛獸、瘴癘後，終於讓他們心悦誠服，我們不難體會遠征不毛之地的辛勞和痛苦。而曹操敗袁紹，討滅袁譚，追擊袁熙、袁尚至遼東時也是如此。若不追而滅之，袁氏在河北畢竟根基雄厚，且袁紹並未嚴格禁止各州縣或豪強私自擁兵（部曲），必會在短時間內捲土重來。然而遼東天候地勢皆險惡，又有荊州劉備、劉表、東吳孫權和西涼馬騰、韓遂皆環伺在側，曹操只能速戰速決，但行軍艱難，甚至折損張繡和郭嘉兩員心腹重臣。不過，在一連串的外交和謀略後，曹操還是艱難地滅了袁熙、袁尚，統一北方。

曹操多疑的性格，除天性外，我想和青年時期因宦官後代身分飽受歧視和幾次險些喪命的遭遇有關，他逐漸不那麼信任他人。他提拔了秦宜祿，但秦卻成了父親監視自己的眼線，甚至後來跟了其他主子，多次和自己作對（雖然是曹操趕走他的）。而陳宮就更可恨，在掃平兗州後，曹操自認待他不薄（曹操處理邊讓三人的手段，實在讓陳宮畏懼不已），但他卻勾結張邈和呂布，先是趁自己攻徐州時，趁機侵占兗州各地，後又在徐州助呂布和自己作對，後來兵敗被俘，仍不願屈服。又如漢獻帝的衣帶詔事件，雖然他殺了許多人，也在皇室及朝廷各處安插自己的眼線，但更多鮮血只會讓他不相信這個世界，畢竟高處不勝寒啊！（受到《三國演義》影響，普遍認為華陀因欲替曹操開刀才惹來殺身之禍，但我認為曹操殺他主因是華陀不願乖乖待在曹操身邊隨時替他醫治，反而只想著要去普濟萬民；華陀早在袁曹大戰時就已為他針灸治療，所以曹操了解華陀醫術高深。）

讓我們跟著曹操一同遠征遼東；滅袁熙、袁尚；收降荊州，追殺此生最大敵手劉備。在廣闊長江水面，和孫劉聯軍展開統一天下的最後一戰。他又是為何在兵馬錢糧都遠勝對手的狀況下慘遭滑鐵盧？故事從請君入甕開始。

第一章
曹操的請君入甕之計

深山二隱

建安十一年（西元二〇六年）夏，天下戰亂已持續十七載，曾經稱雄一時的袁術、呂布、公孫瓚、袁紹相繼敗亡，打著「奉天子以討不臣」旗號的曹操已無庸置疑成為中原霸主。然而一將功成萬骨枯，刀兵四起血流成河，加之災害、瘟疫、飢餓，天下戶籍人口只剩原先的十分之一，無數生靈湮滅於狼煙之中。

不過九州之地甚是廣大，也有戰亂波及不到的角落，幽州右北平郡的徐無山（今河北省遵化市以東，屬燕山山脈）便是這樣一個地方。此處位於右北平郡與遼西郡的交界，由於中原動亂，東北少數民族烏丸趁機擴張篡奪了遼西郡，所以徐無山實際已是漢胡交界；而就在這片山嶺以北，還有橫亙東西的萬里長城。

幽州長城名義上是秦朝修建，但其基礎是戰國時的燕長城，已有四百年以上歷史，如今無人駐守，缺乏修葺，大有破敗之相。至於襯托它的這片山嶺，層巒疊嶂千岩萬壑，密林蔥鬱荊棘叢生，就更顯得偏僻寂寥了。若在太平時節，誰也不會稀罕這等荒僻之處，可眼下世事紛亂，若投身山林間，反而能找到些許安逸與寧靜。尤其盛夏山間清泉嘩嘩流淌，伴著鳥兒嘰嘰喳喳的鳴叫，儼然一曲動聽的歌兒；山石之上到處是不知名的野花，婀娜多姿芳香四溢，為那一望無垠的險山添了幾分柔美。更令人意想不到的是，群山幽谷中藏著一座村莊，那裡阡陌縱橫，炊煙裊裊，村民過著祥和安寧的日子，與外面的混亂廝殺恍如隔世。

這村莊恰好隱藏在兩座大山間，谷口有一道縫隙，故而不易被發覺。村裡的農田在山腰上錯落有致，山麓是整齊的菜畦和果樹，谷底則是一大片茅屋，雖然簡陋卻井然有序。房舍間雞鳴犬吠孩童嬉鬧，村民趕著牛羊穿行其中，甚至還有書聲朗朗的學舍——這村莊當然不會是自然造化之功，而是幽州名士田疇率領全族老少在此隱居，花費數年，一點點修葺而成。幽谷入口和四周山頭上藏有崗哨，不少壯丁手拿槍棒時刻戒備，若有賊寇敢來侵擾，小夥子們立刻一擁而上，將其廢命於亂棍之下。

恰在此時，正有一人騎著小驢自羊腸小路顛顛行來。來者三十多歲，相貌英俊，雖然穿的是粗布衣，頭上只有幅巾束髮，依舊難掩其出眾氣質。他敞開衣襟露出胸脯，襯著頷下那部飄逸的長鬚；手裡敲著竹杖，嘴裡哼著小曲，再騎著那粉鼻子圓眼的小黑驢——真是逍遙自在。

守村壯丁早望見了，迎過去攙他下驢：「邢先生回來啦！您一路辛苦了吧？」那人只是點頭微笑，牽著毛驢優哉游哉進了山谷。

此君姓邢名顒字子昂，河間鄚縣人，早年也曾博覽群書，為人端正仁義，被推舉為孝廉，家鄉父老還贈他一首風謠，喚作「德行堂堂邢子昂」。不過天下紛亂兵戈不休，他便斷了仕途之願，連當朝司徒趙溫的征辟都沒接受，跟隨幽州名士田疇過起了隱居生活。耳聞袁氏衰敗曹操興盛，天下安定有望，邢顒閒散多年的心漸漸耐不住寂寞了，因而出山打探消息。

邢顒一進村立刻引來不少村民，有的詢問山外情況，有的問他帶回來什麼東西，有的捧來水讓他解渴，還有些孩子圍著小驢嬉鬧。邢顒支吾應付幾句，掏出幾枚胡餅給孩子分了，便擠出人群往村子深處去了。直走到一座籬笆院前，他把驢拴好，又拍了拍身上的土，整理得一絲不苟，這才輕輕推開柴扉：「子泰兄！我回來了！」

他連著呼喚兩聲，茅屋中轉出一位相貌偉岸的隱士來。此人年近四十，身高八尺，膀闊腰圓；一張輪廓分明的寬額大臉，面色黝黑；一部黑褐色的鬍鬚，連鬢絡腮；一對炯炯有神的眸子，眼窩深陷，通關鼻、菱角口，大耳朝懷。雖然只穿了件粗麻的灰衣裳，頭上也只有枯枝別髮，渾身上下卻透著一股傲人的貴氣。此人見了邢顒不忙開口，先規規矩矩作了個揖——正是曾任幽州從事的田疇田子泰。

田疇是離此不遠右北平郡無終縣人氏，成名甚早豪富甲一方，被前任幽州牧劉虞聘為從事，也曾盡心盡力報效朝廷。董卓進京天下大亂，劉虞被朝廷遙尊為大司馬，便派田疇去長安覲見天子。當時河朔之地袁紹、黑山交惡，中原有曹操、袁術爭鋒，遍地狼煙道路不通，田疇帶著表章遠涉塞外，歷經千辛萬苦總算繞道到了長安。待他拒絕了朝廷的賜官返鄉時，才發現一切都面目全非了。劉虞已被公孫瓚殺死，殘餘舊部都投奔袁紹了。他來到劉虞墓前痛哭一番，又被投入監牢，幸虧不少州郡官員向公孫瓚求情，才算保住性命。逃脫囹圄後田疇對天起誓，要為劉虞報仇，率領合族數百口親眷遁入徐無山中，開荒種地聚草屯糧，已有十餘年。

「兄長近來可好？小弟有滿腹之言要對您說……」邢顒看見田疇也顧不得矜持了，恨不得把這次出山的所見所聞一股腦告訴他。但田疇似乎對山外的變化毫不關心，只輕輕道了句：「賢弟辛苦了。」

邢顒兀自滔滔不絕：「小弟已將外間之事打探明白。如今曹操盡收袁氏之地，袁譚、高幹相繼被殺，崔琰、王修、牽招等人皆已歸降。冀州田租每畝僅收四升，士庶無不稱頌。咱們幽州部將焦觸、張南投降後被封為關內侯，各地縣令仍居舊職，棄官隱居之人紛紛出仕，就連自稱烏丸校尉的閻柔都改為曹操效力啦！」

田疇依舊一臉木然，叫家人備下雞黍濁酒。兩人對坐喝著酒，邢顒侃侃而談喜形於色，田疇始終不發一語，望著籬笆外面，思緒不知飄到了何處。

「兄長在聽我說話嗎？」邢顒終於忍不住發問了。

「哦？在聽……」田疇回過神來。

邢顒這次出山見聞甚多，已有了些打算：「依小弟之見，咱們還是早早棄了這片荒山回鄉去吧！」

「回鄉？」田疇又把目光投向院外，滿眼盡是迷惘，「當年袁紹翦除公孫瓚，也曾派人來請咱們還鄉，還想聘愚兄為掾屬，被我拒絕了。你看袁氏家業如今何在？日月有常，星辰有行，興亡成敗不過曇花一現。」

「兄長之言差矣。孟子曰：『天下之生久矣，一亂一治。』曹操與袁紹不同，奉天子而討不臣。如今他奪取河北，四海之內再無強敵，若南下荊州再取江東，天下太平指日可待！」邢顒滿懷憧憬。

「太平？」田疇臉上泛起一陣苦笑——當年他帶著親眷初到徐無山之時，原打算招兵買馬與公孫瓚作對，怎奈實力懸殊缺乏糧草，只能先開荒種地。後來外面局勢越來越亂，許多百姓攜家帶口逃到山裡懇求收留，田疇一片善心盡皆答應，山裡人口越來越多，最多有五千餘戶。帶著這麼多百姓，吃穿都是問題，何談行軍打仗？眨眼間十多年過去了，莫說公孫瓚，連袁紹父子都敗亡了，劉虞之仇還找誰報？雄心壯志已成過往雲煙，田疇心灰意冷，如今這山裡百姓安居樂業與世無爭，何必再回那個混沌世界呢？

邢顒看穿他的心事，思索片刻轉而正色道：「子泰兄難道只貪眼前安逸，就不顧我大漢子民後世安危嗎？」

「嗯？」田疇漠然的臉上有了些許動靜，「賢弟何出此言？」

邢顒正襟危坐手指東北方向，只說了兩個字：「烏丸！」

這二字如同當頭棒喝，田疇恍然大悟——烏丸本是東胡族的分支部落，因最早活動於烏丸山（今東北西拉木倫河流域）而得名，從屬於匈奴。漢武帝元狩四年（西元前一一九年），衛青、霍去病大敗匈奴，將匈奴逐出漠南，烏丸就此臣屬漢族，為大漢監視匈奴活動。王莽篡漢時曾一度叛亂，至光武中興再次歸附，光武帝命他們遷到遼東、遼西、右北平、朔方等邊地十郡，與漢人雜居。此後漢朝與羌族、鮮卑衝突不斷，烏丸夾在中間搖擺不定，甚至在靈帝後期還勾結漁陽太守張純發動了一場叛亂，被公孫瓚戡平。劉虞赴任幽州以後採取懷柔政策，因而中原雖亂，烏丸與漢人卻也相安無事。劉虞死後，袁紹為了聯合各方勢力剿殺公孫瓚，更加優待烏丸，不但矯詔冊封多個大部落首領為單于，還以袁氏宗族之女與之結親。烏丸勢力逐步壯大，加之北方鮮卑也在內亂，更給了他們可乘之機，占據了右北平、遼西、遼東，篡奪了地方統治權。如今河北已屬曹操，袁尚、袁熙投靠烏丸，他們將各部人馬都集中到遼西，打著為袁氏復仇的旗幟，四處趁火打劫，燒殺淫掠無惡不作……想到這些事，田疇的心又悸動起來，畢竟是大漢子民，也曾以天下為己任啊！

邢顒始終注視著田疇的表情，見他臉龐微微抽動了兩下，又打鐵趁熱道：「烏丸肆虐已非一日，只有將其馴服，幽州百姓才能安穩度日，我大漢邊疆才不至於有患！兄長若是七老八十，小弟也不說這些；可你我皆在壯年，建功立業還不算晚。為國效力乃士人本分，若為曹操獻計除烏丸之患，不但利國利民，倘若僥倖得個一官半職也算報國有門啊！」

田疇聽他有志於仕途，眼神又黯淡下來，默默灌了一碗酒：「入仕為官就算了吧！愚兄閒散已久，早沒這個念頭了。」

「兄長不為自己想，也得為此處百姓想一想。在這深山老林裡窩著，何年何月才算盡頭？老人至死不能歸故里，孩子們到現在都不知道外面什麼樣子，不能報效國家造福於民，你教他們讀書明理又有何用？人總是要出去闖的，這小山溝不可能關他們一輩子呀！」

田疇的表情異常痛苦——這片山真的很奇妙，剛來的時候只想秣馬厲兵殺回去報仇，可隨著歲月變遷又開始依戀這個地方，甚至開始害怕外面的天下。不過田疇也明白，這種日子早晚會有盡頭，沒有任何一個角落能擋住外面那個世界，直面現實的日子早晚會來。

「賢弟說得對，早晚會有那麼一天。你乃民之先覺者。」

「您同意出山了？」邢顒費盡唇舌總算打動了他，「既然如此，速速收拾行囊，咱們明日就去鄴城拜謁曹公！」

「別急。」田疇擺擺手，「袁紹、袁尚父子都曾征辟過我，我風聞他們為人傲慢沒有答應。料想曹操如今兵強馬壯，待人接物也不外乎如此，還是不要草草行事的好。」

「兄長偏見。袁本初自恃四世三公割據河北，可曹孟德乃是當朝司空，奉天子以討不臣。聽聞他禮賢下士廣攬奇才，你我兄弟若去，日後必得朝廷重用。」

「朝廷？」田疇不禁冷笑，「當今天下哪還有朝廷？袁紹在世時憑借兵馬之盛擅作威福，如今曹操也走到這一步了。從古至今，官位權勢最能移人心志，仕途中人誰又能真的謙恭守本一輩子？就拿賢弟你說吧，隨愚兄隱居多年，我以為你淡薄名利不問世事了，可現在還不是想再尋進身之階？」

邢顒一時語塞。

此時天色已漸漸暗下來，幽深的山谷中更是暗淡無光，阡陌茅舍融化在一片朦朧之中。田疇拾起筷箸，心不在焉地敲打著案頭的瓦罐，好半天才道：「這樣吧，煩勞賢弟再辛苦一趟，先去見曹操，看看他究竟是何等樣人，回來之後咱再商議。古人云：『饑不從猛虎食，暮不從野雀棲』，曹操若真禮賢下士愛惜百姓，愚兄自當前往；他若是驕縱蠻橫之徒，愚兄寧可老死在這山裡，也不為其獻計獻策。我田某人不能幫殘暴不仁的奸賊！」

話音未落，忽聽遠處傳來一陣狼嚎聲。「不好！」田疇猛然起身，抬頭環視黑黢黢的山林，「上月趕走的那群狼又來了。趕緊叫村民點起火把，集合壯丁上山！」

村子裡霎時間喧鬧起來，不少小夥子已拿好棍棒準備出動了。邢顒連連搖頭：「這鬼地方，三天兩頭跟豺狼虎豹爭鬥，何時算個頭？還是儘早遷出去好。」

一片昏暗中瞧不清田疇的表情，只聽他那低沉的嗓音答道：「豺狼虎豹並不可怕，真正可怕的是人心。這世上的人雖然生得體面，但卸下偽裝後，比禽獸更狠毒！」

海疆之戰

袁譚雖然已被誅滅，但青州的戰火並未熄滅。遼東太守公孫康不遜於其父公孫度，也是個野心勃勃的傢伙，他趁曹操西攻高幹之際派部將柳毅與海盜頭子管承勾結，發兵渡海妄圖搶奪青州。黃巾餘黨在濟南舉兵趁火打劫，幾度降而又叛的昌慮太守昌霸也跟著反了。幾路叛賊互相策應愈演愈烈，終於惹火了曹操。他親率大軍前來征剿，三戰三捷，如今已將柳毅、管承的主力部隊逼到了青州海邊。

這儼然就是大決戰了。曹軍連連得勝氣勢正旺，遼東軍窮途末路背水一戰，雙方將士都卯足了勁兒，兩軍陣營宛如兩條巨龍緊緊纏繞，乍看之下分不清敵我，所有人都舉著兵刃奮力廝殺，時而迸發的血霧隨風飄散，給整個海灘都蒙上了慘烈之色。喊殺聲、嚎叫聲、兵刃相撞聲與遠處浪潮聲攪在一起，宛如一曲令人聞之喪膽的悲歌。

邢顒就陪著曹操坐在戰場以西的一座小山丘上，眼前激烈的廝殺看得他心驚肉跳。一介文人哪見過這等陣仗？邢顒手心裡早攥出了汗，又驚又怕，竟還有幾分刺激之感，這是他平生第一次感受到的。其實何止是今天，自從辭別田疇二次出山，每一天都跟做夢似的。

他離開徐無山後先去了鄴城，由於曹操領兵在外，未能如願得見。不過那位留守的大公子曹丕真是殷勤好客，又是賜宴又是贈金，硬是挽留了半個多月，最後才派人把他護送到青州。

到了青州大營更了不得，軍師荀攸、祭酒郭嘉、諫議大夫董昭、參軍仲長統帶領所有掾屬列隊相迎，又是一番接風洗塵。邢顒在深山住了多年，原以為外間早把自己給忘了，沒想到曹營還有人記得，依舊把他奉若上賓，當下感動得無以言表。在營裡閒住，吃喝倒是不愁，惜乎還未能見到曹操，直到今早董昭跑來說曹公有意召見，於是就被糊裡糊塗送到了戰場，陪同觀賞這場大戰。

邢顒對這位當朝三公的安排既覺怪異又感奇妙，更對其產生了興趣，時而觀望戰場，時而側目瞥向左邊帥位——曹操身穿赤金鎧甲，外繫大紅征袍，頭頂赤纓兜鍪，腰佩青銅寶劍；往面上觀，一部蒼色長髯，皺紋不多白淨面皮，稍有些塌鼻梁，但一對濃眉宛若雁翼，一雙鷹眼神光犀利，周身上下透著精明強悍。

然而就在曹操左手邊，還有另一位被邀請觀戰的貴客，他的心情可比邢顒差多了。此人名叫陰溥，乃是益州牧劉璋帳下從事，奉命到許都覲見天子，說是來見天子，其實是拜謁曹操。蜀中自劉璋之父劉焉就開始割據自守，與朝廷不通音訊已十餘年，連曹操遷都許縣復立朝堂都不曾來賀。可現在不來不行了，曹操已統一河北，惹惱了這位司空大人可不是鬧著玩的。不過曹操顯然對這種臨時拜神的行為不滿，在戰場邊接見使者，這不就是示威嗎？故而陰溥忐忑不安，望著遠處奮力搏殺的曹軍將士，簡直如坐針氈。

偏偏這個時候，曹操開了口：「尊使看我軍氣勢如何？」

陰溥當然得誇：「曹公所率乃是朝廷王師，個個英雄勇不可擋！」

「哦？你們還知道老夫代表朝廷？」曹操白了他一眼，冷冷問道：「當初遷都之時劉璋為何不派使者？發下檄文討伐袁術之時你們為何不派兵？坐困官渡朝不保夕之際你們怎麼不來？如今河北平定許都穩固，你們眼中又有這朝廷了。到底心懷社稷牽掛天子，還是怕老夫手下的兵啊？」

陰溥又羞又怕，忙解釋：「並非劉益州藐視朝廷，只因蜀地偏遠，漢中又有米賊[1]斷道，故而遲遲……」

「哼！」曹操繼續挖苦，「昔日馬騰、韓遂兵犯長安，劉焉與之串通一氣，派遣五千兵馬為虎作伥，又命劉範、劉誕二子為內應。那時怎麼沒有米賊斷道？難道蜀道之上有惡鬼，只許作亂之人通過，就不許覲見天子之人通過？」

劉焉勾結馬、韓是不爭的事實，陰溥不敢狡辯，實話實說：「那時米賊張魯尚未謀反作亂。」

「好個謀反作亂！卻不知謀反作亂的究竟是誰？」曹操早把蜀中之事調查得一清二楚，「張魯本是劉焉麾下，受其驅使攻殺漢中太守蘇固強占其地；說是米賊斷道，實是替劉焉守衛蜀道，阻擋朝廷之兵。不過這幾年與劉璋反目，才割據漢中自作威福。你以為老夫遠在中原，就不知其中詭計嗎？」

曹操把劉焉的老底揭了，陰溥再也坐不住了，身子一歪就勢跪倒他腳邊：「明公所言，卑職不敢反駁。但老州牧過世多年，劉益州本性純良，繼任以來厚待百姓，未敢擅動干戈，派卑職覲見天子、結好明公也是出自一片誠心，請明公體諒！」說劉璋本性純良倒不假，但未敢擅動干戈並非自覺有愧，而是他懦弱無能，沒他爹那等興風作浪的本事。

「這幾句話還算對得起良心……起來吧！」曹操雙目直視著戰場，口中卻對他道：「我給你們指條明路。古人云：『道在邇而求諸遠，事在易而求諸難』，只要劉璋尊崇朝廷，與老夫共進退，何愁沒有好歸宿？你回去後替我轉告他，老夫為政功過分明，不會以其父之罪加於其身，只要聽從朝廷號令，天下平定之日，進可裂土分茅，退不失封侯之位。我保他兒孫富貴，也保你們蜀中士人的日後前程。」

「是。」陰溥重重答應一聲，「在下把這話牢牢記在心裡，定不負明公之托。」說罷就要告辭，這地方一刻都不敢多待了。

「且慢！」曹操叫住他，換了一副和藹的口吻，「遠道而來不容易，老夫不能讓你白跑。我上表天子加封劉璋為振威將軍，贈其兄劉瑁為平寇將軍，你去許都領取詔書印綬，也好風風光光回去覆命。」

可真是冰火兩重天，剛才挨了頓責難以為性命堪憂，哪知這會兒又有封賞。捧這兩枚大印回去，劉璋豈能不賞？陰溥喜不自勝，二次拜倒連連叩首：「多謝曹公，在下回去後一定勸我家主公歸附朝廷，賦稅差役歲歲不絕……」

「好了好了，這等話回去跟劉璋說吧！」曹操擺擺手，不耐煩地將他打發了。

他二人說話之時，邢顒始終在旁邊瞧著，見陰溥歡歡喜喜下山而去，這才一挑大指：「曹公高明！」

曹操微微一笑：「哦？先生過獎了。」

「非在下諂媚，明公乃老成謀國之人。」邢顒娓娓道來，「劉焉、劉璋父子割據已久，陰溥此來焉能推心置腹？明公故意危言恫嚇又施以小惠，以示功過分明既往不咎，為的是消除芥蒂，叫此

① 米賊，指漢末道教的一個支派「五斗米道」，因其首領張魯割據漢中，以教義統治百姓，凡入教之人需繳納五斗米，所以朝廷稱其為「米賊」。

人回去大倡朝廷恩德，促成劉璋歸順。」

「哈哈哈……」曹操捋鬍大笑，「先生能看清老夫這點手段，可見先生更是高人。」

「不敢當。」

「其實益州劉璋畢竟是個平庸之輩，也沒有什麼野心，故而老夫才設法爭取。若是他圖謀不軌意欲禍亂天下，那我就不費這番唇舌了……」曹操說了一半，猛然抬手指向戰場。

邢顒這才注意到，僵持的戰場起了變化。遼東軍在曹兵強烈進攻下節節敗退，一隊英勇的曹軍騎兵撞進敵群，哪裡人多就往哪裡衝，不多時就將敵人衝了個七零八落潰不成軍。有人驚恐地高叫著：「柳都督被斬啦！」遼東軍將領戰死，士卒頓失戰意棄刀欲逃。可逃跑哪這麼容易？曹軍一擁而上屠刀起落，把遼東軍分割成好幾塊，恣意砍殺著。霎時間紅光陣陣，到處都是一片一片的血泊，身首異處的屍體被踩得血肉模糊。眼見這一個個包圍圈越來越小，直到曹軍歸攏一處發出震天動地的歡呼——敵人已被殺盡了！

邢顒早看得汗如雨下，不禁喃喃道：「真乃虎狼之師也！」

曹操伸了個懶腰，站起身拍拍驚魂未甫的邢顒道：「該回營了，請先生與我並轡而行。」

邢顒這才緩過神來，連忙起身：「草民不敢。」畢竟他是個白身，豈能與當朝三公並駕齊驅。

曹操不由分說抓住他手腕：「常人安於故俗，豪傑率性而為。世間禮法豈為我輩所定，您可是老夫的貴客啊！」

邢顒手腕被他攥得生疼，心裡卻美滋滋的。

禮賢下士

一介布衣的邢顒被曹操拉著走，眾將掾屬都閃避左右。得勝之師高唱凱歌，不多時就回到了大營。

現在的曹軍已今非昔比，嫡系舊部加上新歸附的河北之眾，兵似兵山將似將海，供曹操差遣的將官文吏宛如一個小朝廷。最近還來了不少地方官，中軍帳裡容不下，早在營中搭起臨時帥臺。這座帥臺足有一丈多高，左豎白旄右掛黃鉞，只有一個獨座、一張帥案。

曹操下馬入轅門，直接就登了臺，轉身吩咐：「帥臺之上添座，請邢先生休息！」

邢顒嚇一跳，越發不敢僭越。一旁走出諫議大夫董昭，笑盈盈道：「邢先生，既來之則安之，快請上去歇息吧！」仲長統、郭嘉也來勸，邢顒半推半就登臺，作了個羅圈揖，在一旁杌凳上坐了。

這會兒滿營文武都站著，除了曹操只有他一人有座，這面子還小？邢顒也漸漸放開了，望著下面密密麻麻的屬僚，其中不乏熟面孔，昔日袁紹帳下王修、李孚、令狐邵等皆在其列，已故尚書盧植之子盧毓、河內名士張範的胞弟張承也在其中。這些河北有頭有臉的人物，如今都在他腳下，邢顒頓覺榮耀，沉睡多年的仕途之夢也被徹底喚醒了。

安排完畢曹操落坐，只見一員淨面長鬚的中年將軍出班跪倒，手裡還捧著個圓鼓鼓的包裹：「末將于禁擊潰東海叛軍，已將叛賊昌豨斬首，首級獻上請主公過目！」昌豨本是昌霸匪號，于禁如此稱呼，足見輕蔑之意。

親兵接過人頭捧上帥臺，曹操並不正眼打量：「老夫聽說昌豨糧草告罄，乃是主動投降。文則為何不請我命，私自將其斬首？」

于禁畢恭畢敬：「主公有令，圍城而後降者不赦。」

曹操手撚鬚髯道：「圍而後降法雖不赦，但囚而送之也未違命；況且昌豨與你是泰山同鄉，幾路大軍圍城，他單向你投降，必是想借你這老鄉的面子向老夫乞活。文則不徇私情固然是好，但如此先斬後奏，就不怕世人說你刻薄無情嗎？」

于禁雙手抱拳信誓旦旦地說：「奉法行令乃事上之節，昌豨雖是同鄉，末將豈敢因私失節？再者，昌豨賊心不死，這已經是他第五次叛亂，若再饒恕豈不是長寇之志？恐天下人以為主公執法寬縱，日後稍不如意便舉兵叛亂，造反兵敗又投降苟活。如此循環往復，天下幾時能安？」

曹操自然明白這道理，但小小一個昌豨，麾下不過千八百人，真想取他性命早就取了，豈容他造反五次之多？曹操已決心更進一步邁向皇權，所以要彰顯仁義籠絡人心；留一個造反五次仍被寬恕的人，其實也是個幌子，可以借此向天下人展現自己的胸襟是多麼寬廣。

于禁雖是武將卻心細如髮，一見曹操那微妙的表情，已將其所思所想猜了個八九不離十，趕緊把話說周全：「誠然主公恩澤四海，懷仁恕之德，然天下之大總有冥頑不靈之徒。明辨是非者感激主公之良善，不明事理者輿許還說咱用兵無能，五攻昌霸而不下呢！既然如此，刻薄之名就由末將來擔。只要主公能掃滅狼煙克定四海，末將肝腦塗地在所不惜，非議誹謗又何懼哉？」

這番話既歌功頌德又表忠心，完全不像一個武夫說出來的，曹操連連點頭：「文則忠心可嘉！此事既不怪老夫寬縱，也不怪文則苛刻，要怪就怪昌霸慮事不周。單向文則請降，豈非命耶？叛亂誅滅理所應該，為文則記一大功！」

曹操倒是滿意，其他將領聽了卻不舒服，都覺于禁諂媚得太露骨。說什麼肝腦塗地，不懼非議，難道除了他，別人就不是忠臣嗎？張遼就站在于禁身旁，他與臧霸、孫觀、昌霸頗有舊交，早覺得于禁心機太深，見其如此邀功更是不服，忙出列高叫：「末將也有捷報！方才我斬了賊軍都督柳毅，人頭在此！」

張遼不似于禁那麼拘謹，根本沒把首級包起來，就攥著髮髻舉給曹操看。這人頭剛斬的還熱乎呢，滴滴答答直滴血。諸文士一見此景無不皺眉，有的以袖遮面，邢顒在上面都覺揪心；張遼卻毫不在意，還特意轉身，把血淋淋的人頭在于禁眼前晃了晃，鬥氣意味十足——你立功是人家投降，你翻臉無情把人家宰了，我這個可是兩軍陣前砍來的！

于禁冷笑一聲垂下眼瞼，也不與張遼理論，默默退了回去。曹操卻仰天大笑：「好！方才敵軍大亂，我就猜想立功的是你。老夫聽說柳毅曾勸公孫度父子僭稱『遼東王』，可見也是個無法無天之人。殺得好，給文遠將軍也記一大功！」

「多謝主公！」張遼喜形於色，卻又道：「柳毅雖死，海盜管承卻逃了，末將願討一支令箭，再去擒殺此賊。」

「且慢！」東邊青州地方官中走出一人，「卑職有下情稟報。」

曹操閃目觀瞧——乃是長廣太守何夔何叔龍。長廣本是一個縣，正因為管承、柳毅等在此作亂，才特意改縣為郡加強治理。想必何夔要說的話與討賊事宜有關。

果不其然，何夔直言不諱：「卑職想請主公暫停用兵。」

「為何？」

「沿海島嶼零星散布，管承流竄多年熟悉地理，恐我軍貿然行動非但不能將其抓獲，反而促其流害他方。再者，管承之眾雖為海盜，但其中摻雜不少漁民。袁譚為政盤剝民財，逼得他們沒生路才淪落為賊，其情甚為可憫。卑職手下有個郡吏名喚黃珍，早年與管承頗有交往，卑職請求派他出海遊說管承，若能使其歸降，則賊化為民沿海自安。」何夔說的輕巧，心中卻暗暗打鼓，不禁伸手往衣袖裡掏——他出身豫州豪族，為政理念是充分利用豪族，能不干預儘量不干預，大事化小小事化無，雖然有些成效，但這畢竟與曹操抑制土豪錙銖必較的為政風格背道而馳；現在他公然阻兵，心中豈不忐忑？何夔外任之前也曾在司空府為掾屬，深知曹操易怒，手下辦事若不如意，往往痛斥杖責。他又是名流入仕，把臉面看得比命重要，絕不願人前受辱，所以在袖子裡揣了瓶毒藥，萬一曹操下令杖責，他馬上飲藥自盡！

曹操思忖片刻，點頭贊許：「此乃仁愛之心啊！既然如此，招安之事就由你全權處置。」

何夔這才鬆開手中藥瓶，長出一口氣：「卑職遵命。」

該處置的也就這些，眾人再無話，曹操遍視文武，語重心長道：「眼下柳毅、昌豨授首，招安管承之策已定，臧霸、孫觀等也已兵進濟南，叛亂不久將定。青州穩固之後，廢除八大諸侯國的奏議也可以執行了吧！」他已有篡漢自立之心，除了早日統一天下，廢除漢室諸侯國也是越快越好。這次曹操一口氣要廢齊、北海、阜陵、下邳、常山、甘陵、濟北、平原八大郡國，表面上沒人敢說什麼，私下議論卻是沸沸揚揚。今天他主動提起此事，所有人都覺意外，低下頭靜靜聆聽。

曹操看似一臉真誠，不慍不火往下說：「最近朝廷和軍中都有人議論，說老夫廢國為郡別有用心。君子坦蕩蕩，小人長戚戚，即便有人不理解，老夫依舊要這麼做。昔日光武帝之所以分封諸侯王，不僅為了厚待宗室，更要讓他們拱衛朝廷安定百姓，因此凡郡國長官不稱『太守』卻稱為『國相』，就是要他們輔佐諸王。黃巾之亂以來，宗室諸王非但不能奮起救國，反而畏首畏尾。當初張角造反，常山王劉暠、下邳王劉意不顧社稷棄國而逃，成了全天下的笑柄，像他們還配裂土分茅嗎？還有些諸侯王過世已久，天下動盪又尋不到嫡系子孫，所以不得不廢。沒有國王的地方還稱郡國，甚至養一幫沒用的屬員，這是浪費國力民財！」

話說至此曹操覺得理由已經夠充分了，又開始往回收：「當然，有廢就有立。前幾日我派人多方查訪，在民間找到了已故琅琊王劉容之子，名叫劉熙。此人雖非劉容嫡子，但恭謹守禮寬厚有德。

老夫已上表朝廷，令其繼任琅琊王，恢復郡國繼承祖業。也叫天下人看看，曹某人公正無私並無僭越之意！」此事另有隱情，曹操一次廢掉八個諸侯國，若不象徵性地立一個作陪襯，恐怕會招致太多非議；再者，昔日他奉迎天子至許都，多得已故侍中劉邈之力，琅琊王劉容是劉邈的兄長，劉熙是劉邈的親姪子，因此這也是投桃報李。若換了別國，曹操豈會有這份善心？

邢顒不曾在朝為官，自然不解其中隱情，滿心以為他公正嚴明不畏非議；又想到這些天的所見所聞，甚覺曹操是個有威有德智勇雙全的國家棟梁，已下定決心出手相助，不免在心中暗笑田疇太過謹慎，叫自己來觀察試探真是多此一舉。

曹操一邊踱著步子，一邊侃侃而談，說到最後，似乎不經意間走到軍師荀攸身前，提高了嗓門：「該廢的要廢，該立的要立，此乃萬世不變之理。什麼時候該做什麼，老夫心裡有數。希望你們也能想明白，莫要辜負了咱們戎馬半生的情義……散帳吧！」他說了半天，唯有最後這幾句才是由衷之言。

「諾。」眾文武各歸各營，荀攸也低著頭晃晃悠悠離去了。曹操看著他背影長出了一口氣——當年並肩努力的荀彧，現在成了朝中反對他踏上皇帝寶座的最大阻力；荀攸是荀彧族姪，又身居軍師頗具威望，不得不敲敲邊鼓……愣了片刻才想起，帥臺上還坐著一位呢！回頭一看，邢顒已經下來了，衝他深施一禮：「明公所作所為令在下大開眼界，料敵決勝，折節下士，明斷賞罰，不愧為當朝良臣名將。」

「先生何必如此謬讚，老夫愧不敢當。」曹操連連擺手。

邢顒佩服得五體投地，早已拿定主意吐露來意：「實不相瞞，在下此來並非尋常拜會，乃為征伐烏丸之事。」

「哦？真是巧合！」曹操捋了捋鬍鬚，「老夫也有此意。但烏丸與袁尚屯軍之地乃在柳城（今遼寧省朝陽縣），距無終縣六百里之遙，一路山川險惡；我軍雖眾，但既無糧道又不識地形，該如何進軍？若有熟悉道路之人充任嚮導……」

邢顒後退兩步大禮參拜：「若明公不棄，在下願意引路！」

天下豈會有這麼巧合的事？曹操正缺個嚮導，就有個嚮導自己冒出來？邢顒實是中了曹操的圈套！

問題就出在落腳鄴城的那半個月。曹操不在鄴城時，名義上是曹丕留守，其實軍務歸監軍校尉荀衍掌管，政務由長史崔琰處置，他不過是個百無聊賴的坐纛公子。早聽人言「德行堂堂邢子昂」，邢顒到來，總算讓他逮到一個表現自己禮賢下士的機會，所以擁彗折節招待殷勤。可日子一久，曹丕發覺邢顒似乎別有用心，加之劉楨、阮瑀那幫精明之人日日與其暢談，發覺他總是提到烏丸，便已揣摩到來意。

曹丕得知其中緣由，早暗地裡一封書信打發到曹營。曹操與董昭定計，做了詳細安排。所以邢顒來了才會列隊相迎，又是觀看軍威，又是榮耀登臺。即便邢顒小有名氣，又豈會有這般殊榮？其實連這帥臺都是董昭前一天才搭建的。曹操為的就是得一嚮導，助成出軍烏丸之事。

曹操費盡心機已然得手，嘴上卻還要佯裝不知，雙手相攙道：「哎呀呀！沒想到遠在天邊近在眼前，先生識得去柳城的路？您願為嚮導，老夫求之不得啊！」

「我在徐無山居住多年，此間道路早已摸清。若出山循西，經令支（今河北省遷安市），過肥如（今河北省盧龍縣），順小路沿海而進，便可兵至柳城。憑明公甲士之眾、兵戈之利、懷柔之德，破烏丸不過舉手之勞。」

「此功若成，皆先生之力也！」

「不敢。」邢顒又道：「在下不過稍識道路，若要克敵制勝還需一人。昔日幽州從事田疇與我同隱山中，此人不但熟識地理掌握山川，對烏丸風土人情、俗世習性、部落內情更是瞭若指掌，若再得他相助，更勝在下十倍！實不相瞞，就是他叫我來拜見您的呀！」只因他一時高興，不覺中把田疇也給賣了。

「好！」曹操撫掌大笑，「莫非是遠涉塞外獻表西京的田子泰？老夫久仰大名，曾聞袁紹父子屢辟不從，該如何請他出山？」

邢顒拍拍胸脯：「包在我身上。」

「先生痛快！」一切皆如曹操所願，這場辛苦總算沒白忙。

董昭在一旁看著，似乎嫌曹操還不夠殷勤，也過來湊趣：「主公又要如何款待邢先生？」這句話給曹操提了醒，於是接著客套：「在中軍帳設宴，老夫親自與先生把盞。」

董昭跟著幫腔：「邢先生有所不知，曹公頒布禁酒令，本來不准飲酒。就因為您來了才破例，您可不要辜負這一片厚意啊！走走走，咱們邊飲酒邊商量用兵之事。」他在後面推，曹操在前面讓，把邢顒哄得喜笑顏開。

三人說說笑笑正要進大帳，又見校事趙達跑了過來，附到曹操耳邊低聲道：「盧洪自許都傳來密報，前幾天侍御史陳群上書，要求朝廷討論改革刑律。刑律乃國之要典，豈能隨意變更？其中會不會有什麼針對您的陰謀？主公不可不察。」校事的差事就是監視百官言行，暗中向曹操通報，趙達是昨天夜裡才從許都趕來的，聞知散帳，趕緊來打小報告。

曹操沒搭理趙達，親手掀起帳簾，叫董昭陪邢顒先進去，這才轉身道：「你弄錯了，改革刑律之事是老夫吩咐陳群去辦的。」

趙達暗暗心驚——校事的差事夠隱祕了，可曹操有些安排竟連自己都不知道！又不敢多問，如實稟奏道：「陳群上書要求廷議，荀令君卻以不合時宜為由，壓下沒辦。不知怎麼走漏了消息，孔融突然在朝會上提起此事，又跟郗慮當殿鬧起來，氣得荀令君提前結束朝會草草收場。」侍御史陳群與太中大夫孔融本是忘年交，但自被曹操辟為掾屬迅速提拔，便與孔融逐漸疏離；光祿大夫郗慮則與孔融素來不睦，他倆一個是鴻儒門生，一個是聖人之後，互相瞧不順眼。

曹操聞聽朝會上出了亂子，非但不怒反而幸災樂禍：「鬧得好！叫他們鬧吧！這件事你們不必過問，日後自見分曉。」

既不讓管，趙達還有何話說？退後施禮道：「主公深謀遠略洞悉秋毫，我等杞人憂天……」說著就要告退。

「慢！」曹操把他叫住，「有件事知會你一聲。昨日我已任命高柔為刺奸令史，以後你和盧洪名義上算他屬下，可是有機要之事仍舊直接向我稟報。」

趙達甚是不快──曹操曾承諾，他與另一位校事盧洪誰辦事用心就能擔任刺奸令史，現在憑空來個高柔就把位子占了，怎不窩火？但趙達素來面善心狠，當著曹操面更不敢流露半分不悅之色，只訕笑道：「屬下謹遵主公吩咐，以後跟著高令史效力朝廷好好辦事。」

「你說什麼？」曹操瞪了他一眼。

趙達自知語失，趕緊改口：「是效力主公好好辦事。」

「嗯，這才對。給盧洪寫信，叫他把孔融給我盯住……」曹操剛說到這兒，又見郭嘉領著華佗走過來，忙收了口──郭嘉倒還罷了，華佗還不夠資格聽他的祕密。

郭嘉作揖陪笑：「主公，華佗先生妻子染病，急需他回去救治。您也知道他是個老實人，不好意思向您開口，讓我幫忙討個人情，就准他回鄉吧！」

曹操笑了：「這有何不便開口？先生這幾年出力不少，連老夫的頭風都治好了，難道自家人生病反倒不能去治？我贈先生一筆路費，待尊夫人病情好轉再回來供職。」

「多謝曹公！」華佗恭敬施禮。

曹操抓住他手腕，低語道：「你為老夫和內人所配之藥甚好，卞氏又身懷有孕了。真沒想到年過四旬尚能孕育，真成了老牛產麒麟啦！早去早回，老夫可離不開你。」說罷又招呼郭嘉，「你來得正好，陪我們一同飲酒。」

郭嘉推辭道：「屬下這兩天脾胃不適，有公仁陪您就好。」

曹操也覺出郭嘉最近瘦了不少，卻沒太往心裡去：「不飲酒來湊個熱鬧也好啊！」

「屬下還是不湊這熱鬧了，回去想想用兵之策。」

「你不是最喜歡熱鬧了嗎？怎麼轉性了？」曹操與他玩笑慣了，「人無緣無故轉性可就快死了，你小心吧！哈哈哈……」說著話仰面大笑進帳了。

華佗頗有些尷尬：「奉孝大恩大德，老朽今生今世不敢忘懷！」說著話深深一揖。

趙達還在一邊站著呢，郭嘉唯恐他瞧出什麼破綻，強顏歡笑：「區區小事算不了什麼，先生快收拾東西吧，再過些日子，天一涼可就不好走了。」

「唉……」華佗話裡帶著點兒顫音，「那我就走了……奉孝多多珍重！」說罷狠狠心扭頭去了。

趙達瞧了個迷迷糊糊：「這老傢伙怎麼回事？又行禮又要哭的，還給別人看病，我看他自己就有病！」

郭嘉趕緊遮掩：「嗐！一個治病的小吏沒見過什麼世面，我替他說了幾句好話，就拿我當恩人了。」

「可能是我這份差事幹久了，瞧誰都有毛病吧！」

「你是不是瞧我也有毛病？」郭嘉瞥了他一眼。

「不敢不敢，賢弟何等英才？」趙達深知郭嘉是曹操器重的大紅人，不敢輕易招惹，「大家都說你是高人，有件事愚兄正想向你請教。那新任刺奸令史高柔什麼來歷，為何受主公青睞？」

「青睞？」郭嘉搖頭苦笑，「哪有什麼青睞，我看主公是故意整他吧？高柔乃是高幹從弟，當初兩伐河北險些毀於高幹之手，主公豈能不恨？主公讓他當刺奸令史，名義上是你們頭子，卻沒有實權，可你們辦的缺德事旁人還要算到他頭上，動輒得咎，日子豈能好過？」郭嘉瞧不起趙達，跟他說話完全一副輕蔑的口吻。

趙達早就習慣了沒皮沒臉，也不在意：「這麼說我可得好好伺候這位高令史嘍？嘿嘿……」

「你少幹點兒缺德事吧！」

趙達掩口而笑：「若沒狀可告，愚兄指望什麼升官發財？剛才我看華佗神情有異，可能逃役不回，那老兒若真跑了，賢弟為他講情豈不受牽連？我幫你個忙，派幾個人監視他。你看如何？」

趙達本想討好郭嘉，哪知郭嘉把眼一瞪：「胡說！不許你這瘋狗胡亂咬人！別跟我一口一個『賢弟』，咱倆沒交情！再敢多言，我叫主公撕了你的皮！咳……咳……」

「是是是。」趙達見郭嘉急得直咳嗽，趕緊灰頭土臉躲開了——郭嘉是曹操眼前的大紅人，得罪親爹也不敢得罪他啊！

第二章

力排眾議，曹操遠征烏丸

通渠運糧

曹操以上賓之禮厚待邢顒，不過數日光景已使其推心置腹。眼見火候差不多了，便正式任命他為冀州從事，給他十名親兵一份厚禮，又親手寫下一道辟令，命他回山搬請田疇。田疇本是讓邢顒探探曹操品行，哪料連司空辟令都捧回來了。他暗自埋怨邢顒行事草率，也只得接受任命共赴曹營。曹操久聞田疇大名，對其禮遇更勝邢顒。

北上遠征先要解決軍糧問題，幽燕之地產出不足，需從中原徵調糧草補給大軍。曹操採納董昭之計，調集軍民興修管道，引呼沲河（今河北滹沱河）入泒水（今河北沙河），命名為平虜渠（即現今南運河）；又從溝河口（今天津寶坻東部）鑿入潞河（今北京通州北運河），命名為泉州渠（泉州縣，今天津市武清縣；泉州渠，即現今薊運河）。這樣不僅可以漕運軍糧，還將中原與河北、遼東的水道聯繫起來，加強了對周邊的控制。

何夔順利招降海盜管承，又在張遼、樂進協助下消滅了暗通遼東的豪賊王營；另一方面，夏侯淵與臧霸、孫觀、吳敦等將合兵濟南，徹底剿滅了流竄劫掠的青州黃巾。至此，自中平元年（西元一八四年）興起的黃巾義軍及其殘餘勢力全部覆滅。青州的戰火逐漸熄滅，北海、平原、阜陵等諸侯國也紛紛改制。曹操又在淳于縣駐軍數月，把善後事宜安排妥當，令三軍將士回鄴城休養，自己卻帶著一幫親信掾屬馬不停蹄趕去視察河工。要在短時間內修出兩條運河絕非易事，董昭主動請纓全權負責，又調河堤謁者袁敏參議工程，幾乎徵調了沿河郡縣所有百姓服徭役。眼瞅著嚴冬降臨寒風刺骨，工程依舊毫不鬆懈地進行著。

幽燕之地的大雪到來了，天地間皚皚茫茫。時而狂風呼嘯，捲著萬丈冰淩混沌一片；時而萬籟俱寂了無聲息，只有鵝毛雪片撲向大地。這場雪斷斷續續下了三天，不知何時才能停。曹操已將青布軍帳換成了牛皮的，又添了好幾個炭火盆，即便如此還是覺得冷。田疇、邢顒左右相陪，他倆都久居河北，早習慣了此種天氣，披著曹操賞賜的裘皮大氅，守著炭火盆，頭上都快冒汗了。

曹操把狐裘圍得緊緊的，不住抱怨：「郭嘉、張繡都病倒了，這該死的鬼天氣！早知如此，不該放華佗回鄉。」

邢顒安慰道：「他們只是水土不服，將養幾日就好了。主公不必憂心。」短短幾個月間，邢顒已徹底轉變為曹營之人，就連他自己都搞不清究竟為什麼。

「但願如你所言。」曹操無奈歎口氣，低頭瞅著帥案上的羊皮紙——那是平虜、泉州二渠的工程圖。因為下雪不得不暫停修渠，若按前些日子的進度估算，至少還要兩個月才能完工，運糧過程中再耽誤些時間，整個征討烏丸的計畫都要推遲。征討烏丸一旦推遲，意味著南下荊州、奪取江東、統一天下乃至問鼎九五都將拖延，曹操能不急嗎？但是再急也鬥不過老天爺，雪不停就只能等。

田疇坐在一旁不發一語，手裡攥著根小木棍兒，撥弄著盆裡炭火，似乎對剛才的談話充耳不聞。曹操瞟了他一眼，心裡充滿了疑惑——同是隱士，脾氣秉性怎會相差如此之多？拉攏邢顒幾乎水到渠成，可田疇到現在還是不冷不熱，莫說推心置腹，就連一聲「主公」都沒叫過，彷彿他身前有座無形的壁壘，無論花多大心思都翻不過去。這種感覺讓曹操想起了賈詡，但賈詡因身負禍國之罪才謹小慎微，田疇又沒什麼包袱，為何拒人千里之外呢？

「主公想些什麼？」邢顒察覺到曹操出神凝思。

「哦。」曹操微微一笑，言不由衷道：「老夫在想，三郡烏丸究竟情勢如何？我從沒跟烏丸人打過仗，請二位為老夫詳細說說。」

邢顒也笑了：「屬下沒有子泰兄廣覽多知，還是請子泰兄為主公解惑吧！」他也感覺到田疇對曹操甚是疏離，故意把機會讓出來。

「那就偏勞田先生了。」曹操很客氣。

「不敢。」田疇拱了拱手，還是那副漫不經心的模樣，也不看曹操一眼，「烏丸與鮮卑同屬東胡[①]諸部，原本並非大族。前朝匈奴冒頓單于擊潰東胡，退守鮮卑山的一支部落便改名叫鮮卑，退守烏丸山的那一支就叫烏丸，都是以所居山脈得名。」他一邊說一邊撥弄炭火，這些典故信手拈來，「烏丸人善於騎射，以狩獵為生，逐水草而放牧，居無常處；以穹廬為舍，東向拜日，視作神明；食肉飲酪，以毛裘為衣。後來朝廷為了對抗匈奴允許他們入關內附，世俗習慣是改了，但剽悍天性不改。貴少而賤老，怒則弒父殺兄而不害其母，部落首領都由勇健好鬥之人擔當。」

曹操不禁冷笑：「沒有倫理道德的野蠻人！」

田疇點了點頭：「現今各郡烏丸的首領都是勇猛善戰之人，不過他們打仗各自為戰沒有陣勢，憑明公之師破之不難。上谷郡烏丸首領名喚難樓，聚眾九千餘落。右北平郡首領名喚烏延，麾下八百多部眾，自稱『汗魯王』，已隨袁尚逃亡。還有遼西郡……」

---

①東胡，一說是泛指北方匈奴以東的各個少數民族；一說是古阿勒泰語中「通古斯」這一族群的漢語異寫。至今尚有爭議。東胡在西漢年間基本被匈奴吞併。

「就是遼西烏丸收留的烏延和袁氏兄弟？」曹操打斷道。

「對。遼西烏丸實力最強，聚眾五千餘人，雖然人數上比難樓少，但都是勇猛強悍之徒。二十年前勾結叛臣張純作亂的就是遼西的首領丘力居，當初他自號『彌天安定王』，率三郡烏丸寇掠青、徐、幽、冀四州，殘害我大漢子民無數，朝廷派公孫瓚將他們擊退。」說到公孫瓚，田疇憂鬱的雙眼熠熠放光。他至今對劉虞之仇都還沒釋懷。

「公孫伯圭這個人啊，」曹操似乎有點兒惋惜，「本是一員猛將，手持兩條長槍，率三千騎兵縱橫疆場，當時被胡人稱為『白馬將軍』。可惜後來走上窮兵黷武之路……」

田疇反感別人替公孫瓚說好話，不等曹操講完就搶著道：「那場叛亂是我家主公劉虞招募勇士刺殺張純才結束的，不算公孫瓚的功勞。」

曹操聽他當著自己的面直呼劉虞為「我家主公」，心裡甚是不悅，臉上卻僅僅一笑置之。田疇沒發覺自己言語莽撞，還接著往下說：「劉虞對少數民族寬厚有德，丘力居自削王號，此後數年胡漢之間並無大衝突。我剛到徐無山的時候，倒是被烏丸侵擾過，跟他們幹了一仗，後來他們得知我是劉虞舊僚，又跟公孫瓚有仇，態度馬上轉變，送來牲口與我們交換糧食，彼此相安無事。丘力居死後名義上是其子樓班統領部落，但樓班年幼，由丘力居之姪蹋頓掌握實權。蹋頓勇武而有謀略，實際上已總攝右北平、遼西、遼東三郡烏丸，不啻為大單于。昔日袁紹戰事告急，就是與蹋頓聯手才打敗公孫瓚的。事後袁紹為了表示酬謝，矯詔把蹋頓、難樓、蘇僕延都封為單于，賜給他們華蓋、白旄以助威嚴，還把袁氏之女嫁到烏丸和親。其實壞就壞在袁紹手裡，懷柔也需有個限度，對待胡人應當恩威並施，一味封賞只會助長蹋頓的野心。」

曹操倒能理解袁紹的心思——袁紹想穩住後方先將我消滅，以後再慢慢收拾那幫野蠻人，卻不料在官渡失了手。心裡這麼想，嘴上卻順著田疇說：「袁紹因小仁而誤國啊……剛才您提起遼東首領蘇僕延，此人與遼東公孫氏可有瓜葛？」

「蘇僕延雖號稱『峭王』，統領遼東部落，其實已被公孫度趕出遼東，只是蹋頓的附庸。公孫度在世之時東伐高句麗[②]，西擊烏丸，拓地外藩威震邊陲，自稱遼東王、平州牧，蹋頓都懼他三分，蘇僕延豈是對手？」

曹操露出一絲慶幸的笑容：「公孫康前番渡海來擾，偷雞不得蝕把米。我原先怕他與烏丸勾結，牽一髮而動全身。聽先生這麼一說，連這點兒顧慮都沒了。只要攻破烏丸，公孫康不足為慮。」

田疇對公孫度父子還有些特別的情愫：「咱們漢人這些年來爭權奪利自相殘殺，反倒是公孫度這麼個土皇帝拓地外藩，雖說其人陰狠霸道心術不正，但也不算給咱漢人丟人吧！蹋頓地盤上還有十萬多漢人，受盡胡人奴役，明公務必要將其擊敗，這也是為了解救我大漢子民啊！」

曹操與田疇都想馴服烏丸，但兩者目的卻不相同。田疇是欲解除北部邊患，為漢人出口氣；曹操固然也有此意，但他更為追殺袁尚、袁熙，防止袁氏餘孽借屍還魂。正如田疇所說，三郡尚有十萬多漢人，還有些幽州土豪自願跟隨袁氏逃亡，天長日久倘被袁氏兄弟煽動起來，再加上剽悍的烏丸人，實力不容小覷。曹操沉吟半晌，森然道：「我本準備派部將前往，現在看來必須親自出馬，還要多多仰仗二位之力！」

邢顒抱拳拱手：「屬下赴湯蹈火在所不辭。」

田疇卻只輕描淡寫說了句：「草民自當效勞。」曹操有些尷尬，卻強忍沒說話，暗暗又把當年收服關羽、張遼的勁頭拿出來——等著瞧！你越不認我為主公，我越要讓你低頭，早晚叫你跟邢顒

---

② 朝鮮民族的祖先，根據地在今朝鮮漢江流域。當時朝鮮半島北部是高句麗，南部是辰韓、馬韓、弁韓三個部落。公孫度、公孫康父子的勢力範圍大約包括遼東半島、朝鮮半島中北部，也曾對三韓部落進行侵略，其部將柳毅跨海謀取膠東半島，被曹操擊敗。

一樣，俯首貼耳拜服我膝下！

正在此時外面親兵稟奏：「度遼將軍鮮于輔求見。」

「進來。」是曹操特意把他從無終郡調來的。

帳簾一掀，鮮于輔進帳跪倒：「末將拜見曹公！」

「無終可有烏丸動向？」這是現在曹操最關心的事。

「目前沒有。天寒地凍，他們不會來騷擾。」

「修渠的事他們應該已經聽說了，千萬不能掉以輕心。」

「末將明白！我已派部將巡查，一旦發現烏丸遊騎，立刻傳書營中。」

「很好，你就暫時留在我身邊吧！」曹操滿意地點點頭，「這一路頂風冒雪，辛苦了吧？」

「明公為國操勞不避寒暑，末將豈敢言辛苦？」鮮于輔很會說話，「這會兒雪已經小了。」

「哦？」曹操一聽雪小了，立刻站了起來，「我看看！」

不待親兵動手，鮮于輔搶著掀開帳簾——外面的雪雖然還未停，卻已零零星星，天色也十分明亮。曹操緊緊裘衣，邁步走出大帳，邢顒、田疇也跟了出來。

大雪已把天地間染成一個無瑕的世界，目光所及皆是白茫茫一片，遠方的山巒和近處的營帳都被覆蓋，變成了大大小小的雪團。本已落葉乾枯的樹木這會兒都有了「瓊枝玉葉」，恰似粉妝玉砌般。曹操雖已年過半百，卻沒見過燕趙之地的雪景，倒也觀之有趣；深吸一口涼氣，倍覺精神抖擻，乾脆徒步出了轅門往渠邊而去。

「地上坑坑窪窪都叫雪蓋上了，主公要小心些！」許褚趕緊帶著士兵跟了出來。

曹操一揮衣袖：「你們靠後些，不要壞了老夫的興致。」說罷一手挽住邢顒，一手又要去拉田疇，卻被人家巧妙地躲開了。曹操也不強求，望著四下的景致，隨口吟道：「北風其喈，雨雪其霏。

惠而好我，攜手同歸……」這是出自《詩經・邶風・北風》的句子。

軍營就在河邊不遠，周邊是勞役之人住的帳篷。大夥走了一會兒，見董昭、袁敏正披著蓑衣站在一座小丘前，身上已落了不少雪，比手劃腳的在商量什麼事。

「公仁！」曹操離得老遠就扯著嗓門開起了玩笑，「老夫差點兒沒認出你們，還以為是兩個山野老農呢！」

董昭摘下斗笠，神色凝重，根本沒心思說笑：「主公，這雪誤了咱們大事。」

「為何？」

董昭指向遠方：「您看看，溝渠都已被雪覆蓋，下面還有厚厚的堅冰，天寒地凍能克服，可修渠的石料在下游，河面結冰運不過來，用牲口拉又得兩三天。」修渠不是簡單的挖溝引水，新河道需用石料或木樁固定，否則水流一沖土壤鬆動，就變成擁塞的泥塘了。

「已經停工三天，不能再耗下去了。」曹操的好興致一掃而光，「即刻傳令開工，叫百姓給我鑿冰，務必使河道暢通！」

鑿冰？說的倒是輕巧，真幹起來可不是弄著玩的。頂風冒雪跑到冰面上幹活，一不留神就掉到河裡。而且不是鑿過去就完，這種天氣沒多大工夫就上凍，得拿杆子在水裡不停攪，倘若上凍還得重鑿。冰天雪地如此折騰，百姓怎麼吃得消？眾人面面相覷紛紛欲諫，曹操卻搶先道：「我知道你們想說什麼，但此渠關乎軍情不可拖延。老夫就站在這兒監工！」

軍令傳下不久，百姓就從帳篷裡鑽了出來。幽燕之地甚是貧瘠，不少人連禦寒的羊皮都沒有，衣衫外裹著破麻布，草鞋上也纏得一層一層，行動甚是不便，深一腳淺一腳蹣跚走向河灘。鑿冰要大量的冰錐、鑿子，軍中儲備不足；刀槍劍戟又不能給他們用，一來怕生鏽，二來也防備百姓作亂。大多數人都是拿石頭砸，還有些手上有凍傷的，舉著木頭橛子在冰上掙命。

天公偏偏不作美，連著三日下雪，早不停晚不停偏在這時候停。雪一住風就起，刮在臉上像刀子似的，再多層布也不擋寒，這陣風吹得眾百姓搖搖晃晃，卻不敢上岸躲風——士兵手持皮鞭盯著他們呢，這種罪豈是人受的！

田疇觸目驚心，卻見曹操漠然注視著河面，似乎把這一切都看成理所應當，忍不住張口道：「曹公，修渠之事還是暫緩幾日吧！」

曹操從來令行禁止，既然決議無可更改，不過難得田疇主動諫言，回答還是很婉轉：「這裡風大，田先生回帳休息吧！」

田疇見他出語搪塞，爭辯道：「在下實不忍百姓受苦。古人云：『仁乃人之安宅，義乃人正路。』明公以佑護天下蒼生為志，豈能曠安居而捨正道？」雖然這話繞了個彎，但實為指責曹操不仁不義。

曹操反倒笑了：「先生訓教的是。不過事有輕重緩急，難道您不願早日征討烏丸解救奴役之民嗎？」

「但是……」

曹操振振有詞：「老夫並非無故刁難百姓。自擊敗袁氏接收河北以來，減免賦稅嚴懲兼併，對黎民百姓比袁氏父子好得多。出工修渠算是朝廷徭役，此處不做工別處也要做，這些人趕上了只能怨他們命不好。再者，若不破烏丸，不殺袁尚，日後他們難免再受刀兵之苦。今天他們出力幹活，不單為老夫，也是為他們自己，忍一時之苦換萬世之安，這不是很好嗎？」

拿自己與已經敗落的袁氏父子比，這不是五十步笑百步嗎？田疇還欲再言，卻被邢顒岔開：「主公也是為了戰事著想，寧要短痛不要長痛嘛！」田疇驚詫地望著邢顒，彷彿第一次見到眼前這個人。

忽聽「嘩啦啦」一聲響，不遠處一大片河冰裂開了，有個倒霉的傢伙躲避不及掉進冰窟窿——涼水一激連撲騰都撲騰不動了，扯著脖子喊救命。冰面一陣大亂，眾百姓嚇得左躲右閃，有的想往岸上跑，監工士兵揮著鞭子抽打驅趕，大多數堵了回去；可還是有幾個少年趁亂鑽了出去，頭也不回拚命逃向遠方。曹操一陣皺眉，扭頭吩咐董昭：「給我傳令，若敢逃役格殺勿論。剛才跑了的抓回來當眾斬首，我看誰還敢逃！不把冰河鑿通，誰也別打算休息！」

田疇顫顫發抖——目光所及尚且如此，這蜿蜒幾十里的冰河都在動工，不知有多少無辜百姓正在受苦！

此時有親兵來報：「徐州刺史臧霸和孫觀、吳敦、尹禮三位將軍求見。」

曹操一愣：「老夫並未徵召他們。」

許褚立刻警惕起來：「他們可曾帶兵？」當年官渡之戰在即，曹操為了早日安定青徐沿海，默許臧霸、孫觀、尹禮等人自治。雖然他們也為曹營效力，但兵馬不歸曹操直接調動，所管轄地區也不由朝廷派遣官員。所以相對曹營嫡系而言，他們也是外人，不得不戒備。

親兵回道：「並未領兵，但是帶來三四輛車，好像是家眷。」

說話間臧霸四人已趕到河邊，都未穿鎧甲未帶佩劍，自己牽著坐騎。臧霸人高馬大獰目虬髯，孫觀肥頭胖臉肚大十圍，吳敦面似蟹蓋五官醜陋，尹禮滿臉刀疤殷紅可怖，這四個人的相貌舉止一看就不是良善之輩。田疇、邢顒未知曹營還有此等人物，看得心驚肉跳。

「俺孫嬰子給曹公見禮！」孫觀最憨直不過，跪倒雪地連連磕頭，臧霸三人也趕緊跟著行禮。

曹操擺了擺手：「臧奴寇、孫嬰子、吳黯奴、尹盧兒，老夫沒記錯吧？哈哈哈……」

孫觀、吳敦、尹禮也一通笑，臧霸卻頗感不安——時至今日曹操還沒忘了我等的匪號！

「青州剛平定，還有不少事兒等著你們呢！為何跑到這兒來？」

孫觀搶著道：「您老人家對俺們好，幾年不見了，俺得來看看您。」這話倒也不假，曹操當年任命孫觀為北海相，又加封其兄孫康為城陽太守，孫氏一門兩郡將，這恩惠確實不小。

「哦，冰天雪地裡趕來看望老夫，難為你們啦！」曹操笑容可掬。

臧霸卻道：「實不相瞞，除了看望您，末將還有不情之請。」

「但說無妨。」

「我等原是草莽之輩，在刀尖上混日子的，婆娘崽子們跟著我們沒少吃苦。聽聞曹公在鄴城建府，軍中不少將領的家眷都遷到鄴城。我等也想讓家人搬過去住，叫那幫婆娘們享享富貴，崽子們也念念書，別像我們一樣當不識字的睜眼瞎子。還請曹公體諒。」臧霸點頭哈腰滿面微笑，與他強壯的身材頗不相符。

曹操焉能不知他們心裡想什麼，笑道：「你們馳騁疆場忠心為國，何必非要如此呢？也罷，昔日蕭何派遣子弟入侍，高祖沒有拒絕；耿純焚燒自家房舍追隨光武帝，光武帝也沒辜負他好意。老夫也不便更改前人之法，就如你們所願吧！」

此言一出嚇壞兩個人。徐州諸將皆草莽出身，唯有臧霸粗知史事。他聽曹操提起蕭何之事，便知自己心事已被看穿。昔日劉邦與項羽僵持於成皋，留蕭何在關中徵發兵卒，運送糧草。劉邦猜忌蕭何權柄太重作亂於後，數次派人回去慰勞，蕭何甚為不安。有謀士向其獻計，把蕭氏子姪數人送到成皋前線，名義上是侍奉劉邦，實際是充當人質，劉邦自此不再懷疑。如今臧霸玩的不也是這一手嗎？青徐之地是曹操劃給他們管的，幾乎不受朝廷制約，權柄在手豈得心安？而且他們與昌霸關係密切，昌霸因謀反被誅，曹操會不會追究昔日舊情？這幫人雖粗率，但害怕自疑還是懂的。臧霸臉上一陣羞紅，扭頭看看孫觀、吳敦、尹禮——這仨老粗全不知曹操說的什麼，還傻乎乎地樂呢！

另一個吃驚的人是田疇。他本無仕途之意，完全是趕鴨子上架。曹操公然以劉邦、劉秀自比，臉不變色心不跳，何等野心還用問嗎？

曹操手撚鬍鬚語重心長道：「忠誠仁義，唯人心之所獨曉。赤誠所在何須言表？只要你們一心一意追隨老夫，其他的我自會替你們操心，有些事不一定非要說出來才周全。」回收青徐沿海是遲早的事，但臧霸等人在當地有很大影響力，突然改弦更張勢必引起動盪。所以曹操力圖潛移默化，並不希冀一朝一夕。

孫觀完全不懂他們弄什麼玄虛，只憨笑道：「曹公樂意就成啊！俺還怕俺那婆娘崽子沒規矩，城裡人嫌棄哩！」

「怎麼會呢？」曹操拍拍孫觀肩膀，「平定青州你們功勞不少，我加封你們為亭侯。臧霸晉升威虜將軍，領徐州刺史如故。孫觀晉升偏將軍，兼領青州刺史。」

「多謝曹公！」四人再次謝恩。

曹操左手拉住孫觀，右手拉住臧霸：「這兒太冷，咱回帳說話。家眷先在營裡委屈幾日，來日回轉鄴城我把他們帶過去。你們在青州不必掛心……」話未說完，忽見山丘後竄出一個破衣爛衫的人影。

許褚、孫觀等人眼明手快立時一擁而上，七八隻大手一起將那人按倒在地。尹禮扯那人髮髻厲聲喝問：「哪來的刺客！從實招來！」

那人衣衫襤褸滿面汙垢，年紀不大，看樣子還不到二十歲，被這幫凶惡的大力士擒住，渾身的骨頭被他們攥得咯咯直響，嚇得魂飛魄散，光是慘叫，什麼也說不出來。

「放開他。」曹操卻沉得住氣，「諒他也不敢耍什麼花招。」

許褚等人鬆了手，那年輕人趴倒在地，顫顫巍巍道：「我是鑿冰的百姓……請曹公開恩饒命。」原來他也是逃役之一，沒被士兵抓住，反倒偷偷繞過來向曹操自首。眾人剛剛只顧說話，這時才發現，河灘上已綁了十幾個人——大部分逃跑的已被逮住，等候斬首示眾。

「你小子倒比他們機靈，跑到我眼前自首乞活。」曹操一陣冷笑，「惜乎老夫令行禁止，既已傳令斬首，斷無留你性命之理。」

那人叩頭如雞啄碎米一般：「老大人發發善心，饒我一條活命。草民情願鑿冰，再也不逃了！」

「早知今日何必當初。」曹操挖苦道：「晚矣……」

那人聞聽此言越發泣涕橫流，也不知該如何是好，跪爬幾步抱住曹操的腳，哆哆嗦嗦只是哭——冰天雪地裡這麼掙命幹活，就算不被凍死，手指、腳趾也得凍得掉下來！可逃跑抓回來又立時身首異處，裡外都是死，哪還有活路？

田疇實在忍無可忍：「明公不可如此行事！豈不聞天下有三儉？眾人用家儉，賢人用國儉，聖人用天下儉。明公為政不惜民力，百姓又怎會擁戴您？這樣做與桀紂暴秦有何分別？」

曹操急於求成，已經對他有些厭煩，但還是強壓怒火道：「早日完工方可起兵，不殺此人何以立威？老夫也有苦衷啊！」

田疇又道：「君子之為善，非特以適己自便。古之所謂大智者，知天下利害得失之計，而權之以人。難道您就非要與小民錙銖必較？此人已自首，難道明公就不能寬宥其過？天理人情何在！您就不怕失天下人之心？利害得失請明公三思！」

曹操被他說得怒火中燒，卻不能翻臉——打烏丸還指望此人呢！只得把衣袖一甩，一腳蹬開那個年輕人，惡狠狠道：「放你如同自毀軍令，殺你又有人不忍。你給我滾！滾得越遠越好，找地方藏起來。我還要派人去抓逃役，抓不住算便宜你，抓住了依舊斬首！」

田疇還欲再言，曹操抬手道：「夠了！我已經給您面子了，難道您非要把我說成獨夫民賊不可嗎？我請您來是為商議征討烏丸的，您還是多想想如何用兵吧！」說罷朝著河灘一揚手——眾士兵齊揮大刀，十幾個逃役頓時身首異處，噴湧的鮮血把雪地染得一片殷紅。

眾百姓噤若寒蟬，再不敢逃竄，只能忍受這悲苦命運。田疇看得肝膽俱裂，曹操卻冷笑道：「天下之人如流水，障之則止，啟之則行！生殺予奪盡在我手，我叫他們怎樣，他們就得怎樣！明天雪化些咱就啟程回鄴城，豈能為些許小民耗費光陰！」說罷便領著眾將回營去了。

那個僥倖不死的年輕人趴在地上哭了一陣，茫茫然站起身來——曹操叫他逃，可又往哪裡逃？冰天雪地衣衫單薄，跑不出多遠就得凍死……天下雖大，難有容身之地！

田疇瞧著可憐：「小兄弟，你……」

「呸！」那年輕人的淚眼早已充滿了仇恨，「用不著你假惺惺！你們當官的都是一路貨色。老天啊！打仗逼人死，不打仗也逼人死，就不能給老百姓一條活路嗎！」隨著一聲怒吼，他張開雙臂發瘋般地奔跑而去，不一會兒便消失在茫茫雪原間。

田疇呆呆站在那裡。雖然他習慣了此地的氣候，可這會兒也覺得冷了——渾身上下都冷透了。

動員出征

春回大地萬物復甦，新的一年又開始了。幾場細雨過後，碧空如洗草木浸潤，蓓蕾初綻萬物驚蟄，正是春季狩獵的好時候。而在鄴城以北十餘里恰好就有一片茂密的山林，獸鳥群棲草木繁茂，游獵之人趨之如鶩。不過今天有點兒不同，三百多兵丁將這片山林護了個嚴嚴實實，偌大的獵場只允許幾個人在裡面嬉戲——那都是曹氏親信子姪。

曹丕、曹彰、曹植、曹真、曹休、夏侯尚，這些少年親貴們一身戎裝弓箭在手，玩得不亦樂乎；一旁還有阮瑀、劉楨、徐幹、應瑒等跟著說笑湊趣。他們都是曹府記室，年紀也比較輕，除了舞文弄墨沒什麼差事，更多時候是陪著公子們遊樂。

「兄長射了多少野物？」曹彰年紀雖輕卻頗有些尚武之氣，素愛爭強好勇。他身軀偉岸，一點兒都不似他那個子矮小的爹。

曹丕掛弓勒馬道：「區區十四隻。」

「比我少一隻！哈哈哈……」曹彰得意洋洋，「老三你呢？」

曹植在弓馬方面比哥哥們遜色，也不以此為能，只笑道：「小弟才射了七隻。二哥新婚燕爾恰在時運，自然不能與你爭鋒。」曹彰與孫權族兄孫賁之女結親，幾天前剛正式合巹，故而曹植拿他取笑。

曹彰越發得意，又問曹真等人：「你們呢？」

曹真、曹休、夏侯尚也精於騎射，卻不敢超過公子，都擺手道：「子文弓馬嫻熟，我等更不及了。」

「哈哈哈……論騎射武藝你們都不如我！」曹彰張狂大笑，「給我牽馬墜蹬還差不多。」

曹丕畢竟是大哥，見他如此狂妄，心中甚是不悅：「休要得意，咱倆僅差一隻，有本事再比一比。」

曹彰不與人鬥氣連飯都吃不香，正求之不得：「比就比！」話音剛落便聽頭上傳來一聲鳴叫——恰有只離群孤雁飛過。曹彰大喜，手指天上道：「咱們就比射雁，看誰能……你使詐！」

曹丕不待弟弟說完，早就搭弓在手，瞄準那雁疾放一箭——莫說射落，連根翎毛都沒碰著。

曹彰又好氣又好笑：「你使詐，活該射不中。咱倆一起……」

「先下手為強！」曹丕哪等他囉唆，一催坐騎便往前追。

「你又使詐！等等我！」曹彰打馬便追。曹植、阮瑀等見他二人如此認真，不禁搖頭大笑。

眨眼間曹彰便趕上曹丕，林間藤蘿纏繞，也放不得箭，一直奔出了林子。曹彰反倒快了兄長一步，回頭見曹丕被枝椏掛住袍子，半天掙脫不開，笑道：「小弟贏定了！」搭箭拉弓剛要射——忽然，自正東斜刺裡飛來一箭，那雁一聲慘鳴悠悠墜地。

曹彰、曹丕都愣住了，趕緊左右張望，除了圍護林兵丁什麼人都沒有，這些小兵怎敢搶公子的獵物？詫異了半天，才見東邊奔來一騎。來者二十多歲，中等身材臉色黝黑，左手執弓右手控馬，似乎還是個軍官；可奇怪的是這傢伙雖穿著漢軍服色，卻披著長髮，坐騎驃馬。曹彰暗暗驚駭——箭發之後這麼久才跑到，足有一百五十步開外，此人箭術之高世間罕有！

也不知那將官是不認識諸位公子，還是性情高傲目中無人，輕舒猿臂將大雁搶在手中，看都不看曹氏兄弟一眼，兀自撥馬而去。守林的兵頭是曹丕的心腹朱鑠，見此情景狐假虎威道：「他媽的！竟不把公子放在眼裡，我擒他過來痛打二百鞭！」

「你有那本事嗎？」曹丕一陣冷笑，「大人不計小人過，何必與他置氣。」

說話間又見從東面呼啦啦奔來百餘匹高頭大馬，卻只見馬不見人。戰亂時節馬匹可是好東西，曹軍士卒雖多馬卻稀少。朱鑠眼睛一亮：「我過去搶幾匹回來獻給公子。」

哪容他下手？那員小將把二指銜入口中——隨著一聲清脆的口哨，群馬齊嘶，四蹄緊翻，跟著他疾馳而去。曹氏兄弟只覺胯下坐騎蠢蠢欲動，若不是緊勒韁繩，險些也跟著走了！曹彰越發驚奇：「原來都是他帶的，世上還有如此放馬之人！」

曹植、阮瑀等一干人也出了林子，夏侯尚道：「主公今日在幕府議事，各部將領都要參加，他可能是奉命送馬的。」

一句話給四位記室提了醒，尤其徐幹，他是平定青州後剛剛辟進幕府的，資歷最淺處事小心。「公子們已經出來半日了，早些回去吧！再說這些兵是私自調的，若叫主公知道可不得了。」護林兵不是曹府家兵，而是朱鑠獻媚討巧自軍中拉來的。

朱鑠倚仗與曹丕的關係已升任假司馬③，膽子也越來越大：「瞧你們這幫書呆子，有咱公子撐腰，怕什麼？」

曹丕也道：「對！我與二弟還未分勝負呢，再獵上一回。」反正哥仨都在，犯錯大夥一起犯，有什麼在乎的？

曹彰又來了精神：「來啊！定叫你輸得心服口服。」

哥倆催馬又入山林，雉雞、野兔一通亂射。曹丕非但沒趕上弟弟，反而叫曹彰越贏越多，最後把弓一扔：「唉！我就這兩下子本事，不服不行啊！」曹彰還欲再獵，眾人連連勸說才罷手，辭別朱鑠回轉鄴城。這幫人說說笑笑，不多時來到北門，還未及進城，見城中急匆匆馳來一個寬袍大袖的官人。夏侯尚眼最尖，離著老遠就認出是劉岱：「劉長史，這麼著急有何公幹？」

「卑職給諸位公子問安。」劉岱勒住轠繩拱了拱手，滿臉喜色，「主公發下教令，命卑職遍示三軍，我得到行轅走一趟。」

劉楨最愛詼諧，湊過去一把揪住劉岱的鬍子：「你這傢伙有什麼喜事？怎麼跟吃了蜜蜂屎似的？」

劉岱眉開眼笑：「主公說我這些年在他身邊多有辛勞，打算放我出去領兵。以後府裡的事我就不管了，打幾仗立些功，說不定還能撈個亭侯當當呢！」

劉楨頗感意外：「前幾年主公命王必在許都統兵，如今又把您也放了將軍。長史、主簿都撤了，以後誰接你們差事啊？」

「主公沒說，我也沒敢問……嗐，反正他心裡有數唄！」

曹植一直盯著劉岱手裡的教令：「能不能把這道令給我們看看？」

「公子發話有何不可？」劉岱說著便展開，都沒勞曹丕兄弟動手，自己捧著叫他們觀看。

吾起義兵誅暴亂，於今十九年，所征必克。豈吾功哉？乃賢士大夫之力也。天下雖未悉定，吾當要與賢士大夫共定之，而專饗其勞，吾何以安焉！其促定功行賞。昔趙奢、竇嬰之為將也，受賜千金，一朝散之，故能濟成大功，永世流聲。吾讀其文，未嘗不慕其為人也。與諸將士大夫共從戎事，幸賴賢人不愛其謀，群士不遺其力，是以夷險平亂，而吾得竊大賞，戶邑三萬。追思竇嬰散金之義，今分所受租與諸將掾屬及故戍於陳、蔡者，庶以酬答眾勞，不擅大惠也。宜差死事之孤，以租穀及之。若年殷用足，租奉畢入，將大與眾人悉共饗之。

曹丕看罷微微一笑：「老爺子發了善心，要散財眾將，難得這麼大方啊！」曹操的爵位是武平侯，但食邑不僅武平縣，還有陽夏、柘、苦三縣。即便如此，曹家生活還是很節儉，莫說是金銀玉器，就連日常家私都不加雕飾，甚至還不如曹洪、劉勳、許攸那幫人會享受。

曹彰道：「父親有錢捨不得自己花，卻賞給眾將，這是孟嘗君才有的寬厚之德……不對不對，孟嘗君哪比得上父親！」

曹植卻連連搖頭：「父親散財眾將恐怕沒這麼簡單。八成是遠征烏丸多有異意，他想借此恩惠收攏眾人之心吧！」

劉岱瞟了曹植一眼——三公子好精明，為了親征烏丸之事，剛才一場唇槍舌戰，可熱鬧哩！

徐幹心裡直打鼓：「還是趕緊回去吧！我們幾個都有差事。雖說今日不是我們當值，可這麼重

③ 假司馬，即司馬的副職，是一個營的副長官。

要的軍議，諸位公子不去沒關係，我們可開罪不起啊！」阮瑀、應瑒紛紛點頭。

「好吧……劉長史升了官，改日可別忘了請客喲！」曹丕說笑了一句帶著眾人打馬進城，穿街而過直至州牧府，拴了馬急急忙忙往大堂跑。剛轉過二門，又見辛毗抱著一堆文書迎面而來。

「佐治！我爹沒問起我們吧？」曹丕趕緊問。

辛毗當年叛袁降曹，一門數十口被審配殺害，曹丕沒少噓寒問暖，故而關係很好。這會兒見他問起，趕緊附到他耳畔：「正在氣頭上，你們小心點兒！」

曹丕這才知道害怕，又整理整理衣冠，領幾個兄弟進院子，低著腦袋上堂，連眼皮都沒敢多抬，只隱約瞧見荀攸、荀衍、許攸等謀士在東，張遼、于禁以及中軍史渙、韓浩等在西，正你一言我一語地與曹操辯解。曹丕見不是時候，想趁亂竄到人堆裡，可剛一邁門檻就聽父親厲聲喝道：「三個不成器的東西，外面跪著去！」

問都不問，這倒乾脆。

曹操近年勢力大了，脾氣也跟著大了，曹丕兄弟不敢辯解，趨步至廊下，直挺挺跪了。曹真等莫名其妙，親兒子罰了，乾兒子還罰嗎？不知怎麼辦又不敢問，索性也跟著跪吧！劉楨、徐幹倒機靈，早趁亂摸到左右群僚中，低著腦袋往裡一扎，算是對付過去了。

其實也難怪曹操一肚子氣，原來此刻群僚正因遠征之事向他諍諫。出征烏丸遠不似曹操想的那麼簡單，雖然他提前做了不少準備，可事到臨頭大多數將士仍不願意——中原打仗上為功名下為老婆孩子，大老遠跟胡人玩命誰願意去？連于禁、張遼等一向好戰之人都百般推脫，逼得曹操沒辦法，才發下教令散財與眾，想借此收買人心促成戰事。可剛緩和點兒氣氛，邢顒又跑來稟報，承諾領路的田疇棄官而去。兵馬未動先失一嚮導，荀攸、荀衍、崔琰等本就不同意，借此機會再上諫言，惹得曹操好不煩心。

崔琰雖是文人，說起話來卻聲若洪鐘，震得人耳鼓發顫：「主公勞師動眾遠涉外番，倘有差錯如何了得？請您以中原之事為重，切莫輕舉妄動。」他說話一向不客氣，從不看人臉色。

曹操耐著性子與他辯論：「運糧渠都修了，豈可半途而廢？」

許攸也極力反對：「我說曹阿瞞，你怎麼這麼擰呢？咱們休整一段，日後再去未為晚矣。三軍將士奮戰多年，都很疲憊了。」

曹操急於求成：「與其此時休整，不如平定天下早享太平！」

荀衍接過話茬：「袁尚乃一亡虜，烏丸貪而無親，豈能為其所用？今勞師遠征，倘若劉表趁我中原空虛，派劉備奇襲許都，大軍戰不能勝膠著敵境，不能回師相救，後悔不及也！」這番話在情在理，連荀攸都不禁點頭。

這話說到了點上了，曹操正不知如何作答；一旁病怏怏的郭嘉說了話：「休若未免多慮。主公雖然威震天下，胡恃其遠必不設備。趁其無備卒然擊之，一舉可破。且袁紹有恩於烏丸，袁尚、袁熙餘黨尚存。今四州之民，徒以威附德施未加，今若捨而南征，袁尚必借烏丸之資招其死黨，胡人一動民夷俱應，蹋頓若生覬覦之意，恐青冀之地非主公之有也。咳咳……」他緩了口氣，「至於荊州劉表，不過一坐談清客耳。自知其才不足以駕馭劉備，重任之則恐不能制，輕任之則備不為用，雖虛國遠征亦無憂矣。」

「奉孝說的對。」這番話正中曹操下懷，「除賊務盡的道理你們不明白嗎？」

眾人未及駁斥，劉岱回來了：「啟稟主公，教令已頒布。現有護烏丸校尉閻柔解送幽州戰馬到此，我把他領來了。」

「請他進來！閻柔久在邊庭，咱聽聽他意見如何，方才奉孝所言……」曹操正想辯出個理來。一員裝扮奇特的小將走進院來，跪在廊下的曹丕兄弟抬頭一看——原來是方才射雁之人。

閻柔也是一愣。曹彰性子急，嘴也快：「都是你小子！你若不搶我們那隻雁，我們何至於再獵一圍，回來晚了被父親罰跪，全是你害的！」

「父親？」閻柔嚇得腿肚子直轉筋，這才明白他們是曹家公子，哪敢得罪，趕緊施禮，「原來幾位是幕府公子，冒犯冒犯。」方才那點兒不可一世的勁頭全沒了，竟掄起手給了自己倆嘴巴。

曹彰笑道：「你可真是個勢利眼！別在這作戲了，還不想辦法幫幫我們。」

「是是是！公子稍待一時，末將替你們開脫。」閻柔撩袍上堂。

曹操看見他在外面嘀嘀咕咕，卻不知說的什麼，換了張笑臉：「小將軍給老夫送的什麼馬？」

閻柔滿臉堆笑：「末將送來三百匹良馬，皆鮮卑豢養膘肥體壯，已交與卞司馬接收。」

「有勞有勞，老夫要好好謝謝你……」

話未說完閻柔已跪倒：「明公若加恩賜，請免諸位公子受罰。」

「你見過他們？」

「末將來時路經城東，與幾位公子邂逅，還一同射雁呢！」

「這倒巧了。」曹操衝外嚷道：「你們幾個不成器的東西進來！」

曹丕兄弟灰頭土臉上來認錯：「孩兒知錯了。」

曹操呵斥道：「正想叫你們見識一下，這位就是護烏丸校尉閻柔，大名鼎鼎的少年英雄。若非他講情，今天老子叫你們跪到天黑！你們這些不務正業的東西，好好跟人家學學吧！」

莫看閻柔才二十多歲，也是個亂世奇人。他乃幽州人士，自幼父母雙亡四處流浪，被鮮卑人虜劫到塞外為奴。可是他聰明伶俐又頗曉人情，不僅學會了胡人語言，還練就一身騎射本領，跟鮮卑、烏丸各部的首領混得爛熟。天下混戰之際，他竟煽動鮮卑人殺死朝廷任命的烏丸校尉邢舉，擁戴年紀輕輕的他取而代之。此後閻柔帶領一支胡漢交雜的隊伍，先幫鮮卑劫掠漢人，再助袁紹打公孫瓚，後來又投靠曹操打袁尚，翻手為雲覆手為雨，一貫見風使舵。曹操愛惜他是個將才，也不計較過往之事，繼續讓他當烏丸校尉。

曹丕兄弟連連道謝，曹彰說話隨便：「你小子還真有兩下子，百步穿楊，箭法可神了！」

閻柔未及回答，座上崔琰插了話：「《法言》有云：『修身以為弓，矯思以為矢，去義以為的。奠而後發，發必中矣。』幾位公子若能以修身仁孝為本，想必日後也能有所成就。」

眾人聞聽盡皆驚愕——曹操的兒子好賴也輪不到你管啊！可崔琰就是眼裡揉不得沙子的人，偏偏要管。

曹操還偏偏允許他管：「崔長史說得對，你們幾個好好學學為人處事之道吧！」

閻柔很會做人，趕緊打圓場：「其實諸位公子很是英武，我方才親眼所見，公子們百發百中，個個都與末將在伯仲之間。曹公父子真乃當今人傑！」

「是啊是啊，父子英雄……」不少人都跟著隨聲逢迎，心中暗笑——好個嘴甜的小子，馬屁拍得山響，難怪年紀輕輕能把烏丸校尉拿到手！

曹操明知獻媚，聽來卻也美滋滋的：「休要誇獎他們，他們怎比得了你？老夫要是有你這樣的兒子就好了。」

這本是句客套話，哪知閻柔順竿就爬：「明公若視末將如子，末將也視明公為父！日後我一定像孝敬親爹一樣孝敬您，由我為您鎮守邊庭，您還有什麼不放心的？」閻柔看似諂媚內裡精明，割據多年不是曹營嫡系，多套點兒近乎，這官才坐得穩嘛！

群僚見他巴結得這麼露骨，不禁咋舌，曹操卻很受用：「要說你這歲數比他們也大不了幾歲，我拿你當兒子一般看待也不過。我正有話要問你：老夫意欲出征烏丸，你覺得如何啊？」

荀衍等人聽他這問法，心裡就涼了——這麼個小滑頭，他不贊成才怪呢！

果不其然，閻柔極力頌揚：「曹公英明！烏丸為害已久，在下身為護烏丸校尉久欲討之，可惜兵馬不足，有負朝廷所托。」他是雜牌子校尉，說著話還搖頭歎息，好像跟真的一樣，「明公有所不知，遼西一帶產馬，烏丸人又善於馴養，倘若能征服此族，叫他們為中原之士養馬，相信我軍鐵騎一定橫行於天下。」

話不在多，句句說到曹操心坎裡，而且征伐的理由又添了一條。曹操喜不自勝，問眾謀士：「你們聽見沒有？這可是烏丸校尉之言。」

參軍仲長統又出班諫道：「主公豈可謀小利而……」

曹操不耐煩了：「你乃一文人，不明軍務休要亂說。」仲長統滿面通紅──其實受斥責並不僅僅因為他阻攔用兵，更重要的是他是荀彧推薦來的人。

這半天只有郭嘉一人贊同用兵，如今蹦出個閻柔，樓圭半天沒說話，見曹操如此堅持，歎了口氣：「也罷，我隨你往遼西走一趟吧！」

「好，還是老朋友貼心。」曹操見他同意了，轉臉又看許攸。可許攸竟一言不發把頭扭到一邊──他才不願意跑到千里之外的蠻荒之地受罪呢！

曹操老大不滿，看在老交情的份上，也不好當面斥責，又問邢顒：「田先生已去，單憑先生之力能順利帶路嗎？」

邢顒大包大攬：「一路山川道路，在下了然於胸，絕不會出差錯。」

史渙仍覺此事不妥，還欲再諫，韓浩卻拉他衣袖道：「今我軍兵勢強盛威加四海，戰勝攻取所向披靡，不以此時除天下之患，將為後憂。主公神武舉無遺策，咱們中軍將領不宜阻攔。」

這兩句話聲音不大，卻被曹操聽得清清楚楚，甚是滿意：「韓浩、史渙聽令。」

「在！」二將連忙跨前一步。

「你們統帶中軍多有功勞，自即日起官晉一級。韓浩為中護軍、史渙為中領軍④，手下各置長史、司馬，代老夫處置營中事務。若此番征討得勝，我就表奏你們為亭侯！」這倆職位可了不得，中軍營的兵一向由曹操親自指揮，如今全權委託韓史二人，還允許他們任命屬官，這不僅是信任，還是莫大的榮耀。

眾將看出門道來了，只要支持遠征立刻就能升官，那誰還反對？于禁第一個跳出來，話風已與剛才截然相反：「既然主公決心已定，末將願為前驅。」張遼也道：「末將赴湯蹈火在所不辭！」接跟著樂進、朱靈、徐晃、李典、程昱等紛紛請命出征。

「好，很好。」曹操一邊點頭一邊拿筆寫著什麼，眾將話音方落，他一揮而就丟給記室陳琳，「你替老夫宣讀。」

「諾。」陳琳接住教令，朗聲念道：

武力既弘，計略周備，質忠性一，守執節義。每臨戰攻，常為督率，奮強突固，無堅不陷，自援枹鼓，手不知倦。又遣別征，統御師旅，撫眾則和，奉令無犯，當敵制決，靡有遺失。論功紀用，各宜顯寵。

如此高的評價是給誰的？眾將還在揣測，曹操已站起身來：「于文則、樂文謙、張文遠聽封！」

④ 中領軍、中護軍，設置始於秦代。曹操建安十二年授權韓浩、史渙是中軍體系的重大變革，被魏晉南北朝乃至隋朝沿用，這兩個職位也逐漸發展為天子禁衛軍的高級統帥。

「在！」三將出列跪倒。

「你三人屢戰屢勝戰功赫赫，從即日起于禁晉升虎威將軍，樂進為折衝將軍，張遼為蕩寇將軍，位在眾將之上！」封官本應該上表朝廷，可曹操此時儼然自作主張，連官樣文章都懶得做了。

這三個武夫哪管這麼多，他們眼裡從來就只有曹操沒有天子：「末將一定身先士卒，不負主公厚望！」不過從此刻開始，三人的爭功內鬥也愈演愈烈。

受封的想更上一層樓，沒受封也不服氣。朱靈素與于禁不和，又戰功卓著，恨得咬牙切齒。李典也頗為不悅，但城府較深未露聲色，只是心下揣測——我未及弱冠隨同舉兵，兗州之亂我李氏有驅逐呂布之功，這些年與樂進並肩作戰，都是半斤八兩，官渡獻糧，博望坡解圍，搶渡黎陽，憑什麼樂進受封卻沒有我？難道因為我李家功勞太大嗎？

無論如何眾將都已倒向曹操，謀士們也就束手無策了，曹操瞥了荀衍一眼：「休若，你都督河北軍務很辛苦，心操得太多難免慮事不周。我看你也該歇歇了，從即日起轉任留府參軍，不必再那麼勞神費力。」

荀衍一愣——這不是奪了我的兵權嗎？

荀攸趕忙諫言：「休若主持河北之事已有數年，輕車熟路將士信服。今主公意欲出征又易其職位，誰來掌管留守軍務？」

「我來掌管！」堂外傳來一聲高亢的應答。眾人扭頭觀看，外面走進一位花白鬍子的中年將官，身量不高相貌可怖，左目被黑布蒙著，剩下一隻右眼神光犀利令人膽寒，正是建武將軍夏侯惇。世人盡知夏侯惇如同曹操的分身，由他總督河北軍務誰能不服？荀攸大感驚愕，前幾日的軍報還說夏侯惇在并州，怎麼忽然跑到鄴城來了？再看曹操，絲毫意外的表情都沒有——原來是事先籌畫好的，他早想拿掉荀衍的兵權了。

荀衍與荀攸對視了一眼，雖然誰都沒說話，但彼此的判斷一致。有股潛流正悄悄襲來，被猜忌的是荀彧，但波及整個荀氏家族，曹操在逐步瓦解荀家的影響力。

「元讓，一路奔波辛苦了。」曹操露出一絲得逞的微笑。

夏侯惇也笑了：「受命奔走何談辛苦？」他原本留守許都，消滅高幹後曹操忙於出兵青州，故而調他到并州與新任刺史梁習一同處理善後，才幾個月工夫，曹操又祕密調他來鄴城。

「好！我晉封你為伏波將軍，增邑一千八百戶，領河南尹，不拘科制，有便宜之權。我走後河北一切軍務任由你處置，若無要緊變故，不必向我稟報。」夏侯惇原本受封高安鄉侯，封邑七百戶，如今陡然升至二千五百戶，就成了曹操以下爵位最高的人。身在鄴城而領河南尹，那便意味著雖然他離開許都，但京中的軍務還是由他遙控；所謂「不拘科制，有便宜之權」是給他先斬後奏之權，處理應急事務可以不拘於國家法令。足見曹操最信賴的還是夏侯惇，隨著與荀彧的分歧產生，還將越來越倚重他。

夏侯惇拱手道：「我受其職，請辭其爵。」

「爵位不高，則民不敬也；蓄祿不厚，則民不信也。我這也是給你樹威信，希望你以後辦事更順利，不必推辭。」

「既然如此……我便領受了。」夏侯惇作揖道謝。

「你我之間不用講什麼虛禮。」曹操揚了揚手，環顧左右謀士，「還有什麼要說的嗎？」事已至此還能說什麼？荀攸、仲長統、荀衍、崔琰都把腦袋耷拉下去了。「既然大家沒有異議，軍師與奉孝隨軍聽用，邢先生擔任嚮導，閻柔充任先行。休整一日拔營起寨！」

就這樣，建安十二年二月，在曹操的堅持下，飽含爭議的遠征還是開始了。八萬大軍氣勢洶洶自鄴城出發，馬軍在前步軍在後，刀槍似麥穗，劍戟似麻林，運載輜重的車輛更是數不勝數——異族之地風土有異，漢人所用的軍帳兵械之物要事先備足。整個隊伍浩浩蕩蕩長達數里，陣勢倒是很威武，但這樣行軍速度就慢了。三軍將士在塵沙古道間跋涉了三個月，僅僅到達幽州治下易縣，還不到總路程的一半，離柳城還遠著呢！

郭嘉再次獻計：「兵貴神速。今千里襲人，輜重繁多難以取利，且敵人聞之必設防備；不如留輜重，輕兵倍道而進，掩其不意。」曹操從其議，選精兵二萬，連同中軍虎豹騎先行，向胡漢交界地無終縣進發。

第三章

張繡郭嘉殞命，曹操連折兩員愛將

無終斷路

雖然曹操依從郭嘉之言輕兵急行，可還是遇到了意外變故。

世人常說燕趙之地四季分明，但四季分明卻非人人都能適應——春日雖好風沙卻大，有時鋪天蓋地猶如下黃土；秋高氣爽卻怕下雨，一層秋雨一層涼，雨後又潮又寒宛若冰窖；冬天不下雪狂風凜冽，下起雪來便是漫天遍野封山斷路。最難熬的還是夏天，燕趙之地燥熱乾旱，毒熱的太陽烤得地上滿是裂縫，可一旦下起雨來又電閃雷鳴傾洩不休，好似天河決口，把所有的水都灌向人間。

這年夏天的暴雨全叫曹操趕上了，幾乎一離開易縣老天就沒晴過，下至普通士卒上至曹操本人都淋得落湯雞似的。好不容易趕到無終縣，卻不能繼續前行了——再往東就是烏丸的地界，隨時可能遭遇敵人，現在士兵們一個個狼狽不堪，軍營快踩成爛泥潭了，需遷入縣城休養兩天，養足精神才能應對。再者暴雨一來河川暴漲，道路是否受阻，漕運軍糧是否停滯，必須把情況摸清楚。曹操索性把無終縣寺當作臨時的中軍帳，派出斥候四處打探消息。

「屬下慮事不周，請主公責罰！」邢顒身為嚮導奉命探察道路，一回來就直挺挺跪在曹操面前，「山洪暴發海水漫漲，自徐無山以東，沿海道路濘滯不通，恐怕要等積水回落才能通行。」

曹操聽罷眉頭凝成個疙瘩，心煩意亂踱來踱去，卻沒有責怪他。倒是旁邊的樓圭狠狠瞪了他一眼：「邢子昂，出兵之前你如何誇口？你說一路上的山川道路早就了然於胸，怎麼事到臨頭又行不通了？」

邢顒自知理虧：「今年雨水之大，近十年來罕有，以致附近河川漲溢決口……還望樓司馬體諒。」

樓圭依舊不饒：「居此多年身為嚮導，一事未料是之恥也！我要是你就謙恭一些，沒這麼大的本事就別把弓拉滿……」

「子伯！別說了！」曹操停住腳步捏了捏眉頭，這會兒他也懶得埋怨邢顒了，揚手示意他起來，「河水回落還要等多久？」

「少則十天半月，多則……」邢顒咽了口唾沫，「倘若雨照這樣下個不停，就是兩三個月也難說。」

「又要兩三個月。」曹操眼望大雨呆立良久，忽然轉身道：「不能耽擱了，若再等兩月，兵至柳城又已耗到冬天了。明日就出發，即便蹚水也要給我蹚到柳城！」

邢顒心頭一顫——數百里之地蹚水而行，三軍將士得受多少苦？但他慮事不周有過在先，不敢出言阻攔，只能逆來順受了。隱居之人本是潔身自好不屈權勢的，可一旦踏入仕途，原先的志節就會逐漸消磨。這就像是在飛鳥身上綁了黃金，雖然光彩閃耀，卻再不能展翅高飛了。

「這麼幹行嗎？」樓圭也覺不妥，「強行進軍士卒勞苦，倘若與敵相遇豈不危險？」

「老夫自然曉得凶險。但積水漫道，我雖不便敵也亦然，況我軍新定青州士氣正盛，先鋒在前大軍殿後，烏丸人也未必敢輕犯。無論如何要趕在冬天之前到達柳城，若再耽誤下去，半路途中趕上大雪，征討之事又要推遲了……」有些話曹操不便出口，袁尚兄弟不過邊患小疥，他真正怕耽誤的是征伐荊州掃平江東，乃至一統天下、問鼎至尊的大事。

軍師荀攸一直默默無言在旁邊聽著，他自知曹操對荀氏之人已有猜忌，所以儘量不說掃興的話，但見曹操一意孤行實在按捺不住了：「主公親自遠征本就不妥，萬不可再強行弄險。袁氏乃一團死灰難以復燃，用兵之事推遲一載又有何妨？萬事皆不可急於求成啊！」

「萬事皆不可急於求成……」曹操陰陽怪氣地咂摸這話，倏然凝視荀攸，「軍師所言這『急於求成』是指征討烏丸之事，還是另有所指？」

堂上的氣氛頓時凝重起來。荀攸不過隨口一說，並非諷刺曹操急著篡奪漢室天下，沒料到這句話竟招惹這麼大的猜忌，只得倉皇起身辯解：「在下但言用兵，別無他意。」

「哼！」曹操哪還聽他解釋，「即便有他意也沒關係，老夫明明白白告訴您，我就是急於求成。老夫已年過五旬，有些事不得不急！天下之權盡在我手，我欲為之誰敢攔阻？軍師啊軍師，您可要想明白。」

荀攸心似刀割般難受，實在不知該如何應答，低下頭默默忍受。邢顒、樓圭沒想到曹操會對這些年來盡心盡力輔佐他的人如此苛刻，想幫軍師打個圓場，可面對這玄而又玄的話題也不知如何開口，生怕說錯一句引火上身，都愣在那裡。正在此時忽聽外面一陣喧譁，鮮于輔、張繡、閻柔等將說說笑笑，眾星捧月般簇擁著一個身披蓑衣之人來到堂下——正是棄官而去的田疇。

「田先生！」曹操拋開荀攸回過神來。

「草民拜見明公。」田疇摘下斗笠深施一禮，卻仍舊口稱草民，疏遠之意不問可知。

曹操心中不快，卻強顏歡笑道：「先生來得正好。前番您棄官而去想必是不願當老夫的下屬，我已上書朝廷舉您為孝廉，並授以蓚縣縣令之職。縣令乃朝廷所封天子任命，您該滿意了吧？」

「多謝明公厚意，但草民生性散漫見識淺薄，萬不敢褻瀆廟堂，還請明公見諒。」田疇的話雖客氣卻也帶著三分冷淡，「草民去而復返並非留戀仕途，乃是為您引路而來。」

這些日子行軍艱難曹操甚是惱火，昨日郭嘉病重臥床，剛才又跟荀攸鬧了一通，所有煩心事都湊到一起了；這會兒見田疇依舊不肯就範，火氣實已頂到了嗓子眼，一個「殺」字已到唇邊，可聽他說願意引路，又趕忙嚥了回去：「哦？先生有辦法應對積水斷路？」

田疇搖了搖頭：「要從此路到柳城，需西出徐無山，過令支，經肥如，一路都是沿海低窪之地，洪水漫道車馬不通，水深又不足以行船，若仍要從這條路走，只怕比登天還難。」

邢顒猛然醒悟：「兄長還知道別的路？」

「正是。」田疇不慌不忙道：「前朝北平郡的治所並不在無終縣，而是在平岡城（今遼寧省喀喇沁左翼蒙古族自治縣），據故老相傳，那裡有條山路可直達柳城。」

「平岡城？」曹操格外驚訝，「莫非昔日漢軍與匈奴征戰之地？我只在史書上見過這地名，現今幽州所轄郡縣並無此處，平岡究竟在哪兒？難道在塞外？」

「不錯。」田疇手指東北方向，「從我居住的徐無山後山出發，往東北走是長城盧龍塞（今河北省寬城縣喜峰口），出塞再行二百餘里便是平岡城。過了平岡翻越白狼山（今遼寧省凌源市東南）便可到達柳城，這條路比循海而行還要近。」

邢顒連連跺腳：「虧我在徐無山住了多年，這條路竟然不知。」

「這也不能怪你。平岡城自王莽之時廢棄，算來已有二百餘載。我原先也以為路早就斷了，可兩年前有幾個鮮卑人自咱們後山而出，我才知道古道仍可通行，不過崎嶇顛簸草木遮蔽罷了。」說著話田疇又朝曹操拱手，「如果明公有意由此道進兵，草民願意披荊斬棘為您引路。」

他說得容易，在場眾人卻紛紛搖頭——出了盧龍塞就不是大漢領地了，說不準有什麼危險，倘若再與鮮卑游牧部落相遇，豈不是除狼不成反而招虎？再者這條路荒廢二百多年，誰知道會不會半途中斷？還要翻山越嶺才能到柳城，半途有個一差二錯，軍隊迷失在崇山峻嶺間，那時可就進退維谷了。

田疇知道他們有疑慮，又說道：「古道雖荒，但比沿海而行近百餘里；鮮卑諸部正處內亂之中，我料他們自顧不暇，不會干擾到咱們。況且明公大軍既到此地，想必烏丸人也已得到消息，蹋頓必在令支、肥如等地布置兵馬防禦我軍，即便等到水退了，這仗也未必好打。與其硬攻，倒不如宣稱洪水斷道，假意撤兵迷惑敵人，烏丸信以為真必不設防。咱們輕兵簡從，暗中取道塞外，出其不意攻其無備，蹋頓之首可不戰而擒也。」

「這倒是個妙計！」曹操有些心動。

田疇環視眾人，見多數將領還是眉頭緊鎖，便作了個羅圈揖道：「草民不過充當嚮導，還請列位自行定奪。軍務之事我一介草民不便過問，且到偏室聽候調遣。」他還是不拿自己當曹營中人，說完就要出去。

邢顒一把抓住他手：「小弟正無計可施，多謝兄長解圍。」

哪知田疇把衣袖一抽：「我既不為功名利祿，也不為你我昔日之情，只是盼著早日擊破蹋頓，救我十萬同胞出水火。」說罷揚長而去。

田疇一出去，眾人馬上聒噪起來。樓圭搶先道：「此計聽似巧妙，其實大有凶險，主公親征外藩已是弄險，切不可再險上加險！」牽招也道：「卑職也是幽州人，平岡城之事只是道聽塗說，即便此路尚通必定荊棘叢生；況且白狼山乃北地險山，還望主公三思。」連許褚都開了口：「姓田的信得過嗎？他可逃官一次了，會不會與敵人勾結？」眾人你一言我一語，竟沒有一個願意聽田疇之計；荀攸剛才挨了一頓訓斥，垂頭喪氣不敢再言，卻也搖頭不已。

即便眾人極力反對，曹操還是被這計畫吸引住了。風險必然是有，但若能出其不意攻其不備，袁尚兄弟與蹋頓便可一戰而滅，說不定還能兵不血刃，直接殺入柳城呢！但大家的顧慮他又不能不理，誰願意遠涉塞外跟他冒這麼大風險？正在吵吵嚷嚷之際，忽聽一人朗聲高呼：「屬下覺得主公可以一試！」郭嘉無聲無息鑽進了人群。

「奉孝，你身子還好吧？」曹操格外關切。

「我就是塊賤骨頭，難受了這麼多天，被雨這麼一淋反倒好了。」郭嘉笑呵呵拍了拍胸口，似乎顯得精神煥發，「說正經事吧，剛才田先生的話我都聽見了，我覺得此計可行。」

「何以見得？」眾人紛紛發問。

「《三略》有云：『能扶天下之危者，則據天下之安；能除天下之憂者，則享天下之樂；能救天下之禍者，則獲天下之福。』烏丸肆虐北州已非一日，主公除之非但可定北方之患，更是為大漢百姓造福。現有妙計可助主公建此不世之功，豈能不試上一試？」郭嘉對塞外凶險避而不談，卻一再重申征討烏丸是為民造福。看似不著邊際，卻是在暗示曹操，該抓住機會為日後「據天下之安」積累功德。

一把鑰匙開一把鎖，曹操頓時眉頭舒展——他身經百戰豈能不知此去凶險，分析來分析去還不是那點事？此時他需要的根本不是別人掰開揉碎地講利害，他要的是一個贊同的聲音幫他穩定人心。畢竟遠征烏丸本就頗具爭議，放手一搏更需有人登高一呼。郭嘉畢竟是郭嘉，永遠知道曹操要的是什麼。

樓圭仍未解其意：「但塞外有不測之……」

郭嘉根本不容他把話說完：「塞外雖險，難阻威武之師！在下相信田疇赤膽忠心，更相信主公用兵之能。反正洪水斷道不能通行，乾等著也無濟於事，不妨去試試；若無法通行，退回來也不耽誤日後之謀。」話雖如此，軍中沒有朝令夕改的道理，真去了就不可能輕易回來，誰都明白郭嘉說的不過是安慰之辭。

「對！」曹操接過話茬，「還記得官渡之戰嗎？試了總有一線希望，不試永無勝算！我意已決不必多言，三日後隨田疇入山。誰願意充任先鋒為老夫開山墊路？」

眾將面面相覷默然不語，過了半晌才聽一個低沉的聲音道：「這先鋒官還是末將來當吧！」眾人尋聲而看——請命者是張繡，這幾日他水土不服未見好轉，熬得雙眼都有些凹陷了。曹操顧不得這麼多，上前一把抓住他的手臂高高舉起：「張將軍帶病出征，何其壯哉！你們這些身康體健之人又當如何？」

眾將也都是有血性的，叫他這一問不能再猶豫了，只得拱手道：「赴湯蹈火在所不辭！」將領們點頭，參謀掾屬又能如何？樓圭捋了捋鬍鬚：「也罷！既然來了就陪你走一遭，我這老朋友夠義氣了吧？」牽招等人也只好點頭。

曹操這才有點兒笑意：「牽招聽令！馬上派人在道路上插立木牌，上面寫『方今暑夏，道路不通。切俟秋冬，乃復進軍』，把大小道路都插遍，一定要讓烏丸斥候瞧得清清楚楚。」

「諾。」牽招領命而去。還未下堂，又見一員相貌英俊的中年將官迎面走了進來：「屬下屯田都尉董祀參見主公！」

「哦？」曹操精神為之一振，「軍糧運到了嗎？這一路洪水漲溢，有沒有翻船折損？」

董祀抱拳拱手：「糧船盡數運到。若少一隻，主公砍我腦袋！」

「好樣的，會辦事。」曹操欣然一笑，又見他腰間繫著條白帶子，「你家中有喪？居喪期間不忘國事親自解糧，真是難得啊！」

董祀滿臉羞慚：「實不相瞞，內子新近過世。」此言一出所有人都笑了——天底下有給爹戴孝的，有給媽戴孝的，哪有給媳婦戴孝的？董祀倒也講得出理來：「非是在下胡亂行事，是世間之人忒不講理！女人可以為了丈夫披麻戴孝如喪考妣，女人死了怎就不許咱男人留戀？繫條白帶子總可以吧！」聽了他這番道理，眾人個個忍俊不住。

「胡鬧！」曹操也覺好笑，卻抿著嘴訓教道：「這有悖禮法綱常！方今之世倒也罷了，若是太平時節禮教森嚴，這根帶子就能毀了你的前程。快給我摘了！」

董祀耷拉著腦袋解帶子，嘴裡還嘟嘟囔囔：「賢妻啊賢妻，既在公門身不由己，為夫不能多想妳了。」

曹操瞧他這模樣怪可笑的：「倒也算個情種……大丈夫何患無妻？衝你這一片癡心，老夫幫你找個才貌雙全的續弦之人。」

「莫說婚姻之事，在下榮辱生死日後全部托於主公！」董祀順竿便爬很是伶俐。

「少獻殷勤。」曹操正了正顏色，「在此城東二十里有座徐無山，山裡有個村寨，天黑之後你派人把糧食送到那裡。」

「送到山裡？」董祀不明其意。

「隱居徐無山的田疇先生是我朋友，你把糧食送去，若有人詢問就說奉命周濟村民。其他的不必管，到時候老夫再告訴你。」

「諾。」董祀領命而去。

曹操逐個打量堂上之人：「你們回去休息，趁這兩日養精蓄銳，到時候給我打起精神來！」眾將諾諾連聲各自離去，唯有荀攸、郭嘉留了下來。

「公達……」曹操瞧了一眼荀攸，見他滿面委屈憂心忡忡，也覺得剛才的話太過，「接連受阻，老夫心中不順，方才的話你莫往心裡去。道路艱難你就別跟著了，留下來率軍撤退迷惑敵人，另外要及時為我傳遞軍報。過幾日後面的大軍就到了，你多辛苦吧！」說罷，順手取了件蓑衣又去尋田疇商量細節了。

望著曹操的背影，荀攸歎了口氣——看來暢所欲言的日子已成過往雲煙，以後再不能推心置腹了。相處這些年他已摸透了曹操的性格，只要是下定決心要做的事，誰都無法阻攔。倘若依舊堅守忠於天子的道德底線，自己遲早會被曹操視為眼中釘肉中刺，到時候什麼昔日恩義、什麼汗馬功勞，恐怕都擋不住屠刀吧！可若是放棄了效忠漢室的誓言，百年之後有何臉面去見荀氏列祖列宗？其實曹操能成今日之勢多有他的功勞，是他為曹操出謀劃策，打了一次又一次勝仗。難道千辛萬苦卻輔佐出一個埋葬漢室天下的掘墓人嗎？荀攸心中煩亂，瞅了一眼郭嘉，不禁喃喃道：「奉孝，看來我這軍師的位子要讓給你了。」

「不會的，軍師永遠是公達兄。」郭嘉搖了搖頭，露出一絲苦笑，「說實話，我過去確實想要爭你的位子，不過現在……唉！老弟想勸您一句，這天下早晚落到曹家手裡，你和令君再想潔身自好也沒用。主公不是周武王，你們也當不成伯夷、叔齊……憑心而論，若沒有曹孟德，這大漢朝廷早就不存在了。即便他當皇帝，也不算逆取吧？咳咳咳……」他喘了幾口大氣，總算把咳嗽壓下去，又開始重申那句說過的話，「能扶天下之危者，則據天下之安；能除天下之憂者，則享天下之樂；能救天下之禍者，則獲天下之福……」

荀攸時而點頭時而搖頭，思來想去徒增煩惱，最終只是歎了口氣，又拿起了厚厚一疊軍報——不論為曹而是為漢，軍務總不能耽誤。可若不是為了恢復漢室天下，對他而言打仗還有什麼意義呢？真可謂進退失據，左右為難。

塞外之苦

建安十二年（西元二〇七年）七月，曹操在田疇、邢顒的引領下登徐無山、出盧龍塞，開始了艱難的遠征。隨軍將領包括建忠將軍張繡、蕩寇將軍張遼、橫野將軍徐晃、度遼將軍鮮于輔、偏將軍張郃、烏丸校尉閻柔，中軍的親信將校許褚、曹純、韓浩、史渙等人，軍師祭酒郭嘉、軍司馬樓圭，以及幽州籍貫的軍謀掾牽招，作為隨軍參謀。

雖然出發前大家已有充分準備，可踏上行程才知這條路遠比想像的還要艱難。盧龍塞乃前漢時修建，位於山谷間衝要之地，用於屯兵防禦匈奴；雖然多年內亂已是座空城，但依舊雄偉壯觀，城牆高有三丈，左右延伸，與險山絕壁相接。自此以北都是綿亙的山巒，峻坡縈折遙遙無邊，令人望而生怯。田疇所說的那條路不過是嶺間彎彎曲曲的峽谷，而且荊棘叢生幾無落足之處，得靠士兵揮舞砍刀緩緩推進，遇到較深的河流還要搭設便橋。

曹操自易縣加速行軍，已把大隊人馬拋在了後面，臨時改道盧龍塞乃為出其不意偷襲敵人，所以又把到達無終的部隊精中選精，真正帶到這裡的，算上運糧的、運輜重的也只三萬多人。可即便就是這三萬多人也難以在古道上伸開手腳，有時經過的谷地只有一線天，士兵們推推搡搡，隊伍一展開就是五六里。而且曲折迂迴並非直達，要先往西北行進，繞過難以逾越的險山到古白檀縣境（今河北省承德市西南），然後才能轉向東北奔平岡古城。田疇、邢顒當先引路，張繡所部作為先鋒，逢山開路遇水搭橋，鮮于輔、閻柔及其部將緊隨其後；曹操督帥親信將校、虎豹騎及幾位參謀處在中間。張遼、徐晃、張郃三員大將反倒排在最後，他們是作戰的主力，得保存實力養精蓄銳，打仗時再更換位置。另有屯田都尉董祀在徐無山臨時落腳，分派部下和熟悉道路的村民把一車車糧食輜重送達軍中，還要接收荀攸的軍報並及時轉遞曹操，斥候在開闢的山道間快馬往返猶如穿梭。這番布置可謂萬無一失，但是行軍的速度依然很慢，有時一天都走不了二十里，只能耐著性子往前蹭。

道路艱難只是其中一個問題，這該死的鬼天氣更可惡。初始幾日雨時下時停，士兵的衣服都濕透了，連雨水帶汗水緊緊黏在身上，成天到晚濕漉漉的，搞得人渾身不自在。本就崎嶇難行的小路也被雨水泡得泥濘不堪，腳一踩上就打滑。過了幾日秋老虎來了，雨是不下了，太陽卻毒得厲害，烤得潮濕的大地直冒白煙。將士們前番冒雨，人人身上都裹了一層爛泥，這會兒又都成了硬泥巴，又髒又累狼狽不堪。到了夜晚那些狹窄的小路還不能紮營，尋稍微寬敞點兒的地方給將軍們搭幾座帳篷，至於普通士卒只能風餐露宿，一個個抱著兵刃，枕著枯木，還要防備山間的毒蟲叮咬，搔癢難耐令人心煩。如此逶迤推行了十多天，這一日午間，先鋒軍忽然停住了腳步。

「怎麼了？兵馬為何不行？」曹操這幾天被蚊蟲擾得難受，摘去兜鍪尋了塊麻布裹在頭上，把臉頰和口鼻都護住；因為初秋時節天氣太熱，他把鎧甲也脫了，只穿著件粗布長衫，腳下也索性換了草鞋，顯得有幾分滑稽。

郭嘉陪在他身邊，卻沒有騎馬，病怏怏拄著一根竹竿，有氣無力道：「可能又有河流斷路吧……」說完這句，他抬起頭艱難地仰望蒼穹——太陽熱辣辣地炙烤著他，可他仍覺渾身發冷，冷得彷彿浸透在冰水之中。這幾天他已經不咳嗽了，但覺胸臆間說不出的難受，連口大氣都喘不上來，四肢無力昏昏沉沉，似乎五臟六腑周身百骸都被寒氣凍結住了；每邁出一步都很艱難，就像自地下伸出一隻大手抓住他的腿死命地往下拉，要把他生生拖入地下。

樓圭似乎是輾轉奔波慣了，根本沒被這一路勞苦影響，敞開衣襟搧著涼風戲謔道：「孟德，我這老朋友可算是陪你上了賊船嘍！三里一座山，五里一條河，也不知田疇把咱們帶到哪兒去，說是向東北卻一路往西北走，還沒找到平岡城呢，更別說柳城了。」

話未說完就見田疇手舞足蹈從前面跑了過來，衣衫被荊棘枝椏刮得破破爛爛，一邊跑一邊嚷，簡直像個瘋子：「濡水①！咱們到濡水啦！」

眾人聞聽皆感振奮——濡水在前漢白檀縣境內，如今是鮮卑部落活動的地盤，走到這裡雖只是整個行程的一小半，但渡過濡水就可以折向東北，此後直到平岡都沒有什麼艱難險阻了。曹操以手加額：「蒼天不負我曹某人，總算走出這荒山野嶺了。」

田疇氣喘吁吁跑到諸人面前，神經兮兮指著遠方：「你們快聽！聽到水流的聲音了嗎？我也是第一次到這地方來，山明水秀還有鳥叫呢！多美啊……」他微瞇雙眼張開兩臂，大口呼吸著山間的空氣，竟流露出一絲幸福的笑容。

曹操、樓圭哪有隱居之人的閒情逸致，抱著肩膀呵呵直笑。郭嘉學著田疇的樣子閉目聆聽——似乎還真聽到了淙淙流水聲，不過這種聲音只讓他感覺更冷更難受，彷彿那流水並非滾滾東流，而是帶著一股寒氣灌入他的心田。又聽一會兒，那聲音似乎越來越吵，頃刻間潺潺流水已化作萬千冰河席捲而來！郭嘉忽覺胸口發悶渾身冰涼，趕緊睜開眼望向天空，希望陽光能給他一絲溫暖；卻見熾熱的太陽彷彿變成了兩個、四個、八個……無數個太陽在眼前晃來晃去，他一陣眩暈，手中竹竿一鬆，仰倒在山路上。

「奉孝……奉孝……」

郭嘉再睜開眼睛，見曹操、樓圭等人都滿臉焦急地圍在身邊，他強自鎮靜，擠出一絲微笑：「沒什麼大礙……可能是找到去路太高興了。」田疇解開衣衫要為他搧風祛暑，卻被他攔住：「別……我冷……」

「冷？」曹操摸了摸他額頭，「你身上很燙，怎麼還感覺冷？」

「沒事……就是有些水土不服。」郭嘉嘴上雖這麼說，心裡卻已明白——無常迫命死期將至，恐怕熬不到柳城了。

曹操愁容滿面站起身：「最近患病之人越來越多，都是這鬼天氣鬧的。吩咐大夥多弄些水，別摘亂七八糟的野果吃，不知有沒有毒。山泉也不好，寒氣太盛傷損肺腑。將士們都辛苦了，在此休息半日，派人搭設便橋，明天再趕路吧！」

剛說了兩句，又見邢顒匆匆忙忙從前面擠了過來：「主公，有幾個鮮卑人從西面而來。」

「哦？」曹操不免擔憂，雖然這次是打烏丸，走的卻是鮮卑部落的地盤，要是與人家鬧起衝突就麻煩了，「你們幾個照顧奉孝。子昂帶路，老夫親自去看。」

道路狹窄士兵擁簇，這會兒找到水源，所有人都搶著往前擠。韓浩、史渙等左右呵斥，開出一條人胡同，曹操拄著手杖快步前行，越走越覺寬闊，漸漸出了山口，更是豁然開朗——但見草木低矮礫石紛亂，已是一片河灘，濡水自西面湍急流過，還有幾條林間小徑不知通向何方。士兵們辛苦了這麼多天總算走出群山了，有的歡呼戲鬧，有的到河邊喝水洗臉，有的坐在地上哼著小曲。

曹操順著邢顒手指的方向望去，見不遠處一棵老松樹下，閻柔、牽招正和兩個身裹羊皮、披髮左衽的鮮卑漢子說話；走過去傾聽，說的是鮮卑語，一句也聽不懂。漢子身後躲著兩個鮮卑女人，還有幾個牽著馬匹牛羊的老人和小孩，驚恐地望著漢人士兵。

曹操點手喚過牽招：「他們是什麼人？」

牽招沒有絲毫緊張表情：「主公不必擔心，不過是尋常牧民，從漠北過來的。鮮卑鬧內亂，他們的部落被人殺散了，逃難途經此地。」昔日檀石槐以武力統一鮮卑，又東敗扶餘，西擊烏孫，北逐丁零，南擾漢邊，其領地東西一萬二千餘里，南北七千餘里，山川、水澤、鹽池甚廣，又在各處

① 古代河流，又名曲逆水，現今易河的上游分支。

委派小部落首領進行管轄。可檀石槐這個鐵腕人物一死，那些首領就開始各自稱王，不但殺了檀石槐的兒子，還互相殘殺爭奪草原單于之位。那種你死我活的爭鬥，與中原漢地曹操、袁紹、袁術、呂布等人的廝殺幾無分別。

既然不是敵人，曹操也寬心了，「你再替我問問他們，現在鮮卑各部誰的實力最強。」

「諾。」牽招又跟那倆漢子嘰哩哇啦了幾句，轉身稟報，「現在最強的首領叫軻比能，原本只是別人手下的小頭目，後來陡然而起吞併了七八個部落，手下有數萬勇士，牛羊馬匹數不勝數。剩下的部落都聯手對付他，仍處於下風。」

曹操聽罷竟不禁生出些感慨，軻比能的經歷與他自己何其相似？當年他也只是討董義軍中一個沒有正經名分的將領，後來占據兗州，奉迎天子，官渡戰後陡然強大，袁尚兄弟、高幹、劉表聯手都鬥不過他。想至此曹操笑了：「中原漢地是我曹某人，塞外之地是他軻比能，是不是有朝一日我們倆也得較量較量啊！」

閻柔湊了過來請示：「這幾個鮮卑人該如何處置？」

曹操眯了眯眼睛，舉起手來剛比劃出「殺」的動作，聽身後有人阻攔：「明公且慢！」

「田先生，有何賜教？」

田疇已看得清清楚楚：「上天有好生之德，這幾個人只是鮮卑族尋常百姓，明公何必誅戮？」

「不殺他們只恐洩漏軍情。」

「樂民之樂者，民亦樂其樂；憂民之憂者，民亦憂其憂。鮮卑人頗重信義，明公若以仁義相待，他們豈會出賣您？何況他們未必會與烏丸相遇，也未必會洩漏軍機。」

「即便如此，咱們身涉塞外，還是小心為妙啊！」

田疇抱拳拱手，一臉正色：「人有不為也，而後可以有為。明公艱苦跋涉，為的是安定邊疆撫尉百姓，妄動殺戮豈非本末倒置？」

曹操聽他滿口仁義，不願再與他嚼舌，便揶揄道：「好吧，就依先生之言。」又在閻柔耳畔嘀咕兩句，信步走開了。

在侍衛驅趕下，河邊的士兵都散開了。曹操舉目前觀，見河對面已無險山，草木低矮甚是平坦，以後的路似乎好走多了；又見張繡也正駐馬河邊向前眺望，搭訕道：「張將軍一路開道勞苦功高，今天不走了，下馬歇歇吧！」

不知為何，張繡竟沒有回答。曹操湊上前又道：「將軍在看什麼？」還是沒應答。曹操覺出不對勁了，走到他身邊——但見張繡面如死灰，鬍鬚枯黃，嘴巴微張著，雙眼空洞地望著前方。這一路天氣燥熱又無敵人，其他將校都脫了鎧甲，唯有他盔明甲亮一絲不苟。此刻他騎在馬上，手裡還握著他的銀槍，槍尖直挺挺插在一塊大石頭上，似乎是借此撐住整個身子；他的西涼寶馬也訓練有素，馱著主人站在那裡，竟一動也不動。

曹操忽然感到一陣恐懼，踮起腳尖抬起手哆哆嗦嗦在他面前晃了兩下——已經氣絕身亡！

「來人吶！」他撕心裂肺地嚷了起來，「張將軍死了！」

所有人都震驚了，田疇、邢顒等人都圍了上來。最感驚愕的莫過於先鋒營鮮于銀、齊周等部將，初時一愣進而伏地痛哭：「將軍啊……你怎麼就這樣去了……」

「別哭了！」曹操忽生一陣惱怒，「主將都死了，你們竟然不知，還有臉哭！到底是怎麼回事？」

鮮于銀是鮮于輔的族弟，臨時撥給張繡調遣的，跪爬了兩步泣不成聲：「張將軍出征之日身體就不好，這十多天又上吐下瀉，吃不好睡不好，每天還要指揮開路……」

「既然如此何不早報我知？」曹操氣憤不已，「病情嚴重就該撤回去休養啊！」

「他不讓我們講啊！」鮮于銀連連叩首，「他總是說過幾日就好，又是個好勇要強的性子。剛才還跟我們幾個說話呢，誰知道這麼會兒工夫就……」

曹操看著這幫衣衫襤褸痛哭流涕的將校，又回頭瞅了眼死於馬上盔甲儼然的張繡，似乎明白了——他早就預計到自己會死，所以始終不肯卸甲。是啊，真正的將軍是要死在軍中的！哪怕盔甲不齊，哪怕落馬倒地，對他而言都是侮辱。回想起來，正因為他是害死我兒子的凶手，所以更要事事衝在前頭，即便死也要死得轟轟烈烈！與其說是對我的報答，不如說他想教我明白，他張繡絲毫也不欠我的。好個剛毅烈性的漢子！

士兵們七手八腳把屍體搭了下來，曹操伸手合上他的雙眼；至於那根插在石頭上的銀槍，竟然合四五人之力才把它拔起！

曹操望著張繡的屍體良久不語，漸漸又感覺到一陣不安，猛然自一名騎兵手中奪了匹馬，騎上馬直往後衝，連親兵都沒反應過來，趕緊追著他跑下去。他也不顧道路狹窄，驚得士兵左躲右閃，直馳到虎豹騎隊中才勒住韁繩——郭嘉已被抬到平板車上，正躺在那兒與樓圭說話。曹操跳下馬湊了過去：「奉孝，你怎麼樣？」

「沒事……」郭嘉還是滿面微笑，但臉色越發難看。

曹操鬆了口氣：「我剛才突然害怕起來，怕你……」

「怕我死了？」郭嘉歎了口氣，「主公放心，我才三十七歲，哪這麼容易死。」

「萬千大事還等著你，老夫可不能沒有你啊！」

「能得主公這句話……我就是死十次百次也心安了……」

「別這麼說。」曹操替他捋了捋亂糟糟的鬍鬚，「你不知道，張繡病死了。」

「嗯？」郭嘉哭笑不得——沒想到張繡竟走在他前頭了！

曹操眼中那絲不忍之色一閃而過：「奉孝，你素來能謀善斷，可有件事卻大大失算了。你不該勸我放華佗回鄉，他若在軍中，張繡豈能喪命？你又豈會病成這樣？」

「己所不欲勿施於人，他妻子有病需要醫治，主公何必強人所難呢！」郭嘉說的是謊話，早在一年半以前華佗就斷定他身患絕症無藥可醫，因此他才故意在這個節骨眼上讓華佗回鄉躲避。倘若身在軍中又治不了這病，以曹操之性情豈能饒了華佗？

可能是天天見面的緣故，曹操只是知道郭嘉最近身體不適，卻沒怎麼注意他的變化；到此刻才意識到，這一年來郭嘉已清瘦了許多，原本白皙的手腕細得棒子似的：「這樣不行，你不能隨軍打仗了。」一回頭正看見田疇跟上來，「田先生，從此地回易縣要走幾日？」

田疇道：「來時的荊棘已剷除，若快馬加鞭只需十幾天。」

曹操當機立斷：「來人吶！牽馬套車，送郭先生回易縣休養。」

「不……」郭嘉想起身抗拒，可怎麼也使不上力，才意識到——自己已經不可能再站起來了！華佗說過，他所患之症名喚「瘵」②。恰如《詩經》所云「邦靡有定，士民其瘵」，得了這個病就意味著痛苦，把精神氣力一點點耗光。「瘵」與「債」又是同音，這病魔就像索債一般催命。他原本也想像張繡那樣壯烈地死在軍中，現在已不可能了。算了吧！由著主公安排吧，離開這裡死也好，省得主公悲傷掛念，就叫他專心致志打好這場仗吧！

曹操不知他患的是不治之症，滿心指望他好起來，又吩咐親兵：「你們幾個護送郭先生回易縣休養，路上慢慢走，不要太顛簸。再找幾個人把張將軍的遺體也拉回去，他家鄉涼州實在太遠了，就在鄴城安葬。另外告訴軍師，火速召華佗回來給郭先生看病，千萬別耽擱。」

---

② 即肺結核，民間俗稱肺癆，古代肺結核是不治之症。

郭嘉想抬頭說一句「不必麻煩華先生」，可身子一顫險些從平板車上掉下來。樓圭、田疇趕緊扶住，郭嘉自知去日無多，恐怕也熬不到華佗趕到了，再不說那些沒用的話，忍著周身劇痛顫巍巍道：「我還有祕密軍務……向主公匯報……」

樓圭趕緊拉曹操過來，與田疇識趣地退了幾步，只見曹操俯下身側耳聆聽，又見郭嘉低聲嘀咕兩句，除了「遼東公孫康」幾個字，其他的也沒聽清。最後曹操笑道：「好，一切都按你說的辦。你放心走吧，等老夫得勝而歸，咱再詳談南下之事。若不出我料，只要咱們大軍壓境，劉表、孫權等輩說不定會不戰而降，畢竟連益州劉璋都向老夫低頭了嘛！安心休息，快走吧！」

平板車掛在馬匹之上，士兵輕揮一鞭，馬兒拉著車子行進起來。郭嘉咂摸著曹操最後那幾句話，不知為何忽然覺得很不放心，掙扎著仰起頭，用盡渾身氣力嚷道：「主公……莫忘了驕兵必敗……要小心騎虎難下……騎虎……難下……」斷斷續續說了這幾句就也緩不上氣來了，只好身子一挺，虛脫地仰臥在車上。

曹操聽了個朦朦朧朧，回頭問樓圭：「你聽見奉孝說的什麼嗎？好像是什麼騎虎難下。為何說這樣的話？」

樓圭的解釋是：「或許他後悔不該逞強跟著來，現在病倒了又要回去，騎虎難下了。」邢顒卻笑道：「我看不是，他是說我這個嚮導不稱職，領著大家東轉西轉，想回去都不容易嘍！這才是騎虎難下吧？」

田疇默然無語，心裡卻有自己的算計——為了拯救黎民征討烏丸，我給曹操當了嚮導，這仗要是打輸了，自然難辭其咎；打贏了便立下功勞，日後曹操定會硬拉我做官。我本不願保他曹孟德，卻忍不住來蹚這渾水，這也是騎虎難下吧！

曹操望著遠行的馬車，此時此刻還猜不透這四個字的含義，但是他似乎已嗅到一絲不祥，卻只能自己安慰自己，「但願奉孝的病能快些好起來，老夫可離不開他啊！」

田疇目睹曹操牽掛的神情，心下不無感慨：曹孟德確是愛才之人，對屬下關懷備至，倒也值得敬佩……剛想到此處，忽然聞到一股竄鼻的肉香——羊肉？剎那間，田疇剛有的一點好感消失得無影無蹤，他厲聲質問：「曹公為何言而無信，殺了那幾個鮮卑人？」

「哦？」曹操笑道：「老夫並沒下令殺他們。」

「若沒殺他們，從哪搶來的羊肉？」

曹操搪塞道：「或許他們見我軍陣容齊整，心仰慕之，把羊送給士兵了吧？」

田疇瞧著他那奸笑的模樣，簡直就是一個無賴，憤憤道：「明公若如此行事，草民不敢再為您效勞。」說罷就要走。

「且慢！先生不必動怒，我這就派閻柔去查，看看是誰違反軍令擅自殺人。」其實就是曹操吩咐閻柔幹的，叫他查怎麼可能有結果？

田疇已洞察其想法，苦口婆心道：「明公興師乃為百姓，豈可行不義之事？鮮卑百姓逃難至此，難道您就沒有半分憐憫之心？」

「憐憫？」曹操臉色漸漸陰沉下來，「小仁乃大仁之賊也！他們是性命，我三萬大軍就不是性命了嗎？千里之堤潰於蟻穴，萬一洩漏軍情，烏丸大軍出動，咱們都將死無葬身之地！」

「可……」

「沒什麼好說的！」曹操不耐煩了，「先生若走，老夫也不阻攔，但您此來是為解救被烏丸奴役的十萬漢民。難道為了那幾個鮮卑人，就半途而廢嗎？孰輕孰重是去是留，您自己掂量吧！」說罷一拽樓圭，「走！咱們吃羊肉去。」

田疇啞口無言——他已經看清，曹操的生殺予奪不僅出自個人好惡，更是要從當前的利益考慮。即便厚待某人也並非重其人，乃是用其才！愛欲其生惡欲其死，為達目的不擇手段，這就是曹孟德的本質！田疇看清了，但想來想去還是不能離開，一者自己的志向未能達成，半途而廢心有不甘；二來曹操說放他也未必是真，若執意要走，說不定跟那幾個鮮卑人下場一樣！上賊船易下賊船難，事已至此，只好跟著往前走了……

馬車漸漸行遠，郭嘉的身軀隨著顛簸的路面搖搖晃晃，他想最後再望一眼曹營，卻怎麼也提不起氣來，只能勉強扭了下脖子，看見的卻是另一輛馬車——張繡直挺挺躺在上面，盔甲儼然蓋著戰袍，但那原本攥著槍的右手仍固執地向上翹著，不是因為屍體僵硬，而是死時以槍拄地肌肉緊繃，這固執的右手似乎就是他一生的最好詮釋。曾經靠宛城、穰縣彈丸之地三擋曹操，何等英武之人，到頭來又怎樣？

郭嘉感到一絲慶幸，臨死還能有這位曾經叱吒風雲的人物陪著，也算不枉此生了！不過他還認為主公似乎把往後的形勢估計得過於樂觀了，這世上的事永遠不會簡簡單單。尤其是對於爭奪天下的人而言，果熟蒂落，水到渠成，都只是一廂情願的幻想，權力這種東西永遠是不打不倒，不破不立。得意忘形是主公改不了的毛病，猜忌多疑更是曹操克服不了的頑疾，這些足以成為其邁向皇權的窒礙。荀令君已不似當年那樣受信任了，荀軍師日子也不好過。許攸因財貨而墮志，樓圭因雄心而遭忌；董昭雖思慮縝密攀龍有術，但用兵之道甚為不足；鍾繇總督關中諸事，須臾不得離開。程昱可稱文武雙全，但剛有餘而柔不足，主公未必能言聽計從；新近受寵的陳群、陳矯、杜襲、杜畿之流，皆非全能之才；至於剛剛臣服的那幫河北舊僚資歷又太淺。賈詡倒是絕頂聰明，惜乎主公駕馭不了此人。都說曹營人才濟濟，可真要找出一個有才有德有資歷，又能投曹操所好之人何其難也，以後指望誰呢？

想了一會兒，郭嘉厭煩了——還琢磨這些幹什麼？管得生前事，難道還為死後操心？天下不乏英才降世，以後的事就交給以後的人去做吧！華佗說我只能活一年，但我硬撐了一年半，已經賺了半年啦！人人都是哭著來的，大半到最後還要哭著走。但我郭某人要笑！我就是要跟所有人都不一樣，就是要讓所有人都猜不到！這輩子雖短也算轟轟烈烈，侯爵掙來了，錢賺夠了，酒喝足了，女人也有了，志得意滿還不該好好笑一場嗎？

郭嘉越發覺得寒冷難耐，彷彿那股寒氣已經將他的心給凍結了，眼前的一切漸漸模糊。這一次他無須再掙扎抗拒，反而輕輕閉上眼睛，帶著一絲甜美的微笑昏睡過去。

第四章

狹路相逢，曹軍大破烏丸騎兵

白狼之巔

渡過濡水一路坦途，不過幾日光景，曹軍就到了平岡古城。此處是前漢的北平郡治所，漢武帝時飛將軍李廣曾駐軍於此抗擊匈奴。光陰荏苒，匈奴已內遷臣服，漢人也捨棄了這座城池。如今的平岡城荒廢坍塌，破損的城牆被風化得差不多了，附近數十里連個人影都沒有。傍晚時分天色黑暗，那些殘垣斷壁顯得格外詭異，秋風吹得嗚嗚作響，宛若一座鬼城。

到了此處路途已走了一大半，距柳城還有二百里，曹操更不敢掉以輕心。翻山越嶺還在其次，據田疇所說，登上白狼山之巔就能望見柳城，其實離敵人已經很近了，不過是一道崇山阻隔難以察覺罷了。曹操有心多留幾天休養人馬，又恐被敵人發現前功盡棄；只好尋林深之處屯駐，悄悄歇了兩日，待後面的糧草輜重接濟上來便開始翻山。

白狼山在平岡以東數十里，雖說算不上陡崖絕壁，但它高高矗立在蒼天大地之間，顯得異常突兀，有一種壓得人喘不過氣來的感覺。滿山都是松柏桑榆各色雜樹，怪石嶙峋荊棘叢生；一陣風吹過，松濤湧動沙沙作響，不知其中有沒有敵人的埋伏——曹操仰視良久，終於傳令全軍登山。

三萬人登山原本是黑壓壓一片，可白狼山西坡草木茂密，將士的身影盡皆隱沒了。這個時候最容易出問題，一則遇到埋伏不易應對，二來密林幽深容易走散。曹軍不敢豎旗擊鼓，只得命各隊將領隨時匯報，每走一段便清點一次人數，不怕緩慢但求穩妥。所有士兵嘴上都叼了樹枝噤聲，故而除了窸窸窣窣竟別無其他響動。

好在這座山土質硬實，坡度也不大，攀爬起來並不困難，騎士只要下來牽馬也可以順利上山。曹操沒有讓衛士攙扶，拐杖都沒拿一根，抓著身邊的灌木就省了不少力。軍隊自天一亮就開始爬山，過了子時才到達山頂，士兵們甚至還在半山腰啃了頓乾糧。

午後曹操總算是到了山頂——原來這山山腰林密，頂上卻很開闊，有一塊光禿禿的大空場，只有幾棵古松屹立在石間，在這裡調整隊伍是不成問題了。曹操還沒來得及喘口氣，就見邢顒彎著身子，滿面焦急竄了過來：「有敵人！」

「斥候遊騎？」

「不……」邢顒臉色蒼白嘴唇微顫，「是大部隊，似乎還未發覺我軍在山上。」

「全軍止步，不得翻過山頭。」曹操嘴上未亂，心裡卻咯噔一下——糟啦！白狼山在柳城西北，如果蹋頓防禦重點在東南沿海之路，大部隊絕不會出現在這附近，既然來到這裡，必定已得知我軍動向。這一路如此謹慎小心，還是洩漏行蹤了。

這時虎豹騎也湊了上來，保著曹操急行幾步到山頂東側；眾人都小心翼翼匍匐在地，曹操卻自持身分沒有趴下，在一棵古松後面隱住身形，微微探頭瞥了一眼——這一望之下不寒而慄。高山上看得極遠，只見烏丸軍就在山下六七里處，浩浩蕩蕩煙塵滾滾，正向這邊逼近。敵眾我寡距離將近，敵人若大舉攻山，立時要吃敗仗。倘若他們扼制要道圍而不攻，補給切斷，切斷援軍，三萬將士都要死在這塞外荒山。

曹操轉過身倚著古松皺眉凝思，一低頭見閻柔正爬到自己腳邊，忙吩咐：「你與胡人打過交道，看看他們軍勢如何。」

「諾。」閻柔往前蹭了蹭，扒著山石探了探脖子，竟然笑了，「沒什麼可怕的。」

「嗯？」曹操似乎看到了救命稻草，「為何？」

閻柔仰頭道：「烏丸、鮮卑打仗多依靠騎兵，也不怎麼用長槍大戟，最精銳的部隊都配備角弓和馬刀。山下這隊伍人數雖多，騎馬的卻少，而且武器各異，這不是蹋頓麾下最精銳的人馬，應該是……」

曹操明白了：「你是說敵人可能是剛得知消息，臨時調集了這支隊伍，許多精銳分散各地沒趕過來？」

「是！興許蹋頓連柳城附近的游牧部落都召集來了，八成袁尚兄弟也在其中，想以多欺少把咱們趕回去。」閻柔瞥了瞥嘴，「兵法有云：『置之死地而後生』，咱們豁出去給他們來個突襲！」

這小子讀書少，就知道這麼一句兵法，今天還真用上了。

曹操點點頭，但心裡卻覺這辦法不牢靠，閻柔這野小子狂妄慣了，這仗未必就如他所言。想至此，又探頭觀望，這次看得仔細些——烏丸大軍鬆鬆垮垮散了一大片，騎兵步兵混雜穿插，急於趕路格外倉促。這些兵服色不同良莠不齊，有穿布衣的，有戴盔甲的，還有裹著虎皮羊皮的，有些騎兵騎的是驏馬，連鞍韂都沒備好。游牧民族打仗不講究陣勢本就是弱點，而今天這般形狀更是漏洞百出。目前的問題在於敵我懸殊，即便突襲得手，難免被他們纏上，戰事遷延可就難辦了……他還在思索，閻柔突然抬手一指：「是蹋頓！」

「別指！留神暴露行藏。」曹操一腳把他手臂踩下去，「離得這麼遠，你怎麼看出是蹋頓本人的？」

閻柔被踩得手臂生疼，又不敢嚷叫，齜牙咧嘴半天才緩過氣來，憋得滿臉通紅：「您自己看吧！

隊伍中間有人舉著副白旄旗幟，那是袁紹所賜，蹋頓到哪裡都帶著，用它充當帥旗。」

曹操看得分明，那副白旄完全是漢廷的款式，就在敵軍中間靠前的位置，這倒值得賭上一把。擒賊先擒王，只要突襲得手擒殺蹋頓，後面的仗就不用打了。想至此低頭觀看山路，立時轉憂為喜——審度地形才明白，原來白狼山西麓草木豐茂，東面卻光禿平緩，稍高點兒的樹木都沒有，就連騎兵也可以從這個斜坡俯衝下去，正是突襲的好地形。

眼看敵人距這邊越來越近，零星的斥候都已經逼近山下了，曹操深感刻不容緩，立刻召集眾將面授機宜——把人馬分作三路，徐晃率領一路在南，張郃率一隊在北，先由這左右兩路殺下山去擾亂敵人；張遼帶剩下的一路居中，更有鮮于輔、閻柔所部幽州騎兵充當兵鋒，待左右兩路打亂敵陣，他們再衝下去直搗蹋頓本隊，定要將蹋頓斃於陣中。

軍令一下立時喧譁起來，再寬闊的山頂也容不下三萬人折騰，後面的兵還沒爬上來就開始編隊，騎兵各尋平整處上馬，還有人忙著扛戰鼓不知該往哪放。半天安排不好，曹操急得直打轉，卻一點兒辦法都沒有，匆匆忙忙轉到東邊再望——正有個烏丸斥候縱馬而來，離山頂百步之遙，曹操一時疏忽忘了藏身，竟與那兵四目相對看了個滿眼。

曹操這幾日已換穿鎧甲兜鍪，一看便知是漢軍將領。那斥候瞧得分明，也是一陣驚愕，勒住韁繩就要撥馬下去報信。

閻柔忽然一躍而起，拉弓搭箭正中那兵咽喉，死屍栽落馬下；可他的馬似乎全未察覺，兀自停在原地。閻柔趕忙再放一箭，正好射到那畜牲左眼。這是一枝三棱透甲錐，貫穿馬目直入其腦，那馬長嘶一聲，蹬了兩下腿就不動了。一人一騎消失在蒼茫的山嶺間，下面的大軍還在數里外，不仔細觀察根本發覺不到。這兩箭又換來了寶貴的時間。

「好險！」曹操背靠大樹隱住身形，冷汗都下來了，「你小子百步穿楊，箭術挺厲害嘛！」

閻柔趴在地上還不忘恭維：「雕蟲小技。主公指揮我們千軍萬馬才是真厲害。」

曹操這會兒哪有心思聽他馬屁：「別管這裡了，快去帶你的兵。」

各部將擁擁簇簇忙了半天，才把三路隊伍粗略分好。可是敵人的斥候又來了，這次足有十多騎，無論如何藏不住了。事已至此只能拚著幹了，曹操一跺腳：「左右兩路出擊，不准擊鼓！」

聞聽此言，徐晃、張郃身先士卒，領著左右兩支隊伍往下衝。騎兵在前步兵在後，霎時間湧下山頭。待那幾個斥候發覺異常時，無數曹軍已到了眼前，撥馬已然不及，糊裡糊塗做了冤鬼。

果如曹操所料，蹋頓也是剛剛得到軍報。有幾個族人在白狼山以西放牧，偶然發現曹軍在平岡廢城活動，立刻回來稟報。蹋頓大駭，他麾下的精兵已分派沿海關卡，只好把袁氏兄弟、烏延、蘇僕延以及自己所屬親兵都召集起來，又發動族中青壯，臨時湊了十萬人，想搶先一步占據白狼山，憑地利擋住曹操去路，等各路兵馬回援，再將其一舉殲滅。

此刻行軍的烏丸兵並未得到訊息，但兩萬人在山坡上俯衝，豈能察覺不到？忽覺腳下地面發顫，隱約有鏗鏗之聲，抬頭又見對面山麓征塵驟起——曹軍已經下來了！趕緊止步列陣，但這時兩軍兵鋒相距已不過一二里，想列陣也來不及了，烏丸軍一陣譁然，眼看兩隊曹軍快衝到面前了，又鬆鬆垮垮排不出隊形，倉促之際只好搭弓放箭抵擋一時。

一陣密如飛蝗的箭雨射向曹軍，有十幾個騎兵當即落馬。可曹軍遠涉塞外四百餘里，只能進不能退，不得不玩命；而且自山坡衝下，本就挾雷霆之勢，豈是一陣箭雨就能擋住的？左右兩軍紛紛踏過同伴的屍身繼續前撲，只眨眼的工夫，似尖刀般楔入烏丸陣營，立時攪起一片腥風血雨。曹操在山上看得分明，趕緊傳第二道令：「中路出擊！給我擂鼓！」

戰鼓立在山頂，敲起來震天動地，彷彿半空響起悶雷。張遼、鮮于輔、閻柔都卯足了勁，率領精銳騎士宛如離弓之箭直奔山下撲去，也不管戰場形勢有多複雜，只認準了蹋頓的白旄旌旗奮力衝殺。這支隊伍一下去，像在翻滾的熱油中潑了瓢涼水，立時鼎沸四濺人仰馬翻。

戰馬交蹄刀槍往來，塞外秋風與陣陣升騰的征塵、血霧攪作一團。受傷倒地的將士被大軍踏過，成了血糊糊的肉泥；失去主人的馬橫衝直撞，發出悲慘的嘶鳴；斬落的人頭像球一樣被踢來踢去，滾得爛泥塊一般……行軍途中遭遇突襲，烏丸軍應對不及死傷甚重。但游牧民族的漢子個個都是精悍勇士，弓馬嫻熟勇猛彪悍，若論一對一交手，遠比漢人厲害得多。僅僅片刻之間，烏丸就已穩住陣腳竭力廝殺，有的滾倒在地斬斷曹軍馬腿，有的箭無虛發連射曹兵落馬。蹋頓本人更是勇士中的勇士，明明處在不利位置，眼看著張遼所部衝過來，竟不躲不閃直面挑戰。將懷奮死之心，士無貪生之念，曹軍衝殺了好一陣子，非但沒能將烏丸軍擊潰，反而越來越疲乏——長途跋涉未加休整，已然是強弩之末。而在蹋頓身後，行軍中的各部後隊紛紛趕到，陸續加入戰局，甚至把張遼等人包圍起來，形勢對曹軍越來越不利。

曹操在山頂看得清楚，烏丸人逐漸湧入戰場；蹋頓大約有十萬之眾，己方只有三萬，如此下去可能全軍覆沒。曹操看了一眼身邊的虎豹騎都督曹純：「你們也去！」

「我們？」曹純一愣。

「對！」曹操斬釘截鐵，「還記得南皮之戰是怎麼斬獲袁譚的嗎？今天也一樣。這些胡人逐利如烏集，兵敗如雲散，只有殺掉蹋頓，才能翻轉局面。」

曹純有些猶豫——今天的形勢與南皮之戰可不一樣，當初與袁譚是在勢均力敵難解難分的戰況下，虎豹騎成了決定勝敗的最後關鍵；可現在是敵眾我寡，若虎豹騎盡數下山參戰，有敵人繞上來偷襲曹操怎麼辦？

他還在猶豫，就聽韓浩在背後喊道：「別猶豫了！要是張遼他們全軍覆沒，胡人攻上來咱們也是死！倒不如下去拚一場！」

「對！」曹操就是這麼想的，「伸頭一刀，縮頭也一刀。深入敵境四百里，反正也回不去了，豁出腦袋撞南牆吧！」

曹純、許褚、史渙等各自提槍，催動三千虎豹騎，步張遼的後塵衝了下去，直撲蹋頓。曹操也不再躲藏，前站幾步扶著古松佇立山巔——他要讓將士們都知道，他和大家在一起！他身邊僅剩下鄧展率領的十幾個侍衛，以及樓圭、牽招、邢顒、田疇。

虎豹騎參戰立竿見影，將士們眼見主公的親隨都來了，本來低迷的士氣又高漲起來。大家都明白了曹操的意圖，也不管四周湧來多少敵人，所有刀槍劍戟、弓弩飛矢都往蹋頓本陣招呼。曹操瞪著戰場，不知不覺間扶著樹的手指都摳進樹皮了。他行伍二十餘年，白狼山之戰實乃平生最大一次冒險，凶惡程度遠勝汴水、官渡。

就在這時忽聽連聲尖叫，兩個侍衛中箭倒地——有五個身披虎皮手持刀箭的烏丸人自南面繞道衝了上來！鄧展的劍術在曹營首屈一指，立刻拔劍撲上去格鬥。剛殺死一人，就用力過猛劍柄折斷。烏丸勇士皆好鬥，見這廝本領與眾不同，剩下的四個人齊向他下手。鄧展手無寸鐵，見四把長刀照自己腦門劈來，就地打了個滾，只一晃眼間已奪過敵人一把刀——他這空手入白刃的本事真是出神入化！眾侍衛這才回過神來，十幾支大戟一擁而上，將四個胡人當場廢命。

「不好！還有！」田疇目力甚佳，望南邊一指，但見草叢間還有十幾個烏丸人正攀著樹枝往上爬，儼然與先上來那五個是一夥的。

曹操一陣錯愕，隨即大喝：「鄧展！交給你啦！」

鄧展應承一聲，又見曹操拋來件兵刃，趕緊棄刀接住，低頭一看——乃是倚天劍！此劍純鋼打造，長近五尺，刃有一尺，比普通的佩劍大許多，既可為刃又可為盾，乃天下無雙之利器。鄧展心中歡喜，招呼眾侍衛：「護衛主公，都跟我上！」迎著爬山的敵人衝了下去。烏丸善射，若再容他們衝到近前，曹操命就沒啦！

可鄧展帶侍衛們一去，曹操身邊連一個侍衛都沒有了。他早年與樓圭也曾演練弓馬劍術，但年過五旬早沒當初的本事了。邢顒乃一白面書生，手無縛雞之力，哆哆嗦嗦藏在樹後；牽招、田疇倒是能比劃兩下，但本領平平，過去反倒添亂，只得抽出佩劍護住曹操。

雖然雙方都是十幾人，但單兵作戰漢人遠不及烏丸，剛一交手兩個侍衛就躺下了，全靠鄧展支撐局面。眼見格鬥失利，樓圭、邢顒靈機一動，把戰鼓當成滾木檑石，一腳一個都踹下去了。這一搗亂還真管用，烏丸不明就裡紛紛躲閃；鄧展趁機躍起，猛揮倚天劍把兩個走神的胡人揮為兩段。侍衛們各自拚命，總算把那十幾個偷襲的敵人全部殺死，可己方也只剩四個人了。

仗打到這個份上，生死已懸於一線，只要敵人再來一次，曹操必死無疑。幾個人望著敵人屍體還未緩過神來，山下又響起一陣歡呼聲，也不知喊的什麼——卻見烏丸軍捅了馬蜂窩般四散潰退，蹋頓的白旄晃了幾晃，倒落亂軍之中。

「虎豹騎斬殺蹋頓單于！我們打贏啦……曹公萬歲……曹公萬歲……」那撕心裂肺的歡呼聲漸漸清晰起來。曹操只覺全部精神都耗光了，倚著松樹緩緩癱坐在地，長出一口氣。

碣石抒懷

建安十二年八月，曹操與蹋頓大軍遭遇於白狼山以西，三軍將士臨危不懼，以少勝多大敗烏丸。蹋頓死於虎豹騎刀下，烏丸各部群龍無首人心惶惶，右北平、遼西、遼東三郡聯軍一哄而散。柳城被曹操攻下，降服胡漢軍民二十餘萬。袁尚、袁熙兄弟僥倖未死，眼見大勢已去，偕同蘇僕延、烏延、樓班再度逃亡，投奔遼東太守公孫康。

曹操只在柳城停留了半個月，把善後事務交給牽招、鮮于輔，便迫不及待地班師撤退。這時夏天暴漲的洪水早已退落，各處關卡也已暢通無阻，來時遠涉塞外受盡勞苦，回去終於可以走沿海大道了。所謂「大道」其實也並不大，遼西之地根本就沒有像樣的官道，但在歷經磨難的曹軍將士看來，與塞外的險山幽谷相比，這已算是康莊大道了。

大戰過後曹操也放鬆了心情，這一路走得很慢，幾乎日上三竿才啟程，天色稍暗就紮營。士兵們美壞了，一路哼著小曲，好似遊山玩水，有充裕時間還可以找當地土人要幾尾魚嘗鮮，大家都盡情享受這難得的悠閒。離開柳城一個多月，軍隊還磨磨蹭蹭在遼西境內徘徊呢！

這一日樓圭騎在馬上放眼四顧，見三軍將士舉止懈怠，行軍拖遝，便向曹操抱怨：「孟德，你看看！這幫兵痞都懶散成什麼樣兒了？張遼、徐晃也不管管。我要是統帥就把他們叫來訓斥一番，別以為有點功勞就了不起！」

曹操連頭也不抬一下，拉著轡繩笑道：「帶兵與為政一個道理，都應張弛有度。大家受了辛勞，也該歇歇了，即便申明軍法也要回到易縣再說。軍師已派于禁先行一步來迎接咱們，過幾天就能會合。」

「既然有心休養軍隊，為何不在柳城多留幾日？」樓圭頗感費解。

「烏丸剛剛歸順，彼此尚不能推心置腹，若大兵久駐只會使胡人懼怕，認為我曹某人是以軍威凌人。我一走他們就輕鬆多了，牽招、鮮于輔都是常年同他們打交道的，加以時日必定使他們誠心歸附。」曹操說到此處眼中充滿興奮，「閻柔跟我說，烏丸所部多產良馬，我給他們時間馴養馬匹，日後再打仗就不愁缺少騎兵啦！」

樓圭卻不那麼樂觀：「有件事我早就想提醒你。別忘了咱們辛辛苦苦來這鳥不拉屎的地方為的是擒殺袁尚、袁熙，如今他們腳底抹油又跑到遼東去了，會不會與公孫康串通一氣捲土重來？咱明明打了勝仗，又沒有什麼後顧之憂，何不一鼓作氣直搗遼東？如此草草收兵不但遺憾，而且遺患！」

韓浩緊隨曹操馬後，樓圭這番話他早就想說了，可身為中軍不便阻攔曹操的決定。這會兒聽樓圭以老朋友的身分說出來，也跟著提醒道：「末將以為樓司馬所言不虛，大軍一撤柳城勢力單薄，公孫康很可能趁虛而入。別忘了公孫父子可是自稱過『遼東王』的！」

「哈哈哈……」曹操竟一笑置之，「『遼東王』真就那麼大的膽子？老夫還等著他把袁氏兄弟的人頭給我送來呢！你們不必再說了，此事不久自見分曉。」

韓浩與樓圭見他如此武斷，不禁對望了一眼，還未想好接下來該怎麼勸，見邢顒自前面興沖沖策馬而來：「主公，就在此處紮營吧。」

樓圭一皺眉：「紮營？今天沒走幾里路，這才丑時，太早了吧！」

「不早不晚剛剛好。」曹操手指西南道：「邢先生剛才跟我說了，那裡就是著名的碣石山①，登臨其上觀看海景甚是壯觀。咱早些紮營，去山上觀覽一遭豈不是美事？」

這趟回軍沒有敵人，紮營甚是方便，也不必挖壕溝，栽鹿角，把帳篷支起來就行了。只一會兒工夫曹操已到碣石山下，邢顒、田疇、樓圭左右相陪，張遼、閻柔等將校也跟來湊熱鬧。

碣石山緊鄰海邊草木稀疏，幾乎是由稜角平整的頑石積累而成，從下面看就像是老天扔在海邊的一塊大石頭。此地險峻其實遠勝白狼山，不過眾人的心情不同，在白狼山是行軍打仗，來這裡是觀覽風景，雖然不易攀登卻說說笑笑，很是熱鬧。堅硬的礫石不利行走，若摔一跤準會骨斷筋折，許褚、鄧展等生怕傷著曹操，小心再小心，幾乎是連攙帶抱把曹操和幾位先生弄上去的。

---

① 其具體位置尚有爭議。一說在山東省無棣縣，一說在遼寧省已淹沒海中，一說在河北省昌黎縣。根據曹操遠征烏丸的道路考證，後兩者可能性較大。

曹操畢竟年過半百，被侍衛拽上頂峰時累得呼呼直喘；可一回頭，見田疇還在艱難攀援，忙伸出手：「田先生引領大軍勞苦功高。來，該老夫拉你一把啦！」

「不敢勞煩明公，草民才智卑微，不值得明公屈身提攜。」田疇不接他手，卻抓住塊山石，憑自己的力氣爬了上來——這可真是飽含深意的一番對話。

曹操微微一笑，也沒說什麼，急喘了幾口氣，這才站起身來向南眺望——但見湛藍汪洋浩瀚無邊，驚濤駭浪時起時伏，碣石山下都是險峻的礁石，波浪湧來，濺起數丈之高。樓圭、張遼等人一個個攀上來，望著這壯觀的景象無不讚歎。邢顒笑道：「妙極妙極！正是潮汐之時，百川東注波瀾壯闊，如此壯麗景致，果真不虛此行啊！」

閻柔雖年少粗鄙，但也覺這波濤甚是壯觀，不禁發問：「人人都說百川東入海，為何天下的水不向西，不向北，偏偏向東流呢？」

一句話問得眾人哈哈大笑，邢顒道：「相傳昔日共工與顓頊爭為天子，共工戰敗，怒觸不周之山，使天柱折，地維絕。女媧煉五色石以補蒼天，斷鼇足以立四極。天不足西北，故日月移焉；地不足東南，故百川注焉。」

「嚯！共工斷山女媧補天，古人可真厲害啊！」閻柔畢竟年輕，又在游牧部落長大，沒讀過書，瞧邢顒搖頭晃腦道貌岸然，還真信了。

邢顒瞧他怪有趣的，戲謔道：「上古奇能之士不勝枚舉。比如你精於箭術，可知荀子有云：『百發失一，不足謂善射』？古人中有一后羿，他乃北狄之主，曾射落九個太陽。你的箭法雖好，也不過等閒，何時能把太陽射落，才算登峰造極啊！」說完捋著鬍鬚故作嚴肅。

閻柔聽罷面帶惆悵，頓了半晌一聲長歎：「唉！射日倒也不難，可惜我膂力不足。」

「哈哈哈……」眾人無不捧腹大笑。

閻柔這才醒悟過來了：「邢先生，你騙我！哪有射日之人？」

邢顒一陣莞爾：「歷來便是這樣傳說，《孟子》、《淮南子》均有記載，不信你問主公啊！」

可曹操根本沒理睬他們的話，茫茫然望著大海，心緒早已隨海浪澎湃——這不僅僅是一片海，還是當今這個英雄輩出各領風騷的時代寫照。蠻橫霸道的董仲穎如今何在？驍勇無雙的呂奉先又在哪裡？僭越稱帝驕縱跋扈的袁公路可還看得到威風？曾經叱吒風雲的袁本初哪裡尋得到蹤跡？大浪淘沙頃刻不休，他們恰似那層層巨浪，被礁石一撞，剎那便了無聲息；唯有曹操依舊弄潮其中，屹立不倒，欲主天下之沉浮。

曹操瞇著眼聆聽潮聲，任那蕭瑟秋風吹拂著衣襟和長鬚。旁人見他如此專注也不再言語了，安安靜靜陪著他立在巔峰。田疇曾讚歎塞外山林的景致，可來到這裡只瞥了幾眼便不再看了，尋塊平整的山石坐下休息——仁者愛山，智者愛水，他與曹操的心境大不相同。

也不知過了多久，紅日已漸漸沒入背後的山嶺，一輪新月在海浪間若隱若現，雲朵紅彤彤的，大海被染成一片金色，波浪也漸漸柔和了幾分——似乎要退潮了。邢顒斗膽拉了曹操一把，輕輕道：「主公，該回去了。天一黑就不好下山了。」

曹操沒理睬他，反而昂首挺胸揮動衣袖，高聲吟道：

東臨碣石，以觀滄海。
水何澹澹，山島竦峙。
樹木叢生，百草豐茂。
秋風蕭瑟，洪波湧起。
日月之行，若出其中。

星漢燦爛，若出其裡。
幸甚至哉，歌以詠志。

這首詩念罷眾人無不讚歎，不過這次歎的不是海潮，而是曹操的才情。這簡練的幾句詩竟把眼前的奇景勾勒得清清楚楚，又飽含海納百川的雄壯之意。

「主公說得好！汪洋之蒼茫廣大，真是玄妙無邊。」邢顒似乎也受了曹操感染，跟著吟誦起莊子的《逍遙遊》：「北溟有魚，其名為鯤。鯤之大，不知其幾千里也！化而為鳥，其名為鵬。鵬之背，不知其幾千里也！」

「嘿嘿嘿……」曹操忽然笑了，回過神來道：「莊子的這些話你覺得是真的嗎？」

邢顒手撚鬍鬚道：「千里之鯤固然沒有，不過大魚還是有的。據在下所知，東海就有一種魚，其大者如山，小者也有幾間屋子那麼大，僅是魚鬚就有一丈長，眼睛像三升的大碗一樣，百姓謂之鯨鯢（即鯨魚）。這種魚常因擱淺涸斃岸邊，死後膏流滿地。老百姓割食其肉，以其膏油燃燈，取其大骨製成長矛……」

張遼就站在邢顒身後，他肚子裡沒多少墨水，二人吟詩弄文也聽不明白，就是跟著看熱鬧。這會兒聽邢顒道出兵器，精神一振，連忙插嘴道：「對啦！去年與柳毅、管承作戰，他們手下海盜就有用這種矛的。當時我還納悶，這兵器說白不白說黃不黃，鋒利而不失韌性，搞不清是什麼做的。現在想來一定就是魚骨矛。」

「不錯，應該是鯨鯢骨。」邢顒轉向大海不無感慨道：「可見古人撰寫的那些玄妙之事，也並非無稽之談。就連那河洛讖緯也未必全是信口開河。」

提到河洛讖緯，曹操忽然想起董昭三年前在鄴城對自己說過的話，他說魏郡的鄴城是象徵天命的城池，天象顯示太白經天，熒惑逆行，當有改朝換代之事。雖說曹操從來不信這一套鬼話，可現在想來倒也覺不無可能，嘴上卻道：「方術之言聽之猶可，若說相信，不免貽笑大方。」曹操一邊說，一邊手扶山石又往前走了幾步。

「主公小心，腳下就是懸崖了。」許褚提醒道。

曹操渾不在意，迎著海風傲然挺立在山崖之畔，看著那一望無邊的汪洋，不禁感慨道：「在老夫看來，海有多大人心就有多大，也無須去找什麼仙山靈藥，有生之年但求海納百川，成就一番事業，那才是真正的大英雄、大丈夫！朝聞道夕可死矣，人生何懼老也！」他說到這裡忽然張開雙臂，又吟唱道：

神龜雖壽，猶有竟時，
騰蛇乘霧，終為土灰。
老驥伏櫪，志在千里。
烈士暮年，壯心不已。
盈縮之期，不但在天；
養怡之福，可得永年。
幸甚至哉！歌以詠志。

「好詩！」邢顒雙挑大指，「好個『烈士暮年，壯心不已』！主公雖年過天命，雄心不墮壯志不息，日後大有可為。主公就是當今天下的真英雄、大丈夫！」

閻柔聽了個半懂不懂，反正跟著誇就是了：「傑作啊傑作！」

「妙不可言！」

「主公大手筆啊！」

「不僅是天下英雄，還是天下英雄之魁首也……」

眾人的讚美聲不絕於耳，曹操聽得高興仰天狂笑。可坐在遠處的田疇卻陷入了沉思——曹孟德果真非泛泛之輩，老驥伏櫪志在千里，烈士暮年壯心不已。這磅礡的詩句豈是尋常之輩做得出來？不過他的這番感慨因何而起呢？他的千里之志、烈士壯心又是些什麼呢？

恐怕是情繫金鑾玉圭，一心以為鴻鵠將至吧！

第五章

戰後整頓，曹操大肆集權

痛失奇才

建安十二年十一月，曹操終於踏出遼西地界，在易縣與留守大軍會合。迎候他的除了留守的荀攸、曹仁、于禁等人，還多了上谷郡烏丸單于難樓、代郡烏丸單于普富盧。

蹋頓戰死，袁尚等遁逃，三郡烏丸頃刻瓦解，消息傳來可嚇壞了其他部落。難樓、普富盧如坐針氈，唯恐下一個倒霉的是自己，趕緊跑到易縣向曹軍投誠，不僅貢獻戰馬軍資，還主動把家眷送來，要求遷居鄴城作為人質。但這些都沒能讓曹操高興起來，因為迎接的人群中少了一人——他最器重的謀士郭嘉，已於兩個月前病逝。

郭嘉從戎十餘年，參贊軍機屢獻奇謀，尤其在謀奪河北的戰鬥中功不可沒。雖然他至死也只是軍師祭酒，但待遇遠遠超過其他同僚，實際地位僅次於軍師荀攸。這不僅因為他足智多謀妙計頻出，更因為他時刻都能揣摩清曹操的想法，規諫而不犯上，逢迎而不諂媚，聰慧而不掩主。曹操認為他前途不可限量，正有意授予他高官重任，甚至欲以自己後事相托。不料天妒英才，郭嘉竟於這時溘然長逝，終年僅三十八歲。

曹操深陷悲痛，哪有心思接待難樓、普富盧。只隨口安撫幾句，接受貢品人質，打發他們離開，第二日便帶著郭嘉的靈柩回師鄴城。這一路走走停停，曹操騎在馬上總是忍不住回頭張望棺槨，甚至幻想這機靈鬼詐死，還能出人意料地從棺材裡爬出來。

但奇蹟終究沒有發生，大軍已至鄴城，留守幕僚迎接的隊伍已遙遙可望，曹操還是不能擺脫悲傷，勒住坐騎重重歎了口氣。他這一停，整個行軍隊伍漸漸都停了。

荀攸這幾日片刻不離守在他身邊：「人死不能復生，主公節哀。大家都在道邊迎候，莫讓他們久等。」畢竟是得勝而歸，群僚還要給他接風賀功呢！

曹操也不想哭喪著臉進城，卻怎麼也高興不起來：「追惜奉孝，不能去心。帶病出征，棄命定事，何得使人忘之？」

「惜乎天不予其壽。」荀攸也很不是滋味，「他膝下有一子郭奕，尚未成丁。主公若有追念之意，厚待其子也就是了。」

「追贈後人又於逝者何補？」曹操雙目炯炯望著荀攸，「奉孝不但善於謀劃，更能知我所思；設使人人都似奉孝般解我心意，天下大事何能不遂？」這話裡有話——郭嘉知我所思，擁護我做皇帝，你們為什麼不配合？若你們都能似他那般揣摩我心思，我還至於這麼痛惜他嗎？

荀攸此刻也是備受煎熬，曹操一再逼他表態，就差撕破臉了，若繼續抗拒下去會是什麼結果？思來想去，他萬般無奈道：「屬下願效奉孝之志，與主公同心同德……」說到最後已語帶哽咽，甚至感到這是對自己半生志向的背叛，簡直想找個地縫鑽進去。

曹操終於滿意了，只要軍師肯就範，其他祭酒就不存在問題，能干預他的就只剩下荀彧了。正思量間，忽聽遠處傳來一陣的歌聲，悠悠蕩蕩，似是農閒村丁所唱：

我生之初尚無為，我生之後漢祚衰。天不仁兮降亂離，地不仁兮使我逢此時。干戈日尋兮道路危，民卒流亡兮共哀悲……

戎羯逼我兮為室家，將我行兮向天涯。雲山萬重兮歸路遐，疾風千里兮揚塵沙。人多暴猛兮如虺蛇，控弦被甲兮為驕奢……

歌聲悲傷苦楚，曹操不禁閉上眼睛靜靜聆聽——這首歌講述一個漢家女子遭逢亂世，在兵荒馬亂中被胡人掠去的經歷。雖然記述的是個人的離鄉之痛，卻把天下大亂、烽火遍野、百姓流亡的種種痛苦道了個盡，字字泣血令人斷腸。

「好悲的歌聲……」曹操本就惦念郭嘉，越聽越覺惆悵，可細細品來又感詫異，「鄉間野老怎會這樣的歌？必是通曉詩賦之人所做，此間可有什麼文士被埋沒？」

荀攸心不在焉，只是一味搖頭。這時有個二十多歲的年輕掾吏擠出人群：「在下久居邊郡略曉一二。」說話的是涿郡人劉放，他本袁熙帳下的漁陽功曹，因勸漁陽太守王松降曹而被錄用，「此曲非隱居之士所做，乃匈奴左賢王[①]之妻所寫。」

「左賢王之妻？」曹操不敢相信，「匈奴也有此等才女？」

「此女並非匈奴，乃陳留郡人士，我大漢名士蔡伯喈之後，名喚蔡琰，小字昭姬。[②]」

「蔡邕還有一個女兒？」曹操當年入主兗州，見蔡邕的一雙兒女幼小可憐，也曾予以關照。如今蔡邕之子已入仕，女兒嫁與名臣羊續之子羊衜，怎麼又冒出另一個女兒來？

劉放說：「昭姬乃蔡伯喈長女，已年過三旬，早年嫁與河東才子衛仲道。其夫早亡，歸寧在家，

① 左賢王，匈奴部落重要首領，是王爵名，並非人名。

② 蔡昭姬，即蔡文姬。晉代文獻因避晉文帝司馬昭名諱，改「昭」為「文」，後世誤解訛傳為蔡文姬。

那時蔡邕在長安為官，她也相隨照料父親。後來王允誅董卓，蔡邕亦遭屠戮，李傕、郭汜作亂，匈奴單于於夫羅趁火打劫，昭姬落入胡人之手，輾轉被左賢王收為王姬。聽說還給左賢王生了兩個孩子呢！」

「竟有這等奇事？蔡伯喈乃前朝第一博學才子，家中藏書兩千餘卷，惜乎命運不濟。」說到這兒曹操又回頭瞟了眼郭嘉的棺槨，「唉！這世上才俊之人偏偏都如此不幸。」

劉放卻道：「曹公莫愁，當今天下有兩人最得蔡公之教，廣博多識。」

「哪兩個？」

「一位是昔日何進長史王謙之子，名喚王粲，少時隨蔡邕讀書，今在荊州劉表帳下；還有一位就是這蔡昭姬了。她雖屬女流之輩，卻廣覽多學，詩詞歌賦無所不通，絲竹音律最為擅長。您聽這首詩歌，原本胡人所唱，是她以胡笳為樂編出來的。」

曹操再細聽，果然調式與中原之樂不同：「如此才女流落外藩豈不可惜？當今兵戈漸息百廢待興，若能迎回此女以傳蔡氏之學，也是一樁好事啊！」

「這不合適吧！」荀攸插了話，「她乃匈奴王姬，又已誕育子嗣，怎好拆散人家夫妻？」

曹操才不管那些：「她本就是漢人，遭劫掠而去，回歸故土理所應當，咱們可以給左賢王送些財貨，贖她回來嘛！議郎周近通曉匈奴語言，這件事就交給他辦。」

荀攸仍覺不妥：「周近乃朝廷要員，不適於做這些事，還是寫信與令君商量一下吧？」

「我決定的事難道還要令君批准嗎？」

荀攸嚇了一跳，再不敢違拗：「不敢不敢，一切皆聽主公之命。屬下本是軍職，無權干問他務，今後定不多涉。」

曹操見他恭順聽話，也不再為難：「軍師莫怕，只要你能知我心就好。」說罷提起韁繩，「這歌聲太悲了，我不想再聽，咱們還是快點兒進城吧！」

荀攸擦擦額頭的冷汗——即便逆來順受，也脫不清與荀彧的關係，這軍師越來越難當啦！負責留守的夏侯惇、仲長統、崔琰、董昭等人已在道邊跪候半天了，見大軍行到近前停住腳步，不明緣由卻也不敢起來，直等到曹操與荀攸說完了話，隊伍再次行進才算鬆口氣，齊聲呼號：「屬下恭迎主公，賀我軍得勝而歸。」曹操臉上還是沒有太多喜色，只是擺擺手讓他們起身。夏侯惇接管兵馬在外紮營，群僚則跟著曹操進城回府，連郭嘉的棺槨也抬了進去，暫時停在州府院子裡。

洗澡水燒好了，慶功酒備下了，曹操卻一概不用，站在院裡撫著棺槨呆呆出神。他不歇著別人更不敢歇，所有人都直挺挺在一邊陪著。仲長統與崔琰、荀衍對視了一眼，三人同時出班跪倒：「我等愚鈍，阻主公用兵於前，又未能隨駕驅馳，請主公重重責罰。」

三人這一挑頭，頓時呼啦啦跪倒一大片，所有反對這次遠征的人都在請罪。曹操環顧眾人，淡淡道：「起來吧，你們沒罪。凡是阻我用兵之人盡皆有賞。」

不但無罪反而有賞，眾人面面相覷不知緣由。

曹操語重心長：「此番用兵乃乘危僥倖，雖然得勝亦頗艱險，不可以為常。至今想起白狼激戰仍覺後怕，你等之諫乃萬安之計，因此相賞。今後還望你們知無不言，言無不盡……可惜再不能聞奉孝之良謀了。」

「主公虛懷若谷，我等敢不盡命？」在場之人見他如此寬宏，又如此追念下屬，無不動容，不少人都落了淚。

許攸也在場，卻沒請罪，樂呵呵湊到他身邊耳語道：「阿瞞兄，人之生死乃是天定，有何不能釋懷？大家都知道你體恤屬下，何必還這麼沒完沒了的？歇歇吧！」

曹操雖然真心憐惜郭嘉，卻也未嘗沒有惺惺作態之意；聽許攸道出自己用心，不禁狠狠瞪了他一眼。轉身朝樓圭道：「子伯，從即日起晉升將軍！」

這官升得太突然，樓圭都愣了：「這、這……」

「莫推辭。你以身犯險從軍勞苦，升官理所應該。不像有些人光會動嘴不肯用心，什麼東西！」曹操一句話把許攸嗆得灰頭土臉。

樓圭始終擔任武職，卻連一個兵都沒帶過，如今升任將軍仍舊沒兵權。曹操始終不提這個茬，他索性也認了，轉而道：「袁氏兄弟逃竄遼東，猶如斬草而未除根，倘若他兄弟與公孫康串通作亂，當以何計除之？孟德你要多加防備。」

話音未落，忽見韓浩跑進院子：「主公，涼、涼……」眾人還未反應過來，就見後面跟進一個白髮蒼蒼的官員——竟是被公孫度、公孫康父子扣留三年多的樂浪太守涼茂。

「涼伯方！你怎麼逃出來的？」眾人見到他無不驚訝。

曹操卻似乎早已料到：「他們總算放你回來了，這幾年受了不少苦吧？」

涼茂眼圈紅了：「卑職以為有生之年再也見不到明公了，真不敢相信……」說到這兒便哽咽住了。軟禁的感覺度日如年，尤其曹操與公孫氏在青州開戰時，涼茂都懷疑自己是否還能活著離開遼東。剛剛五十歲，頭髮都愁白了。

「唉！別難過了。」也不知曹操是勸他還是勸自己，「公孫康沒叫你空手而歸吧？」

涼茂拭去淚水，朝院外招招手，只見從外面走進五個小吏，每人手中都捧著黑漆木盒。曹操根本不用打開看，早猜到裡面裝的什麼——袁紹嗣子袁尚、二子袁熙、遼西烏丸首領樓班、右北平烏丸首領蘇僕延、遼東烏丸首領烏延，五個漏網之魚的首級。

旁人不明就裡，打開木盒觸目驚心。涼茂捧出兩卷竹簡：「這是公孫康親手寫的降書，還有給天子的表章。袁尚兄弟及三郡賊首投奔遼東，公孫康與其弟公孫恭謀劃，假意設宴款待，在席間將五人斬首，叫在下將人頭帶回。公孫氏決意歸順朝廷，自今以後聽主公調遣，發誓鎮守東北永不為害。」

曹操也沒心思看書信：「公孫康不是把永寧侯讓給公孫恭了嗎？我念其誅賊有功再授予他襄平侯，封左將軍，領遼東太守如故。只要不抗拒朝廷，老夫也不為難他。你久困遼東熟悉細情，能者多勞，再辛苦一趟吧！」永寧侯是鄉侯，襄平侯是縣侯，對公孫康實是有升無降。因為遼東離中原太遠，武力征服意義也不大，倒不如留公孫氏震懾高句麗，也省得自己操心。

「諾。」涼茂得令欲去。

「還有！邴原、管寧、王烈三人旅居遼東多年，下辟令把他們召回來。」曹操久仰三位賢士，過往多次征辟不成，如今公孫氏恐怕不敢再攔阻了。

樓圭嘖嘖稱奇：「難怪你不急於兵發遼東，原來已料定公孫康會把袁氏兄弟的腦袋送來。」

「公孫氏素來屈居袁氏之下，若極力征剿袁尚，必促使兩家聯合共禦我軍，緩之則自相圖謀。」平日曹操計謀得逞總是眉飛色舞，今天卻提不起興致，講得有氣無力。

樓圭沉吟不止：「以利相交，利盡則散；以勢相交，勢去則傾。這妙計我怎麼想不到？孟德啊孟德，我真服了你！」

哪知曹操聞聽誇獎非但不喜，反而抽泣起來：「這哪是我的主意？是奉孝臨行時所獻之計……」一語未畢他握起拳頭猛捶胸口，慟哭不已，「哀哉奉孝！痛哉奉孝！惜哉奉孝！老天何等不公，折我膀臂也……奉孝啊……」哭了幾聲忽覺眼前眩暈，險些栽倒。

樓圭、許攸趕忙攙住：「孟德，你怎麼啦？」

「我的頭……」曹操兩年未犯的頭風病復發了。霎時間頭痛欲裂雙眼昏花，加之過於悲傷，話未說完已昏厥過去。

也不知過了多久，曹操漸漸轉醒，發現自己躺在後堂，痛意已消退；身子剛動兩下，就聽耳畔有個聲音道：「明公莫動，頭上有針。」

「嗯。」曹操應了一聲，閉上眼睛，可忽然意識到給自己治療的是華佗，猛地坐起身來：「華先生！」

華佗一驚：「針還未除……」

曹操哪管那麼多，一把抓住他手腕：「你何時回河北的？為何不給奉孝治病？」

「明公頭上有針，不能動。」

「我沒問你這個。」曹操心中滿是怒火，「你為何不能把郭嘉的病治好？」

曹丕、曹彰、曹植等都在房外守候，聞聽動靜趕忙進來：「父親錯怪華先生了，先生趕回之際郭嘉已經亡故。」

曹操根本不問緣由，推了華佗一個趔趄，狂吼道：「早不回家晚不回家，偏在這時候回家！你若不走，奉孝何至於死？」

這叫華佗怎麼回答？只好叩頭請罪。曹丕、曹植見父親怒氣不消，也都跪下了：「父親息怒，保重身體啊！」曹林、曹彪幾個年紀小的嚇得直哭。

「哭什麼哭，都給我閉嘴！」曹操拔掉頭上的針，回頭又問華佗，「奉孝之事暫且不提，你是怎麼給我治病的？頭風為何復發？」

病理之事華佗倒很清楚：「主公積病日久非朝夕可愈，鞍馬勞頓加之悲痛，故而復發，在下開方調理數月，必能……」

「什麼亂七八糟的藥方，我看你明明能以針灸治好我的病，就是不用心治！」曹操於醫藥之道一竅不通，卻猜忌甚重。

「在下不敢……針石只可治標，未可治本。」

「你們這等巫醫百工之徒就愛故弄玄虛！」曹操越說越氣，「我給你一個月時間根治此病。若逾期再發，我要你的命！」

治病又不是打仗，豈能約定時日？華佗叩首道：「主公之病需慢慢調養，豈能……」

曹操見他還敢頂嘴，越發震怒：「推三阻四我現在就殺了你！你治還是不治？」

華佗便有天大本事，也不可能在一月內把頭風根除：「請主公寬限時日……只要半年必能好轉……」

曹丕、曹植都覺父親因郭嘉之死遷怒於人，鬧得毫無道理，正不知如何勸解，忽聽外面傳來一陣嬰兒啼哭——曹沖抱著一個襁褓走了進來：「爹爹別生氣了，快看看小弟弟。」

「小弟弟？」曹操一愣，「我、我又有兒子了？」他這才想起出征之際卞氏已身懷六甲，可不早該生了。

曹沖把襁褓塞到父親懷裡：「夫人為生小弟弟鬧了場病，多虧華先生施救，這幾天他為夫人診脈煎熬，受了不少累。」

眾兄弟這才醒悟——好機靈的小子，抱著孩子來講人情。

畢竟父子天性，曹操一見孩子，把剛才的氣扔到龜茲國去了，又聽了曹沖的好話，漸漸轉怒為喜：「好好好……這孩子瘦了些，起名沒有？」

曹彰憨笑道：「我昨天射獵，捕了頭熊回來，乾脆叫曹熊……」話未說完曹丕便朝他使眼色——正在氣頭上，還敢提狩獵！

曹彰趕緊掩口，曹植忙轉移話題：「母親年逾四旬尚能孕育，也是華先生開方調理的，父親還需多多體諒先生啊。」

卞氏四十多產子，身體已不復當年，所以這孩子先天不足，已過了滿月卻跟個小雞子似的。曹操捏了捏那清瘦的小胳膊：「太瘦弱了，就叫曹熊吧，希望他以後壯實起來。」說罷遞回曹沖手中，「天涼，快給夫人抱回去，這可是她心頭肉啊！」

「爹爹不怪先生了吧？」曹沖眨巴著小眼睛看著父親。

曹操理智了不少，瞥了華佗一眼：「看來你也有委屈，算了吧！先把她們母子照顧好，我的病慢慢來。」

「諾。在下現在就去給夫人煎藥。」華佗逃命般退了出去，到廊下才想起藥匣沒拿，又回去哆哆嗦嗦拾起滿地銀針，一不留神把手都扎破了——在曹府當差可真難啊！

曹操命兒子取來筆墨，要修表章追封郭嘉。曹植恐他辛勞，請求替父親執筆，曹操也沒拒絕，倚在榻邊緩緩道：

臣聞褒忠示寵，未必當身，念功惟績，恩隆後嗣。是以楚宗孫叔，顯封厥子；岑彭既沒，爵及支庶。誠賢君殷勤於清良，聖祖敦篤於明勛也。故軍祭酒洧陽亭侯潁川郭嘉，立身著行，稱茂鄉邦。與臣參事，盡節為國，忠良淵淑，體通性達。每有大議，發言盈廷，執中處理，動無遺策。自在軍旅，十有餘年，行同騎乘，坐共幄席。東擒呂布，西取眭固，斬袁譚之首，平朔土之眾，逾越險塞，蕩定烏丸，震威遼東，以梟袁尚，雖假天威，易為指麾。至於臨敵，發揚誓命，凶逆克殄，勛實由嘉。臣今日所以免戾，嘉與其功。方將表顯，使賞足以報效。薄命天殞，不終美志。上為陛下悼惜良臣，下自毒恨喪失奇佐。昔霍去病早死，孝武為之咨嗟；祭遵不究功業，世祖望柩悲慟。仁恩降下，念發五內。今嘉隕命，誠足憐傷。宜追贈加封，並前千戶。褒亡為存，厚往勸來也。

通篇寫罷，曹操讀了好幾遍，才漸漸釋然——往者已矣，畢竟打了場勝仗，北方再無干戈，該著手準備南下了。不過在這之前還有別的事要安排，一些比打仗更重要的事。

曹丕見他氣色好了不少，笑道：「父親既然無礙了，我去前面告訴眾位大人一聲，免得他們擔心。」

「很好，你很懂事。」曹操難得誇他一句，「對軍府的大人們要多多尊重。來年為父可能會南征荊州，你們都要隨軍出征。」

曹植似乎漫不經心問：「弟弟們都還小，也要跟去打仗嗎？」

「難道真叫他們上戰場？」曹操終於露出一絲微笑，「從軍也不過是積累功勞，為日後之事鋪路，所以沖兒他們一定要去。」

曹丕兄弟咂摸這話的滋味——沖兒一定要去。看來父親心中默認的繼承人已經很清楚了。

思慕九五

回軍途中將士一直詫異，為什麼素來雷厲風行的曹操這次卻拖拖拉拉行動遲緩。現在終於明白了，原來出兵之前他已派董昭在鄴城西北挖了片湖泊，引漳河之水灌入其中，名為「玄武池」，又徵調了許多船隻。緩慢撤軍是叫大家休養，一回到鄴城，緊張的水軍操練就開始了。

曹營都是北方兵，在平原山地作戰還可以，到水上戰鬥力就大打折扣，接下來的目標是荊州劉表，進而與江東孫權為敵。那就意味著要在長江、漢水用兵，不善水戰怎麼得了？所以操練水軍就成了當務之急。曹操只休息了兩天就到玄武池視察訓練，夏侯惇手執令旗親自指揮，三軍將士划船搖櫓排出陣勢，倒也進步很快。

這一日忽然接到軍報，孫權再次兵發江夏，似有吞併荊州之意。曹操深知不能容孫氏搶先下手，忙暫停訓練，調于禁、張遼、張郃、朱靈、李典、路昭、馮楷七位將軍聽令：「遠征以來中原空虛，江東孫權虎視荊州，我決定派你們七個率兵回屯潁川，震懾東南之敵。」

于禁道：「水軍尚未練精，恐不能與敵交鋒。」

曹操早有打算：「我已決定將劉勳、張憙、程昱等部編入中軍，繼續操練水戰，你們暫且回去，日後會合一處共同南下。」他又特別叮囑朱靈，「你所部都是新近招募的河北士卒，頭一遭離開家鄉可能有些不習慣，你要好好安撫他們，切不可意氣用事。」

「明白！末將絕不會出絲毫差錯。」朱靈把弓拉得很滿。

「你們現在就退出玄武池，休整一日明早開拔回潁川。」曹操覺得這番安排很周到，一旁舉旗練兵的夏侯惇卻道：「孟德，有件事我想提醒你，江漢之水與玄武池之水大不相同。大江天險風大浪大，玄武池卻是一潭死水，這樣練兵真的有效嗎？」

「練了總比不練強，再說咱們兵馬不下十萬，以倍擊之豈能不勝？」曹操的看法很樂觀。

夏侯惇仍心存疑慮，方欲再言，忽見董昭與趙達慌張跑來：「主公，有人擅自為袁尚兄弟收屍。」

曹操將袁尚兄弟的人頭掛於南門示眾，並傳下命令，若有拜祭者按同黨論處，可屢屢有人犯法。昨日牽招押解烏丸人質回來，見城頭掛著首級，趕忙下馬哭拜故主，曹操念他不知未加怪罪。今天又冒出一個，不但祭拜還要收屍，可不能再輕饒了：「何人如此大膽？」

趙達添油加醋道：「就是田疇田子泰，主公給他官他不當，還敢收殮罪人，不懲此人不足以正威信！」

一提到田疇，曹操態度立刻變了——若沒有他引路塞外，豈能輕易得勝？只道：「先不要擒他，帶我去看看。」

許褚要跟隨護衛，卻被曹操攔了，一個親兵也沒帶，只領著董昭、趙達二人穿西門轉南門，眼看到了懸頭之地，戛然止步說道：「隨我上城。」

「田疇在城外呢！」董昭莫名其妙。

「我知道。有話跟你說。」曹操說罷已率先登了城樓，守城兵丁見主公來了趕緊跪倒問安，都被他揮退了。

城樓之上視野開闊，但見田疇布衣幅巾，手執一張弓，剛剛把高竿上懸掛的人頭射落，尋了兩塊麻布，耐心地包裹著。身邊的士兵倒是不少，舉著兵刃圍著他轉，卻沒一個人敢上前擒拿——都知道他有功，萬一抓錯了，曹操怪罪下來誰擔得起？

趙達一見此景扯著脖子邊喊：「大膽田子泰，你……」

曹操抬手攔住：「他乃義士，顧念昔日袁氏辟用之恩，為其收屍。也罷，我就成全他這番美意。」

田疇已看到了曹操，卻只是朝城上拱了拱手，連話都沒說，兀自包好人頭，又打了個結往身上一背，跨上自己那頭小毛驢。眾士兵見曹操都不管，哪個敢攔著？閃出條路，生生瞧著他揚長而去。

「此人清高，恐不能為主公驅馳。」董昭陰沉沉提醒道。

曹操倒也寬宏：「成全他也是成全我自己，我要贈他個侯位，叫全天下都知道，我曹某人有功必賞。」

董昭暗暗搖頭——這種怪人，官都不願意做，封賞他肯接受嗎？又聽曹操已不露痕跡轉換了話題：「叫你們到城上來是有些私密之事要談……最近京師有何動靜？」

趙達搶先道：「最近朝中百官遵照主公之意，都在討論改革刑律之事。唯有孔融大放厥詞，抗議主公禁酒之令。」他說著話掏出一紙帛書，「他寫了一封信，想與您辯論禁酒之事，被令君押下了。我偷偷抄來一份，請您過目。若有悖逆之言，正好治他的罪！」

公初當來，邦人咸抃舞踴躍，以望我後，亦既至止，酒禁施行。夫酒之為德久矣。古先哲王，類帝禋宗，和神定人，以濟萬國，非酒莫以也。故天垂酒星之燿，地列酒泉之郡，人著旨酒之德。堯不千鍾，無以建太平；孔非百觚，無以堪上聖。樊噲解危鴻門，非豕肩鍾酒，無以奮其怒；趙之廝養，東迎其王，非引卮酒，無以激其氣。高祖非醉斬白蛇，無以暢其靈；景帝非醉幸唐姬，無以開中興；袁盎非醇醪之力，無以脫其命。定國不酣飲一斛，無以決其法。故酈生以高陽酒徒，著功於漢；屈原不哺醩醨，取困於楚。由是觀之，酒何負於政哉？

曹操本不屑一顧，可通篇看罷又不禁讚歎：「堯不千鍾，無以建太平。孔非百觚，無以堪上聖……高祖非醉斬白蛇，無以暢其靈。景帝非醉幸唐姬，無以開中興……孔文舉果真才華橫溢，連喝酒都能講出道理，博學多聞妙筆生花，令人不得不佩服。」但讚譽過後又是一陣惱火，「惜乎有其才卻不能為我所用。可恨可惱，可悲可歎！又教老夫如何是好……」

可恨、可惱尚有緣由，何言可悲、可歎？董昭察覺他態度微妙，沒敢輕易搭話。趙達卻壞笑道：「文筆雖好，卻通篇詭辯之辭。虧他還是聖人之後，難道連《尚書・酒誥》都不知道？以在下之意，主公何不借聖賢之言加以駁斥，好好羞辱他一番？」

「聖人之後？」曹操似乎想起什麼，卻欲言又止，沉默半晌才道：「既然他反對禁酒，那就收回禁令，叫他痛痛快快喝吧！」

「啊？」趙達眨眨眼睛，不明白曹操何以一反常態，「主公豈能遷就這饒舌鬼？孔文舉雖不足以成事，但蠱惑亂群。若長此人之志，日後擅論朝政之人必定越來越多……」

董昭已摸透曹操心思，一句話都不說，暗笑趙達不曉事——孔融快人頭落地了！

其實曹操早對孔融忌恨在心，欲殺之而後快。但孔融大有賢名，又是聖人之後，曹操需要借其聲望人脈招攬名士，才遲遲沒有下手。如今華歆、王朗、陳群俱已臣服，羈旅江東的張範，避難遼東的邴原等也將入京，仍不歸來的似張昭、孫弘、許靖之流，不是對曹操抱有成見，就是已成孫氏死黨。換言之，孔融這顆胡桃的油已經榨幹了，既沒價值又多言亂事，還留他幹什麼？誅孔融倒可以殺雞儆猴，給那些反對曹氏僭越的人以威懾。既然決定殺他，還計較什麼禁不禁酒的小事？由著他喝吧，反正也痛快不了幾天了。

趙達兀自嘮叨沒完，曹操終於不耐煩了：「老夫的命令，還輪得到你說三道四？留神你自己的前程吧！」他雖用趙達等校事，卻不准他們隨便干涉事務，呼來喚去如驅奴婢。

趙達打了個寒戰，趕緊跪下請罪。曹操把帛書扔回給他：「別在這兒礙眼了！去把邢顒叫來，我有事托他。」

趙達戰戰兢兢而去。曹操轉身望著城外，隔了良久喃喃道：「士民歸附外藩降服，下一步又該如何？」

董昭謹慎道：「操練水軍早日南下。」

「這還用你說？」曹操沒有回頭，「現在只剩下你我二人，出你之口入我之耳，還裝什麼糊塗？」

董昭當然知道「下一步」指什麼，但涉及君臣之大防，曹操若不明說，絕不敢主動提及；聽他挑明，這才放開顧忌：「主公統一北方，廢劉氏宗國不過千里之行的第一步。若以在下之見，兩件事可以考慮。」

「哪兩件事？」

「擴建鄴城，晉升官職。」董昭脫口而出。

他所言擴建鄴城不是單純的修葺，而是暗示曹操應該把鄴城建成曹氏天下的國都。皇帝變了，國都也要跟著變，一者體現萬物為新，二來也是為了脫離原先的政治中心。許都本是潁川郡的一個縣，雖屢加擴建仍不足以體現威嚴；洛陽焚毀多年，城池破敗人煙稀少，要恢復昔日氣象非朝夕之功；長安遠在關中，豪強縱橫民力衰竭，也不甚穩妥。挑來挑去只有鄴城地面廣大戶口殷實，「鄴」與「業」音同，象徵大業將成，所在魏郡更是與「代漢者，當塗高」的讖語吻合。自從曹操平定河北，鄴城成為新的大本營，他不但以領冀州牧的身分辟用了一批新幕僚，還把家眷遷了過來，許都的司空府反倒不重要了。在許都他頭上還有個天子，雖是傀儡也得時刻裝作恭謹，在鄴城卻可以任意而為，就連荀彧都無法掣肘。無論從哪個角度看，鄴城都是新都的不二之選。

「似乎言之過早吧……」曹操雖這麼說，口氣卻不怎麼堅決。

董昭早想好應對之辭：「主公戡定北方，若南下荊州掃滅江東，天下太平只在瞬息之間。凡事預則立不預則廢，理應早作準備。」

「你所言不無道理。可是洛陽也在修復，也得花不少錢。再擴建鄴城又是筆不小的開銷，北方剛剛穩定，冀州賦稅又訂得極低，搞這麼多工程……唉，看來老夫要動用家底了。」曹操所謂的家底其實是他封邑的積蓄。他奉迎天子之功受封武平侯，封邑一萬戶，此後屢建功勳頻頻加封，如今占武平、陽夏、柘、苦四縣，享封三萬戶，實是天下第一富豪。不過他生活簡樸勤儉持家，這麼多錢幾乎沒動用過，前番出征分贈將士的不過九牛一毛。如此龐大積蓄，加上挖掘梁王墓以及接收袁紹府庫所得，修城根本不是問題，況且朝廷也不可能一文錢不出。袁紹、袁術也曾豪富，但有了錢大半花來擺譜；曹操有錢卻存著，等時機到來用它辦事。這是種智慧，也是曹氏「家學」。當年他父親曹嵩也是一面斂財，一面勤儉持家，存下億萬家資買個太尉當。在用錢方面，曹操也是得其父真傳。

董昭聽他這麼說，心下不免好笑——常言道「善財難捨」，固然破費不少，但這筆買賣做成，賺來的是天下。雖這麼想，口上卻恭維著：「主公花費私財，令卑職心中難安。」

「那就交給你辦了。招一批良匠謀劃謀劃，先畫份草圖給我看。」這件事就此敲定，曹操捋了捋鬍鬚，頓了片刻又道：「剛才你還道晉升官職。老夫已位居三公，有假節鉞之權，難道官職還不夠大嗎？」

「主公雖官居司空位至極品，但畢竟與百官同列。古人云：『爵位不高，則民不敬也；蓄祿不厚，則民不信也。』只有凌駕百僚之上，才能樹蓋世之名望，也好……」董昭考慮了一下措辭，「也好為日後奠定名分，諸事才能水到渠成。」

「司空不足以號令天下，那應該要一個什麼名分呢？」

「以您的功績，匡扶朝廷復立社稷，古之王公猶可比肩。目前干戈未息，不便破壞異姓封王之法。不如先居丞相之位，日後漸行其事。」

「丞相！」連曹操本人都嚇了一跳。

「不錯，廢除三公之制，恢復前朝舊法。主公獨居丞相，總攬天下一切事務。文武百官理所當然都是您的下屬，所有郡縣官員都可以直接管轄，表章奏議也無需尚書經手了。」董昭所謂前朝舊法，實際是三公制的前身，以丞相、太尉、御史大夫統轄百官。丞相總領一切政務，太尉掌管軍戎之事，御史大夫是副丞相，負責監察百官。因為這種制度對皇權威脅太大，漢武帝以後朝廷設立尚書分割相權；到光武中興之際，乾脆廢了丞相、御史大夫，改為太尉、司徒、司空三公，名義上是百官之首，實際上政歸臺閣，三公若無「錄尚書事」的兼職，什麼權力都沒有。曹操之所以能干涉政務，也並非因為他是司空，而是他有「錄尚書事」的兼職，能管轄尚書令荀彧，遙控臺閣。恢復丞相無異於與百官脫離，讓曹操達到一種無所不管，無所不能，獨缺天子名分的境地。不過值得玩味的是，舊制有丞相、太尉、御史大夫三個官職，董昭卻對另兩個隻字不提，似乎是暗示曹操，只需要一個丞相，其他的都不必再設。名為恢復舊制，實為變相集權。

「丞相、丞相……」曹操默念了幾遍，忽然蹙眉道：「不知為何，只要一提到丞相，老夫就想起昔日董卓自稱相國。我這麼幹，不會有人把老夫比作董卓吧？」

董昭振振有詞：「董卓乃一暴虐凶徒，主公平滅奸邪解民倒懸；主公之於董卓乃雲泥之別，焉能相提並論？」

雲泥之別也罷，相提並論也好，反正幹的都是差不多的事兒。曹操還是覺得這一步升得太大，都有些失重的感覺了。他猶豫半晌，歎息道：「《三略》有云：『釋近謀遠者，勞而無功』，兵戈未滅就先身居高位，叫天下人怎麼想？」

董昭不否定他的說法，轉而道：「古人云：『不登高山，不知天之高；不臨深溪，不知地之厚。登高而招，臂非加長，而見者遠；順風而呼，聲非加疾，而聞者彰。』主公若不居尊貴之位，何以收攬人心以定天下？昔日齊桓公九合諸侯一匡天下，皆賴管仲之力。管夷吾輔佐的不過是諸侯，成就的僅僅是霸業，尚且居於相位；主公輔佐的是天子，捍衛的是當今天子之業，反而不配為相嗎？」

這番應對真是巧妙，明明兩人謀劃的是曹氏代漢，可董昭卻以曹操對漢室的功勞為說辭。這又是暗示曹操——天下本來就賴你之力，你當丞相乃至以後的任何舉動，完全合情合理。

曹操毫無表情，愣了片刻，忽然道：「公仁啊，前幾天臧霸派人送鰒魚來了，我分賜給大家，你也有一份吧？」

「嗯？」董昭不知他為何聊起了閒話，心中莫名其妙，卻不能不回答，「卑職也享用了，多謝主公。」

「鰒魚好吃，而且益於身體。可是我在想，似閻柔那幫武夫吃的時候會是怎樣一種吃相呢？」曹操扭過頭，臉上掛著笑意，卻加重了語氣，「再好吃的東西若是吃相難看，似乎也觀之不雅吧？」

董昭眼睛一亮，似乎明白了——丞相可以當，但恢復丞相制就要廢除三公制。許都還有一位司徒趙溫呢！雖然此公乃蜀中人士，沒有黨羽圓滑柔順，可也不能說廢就廢。若無緣無故罷免趙溫，朝野觀感欠佳，引人說三道四；可暗示他自動辭職也不妥，誰都明白那是迫於曹操壓力。怎樣才能既罷免趙溫而又不受指摘呢？好東西要吃到口，但還要有一個優雅的吃相。

曹操遙望遠方長吁短嘆：「要是奉孝還活著該有多好？出謀劃策誰能比得了他？別人還是不行啊……」

董昭聽得酸溜溜的，冥思苦想一陣，忽然跪倒在地：「卑職不才，願為主公辦成此事！」人受擠對能長能耐，曹操要的就是他這句話，忙轉身笑道：「你有何辦法？」

「咱們這麼辦……」董昭爬起身，在曹操耳邊嘀咕幾句。

曹操聽罷點點頭：「辦法雖妙卻要謹慎行事，若傳揚出去，非但老夫顏面無存，對我兒的名聲也有礙。」

「卑職一定小心，回許都後先去見荀令君，把……」董昭話未說完，又聽身後響起腳步聲——趙達帶邢顒上城來了，後面還跟著李典。

曹操咳嗽一聲，故意提高嗓門對董昭道：「明天你就回許都，把追封郭嘉、救贖蔡琰等事轉告令君。所有的事都交你辦，明白嗎？」

「明白！」董昭知他不便當眾道破，「所有的事」也就算默許他的計策了。

「還有……」曹操從袖裡掏出一紙帛書塞給他，「這是寫給令君的信，你親手轉交他。去吧！」

「諾。」董昭施禮告退，與邢顒三人走了個迎面，僅微微一笑，什麼都沒說。

曹操也笑盈盈的：「曼成怎麼也來了？移駐潁川之事有困難？」

李典表情凝重，手裡攥著一卷錦套封著的卷宗，走到曹操面前猛然跪倒，把卷宗捧過頭頂：「此物獻與主公。」

曹操戲謔道：「早聽說你身在軍旅不棄學業，莫非勤奮讀書寫出的文章？」

「主公取笑。這是我李氏兗州各縣的宗籍名冊，共計三千餘戶。末將懇請將族人移居鄴城，為主公效力！」李典知書明理，比樂進、張遼那幫人見識深得多。李氏在兗州乘氏、鉅野等地一呼百應，曾幫曹操逐走呂布。可現今他不需要豪強了，相反可能把李氏視為隱患。李典思慮多日，連臧霸那幫人都無可避免送來人質，自己豈能抗拒？唯有解除私人勢力，才能消除猜忌。

曹操接過卷宗掂了掂，明明只是一卷小小的竹簡，卻感覺壓腕子——分量當然不輕！李家這三千戶是不納賦、不服役的私人佃戶，可遷到鄴城就要編入民籍。這卷竹簡無異於三千戶賦稅、三千戶兵源，落到曹操手中，縱橫一時的李氏豪強就不復存在了！

曹操望著這個年輕人，倒也佩服他的見識和氣魄：「你莫非要效仿耿純？」耿純是輔保劉秀的中興名將，當初劉秀奉更始帝之命出巡河北，正趕上王昌在邯鄲造反，耿純兄弟投奔劉秀為其效力。那時劉秀勢弱，耿純唯恐族人懷有異心，放火燒了全族房舍，斷了大家的歸念，從此死心塌地跟著劉秀。曹操把李典比作耿純，是一種讚譽。

李典謹小慎微：「末將駑怯功微而爵寵過厚，唯有傾全族之力才覺心安。當今干戈未息，充實鄴城可拱衛城郊以制四方。末將何德何能，豈敢效仿先賢名將？」

李典的叔父李乾為曹操而死，與張遼有仇卻不能得報，官渡之戰時他把族中的私糧捐給了軍隊，現在又把整個家族貢獻出來。這會兒任何嘉獎的話都已微不足道，也無需惺惺作態，曹操沉吟半晌，歎道：「既然如此，老夫就笑納了。念此功勞，我升你為破虜將軍。」

「謝主公！」李典這聲謝真是百感交集。

曹操拍拍他肩膀，意味深長道：「耿純輔佐光武成就帝業，位列雲臺功臣。曼成你年紀尚輕，前程似錦，若多多勤勉，日後功爵也未必不能趕超前人。」

李典何等伶俐，一聽就明白：「末將效力主公，萬死不辭！」

邢顒一旁贊道：「主公厚待李將軍，李將軍忠心耿耿輔保主公，真是主明臣賢的佳話。卑職賀主公能識良將，也賀曼成得隨明主！」

趙達瞥了他一眼——拍起馬屁來比我還在行，這算個什麼隱士？曹操擺擺手：「邢先生過譽，叫你來是想告訴你，老夫已修好表章，任命你為廣宗縣令。」

「謝主公提拔。」邢顒心中狂喜。曹操看中的人必要外放地方，或是縣令或是郡守，歷練三年兩載，再調回來就要委以重任了。廣宗縣在冀州治下，邢顒又是河北人，極易出政績，這也是曹操特別關照。

「還有一事。」曹操手指城外，「田先生剛才把袁尚、袁熙的首級收殮了。」

刑顒吃驚非小——已有軍令「三軍敢有哭之者斬」，昨日牽招跑去哭祭已經觸犯軍令，幸而曹操法外施恩未加怪罪。今天田疇不但拜祭還擅自殮屍，這不是成心對著幹嘛？他趕緊說好話：「昔日袁紹父子曾征辟他，雖然未曾赴任，想必也念了些情分。畢竟是袁氏誅戮公孫瓚，為劉虞報的仇。還請主公看在他這點兒拳拳忠義，加以寬宥。」

「子昂小覷我了。」上下屬名分已定，曹操乾脆直呼他表字，連「先生」二字都沒有了，「我並無責難之意，只想叫你給他傳個話。」

「主公有何訓教？」

「不是訓教，是替我感謝田疇。引路塞外乃平賊首功，我已決定表奏他為亭侯。」

「卑職代子泰兄謝過主公。」

「還有，」曹操話風一轉，「他似乎不願為官，你替我勸勸他。立下這麼大的功勞卻不當官，知道的人稱讚他清心寡欲，不知道的還以為老夫不用呢！有功必賞有過必罰，這是朝廷制度，並非他能左右，也並非我能左右。」說到這兒，曹操抬頭看天色，「快到正午了，老夫還得去玄武池看看……總之你告訴田疇，冀幽之地的郡守、縣令任他挑；實在不喜俗務，入京任侍中、議郎什麼的也可以考慮。可千萬別辜負老夫這番好意！」

分道揚鑣

邢顒領了曹操的命令，連午飯都沒用，迫不及待要把消息告訴田疇，可城裡城外找了半日都尋不到蹤影；又想起他收了袁尚、袁熙的首級，便趕往西北十六里的袁紹墓——果不其然，田疇正跪在地上為兩個低矮的小墳培土。

「子泰兄還真把袁氏兄弟葬在袁紹墳前了。」邢顒跳下馬訕訕道：「袁本初只是征辟過你，你又沒出山輔佐他，為何這般厚待他父子？」

田疇沒有答話，用力將墳頭拍實，站起身望了袁紹的墳丘——那陵墓格外雄偉，封土又長又寬，高三丈有餘，與腳下這兩座小丘形成了鮮明的對比。田疇呆立半晌，才喃喃道：「我並非感念袁氏舊情，只是感慨世態炎涼。袁本初種下龍種收獲跳蚤，世道變幻也太快了，希望這些受戮之人能入土為安……」

「兄長何必為這些不相干的人傷懷？」邢顒笑道：「告訴你個好消息，曹公準備上表朝廷封你為亭侯，賜邑五百戶，你要成為有爵位的人啦！而且還讓我轉告你，各郡的郡守任由你選，如果願意還可以入朝擔任侍中。小弟辛苦一趟才晉升縣令，曹公對田兄真是另眼看待啊！」

田疇搖搖頭，指了指神道邊的一棵樹——那裡拴了頭小黑驢，驢背上還有個包袱，裝著他出山帶的所有東西。

「你要回徐無山？」邢顒不免驚訝。

「不錯，馬上就走。今生今世再不入曹營一步。」

「還是因為行軍途中殺人的事？仗都打完了，何必再計較那些？曹公封你為侯乃是出自一番好意，真心真意想酬謝你。再者你所立之功有目共睹，受之無愧何必推辭？」

「我豈能靠出賣盧龍塞換取富貴？」田疇歎道：「仕途已非我願，什麼高官厚祿、封侯晉爵，在我看來便如糞土。志士不飲盜泉之水，廉者不受嗟來之食。我只想做個尋常百姓，回山裡安安穩穩度過餘生，不願再蹚這渾水了。」

「你以為想走就能走嗎？」邢顒乾脆把話挑明，「兄長引路之事天下皆知，你若不接受封贈，天下人定會說曹操有功不賞，處事寡恩。關乎名譽，他豈能容你一走了之？再說幽州已平定，那山村也待不住了，只要朝廷傳令遷徙，你能賴在山裡不出來？不信試試看，只怕你剛到徐無山，郡縣政令旋踵而至，招全村之人遷居鄴城，那時你還能如何？」

「如何……」田疇痛苦地低下了頭，正如邢顒所言，他逃不出曹操指掌，「即便遷進鄴城，我也只做布衣，絕不入仕為官。」

「說得輕巧，他必會想方設法拉攏你。已故名士張儉、陳紀、桓典，哪個不想當普通百姓，最後還不是被逼為官了？連遠在遼東的邴原、管寧、王烈，曹公都要征辟，你能躲得開嗎？」

田疇明知避無可避，硬是把心一橫：「實在躲不過，還有一死！」

邢顒還想再勸兩句，卻見田疇神色決然，於是歎息道：「咱們相交十餘年，無論才學、智謀、品行小弟都甘拜下風，可你這寧折不彎的倔脾氣就不能改改？就算你潔身自好，當官也不是壞事，未必與節操仁義相悖。你怎麼就想不通呢？」

田疇連連搖頭：「入仕為官是否與節操仁義相悖，那要看為誰效力。」

「為曹公效力，光復漢室天下難道不好嗎？」

「光復漢室天下？」田疇擠出一絲冷笑，「子昂賢弟，你並非愚鈍之人。曹操究竟想幹什麼，你不會不清楚吧？你是當真看不出來，還是自欺欺人不願承認呢？」

這句話正戳在邢顒軟肋上——身在曹營一年多，豈能看不出曹操要篡奪漢室江山？果真如田疇所言，他明明看清了卻不願意承認。因為他已擔任曹操掾屬，是不折不扣的受益者，日後前程無可限量；尤其正值青春少壯的曹丕對他頗為讚賞，這又是何等機遇？在利益和節操的博弈中，邢顒最終選擇把對劉姓王朝的愧疚埋藏在心底，對一切陰謀行徑視而不見。他再也不是隱居徐無山的那個高潔之士，被權力和欲望死死纏繞，已無法回頭。

田疇收起那副挖苦的表情，淡淡地說：「無為其所不為，無欲其所不欲。既然我不勸你回頭，你也無須要求我留下。但愚兄給你一個忠告，日後在曹營一定要謹慎小心。當初我叫你探探曹操品行，你糊裡糊塗就保了他。現在我告訴你——曹孟德乃刻薄無情、陰損狡詐之徒！」

邢顒嚇一跳，訥訥道：「沒你說的這般嚴重吧？果真如此他何以擊敗袁紹雄踞北方？人性皆善，及不善者，物亂之也。」

「人是隨境遇而變的。當初你我同在深山隱居，又怎知今日分道揚鑣？」田疇話中充滿惋惜，「曹操昔日舉兵本出於義，故而得天下志士之助。如今他思慕金鑾御輦，還能似當年一樣得人心？

還能孜孜不倦廣納眾言？強征百姓鑿冰運糧，屠戮無辜路人，一令逆而百令失，一惡施則百惡結。《易經》有云：『積善之家，必有餘慶；積不善之家，必有餘殃。』我看曹操積善已盡，而今不善之舉累累，日後必遭其殃。古人常說天命如何如何，須知人若不以行感天，天亦不隨行而應人！」

一席話說得邢顒滿心彷徨無言以對。

「話已至此，賢弟好自為之。」田疇解開繩索跨上驢背。

「且慢！兄長不給曹公留封書信嗎？」

「不仁者可與言哉？」田疇頭也不回，只稍稍揮動皮鞭，那小驢便馱著他顛顛而去。

此時已漸漸過了正午，燦爛的陽光即將由盛轉衰。邢顒渾然未覺，兀自矗立道邊，沉浸在那可怕的預言之中……

第六章

罷黜三公，恢復舊制

孫氏復仇

建安十三年（西元二〇八年）春，就在曹操訓練守軍之際，荊州的江夏郡剛剛經歷了一場戰爭，其激烈程度絲毫不亞於白狼山惡戰——孫權終於攻克西陵縣，手刃仇人黃祖。

對於荊州牧劉表來說，江夏的穩固太重要了，它恰好位於漢水與長江的交匯處，是荊州的東部門戶。一旦此地失守，敵人不但可以自漢水上溯至荊州核心，甚至可以陳兵江上切斷南北聯繫。因此劉表才特意委任黃祖為江夏太守，駐軍夏口（長江與漢水交匯處，也稱三江口，屬西陵縣），扼守東大門。黃氏乃江夏望族，先朝名臣黃香、黃瓊、黃琬皆出身於這個家族，黃祖也是其中之一。劉表挑選他擔負重任，固然是想利用黃氏在此地的威望，更重要的是黃祖與孫氏有血海深仇。昔日討伐董卓失敗，袁紹、袁術兄弟交惡，都以遠交近攻的策略牽制對方。袁術結好公孫瓚攻打冀州，袁紹就串通劉表掣肘南陽。當時孫權之父孫堅隸屬袁術麾下，奉命還擊劉表奪取襄陽，本來是一路得勝，卻在峴首山遭黃祖暗算，亂箭攢身而死——這便拉開了孫氏與黃祖長年惡鬥的序幕。

殺父之仇不共戴天，孫策立足江東之後第一件事就是出兵江夏，重創黃祖與劉勳的聯軍，然而未能奪取西陵縣。後來孫策遇刺身亡，復仇的使命又落到了孫權身上。為此孫權曾於建安八年、建安十二年兩度征伐江夏，雖然戰場上處於優勢，卻始終不能撼動黃祖的城池。兩次無功而返，江東文武漸漸有了微詞，以張昭、張紘為首的臣僚主張暫且擱置西進，轉而安撫境內山越[①]。可孫權決心已定，僅僅休整了兩個月，又親統人馬再度起兵。以周瑜為前部都督，荊州降將甘寧為嚮導，秦松、魯肅為參謀，凌統、呂蒙為先鋒，韓當、蔣欽、周泰、董襲、陳武、宋謙等將盡皆隨軍，水陸並進溯長江而上，浩浩蕩蕩殺奔三江口。

黃祖得到消息，做了周密部署，不僅派大將蘇飛在城池周匝布置兵馬，還命水軍都督陳就率戰船陳師江上，以兩艘艨艟巨艦橫攔江口，鐵索連貫上設強弩，把江面封鎖得嚴嚴實實。孫氏兵馬毫無懼意英勇奮戰，先鋒呂蒙率敢死士駕著小船鑽入敵群，於萬軍陣中擒殺陳就；董襲冒著箭雨親揮大刀，斬斷攔江鎖鏈；凌統身先士卒攀登雲梯，終於殺進西陵城中，生擒步軍都督蘇飛。黃祖眼見大勢已去，單人獨騎棄城逃亡，卻被一個叫馮則的小卒刺殺。

劉表獲知消息震驚不已，忙派駐軍新野的劉備火速救援江夏。但當劉備趕到時，孫權早已退軍，並將西陵囤積的財貨、輜重、糧草、戰船以及降卒百姓盡數捲走，只留下一座遍地狼藉的空城。

得勝而歸的江東軍得意洋洋，高挑著黃祖首級，齊唱凱歌歡呼雀躍。水陸兩軍齊頭並進，一路上耀武揚威，其聲勢不亞於春秋時雄霸江東的越王勾踐。在大軍後面，擄劫的輜重財寶不計其數，就用剛剛從江夏收編來的戰船載著，密密麻麻鋪滿了江面；俘獲的降卒和百姓都用繩子綁著手，連成一串一串，足有兩三萬人。

可就在喧鬧聲中，卻有一個年輕人始終沉默不語。他年方二十六歲，生得白皙俊俏，鼻直口正，目若朗星，齒白唇紅，大耳朝懷，猿背蜂腰，尤其引人注意的是他有一雙黑中透綠的眼眸，宛如秋

---

① 南方少數民族的統稱，因為囊括部族眾多，所以也稱「百越」。

水般深邃莫測，剛剛蓄起的小鬍鬚傲然上翹，微微泛著紫紅色。他穿著鎏金的鎧甲，頭戴亮銀色兜鍪，披著碧綠的錦繡征袍，騎著一匹白馬，昂然走在步軍最前列。不知情者恐怕很難猜到，這位英俊瀟灑的青年將軍就是江東之主——孫權孫仲謀。

與他並轡而行的是兩個文官模樣的人。一位花白頭髮精神矍鑠，是跟隨孫策創業江東的謀士秦松秦文表；另一位只有三十出頭，相貌端莊神色堅毅，是孫權新近提拔的心腹魯肅魯子敬。這兩個人似乎已察覺到孫權有心事，卻誰也不說話，只是默默陪著他前行。

正在此時，從後方奔來數騎，為首的是中郎將蔣欽。這蔣欽與營中另一位猛將周泰同為九江郡人，最初只是孫策身邊左右不離的護衛，後來久經沙場立功無數，也成了軍中有頭臉的將領。他人高馬大相貌猙獰，還是個急性子，離得老遠就咋呼著嗓子嚷道：「主公且住！末將有話要說。」

孫權撥馬勒住韁繩，整個隊伍陸陸續續都停下了。蔣欽快馬加鞭奔到近前，飛身下馬重重跪倒在孫權眼前，砸得地面撲通一聲響。

「你這是何意？」孫權莫名其妙瞅著他，「有話站起來說。」

「我不起來！」蔣欽十分固執，「主公就此收兵，末將不服！懇請您回軍再戰，把江夏奪回來……」

話未說完，後面韓當、董襲、呂蒙、甘寧等將也追到了，一個個神色焦急：「蔣將軍，你這是幹什麼？還不快起來！」。

孫權抬手攔住：「你們別管，叫他把話說完。」

「主公，您難道忘了歷次攻打江夏，咱們死了多少將士嗎？」蔣欽跪在那裡，義憤填膺地嚷道：「先主之仇用不著末將多說，當初令兄遇刺，臨終之際最不甘心的就是沒能奪取江夏，手刃仇人！如今咱們打了勝仗，殺了黃祖，但萬不該放棄城池，那可是多少江東子弟拿命換來的啊！單單擄劫百姓財物而歸，咱們與土匪何異？您這樣做何以告慰令尊、令兄和陣亡的將士……」說到最後，這漢子竟氣得虎目帶淚，連連捶地。

孫權卻對這番慷慨陳詞毫不動容，抬眼掃視著眾將，輕輕問道：「你們也跟他想的一樣嗎？」這句話問出來，諸將都沉默了。雖然他們阻止蔣欽頂撞孫權，但內心的想法也差不多，都對撤兵之舉頗有微詞。沉寂了片刻，揚武都尉董襲率先說了話：「蔣公奕說的也不無道理，不過……」他是地地道道的江南人，不到三十歲，個子矮小，瘦削精幹，一口吳儂軟語，打起仗來卻是個不顧命的；平日裡有話就說，直來直往，今天卻也支支吾吾的。

「韓老將軍，您怎麼看？」孫權朝韓當拱了拱手。

韓當不是江南人，家鄉遠在幽州遼西郡，他早年就與程普、黃蓋一起跟隨孫堅，曾經戰黃巾、討董卓，如今已年過五旬，是營中資歷最老的將軍之一，連孫權兄弟都要以長輩之禮相待。韓當見他點名問自己，捋了捋花白的鬍鬚，恭恭敬敬道：「末將不過是匹夫之勇，蒙兩代將軍錯愛，不敢妄言大事。一切全憑主公處置，末將唯命是從。」到了他這個歲數要講深沉，不能像小輩一樣咋咋呼呼，雖然說了等於沒說，但這未嘗不是對蔣欽的默認。

「老將軍過謙。」孫權淡淡一笑，似乎已品到了其中滋味。

「主公，我也有話要說！」從人群中鑽出一位大個子，虎背狼腰，尖鼻闊口，二目如電，神似鷹隼，看樣子也只有二十多歲。別人的甲冑都規規矩矩穿著，唯有他不戴頭盔，鎧甲鬆鬆垮垮往身上一披，戰袍擰成條繩子在腰間一繫；不知是為了好看還是特立獨行，他還在脖子上掛了串小鈴鐺，只要一動就叮叮噹噹亂響。

軍中諸將一看——原來是去年才歸順的荊州叛將甘寧甘興霸，本是一介背主之徒，又不知禮數，老愛跳出來摻和事兒，大夥都討厭他。可孫權偏偏對這個人情有獨鍾，毫不介意道：「興霸，你小子又有什麼說的？」

「我倒不是為了陣亡將士不平。」甘寧揣著手，漫不經心道：「只是那坐守襄陽的劉表老兒實在沒什麼本事，倆兒子也是飯桶。如今曹操已統一北方，說不定哪天就將南下，我覺得咱們應該以江夏為據點，順江而上攻取整個荊州，若不然定叫曹操老賊搶先。只要咱們拿下荊州，便可西據楚關，進而爭奪巴蜀之地，那時就能與曹賊抗衡啦！這麼好的機會，您卻要收兵，太可惜了吧？」

甘寧說得隨隨便便，可孫權卻吃驚匪淺，不禁與身邊的魯肅對視一眼——這番話與魯肅先前提出的策略不謀而合。拿下荊州謀奪巴蜀是他倆和大都督周瑜商定好的戰略，卻從來沒有公開提過。這甘寧看似吊兒郎當，其實深諳韜略，頗具眼光，不啻為亂世奇人。他本是益州劉璋麾下蜀郡郡丞，因不滿劉璋碌碌無為，率領八百健兒轉投劉表；劉表乃黨錮名士出身，看不慣他的懶散做派，又打發他到黃祖麾下任職；黃祖老邁寡恩，也不能盡其才，他又借江夏部將蘇飛之力逃離荊州，繼而投靠孫權。細細想來他差不多是順長江一路漂來的，這一路的水陸地貌、關隘險要、兵力守備，都已了然於胸。

孫權知他所言甚妙，卻只是點了點頭，馬上又恢復那副平淡的表情：「你們都有道理，但想不想聽聽我的道理啊？」

「請主公訓教。」眾將一齊拱手。

「撤兵是我和周都督共同的決定。」孫權舉起馬鞭指了指江上的戰船。他雖是江東之主，但周瑜與孫策情同手足，官拜中領軍，在軍中的威望甚至比他還高，要壓制這幫兵痞，最好的辦法就是拿周瑜說事，「我知道江夏攻之不易，也明白奪取荊州是好出路，但現在還不能這麼幹。西陵位於江北，咱的地盤卻在江南，分兵孤懸江北是很危險的。」

他還未說完，蔣欽又嚷道：「末將不怕死！我願意率……」

「住口！」孫權見他還敢插話，勃然大怒，「你知道什麼！你知道支撐孤城要耗費多少輜重糧草嗎？你知道要動用多少兵力嗎？後方山越造反怎麼辦？劉表傾全部兵力來奪怎麼辦？臧霸等青徐兵從下游殺過大江又該怎麼辦？這些你都想過沒有？大言不慚！」

這個年輕的江東之主發起火來咄咄逼人，與之前的文質彬彬判若兩人。剛才還滿口大道理的蔣欽，竟被他喝問得無言以對：「末將慮事不周……請主公息怒。」

「站起來！」

「諾。」蔣欽不敢頂嘴了。

「你們老老實實聽著。」孫權的語氣又和緩下來，「前幾年我命陸遜試行屯田，最近又派黃蓋、朱治、賀齊到丹陽征剿黟歙[2]，你們不想想這是為什麼嗎？攻打江夏固然重要，可穩固後方鎮壓山越更重要。打仗打的是軍備，只有把那些蠻夷降服，才能使百姓安居種田，才有糧食支持咱們玩命。咱們現在的實力還遠遠不夠，毛毛躁躁只會壞了大事，一旦戰事膠著，必然牽扯兵力進退不得。《孫子》有云：『夫鈍兵挫銳，屈力殫貨，則諸侯乘其弊而起，雖有智者，不能善其後矣。』當務之急要積累更多的糧食兵源。」說著話他又指了指後面的俘虜輜重，「所以我才把江夏的百姓、財貨搶到江南，充實戶口府庫。選其精銳編入軍隊，剩下的給咱們種田，如此積少成多方，可對抗曹賊。至於奪取荊州，據江表之險，孫某人未敢有一日忘懷！你們明不明白？」

其實掠奪戰略已不是第一次了。昔日孫策奇襲廬江之時，也曾大量遷徙人口，還整編了一支部隊交與陳武統領，如今孫權還在延續這種辦法。眾將聽了他的話皆有恍然大悟之感。

「蔣欽聽令！你妄論軍情，我要處罰你，你可服氣？」

---

② 黟、歙，山越的兩個分支部族，後來被漢化，這兩個字現今已演變為縣名，都屬安徽省黃山市下轄。黟音衣。歙音射。

「末將心服口服。」這隻老虎已經溫順得像隻綿羊了。

「好！我派你去丹陽把黃老將軍替回來，你去協助賀齊戡平黟歙，若立下軍功，我不計前罪另有嘉獎。」孫權佯作震怒，口風早已鬆了。

「諾。」蔣欽破涕為笑，「千好萬好不及打仗好！」

「呂蒙、甘寧！」

「在！」二將拱手出列。

「江夏之戰眾將皆有功勞，但我要格外獎賞你二人。」

甘寧聞聽此言，立刻整理衣甲跪倒在地，鄭重其事道：「末將受主公大恩，不計仇讎，待若故舊之臣，也不敢多受封賞。」他說的是心裡話，當初在黃祖帳下時，他曾射殺孫權的先鋒凌操，那凌操是凌統的父親，孫權能不計前嫌接納他已經很寬宏了。這次行軍孫權更是小心謹慎，把凌統安排在水軍，甘寧安排在陸軍，避免二人爭執。

孫權見他推辭，想必顧慮舊仇，厲聲道：「你投奔我乃為建功立業，我若不能盡你之才，又與黃祖之輩何異？無需推辭！」

「非是末將不敢領受，因有一事相求。」

「講。」

「此番被獲遭擒的蘇飛對末將有再造之恩，若非他當初助我脫身江夏，我必已捐軀於溝壑之間，如何效命於主公麾下？如今蘇飛雖罪當夷戮，我願向將軍乞保其命。」

「放他容易，可他若逃回江夏再助劉表，又當如何？」

甘寧叩首道：「蘇飛得以免死，受更生之恩，日後必定與末將共同效力主公，豈會圖謀亡命？若果真逃跑，我願以自己的人頭抵罪！」

「嘿嘿嘿……」孫權忽然笑了，「興霸果然是信義之人，我豈能不體諒？聽說曹操將袁氏兄弟曝屍城外，有人顧念舊情前去收屍，非但不加罪，還升了官，我的氣量焉能輸於那老賊？」說著話招手喚來一個親兵，「速速傳令，立刻釋放蘇飛，授予司馬之職，叫他戴罪立功！」

「謝主公。」甘寧連連頓首。

「別忙！人我放了，可你的功勞照賞不誤。江夏受降的軍隊從即日起交給你統領。」

「末將肝腦塗地效死以報！」甘寧身為降將沒有多少兵，這次一下子多了千餘人馬，足可與諸將平起平坐了。

孫權滿意地點了點頭，又道：「阿蒙，你近前來。」

「阿蒙」是營中諸將對呂蒙的戲稱。他本汝南人士，父親早亡，孤兒寡母度日，只因姐姐嫁給了孫策麾下將領鄧當，所以到江東投靠姐夫，憑關係混到了軍中。後來鄧當染病去世，孫權想裁撤鄧當的軍隊，呂蒙不甘心，把士卒召集起來在眾將面前演練一番，孫權見他還有些治軍之才，便提拔他為別部司馬，將鄧當的舊部交給他統領。

今天呂蒙立了大功，孫權望著他那黑黪黪的臉龐越看越喜，拍著他的肩膀嘉獎道：「此番得勝皆因你深入敵陣擒殺陳就。我晉升你為橫野中郎將，賜錢一千萬，回去好好孝敬你娘。」

「多謝主公，」呂蒙把嘴一撇，「俺這條命就是將軍的，您看誰不順眼俺把他腦袋給您提來！」

孫權聽他話語粗鄙，笑道：「為將者不可恃匹夫之勇，還應讀書習學。你少年從戎不通文墨，更要多下苦功。」說罷又瞥蔣欽一眼，「還有你！多讀讀書，別這麼莽撞。」

蔣欽諾諾連聲，呂蒙卻憨笑道：「讀書豈是俺們這等武夫所為？再說軍務繁忙，哪有工夫看書啊！」

「我豈是叫你們治經學當博士？」孫權的臉色凝重起來，「不過想讓你們增長見聞，精通謀略。

你說你軍務繁忙，難道還能忙得過我？我幼時也曾習學詩書《左傳》，可仍覺見識不足。自從繼承兄長之業，未嘗有一日鬆懈，抽空研讀了三史③和諸家兵書，處置軍政甚覺大有裨益。像你們這些人，雖然不通文墨，但悟性還算不錯，學之必通。怎麼可以不讀書呢？」

一席話說得呂蒙、蔣欽等紛紛低頭。

「我告訴你們，從今天起都給我讀書！不是看《易經》那類玄之又玄的東西，要讀《孫子》、《六韜》、《左傳》和三史。孔子云：『終日不食，終夜不寢以思，無益，不如學也。』昔日光武帝身負天下重任，讀書習學孜孜不倦。我聽說曹操舉兵以來身在行伍手不釋卷，甚至還注解前人的兵書戰策，何其可怖！你們若不明曉韜略，日後何以與那老賊為敵？」孫權每逢說到與曹操為敵，他身邊那兩個謀士表情就會變化——魯肅面帶微笑欣然點頭，秦松卻緊鎖眉頭貌似不喜。

孫權訓斥了一通，又抬手漫指眾將，「大家都給我精神些！我要你們鬥志昂揚高唱凱歌，笑呵呵跟我回去。無論有多大困難，也要讓江東父老看到咱們的威嚴，聽見沒有？」

「遵命！」眾將扯著嗓子高聲應答，各自上馬又開始行軍，但這次大家都把腰挺得直直的，眾星拱月般簇擁著孫權。

韓當在後面望著這位年輕主公，心中感慨良多——昔日孫策遇刺將死，大家以為他會傳位給像他一樣勇猛善戰的三弟孫翊，哪知孫策召來的卻是文質彬彬的二弟孫權，還說什麼「舉江東之眾，決機於兩陣之間，與天下爭衡，卿不如我。舉賢任能，各盡其心，以保江東，我不如卿」。可是當時不過倚仗張昭、周瑜主持大局，誰也不曾真把這小子當回事。不想短短幾年間，孫權竟從那個在兄長靈前啼哭不止的小毛孩，成長為威震一方令行禁止的英武之主。先是收回了孫河、孫輔、孫賁等族兄手中分散的兵權，提拔呂蒙、周泰、凌統等少壯派將領，也提高了呂範、朱治等故舊之臣的地位；接著又改易孫策屠戮豪強之風，挽留了孫弘、步騭等一大批避難士人。興屯田，討山越，誅李術，滅黃祖，孫氏基業越來越興盛。孫策果然沒挑錯人！有孫權這等雄才大略之主，再大的困難也能挺過，即便戰死沙場也絕不屈膝於曹賊。

秦松與孫權並轡而行，心裡所想卻完全不同。他也是孫氏老臣，參謀軍機多有建樹。不過他並非江東人，而是從徐州廣陵郡來，江東固然是他奮鬥之所在，可江北卻有他的根。秦松早就年過半百，不像那幫將領無所顧忌，作為徐州名士，故土鄉音無時無刻不縈繞心頭。其實，自從孫策身故之後，北歸降曹就已經成了羈旅人士之間心照不宣的祕密。秦松覺得自己該回北方了，也想回故土了，可面對熱衷霸業的孫權，他滿腹憂慮，卻無法開口坦言。

即便秦松等人不說，以孫權之精明焉能不知？莫看他談笑自若，其實心裡已惴惴不安。投降是絕對不能談的，攻略荊州也還沒做好準備，對不利言論他只能壓，只能拖。他叫全軍將士歡呼高歌，那些武夫果然興高采烈起來，可這並不能驅走自己心中的陰霾，默默無言走了片刻，終於忍不住對身邊的魯肅吩咐道：「回去後立刻起草調令，叫蔣欽替回黃蓋，再把鎮守建昌的程老將軍也調回來。」原先鎮守建昌的太史慈去年病逝，如今委任於程普，他是軍中最有威望的老將軍。

「諾。」魯肅隨口答應一聲，並未多說什麼。他身為孫權的心腹，無須相問就能摸透其想法——調回程普、黃蓋等威信老將，是要穩住局面。曹操尚未南下，人心已開始亂了，只是還沒浮上水面。

圖盡匕現

孫權誅殺黃祖的消息很快傳到許都，不過並沒引起太多人關注。大多數人認為曹操的優勢很明

③《史記》、《漢書》、《東觀漢記》。

顯，敵我間此消彼長的小變動已無傷大局。實際上朝廷這些日子很忙碌，曹操還未歸來，各地投誠賀功的表章卻已遞到省中。

尚書台是處置政務的中樞要地，除了那些涉及曹操、管不了的事，剩下的都經此批示。涼州馬騰進京，益州使者來往，交州士燮上表，淮南賊寇投誠，還有各地官員送來的計簿、表章、軍報⋯⋯數不清的差事壓到案頭上，日復一日永遠忙不完。

尚書左僕射[4]榮郃、右僕射衛臻、尚書左丞耿紀、尚書右丞潘勖都忙得不亦樂乎。可作為核心的尚書令荀彧此刻卻很反常，既不打理典章，也不審閱計簿，而是拿著一張薄薄的絹帛反覆沉吟：

郭奉孝年不滿四十，相與周旋十一年，阻險艱難，皆共罹之。又以其通達，見世事無所疑滯，欲以後事屬之，何意卒爾失之，悲痛傷心。今表增其子滿千戶，然何益亡者，追念之感深。且奉孝乃知孤者也，天下人相知者少，又以此痛惜。奈何奈何！

這是曹操托董昭帶來的書信，荀彧已反覆看了許多遍。表面上只是誇讚郭嘉，但其中幾句話很值得玩味，什麼「奉孝乃知孤者也，天下人相知者少，又以此痛惜。」言下之意豈不是說除了郭嘉，別人都不知他的心？這樣一封信，曹操特意寫給荀彧，未嘗不是一種暗示？

荀彧明睿不遜郭嘉，豈能不體諒曹操的心？兩人共事近二十載，沒有人比他更瞭解曹操。並非是荀彧不知心，而是那顆心變了，已被權力和欲望所俘虜，不再是輔保漢王朝的赤膽忠心。荀彧的痛苦更甚荀攸，因為他每日都要面對劉協——那個聰慧仁厚卻毫無實權的天子。離劉協越近，越能體會到傀儡的無辜。劉協並不是無道昏君啊！

「令君⋯⋯令君⋯⋯」

「唔？」荀彧回過神來。

「令君思慮何事？」

「沒什麼。」荀彧把帛書一揉，塞進袖子裡。抬頭一看，說話的是尚書左僕射榮邵。榮邵是隨駕東歸的老臣，曾任執金吾，雖已年過六旬，耳不聾眼不花，做起事來井井有條。他舉著一份錦套包裹的表章問道：「征南將軍馬騰、安南將軍段煨、原涼州刺史韋端，不日就將到京。授予他們何職，決定好了嗎？」他問「決定好了嗎」其實就是問曹操有沒有明確指示。

荀彧不假思索道：「馬騰任衛尉，韋端任太僕，段煨是大鴻臚，在京師賜宅邸。」

一旁的潘勖搭了話：「曹公真捨得封官啊！給這幫關中老兒的全是九卿一級的高官。」潘勖的文筆甚佳，故而也負責潤色詔書，說著話手底下都沒停。

「何人擔任何職都向天子稟奏過，你說曹公捨得封官，這不是給曹公加僭越之罪嗎？」荀彧就是這麼一個正人君子，即便自己對曹操已有許多不滿，但為了朝廷大局還是要替他辯護。

潘勖慚愧一笑，不再多言。這時，耿紀帶著幾個令史走了進來，捧著卷文書徑直走到荀彧案邊：「揚州刺史劉馥轉過來的。袁術餘部請求歸順朝廷，請您過目。」

荀彧只是略微掃了一眼：「我不是跟你說過嘛！曹公已有吩咐，既往不咎任其歸順，為何又來問我？」

耿紀訥訥道：「只是請您過過目。您看過我心裡也就有底了。」

荀彧知道耿紀是不願擔責，因而事事請示，他倒是落了輕鬆，卻害自己累得半死。望著耿紀

④ 尚書僕射，是尚書台的副長官，曹操在建安四年分設左右兩名僕射，這也是歷史上第一次設立兩名尚書台副長官。尚書左丞、尚書右丞，是尚書台重要佐官。左丞輔助尚書令，右丞輔助尚書僕射。

慢悠悠離去的背影，荀彧氣不打一處來。這時就聽一陣爽朗的笑聲——衛臻也抱著一堆文書走了進來。

衛臻才三十出頭，能進入中樞是因為他是衛茲的兒子。當初衛茲與曹操在陳留共同舉兵，戰死在汴水，因而衛臻受到曹操特殊照顧，早早舉孝廉，歷任黃門侍郎，又擔任尚書右僕射，自然是地地道道的「曹營中人」。不過這個年輕人做事謹慎為人正派，很受群臣讚賞，與耿紀形成鮮明的對比。尚書台選用這幾個人其實大有深意——榮郃乃德高老臣坐鎮風雅，講求一個「賢」字；衛臻是曹操心腹，占一個「親」字；耿紀屬功臣後代，占一個「貴」字；潘勖學識淵博又精通文墨，算是「能」臣；荀彧坐鎮大局統轄政務，力求做到的是「正」。賢能親貴，以正為綱。曹操選這五個人，既協力辦事又互相牽制，誰都不可能總攬大權，他便可以在外遙控。

「耿大人，您又找令君來了。」衛臻一進門就和眾人打招呼，「榮老大人，這幾日挺忙的，您老注意身體。」

「勞你掛心。」榮郃笑呵呵點了點頭。

「潘右丞，您這詔書寫得越來越好了，簡直就是詩賦文章啊！我有一份文書發到交州，您幫忙改改。」

潘勖叫他誇得美滋滋的：「放這兒吧！」

衛臻衝眾人打過招呼，這才來到荀彧案邊：「這是孔融的表章，關於恢復肉刑一事的上書。我覺得很有道理，令君過過目。」

提到「恢復肉刑」，荀彧就頭疼，這件事由陳群倡議，已討論許久了，始終不能達成一致，尤其孔融與郗慮這對冤家，借題發揮在朝堂屢起爭執。所謂「肉刑」就是《尚書・呂刑》記載的五種刑罰，據說是周穆王命呂侯制定的，包括黥（刺面塗墨）、劓（割鼻）、刖（斬足）、宮（男子閹割、女子幽閉）、大辟（死刑），秦漢兩代都曾沿用。直至漢文帝時期，孝女淳于緹縈上書救父，文帝大為感動，就此廢除肉刑，只保留死刑、流放和勞役，另設鞭笞。後來光武中興，宣導以柔術治天下，刑罰愈加寬鬆了，許多小過都可以繳納絹帛贖罪。

陳群公開倡議恢復肉刑，這等於一改寬仁作風，恢復古時的嚴刑峻法。但他的理由也很充分：一者，過去廢除肉刑增設鞭笞，本意是想減輕刑罰，結果卻弄得名輕實重，許多小罪動不動就挨鞭子，「名輕則易犯，實重則傷民」；再者，肉刑有史可查合乎聖人之治，刑罰重了，敢於以身試法的人就少了，世俗風氣也可以改善，此所謂「輔政助教，懲惡息殺」。

陳群敢於上書一定是曹操暗中授意，可癥結在於陳群絕口不言曹操，卻說是他父親陳紀生前的主張。陳紀是德高望重之士，如此一提，自然使朝中好事之人各抒己見。這些大臣具體政務無權過問，專門在這些制度問題上鑽牛角尖。其實陳紀已死，有沒有這樣的主張還不一定呢，誰知道陳群說的是真話假話？荀彧雖是陳群的丈人，卻也摸不清女婿在想什麼。

衛臻也對這件事迷惑不解，索性直言：「天下未定，不該急著討論這個，但提出來又不得不議。曹公究竟是欲刑寬，還是希望更嚴？大臣們各說各的理，拖了這麼久沒有定論，滿朝之人都在矚目這項改革，似乎把別的事都忘了。今早我想去探探董昭口風，不湊巧，他去拜謁趙司徒了。若曹公肯明確表態，想必朝中不會有異議……」衛臻說話還算謹慎，曹操表態不是不會有異議，是不敢有異議。

荀彧接過孔融的上書：

古者敦庬，善否不別，吏端刑清，政無過失。百姓有罪，皆自取之。末世陵遲，風化壞亂，政撓其俗，法害其人。故曰上失其道，民散久矣。而欲繩之以古刑，投之以殘棄，非所謂與時消息者也……

荀彧眼睛盯著表章，心思卻已游離天外，只看了幾句突然往案上一放：「你剛才說什麼？董昭去拜謁趙溫？」

「是啊。」

「前天有人跟我提過，在司空府遇到董昭。」荀彧皺起了眉頭，「他回京有些日子了，只來過省中一趟，卻三天兩頭往趙溫那兒跑，究竟想幹什麼？」

「走動走動有什麼大不了？」衛臻只覺他大驚小怪。

「不對。」荀彧猛然醒悟——肯定有問題。曹操平定烏丸好幾個月了，按他以往的行事規律推斷，應該馬上回許都商討南下荊州之事。可這一次卻安安穩穩待在鄴城主持練兵，這可不像他的風格啊！接連傳來的都是什麼訊息？追贈郭嘉封邑，張繡之子張泉襲爵，請封田疇亭侯，放寬禁酒令，派周近去匈奴贖蔡琰……全是雞毛蒜皮的小事。真正的朝廷大事只有改革肉刑一件，他又不肯公開表態。他究竟要幹什麼？去年又是鬧著恢復九州，又是廢除諸侯國。天下豈能真的無事？幾個月的時間曹操能做的事多著呢！所有人都叫陳群的議題吸引住了，根本沒人注意曹操在幹什麼，也沒人懷疑董昭來往司徒府的意圖。荀彧預感到朝廷將發生巨大變動……

正在這時院裡突然響起一陣問安聲，緊接著滿屋子的人呼呼啦啦全跪下了。荀彧還在琢磨心事，揉了揉眼睛才看清——曹操赫然出現在台閣門前！

荀彧吃驚匪淺，恍恍惚惚站了起來：「您……回來了。」

曹操面帶微笑走了進來：「剛剛到，過來看看大夥兒。」他身後還跟著夏侯惇、董昭。

「明公回來得這麼突然，何不提前告知一聲。」

曹操緩緩走到他面前：「每次萬歲都下詔命百官迎接，老夫心裡過意不去。何必搞這套虛禮？隨便一些也好，百官不至於耽誤公事嘛！」他掃了眼屋裡跪著的官員，「免禮吧！榮老大人，快快請起。」說著話伸手攙了一把。

榮郃倒不拘束，抓著曹操的手腕站了起來：「明公可曾見駕？」

曹操搪塞道：「風塵僕僕的就別去擾聖駕了。改日我沐浴更衣另行朝覲，以免失了朝儀……大家該忙什麼還忙什麼，我不過隨便走走，你們切莫拘禮。」

這麼個大人物坐鎮，大家哪還有心思辦差？眾令史不知所措，捧著卷宗愣在那裡，潘勖使了個眼色，帶著他們退了出去；榮郃回到案邊垂手而立。衛臻倒很認真，順手拿起桌上表章恭恭敬敬遞過去：「恢復肉刑之事討論已久，眾臣意見不一，請明公批示。」

荀彧瞥了衛臻一眼——年輕人少歷練，曹操哪在乎恢復不恢復肉刑，這是障眼法罷了！

果不其然，曹操連看都沒看：「既然有爭議，那就以後再說吧，此事暫且擱置。」說完背著手在閣內遛來遛去，瞧瞧這兒的表章，看看那兒的文書，似乎百無聊賴漫不經心。

荀彧沉默半晌，還是主動開了口：「您剛剛到京就來尚書要地，恐怕有事要辦吧？」

「哦！」曹操裝作一副才想起來的樣子，「是有件事託付令君，不過……不過老夫實在難以啟齒啊！」

「明公直言無妨。」

「好吧。」曹操貌似下了很大決心，從袖中抽出兩卷文書，輕輕往桌案上一撂，「這是一道司徒府的辟令和一份表章，請令君和兩位大人過目。老夫要彈劾司徒趙溫！」

榮郃、衛臻陡然一驚，不約而同問：「趙公何過？」

曹操一副正氣凜然的樣子：「他前日發下辟令，召我兒曹丕到他府中任掾屬。諸位應該曉得，三公辟官當以賢德才幹為先，更需公正無私。豈能隨便錄用功臣子弟？丕兒既非孝廉又未立軍功，有何資格充任三公掾屬？這叫天下士人怎麼看？知道的是他攀附我父子，不知道的還以為老夫徇私舞弊，授意他所為呢！請令君和兩位大人想想，漢室之亂皆因小人結黨營私，趙溫無視前車之鑒，做出這等事來，焉能再任三公？」

衛臻半信半疑，忙拿起辟令觀看，果然是趙溫親筆所書，辟用的也確實是曹丕，不禁愣在當場。榮郃也看個滿眼，隱約覺得有問題，但鐵證如山，懷疑也無濟於事。

荀彧越看越寒心——好可惡的伎倆！哪裡是趙溫的主意，分明是你叫董昭跑去威脅趙溫辟用曹丕，然後反過來倒打一耙，以此為理由罷他的官。公然拿掉司徒有礙視聽，耍這麼個手段，給老人家潑一盆徇私舞弊的髒水，你再站出來裝大公無私，用心何其歹毒！

曹操講完大道理，又裝出一副悲天憫人的模樣：「老夫也知趙溫是資深老臣，又曾護駕東歸，所以這兩天我也寢食難安。可思來想去，越是高官越不能姑息！此事不但關乎我父子聲望，也關乎朝廷聲望。毒蛇噬手，壯士斷腕，我也是不得以才行此下策。」

榮郃聽他調子定得這麼高，好像天都快塌了似的，只得順著說：「既然如此，就照您的意思辦吧！」

衛臻唯命是從：「明公所言極是。」

兩位尚書僕射點頭，曹操就不問荀彧了，乾脆直接吩咐：「此事望令君早日辦妥。儘快罷免趙溫，省得惹人非議。」

荀彧呆呆站在那裡，沒有回答曹操的話，卻輕輕瞟了一眼董昭：「公仁，你功勞不小啊！」

董昭尷尬地笑了笑——其實他並沒蓄意誆騙趙溫，更沒借曹操的名義進行威脅。司徒名義上比司空還尊貴，趙溫處在那位子本就心中不安，故而一拍即合，兩人聯手做這場戲。

曹操見荀彧挖苦董昭，袒護道：「公仁功勞當然不小。開平虜、泉州二渠，修建玄武池，我正想表奏他為千秋亭侯。」他說得輕巧，可千秋亭侯卻非比尋常。千秋亭位於冀州常山國鄗縣以南，中興漢室的光武帝劉秀就是在此稱帝。劉秀因千秋亭而登九五，曹操封董昭為千秋亭侯，豈不是暗示董昭是幫他走上龍位的人？

董昭趕忙推辭：「屬下不敢。」

「有何不敢？」曹操捋了捋鬍鬚，「令君是萬歲亭侯，你是千秋亭侯，千秋萬歲永享太平難道不好嗎？」說罷再不等荀彧多言，一把拉住他手往外走，「令君隨我來，我介紹幾個新掾屬給你認識。」荀彧踉踉蹌蹌隨他走到閣外，見滿院子都是人，一色皂衣幅巾。

曹操手指諸人如數家珍：「這位是李立李建賢，涿郡人士，原來官居幽州從事……韓宣韓景然，渤海人士，抗擊高幹時立過大功……呂貢呂效通，成皋人士，先朝忠義宦官呂強的族姪……李孚李子憲，打鄴城時他可沒少給我添麻煩……這位是常林常伯槐，并州刺史梁習推薦來的……沐並沐德信，河間來的，最是廉潔愛民……劉放劉子棄，平定漁陽的有功之士……」

荀彧望著這幫生面孔，喃喃問道：「陳矯、徐宣、劉岱、仲長統他們都到哪兒去了？」

曹操笑呵呵道：「陳矯被我晉升為樂陵太守，徐宣為齊郡太守。仲長統乃經濟之才，豈可久任參軍，我打算讓他入朝擔任議郎。劉岱充任長史已久，我把他調到軍中統兵為將。如今已召薛悌、王思為左右長史，由崔琰擔任西曹掾，與毛玠共掌選官之事。都是臨時調動，沒有來得及表奏，以後再補詔令吧！」

荀彧明白了，曹操不但醞釀了罷免趙溫的計謀，還進行了一次大換血，把與自己熟識的人都升官調走了，又拉來一幫新人填補空缺。而且充任左右長史的薛悌、王思都是鐵腕人物，毛玠任重不能變更，就叫崔琰分他的權。

曹操滔滔不絕還在介紹，荀彧的心卻已寒到了冰點，根本沒聽到那些生疏的人名，訥訥道：「我還以為明公急著趕回來是想聽聽我的奪取荊州之策，想不到……」

「奪取荊州之策！」這次輪到曹操吃驚了。

「最近的軍報您看到沒有？孫權已先一步攻克江夏，若容他奪取荊州，據江表之險，天下豈不又生一強敵？」荀彧話裡帶著幾分嗔怪，「現今之際時不我待，明公不考慮如何搶先拿下荊州，為何專在這些瑣碎之事上做文章？」

曹操啞口無言，一股愧意湧上心頭——我只知他不願我為天子，卻不知他時時為平定天下勞心盡力，忙著政務還不忘思慮出兵之策，我這樣對他實在太過分了！想至此，原本鐵硬的心頃刻軟了，緩緩道：「老夫疏忽了……令君有何良策？」

「劉表本性文弱，今華夏已平，南土知困。明公可率精銳之師自小路祕密南下，兵出葉縣直撲宛城，出其不意，掩其不備，荊州上下勢必驚駭，大事可定矣。」

這確實是好計謀，江夏已遭受重創，如果突襲南陽郡得手，荊州上下勢必人心撼動，說不定劉表會主動歸降。荀彧果真高明，曹操剛舉兵之時不就是靠其出謀劃策嗎？戲志才、任峻、鮑信……那些昔日一起舉事之人都不在了，難道還要再為難荀彧？曹操意識到自己錯了，他根本不可能離開荀彧，任何調動都是徒勞，無論是朝廷、軍隊還是幕府，根本沒人能與荀彧脫清干係，只要荀彧在影響就在，他們倆必須相互扶持著走下去。

「文若……」曹操很久沒稱呼荀彧的表字了，「辛苦你了。」

荀彧注視著遠方，一字一頓道：「為國而謀，談何辛勞？」

曹操聽出他言外之音，無奈地點點頭，轉過身緩緩離去，可走到院門口又停下腳步道：「固然為國而謀，其他事也可並行不悖。」說罷頭也不回地走了。荀彧明白他的意思——固然要統一天下，安定百姓，但他也要當皇帝，這是誰都阻止不了的！

在場這些掾屬大多是新人，滿心琢磨著怎麼幹好差事，並未品出二人話中的深意，見曹操獨自走了，趕緊深施一禮也跟著退下。董昭走到荀彧跟前，尷尬地拱了拱手；夏侯惇與荀彧相處日久，想勸兩句卻不知如何開口，只好唉聲歎氣也跟著去了。滿院的人呼啦啦散個乾淨，都追隨他們那個手握重權說一不二的主子而去。

還真有兩個文質彬彬的掾屬沒走，一人走過來：「令君別來無恙？」

「勞您記掛。」荀彧瞧著眼熟，卻想不起這個人，「您是……」

「卑職太原溫恢。」溫恢八年前被曹操辟用時還是毛頭小子，如今三綹墨髯都蓄起來了，荀彧哪還記得？

「哦哦哦，是你。」荀彧根本沒心思與他客套，只是隨便搪塞。

溫恢這幾年升得很快，歷任廩丘縣長、廣川縣令，後來又接替畢諶擔任了魯國相，所任皆有不菲政績，因而官運亨通青雲直上：「當年蒙令君教誨，晚生謹慎為官，唯曹公之命是聽，才有今日之位。這次曹公調我回來充任主簿，首先感激的便是您啊！」說罷整理衣冠深深一拜。

溫恢說的是真心話，但荀彧聽來卻像是諷刺——當初誰囑咐百官要謹遵曹操調遣的？正是荀彧自己！曹操走到今天這一步，也是他推波助瀾的結果啊！

荀彧苦笑著點點頭，什麼也沒說。溫恢又拉過一個更年輕的人：「我為您引薦，此位是孔夫子第二十八代嫡孫，孔羨孔子餘……快給令君行禮。」

孔羨趕忙施禮：「晚生拜見令君。」這位孔門嫡孫才二十出頭，個子不高相貌平庸，舉止倒是中規中矩。

溫恢笑道：「曹公寫信到魯國讓我找孔氏嫡系後人，我可是費了不少力氣才將子餘找來啊！」

荀彧雖然心不在焉，但總要對聖人之後客氣客氣：「失敬失敬，孔聖之後必是禮之表率。」

「那是自然。」溫恢挺得意，「我找來的可是孔聖嫡系後人，他雖然比孔融的輩分低，可是比孔融的血脈正多啦！以後朝中就有兩位聖人之後了。」

荀彧一陣悚然——兩位聖人之後！孔羡是嫡系，孔融是旁系，曹操用孔門之後不過是擺樣子，現在弄來一個比孔融血脈更純的人，該不會是想……

「令君！令君！」溫恢見荀彧雙目茫然，呆立不動。

「我累了，咱們改日再聊……」荀彧重重歎了口氣，轉過身踩著棉花般渾渾噩噩進了閣門。

孔羡甚是不解：「他怎麼了？」

溫恢尷尬地笑了笑：「或許身體不適吧！滿朝文武誰人不知令君乃曹公之股肱？曹公不在時一切都是他做主，日夜操勞推行曹公之政，當然辛苦啦！」

其實不僅僅是溫恢執此看法，恐怕全天下人眼中荀彧都是曹操的死黨，曹操主外、荀彧主內，他倆就像是操縱江山社稷的一雙手。可即便是一雙手，何嘗沒有自己誤傷自己的時候？這雙手已越離越遠，再也握不到一起了。

第七章
襄助劉琦，劉備暗謀荊州

山雨欲來

陽春三月花紅柳綠，天地間充滿勃勃生機，青山碧水百鳥鳴叫，一切都那麼安逸。尤其是荊州襄陽縣以北，臨近漢水，風景秀麗，踏青郊遊的人騎著馬兒，駕著小車，哼著愉快的歌。水上往來的船隻也不少，縉紳鄉士出遊的舟舫，載著絹帛的商賈貨船，打漁人家的竹筏，熙熙攘攘互相唱和，好一份閒情逸趣。所有人似乎都忘了現在是戰亂時節，儼然一副太平景象。

正在此時有一艘船自下游逆流而來，緩緩停靠在岸邊。這船不大不小裝潢樸實，船上搖櫓的、掌帆的與尋常船夫無異，都是青衣短衫絹帕包頭。不過細心觀察就會發現，他們腰間掛著兵刃，後面桅杆上還拴著幾匹戰馬。

臨岸泊穩搭好踏板，有個瀟灑端莊的中年士人當先登岸。此人頭戴峨冠，身穿錦衣，飄飄長鬚隨風拂動，不明底細之人一定以為這也是位附庸風雅的鄉紳；殊不知他就是反叛曹操，興風作浪，寄居荊州的劉備劉玄德。

時光如梭光陰似箭，劉備投靠劉表已經七年了，這七年裡他無時無刻不想東山再起，多少個夢裡金戈鐵馬馳騁中原，但醒來看到的卻只有滿眼無奈。劉表統治的荊州歌舞昇平詩酒流連，豪強享樂於上，百姓偷安於下。可在劉備看來眼前的繁華太平都只是虛幻，曹操統一北方必將大舉南下，塌天之禍已為期不遠了。

「主公慢行。」劉備的心腹愛將趙雲、陳到牽著馬跟下船來，「咱們騎馬進城，這樣還快些。」

劉備沒有作答，只是輕輕搖了搖頭。

陳到滿臉迷惑：「江夏出了這麼大亂子，咱們救援不及，黃祖都死了，主公為何毫不掛心？若依末將之意，就當刻不容緩向劉表通報，您怎麼還拖拖拉拉的？」

「你們哪懂我的難處。」劉備一笑置之，語氣中頗有幾分無奈。

劉表貌似對劉備禮遇有加，分他兵馬，讓他駐軍新野，其實從未真正信任過劉備。相反，劉備反叛的經歷反倒招惹來猜忌，之所以還維繫著表面融洽，不過是劉表想拿劉備充當阻擋曹操的盾牌罷了。五年前曹操為促使袁氏兄弟反目假意南侵，劉備在博望設伏大敗夏侯惇，本可大有作為，劉表卻立刻議和，硬是不許劉備跨出南陽一步。後來曹操兵伐河北，劉備再次倡議與袁氏兄弟聯合，南北夾擊曹操，劉表又推三阻四，只給袁氏兄弟寫了幾封不痛不癢的信。這次曹操遠征烏丸，劉備又勸劉表趁虛而入奇襲許都，磨破了嘴皮子，劉表置若罔聞，拖來拖去，拖到孫權攻殺黃祖，局勢所迫無暇北顧，白白坐視大好機會錯失。劉表固然是不諳軍務優柔寡斷，但更重要的還是不放心劉備，唯恐劉備趁機坐大反過來侵占荊襄。而在劉表身邊，還有以蔡瑁、蒯越為首的荊州豪族，他們更是把劉備視為異類，時時在其間挑撥。

劉備看清了劉表的真面目，只能把當年韜光養晦的本事拿出來，等待時機。這次他援救江夏遲了一步，黃祖被殺軍民被擄，按理說應該一面駐守西陵，一面火速派人向劉表回奏。可是劉備卻命關羽、張飛率軍撤回新野，自己只帶著幾個侍衛，穿著便衣，駕著小船慢慢吞吞來襄陽覆命。旁人或許會覺得劉備處置失當，卻不知他自有一番道理——不能在江夏多停留，因為劉表會懷疑他有意搶占城池；不能多帶兵到襄陽，因為劉表可能會懷疑他圖謀不軌；甚至不能在襄陽城外瀟灑縱馬，因為那可能會給荊州豪族留下話柄。

所有親兵都留在船上，不准上岸一步，劉備只帶趙雲、陳到兩人進城。對於騎馬而言只有短短的一段路，可他堅持步行卻走了個把時辰，來到鎮南將軍府已將近午時了，抬頭一看——府門緊閉甲士林立，門口擺著一張桌案，又是酒又是菜，有個身披鎧甲，腰佩利刃的年輕將官正大吃大喝，幾個小兵斟酒布菜，伺候祖宗一樣伺候著。

「張將軍，好興致啊！」劉備一眼認出此人是劉表的外甥張允，掌管幕府護衛，最近幾年甚是得寵，尤其與荊州豪族蔡氏走得很近。當年劉表是靠蒯越、蔡瑁之力立足，事成之後投桃報李，任命蒯越為章陵太守，蔡瑁為竟陵太守，名義上是兩個郡守，實際卻把襄陽軍政之事全權託付他們，一個當軍師，一個掌兵權。張允抱著他們粗腿，自然得吃得喝日子滋潤。

張允相貌倒也不俗，只一雙溜圓的小眼睛稍有敗相，渾身上下透著股玩忽懈怠之氣；瞅見劉備連禮都懶得施，站都沒站起來，兀自夾著菜，笑呵呵道：「玄德公來了。聽說江夏失守了？我久聞您帳下猛將如雲，怎麼連個黃祖都救不了？」

趙雲見這廝如此無禮，便要上前喝罵，劉備卻把他手腕攥得死死的，擠出一絲微笑：「張將軍見教的是，敗軍之將何足言勇？不過此番出兵咱得到消息已經遲了，我趕到江夏時孫權早就收兵了。具體細務還是見了主公再說吧！」

他擺明了不想多談，張允竟然無動於衷，又灌下一盞酒，咂咂嘴道：「主公染病，不方便見您。」

「病了？」劉備半信半疑，「什麼病？」

「主公聞聽江夏失守著了點兒急，又受了點兒風寒，這幾日內外群僚一律不見。」

劉備不知道張允的話有幾分是真的，但眼見府門緊閉兵士環伺，似乎也並非空穴來風：「軍政之事向誰稟奏？」

張允頗不耐煩：「老規矩，都由蒯、蔡二公處置。」

劉備明知這倆人不好打交道，卻也只得道：「那就有勞將軍領我見見蒯公。」

「蒯公正忙著呢，恐怕沒工夫見您。」

「蔡公呢？」

張允又道：「蔡公今早也有些不適，在家休養。」說了半天一個都見不著，生生把劉備擋在外面了。

劉備心中竄火卻不能流露，好語央求：「我有軍務在身，請將軍行個方便吧！」

「軍務雖急也不能打擾主公養病……」張允打著官腔不緊不慢道：「這樣吧，您先到館驛住下。少時我替您告訴裡面一聲，等哪天主公病體好轉再召您過來。」

「煩勞將軍了。」寄人籬下無可奈何，劉備只得應允，「請代我向主公問安，請他好好養病，荊州臣民還指望他呢！」

「知道了……主公身體不佳，我也很煩心啊！」張允歎了口氣，隨即夾起一塊肥肉塞進嘴裡。又吃又喝作威作福，哪有半分哀容？劉備越看越氣，恨不得一腳踹死這小人，卻強忍著道：「既然如此，末將告辭。」說罷趕緊轉身，再不想多看他一眼。

「喲！也沒讓讓您。」張允假模假式嚷著，「玄德公一起喝幾杯吧？不喝嗎？慢走……」

劉備背著手，氣呼呼走在襄陽街市之上，趙雲、陳到更是怒不可遏，在後面嘀嘀咕咕：「張允這廝狗仗人勢忒張狂了，咱們真該給他點兒眼色瞧瞧，若不然以後更要騎在咱們頭上拉屎！」劉備狠狠攥著拳頭，終於還是沒有發作，只道：「這等無恥之輩何必與他一般見識？少說幾句吧！」低著頭直奔館驛。

劉表剛接納劉備時就曾提議為他置辦宅邸，請他把家眷遷過來，劉備唯恐家眷淪為人質，故而婉言謝絕，落腳襄陽時一直住在館驛。常來常往輕車熟路，不多時就來到館驛外，還未進門忽聽後面有人呼喚：「玄德公，慢行一步！」

一位三十出頭的皂衣掾吏，匆匆忙忙追來，懷裡還抱著幾卷文書。劉備一見此人，立刻來了精神：「是機伯賢弟啊！」

此人名叫伊籍，字機伯，是劉表帳下從事。鎮南將軍府所辟掾屬大多是荊襄望族或避難名士，唯獨這伊籍年紀輕輕就頗受器重。只因他與劉表都是兗州山陽郡高平縣的人，劉表對這個小同鄉很照顧，放在身邊處理許多私密之事。劉備在荊州頗受猜忌，但伊籍卻對他格外親近，常在劉表耳邊為他美言，每逢他來到襄陽，伊籍也總是來噓寒問暖，恰如一陣和煦的春風，給了劉備不少安慰。

伊籍似乎一路小跑追來的，兩鬢汗流：「玄德公行事也真荒唐，我估摸著這幾日您快回來了，派小吏到江邊迎候。您怎麼沒乘大船沒帶軍隊，輕車簡裝就來了？若非出來辦差遇見張允，現在還不知道呢！」

劉備微微一笑，故作輕鬆道：「有勞賢弟掛心。看看風和日麗，愚兄也想順路觀觀景致，所以沒敢勞煩士卒。來來來，到裡面坐坐。」

哪知伊籍聽罷，擺擺手歎了口氣：「唉！連玄德公都如此玩忽嬉戲，看來我荊襄之地果真無藥可救了。」

「怎麼了？」劉備感到詫異，「賢弟為何這般言重？」

「主公他……」伊籍說到這兒停住了，抬頭看看趙雲、陳到。

劉備何等聰明：「你們倆先進去。」

伊籍這才開口：「主公病重，恐怕活不了多久了。」

「哦？」

「這幾年主公時常鬧病，一次比一次厲害，前番聽說黃祖遇害，曹操又在潁川布置兵馬，日夜憂慮臥病不起。三天前長沙張仲景特意來診治，連他都束手無策，恐怕主公真的命不長久。」

劉備聽完，呆呆立在那裡，茫然若失。

伊籍又道：「如今多事之秋，東面孫權、北面曹操都在覬覦荊州，主公偏偏這時候病倒了，幾位公子又不甚成事，以後的事指望誰？若以小弟之見，玄德公可要多多勞心啊！」

劉備卻道：「上有幾位公子，下有蒯蔡二族，我一介羈旅之人，能成什麼事？不好越俎代庖。」

「話不能這麼說。您久與曹操為敵，麾下又有關張等義士，由您輔佐公子，總比別人要好。況且蒯、蔡皆與曹操有舊，若由他們主事，只恐要將荊州拱手送與他人。主公創業不易，豈可一旦棄之？玄德公，為了荊襄吏民和我們這些屬僚，您可得站出來勇擔重任啊！」劉備見他言辭懇切，不免有些動容，索性也不遮掩了：「難得機伯賢弟一片苦心，不過……即便我想接這副擔子，主公他能應允嗎？」

「事在人為。」伊籍歎道：「我回去勸勸主公，過幾日請您入府，咱們當面聊聊，若能把此事定下來那最好。」

劉備雖不在劉表身邊，但對劉表的瞭解卻不亞於伊籍，情知這都是白忙活，人家斷不會讓自己染指大權，但伊籍也是一番好意，不便再駁，便道：「行，愚兄等你消息。」

「那就好，那就好。」伊籍似乎安心不少，拍拍懷裡的文書，「我還有公事要辦，晚間再來暢談。」

劉備溫婉笑道：「賢弟去吧，我備下酒菜等著你。」

伊籍略施一禮，抱著公文匆匆忙忙走了。劉備望著他背影，笑容慢慢褪去了。他被劉表壓了七年，如今劉表行將就木，按常理推斷他應該慶幸，可實際並非如此，劉備反倒越發不安。這實在是因為，在如履薄冰的表象下，他正醞釀一個大計畫。

就在兩年前，劉備聽聞襄陽以西的隆中山林住著一位年輕隱士，複姓諸葛，單字名亮，字孔明，被譽為「臥龍」。此人不但智謀出眾，且與荊州諸多名士交往甚密。劉備不惜以長屈幼，三番兩次前去拜望，諮之以天下大事，終於把這位志向高遠的年輕人搬請出山。

諸葛亮出山之後，與劉備相處甚恰，如魚得水，立志共謀天下，因而提出一個計畫，坦言：「荊州北據漢沔，利盡南海，東連吳會，西通巴蜀，此用武之國，而其主不能守，此殆天所以資將軍！」建議劉備反客為主奪取荊州，只要荊州入手，便可進一步向西用兵攻占益州。巴蜀關山險要，沃野千里乃天府之國，高祖劉邦因之而得天下。今劉璋暗弱無能，民殷國富而不知存恤，智能之士思得明君。倘若劉備能跨有荊益，保其岩阻，西和諸戎，南撫夷越，便可作大聲勢，自秦川、南陽兩路出兵奪取中原，與曹操一爭高下。

劉備聽了諸葛亮的建議，茅塞頓開，決心嘗試。但這一切謀劃的前提是擁有荊州，如果不能控制荊州、搶占入蜀要道，所有設想都只是空談。眼下劉備實力不足又飽受猜忌，若像伊籍那樣單純感化劉表，又不見效果，如何才能從劉表手中接過荊州？因此他採取了一個迂迴的辦法——控制劉表之子劉琦。

劉表有三個兒子，長子劉琦，次子劉琮皆已成年，是劉表原配夫人所生，三子劉修年方十三，乃是庶出。說起來倒是養兒隨父，劉表不通兵略偏好文藝，這三個兒子也一個比一個文弱，都是白面書生，才幹也不出眾。劉琦年紀最長，容貌酷似其父，甚得劉表寵愛，意欲立為嗣子。劉備處心積慮與之結好，只要掌握住這個不諳世事的小子，幫他繼承父位，日後就可以間接控制荊州。但偏偏天不遂人願，去年劉琮娶了蔡瑁的姪女，這樁婚姻完全扭轉了局面。劉表原配早喪，如今的續弦是蔡瑁之妹，三個兒子都不是她生的，本來立誰為嗣都與之無傷，可劉琮既然娶了她姪女，這就牽扯自身利益了。故而蔡氏天天給丈夫吹枕邊風，蔡瑁、張允等人也對劉琦頗多詆毀，搞得劉表漸漸移愛，考慮廢長立幼。也是劉琦自己不爭氣，面對挑戰非但不振作，反而沉迷醇酒婦人，一門心思只想自保，希望愈加渺茫。

現在劉表如果死了，那將意味著劉琮繼位，與之關係親密的蒯蔡二族權力更重，劉備的謀畫將完全落空，就更無力覬覦荊州了。事情到了這個份上，他豈能不急？

劉備茫然呆立在館驛門口，心中布滿了陰霾：東奔西跑了半輩子，非但沒能成就功業，連立錐之地都保不住，越混越不濟，怎麼就沒有一事順利呢？哀怨半晌毫無益處，只能暗暗歎息著走進驛內。他一來襄陽就住館驛，早有自己單獨的庭院，這會兒趙雲、陳到也打點妥當了，劉備也不再與驛丞廢話，直回了自己的小院。可還未進堂屋，就見裡面端坐著兩個中年文士，正無拘無束坐在案邊對弈。

劉備見此二人頗感意外：「你們不在新野留守，怎麼也跑到襄陽來了？」

這兩個人都是劉備屬下。左邊那位名叫徐庶，字元直，潁川人，生得濃眉大眼，頗有些文人武相。此人少時偏愛劍術抱打不平，常以俠義自居。因殺傷人命逃亡在外被官府捕獲，幸得友人相救逃脫囹圄，自此棄武從文游學荊楚，交友甚廣。如今北方被曹操所安，不少羈旅之士動身北歸，唯有他不肯北還，反把老母接到新野，投靠寄人籬下的劉備，為其網羅人才拉攏名士。劉備能夠延攬諸葛亮，也是他從中穿針引線。

右邊那位年紀較徐庶略長，生得頗為俊朗，衣著甚是華貴，舉手投足透著十足的貴氣。此人名叫劉琰，字威碩，看似溫文儒雅，實際沒什麼真才實學，唯獨長了張好臉。他原本不過是豫州魯國的一個小財主，卻偏愛附庸風雅，自詡漢魯恭王之後，無奈名士的才幹品格沒學會，玩樂的能耐倒很在行，什麼鬥雞走狗，飲酒招妓，蹴鞠彈棋，絲竹管弦，吃喝嫖賭吹拉彈唱，全掛子的風流本事。劉備在曹操麾下任豫州牧時與他相識，一個自詡中山靖王之後，一個聲稱魯恭王玄孫，真有相見恨晚之感。劉琰倒也義氣，劉備叛曹，他竟撇家捨業也跟著反了，數年間東奔西逃誓死追隨，雖說既無文韜又無武略，卻深得劉備寵信，算個消遣解悶的門客。

徐庶全神貫注盯著弈局，好半天才道：「我們前天晚上來的，聽說劉表病重，不得不來啊！」

「你知道了？」劉備也不攪擾他們的弈局，只是悄悄坐到一旁，「劉表病重命不長久，曹操見劉備馭下格外寬厚，與其說是主臣，更像是知心的朋友。

逼於外，蒯蔡戒備於內，若劉琮繼位，非但不能掌握荊州，只恐立錐之地亦不可保，實在令人憂心。也不知劉琦有什麼打算。」

劉琰接過話茬：「那小子懼蔡氏加害，整日醇酒婦人，苦中作樂，越是這樣，劉表越發看不上他了。指望他與劉琮爭奪大位，想都甭想！」劉琦是個嬉鬧愛玩的公子哥，劉琰又是個中高手，常被劉琦請去充清客，故而知道的也不少。

徐庶將一枚黑子置於弈盤之上，笑道：「主公也不必過於憂慮，孔明已然有了應對之法。」

劉備正煩惱悶坐，聽聞此語眼前一亮：「是孔明叫你們來的？」

「不是他叫我們來的，是他跟我們一起來的。」

「哦？」劉備左右張望，「他在哪兒？我正要與他商量。」

徐庶神神祕祕一笑：「主公放心，他幫您安排大事去了。」

安排大事？諸葛亮又有什麼奇謀？劉備正欲問個清楚，卻見徐庶把弈局一推，拱了拱手：「承讓。」

劉琰盯著弈盤：「你、你怎麼又贏了？真奇怪了，這世上只要是玩的，我劉某人從未輸過，為什麼偏偏贏不了你和孔明？剛才這一局明明是我先聲奪人，你是怎麼扳回來的？」

「劉兄你這就不懂了，對弈之道猶如兩軍搏殺，講究奇謀變化，環環相扣。」徐庶說到這兒特意瞥了眼劉備，「即便身處劣勢朝不保夕，只要悉心謀劃，一樣可以轉危為安……」

抽梯問計

襄陽城東有處別致的院落，占地不廣，卻樓閣儼然，修竹碧樹，頗有幾分意趣，這便是劉表長子劉琦的宅邸。按禮法而言，身為世家嫡子不該與父分居，民間有諺「舉孝廉，父別居」，這種行為是被視作不孝的。

其實劉琦原本也住在幕府，因為是長子，相貌又酷似劉表，所以也曾被父親寄予厚望。不過近年劉表漸漸移愛劉琮，蔡氏夫人又從中挑撥，劉琦動輒得咎屢遭訓斥，惶惶不可終日，為避開滿心芥蒂的弟弟和繼母，才在城東置了這所宅邸，但求清靜安身。這位原本繼位有望的公子哥落到這步田地，心中不甘卻又志大才疏，無策應對，整日寄情於酒色絲竹，苦中作樂。

不過今天劉琦精神格外爽朗，特意命僕人把堂舍打掃得一塵不染，因為他要招待一位相邀已久的貴客——諸葛亮。

諸葛亮原本不是荊州人士，他祖籍琅琊陽都，乃前漢名臣諸葛豐後裔。其父諸葛珪官拜泰山郡丞，因病早逝，那年他才八歲，與兄長諸葛瑾、弟弟諸葛均一併被叔父諸葛玄收養。可惜好景不長，正趕上當時的豫章太守周術病逝，因為諸葛玄素與袁術相善，受其委任接替這個官職。但西京朝廷不予承認，又派朱皓接任豫章太守，所以出現了一郡兩太守的局面。朱皓畢竟算是天子親任，聯合當時的揚州刺史劉繇攻打諸葛玄，諸葛玄兵少落敗，加之袁術稱帝喪失人心，只好到荊州投靠劉表，卻不得重用抑鬱而終。

諸葛亮年方十六又失倚靠，但讀書勤奮頗知努力，得到不少士人關照，尤其沔南有一位賢士名叫黃承彥，看好他身處逆境而不改其志，不但把女兒嫁給他，還幫他在此立業。這黃氏非尋常家族，黃承彥之妻正是豪族首領蔡瑁之姊，而蔡瑁之妹又是劉表續弦，故而黃承彥與劉表實乃連襟，自然頗有影響。另外，諸葛亮的大姐又嫁給了蒯氏一族中的房陵太守蒯祺，兄長諸葛瑾被孫權招攬頗得信用。因而這位身在異鄉的諸葛先生竟然時來運轉，只要他願意，與劉表、蒯氏、蔡氏，乃至江東孫權都能拉上點兒關係。

一般人若趕上這麼多好親戚自然要想方設法巴結，可諸葛亮卻沒這麼做。他看透了劉表的懦弱無能，也看透了蒯蔡兩大豪族胸無大志但求自保的本質，不但不與他們來往，還在襄陽以西的隆中山林蓋了間草廬，與崔州平、石廣元、孟公威等年輕旅居才士結成摯友，贏得「臥龍」的美譽。整日吟詩弄賦笑談古今，以管仲、樂毅自比，意欲待價而沽，等候有志向、有才幹的真主出現。等來等去，最終等到的是劉備。

細論起來，劉琦與諸葛亮也算是拐了幾個彎的親戚，但以前並無深交，反倒是因為與劉備相善，才使兩人越走越近。劉琦知道諸葛亮頗具才智，幾次寫信到新野，詢問應對繼母兄弟之策，但諸葛亮卻總以疏不間親為由拒不相告。

可今天不知吹了哪陣風，諸葛亮竟主動登門，劉琦怎能不喜？他立刻置備肴饌，親自敬上一杯水酒：「孔明兄自從跟隨玄德公，久在新野，難得來趟襄陽，務必要在我這裡多盤桓幾日。」

「公子不必客套。」這位諸葛先生年方二十八歲，生得眉清目秀高大俊朗，說起話來既溫婉又不失莊重，不過這種沉穩的氣質與他的年紀似乎有些不相稱，「玄德公領兵去救江夏，不久要回襄陽覆命，在下來此是為了迎候主公。承蒙公子看重，屢屢致信關照，今日順便來拜望您。」

劉琦聽他不是專程來找自己的，只是禮貌性探望，想必也不會對自己的事獻言獻策，不免有些失望，但還是陪笑道：「孔明兄見疏了，你我也不算外人，無需這般虛禮。請飲請飲！」

諸葛亮始終正襟危坐禮數有加，謙和中又透著幾分疏遠。劉琦也不便多說什麼，只是陪著東拉西扯閒談飲酒。可他心裡畢竟有事，只喝了兩盞便按捺不住，支吾著問道：「孔明兄，我前番書信提及之事，未知您是否……」

諸葛亮不待他說完便打斷道：「此乃公子家事，亮不敢與聞。」

「是是是。」劉琦碰了個釘子，含糊著答應。不過氣氛愈加尷尬起來，兩個人本沒有什麼交集，劉琦盼著諸葛亮來不過就是為了問計，他既不肯相告，還有什麼可聊呢？兩人對坐良久，只是不言不語各自寡飲。

劉琦心裡實在著急，沒過多久又憋不住了，猛然伏倒諸葛亮身前，這次不喚「孔明兄」，改叫「先生」了：「先生屢言疏不間親，然琦受兄弟、繼母所逼，今我父臥病不起，倘不幸大去，他母子執掌大權焉能容我？只恐我之性命亦在旦夕，先生難道忍心見死不救？」

「公子不可屈尊！」諸葛亮趕緊起身閃躲，「亮不過臣下之臣，豈敢擅謀人主骨肉之事？此干係甚大，倘有洩漏為害不淺，望公子見諒。快快請起！」

劉琦聽他說「倘有洩漏為害不淺」，知他已有妙計就是不肯吐露，越發不肯起來，抓住他衣襟央求道：「此事關乎我之生死，懇請先生放膽直言。」

「公子倘若如此相逼，在下不敢逗留，就此別過！」諸葛亮抽開衣襟，轉身便往堂下走。

劉琦一心要抓救命稻草，焉能叫他溜了？眼珠一轉，趕忙追過去抓住他臂腕，強笑道：「且慢！先生不言則已，何必急著走？我不提此事便罷，來來來……」

諸葛亮倒也不甚抗拒，半推半就被他讓了回來。劉琦收起那副可憐的模樣，又為諸葛亮滿了酒，隔了片刻又道：「前幾日我自民間得了一卷古簡，年代久遠韋編已斷，上面文字乃是鳥篆，似乎是古之兵書戰策。我才疏學淺，想勞煩先生鑒識一番。」

「古書？」諸葛亮貌似有些興趣，「此等奇物當求前輩經學之士，我也未必識得。」

「實不相瞞，為了這卷書我遍請幕府之人，竟無一人知曉。聽聞先生博覽群書，您興許識得。」劉琦揚聲招手喚過堂下一名小廝，「你把書閣整理整理，灑掃乾淨些，一會兒我帶先生過去，可不能怠慢了客人。」

諸葛亮笑道：「何必這般麻煩？」

劉琦卻道：「我那書閣平日散亂慣了，怕您笑話，需得收拾收拾。」說罷起身附到那小廝耳邊悄悄囑咐了幾句。諸葛亮看在眼裡，卻也沒多問。

兩人繼續飲酒，聊了聊古書的來歷。不多時，小廝回稟準備妥當。劉琦推盞，引領諸葛亮來到後院書閣——這是座毛竹搭建的二層小閣，雖然不大卻很精緻。諸葛亮邁步進門，但見其中擺著多張几案，放著瑤琴、投壺、彈棋、六博等物，唯獨不見書簡。這哪是書閣，倒似這位公子哥玩樂之處。

劉琦笑容可掬：「先生見笑了，這都是我平時消遣之物，書簡皆在樓上。」說罷親自到牆邊搬起木梯，架到樓洞處①，「先生請……」

諸葛亮緊緊衣襟，當先攀了上去，見二樓更熱鬧，牆上掛著各色弓矢、繡球，仍不見半卷書。劉琦緊跟著也上來了，笑問：「您看我這小閣可好？」

「古書何在？」

---

① 漢代閣樓多無固定樓梯，皆以梯子上下，平時不用時梯子收起，可顯室內廣闊。

「並無古書，來此只是想請先生直言避禍之策。」

諸葛亮作色道：「既然公子又提此事，在下告辭！」說罷拂袖欲去，可走到樓洞處一看——梯子已被人撤走了。

劉琦再次拜倒：「琦欲求良策，先生恐有洩漏，不肯出言。此處上不至天，下不至地，出君之口，入琦之耳，請先生直言相告。」

「公子……」諸葛亮似乎下了很大決心，躊躇半晌猛然一跺腳，「也罷！公子既然如此懇切，亮敢不盡言？」

劉琦總算如願以償：「計將安出？」

「您先起來。」諸葛亮慢慢走到他面前伸手相攙，劉琦卻死死伏在樓板上，不把辦法求到就是不起來；諸葛亮見他這副執拗的樣子，倒是一陣莞爾，「區區小事，公子怎至於愁成這樣？難道公子不見申生、重耳之事？」

「申生、重耳之事？」劉琦雖未熟讀《春秋》，卻也曉得這段史事。春秋晉國之主晉獻公武略出眾兼併諸國，到了晚年卻昏庸多疑，寵信驪姬夫人。驪姬為了讓自己生的兒子繼承國君，不惜讒害太子申生與公子夷吾、重耳，晉獻公受到蠱惑，派人逼殺三子。太子申生愚忠愚孝不肯逃跑，最終被逼自縊，夷吾、重耳則駐守在外、聞訊逃亡，史稱「驪姬之亂」。獻公死後晉國內亂，驪姬母子被殺，夷吾、重耳先後得秦穆公相助歸國為君，其中重耳就是春秋五霸鼎鼎大名的晉文公。他感念秦穆公相助之恩與其結好，兩國休戚與共，史稱「秦晉之好」。

諸葛亮二目低垂，似乎漫不經心隨口道來：「申生在內而亡，重耳在外而生，歷經艱險終成霸業。前人成敗不足以為鑒嗎？」

「你是叫我逃離襄陽？」劉琦眼睛一亮，又漸漸黯淡下來，「可又該往哪兒去呢……」

諸葛亮沉默了片刻，不疾不徐道：「那就要看公子願不願當荊州之主了。」

劉琦原本自顧不暇，已經不想與弟弟爭了，但聽他這口風似乎尚可挽回，驚詫之下不禁站了起來，一把攥住他手：「先生不但能救我，還能助我為荊州之主？」

「嫡庶長幼古來之法，理當由公子繼承其位，即便小人從中挑撥，公子也未必不能如願以償。謀事在人成事在天，眼下雖無十成把握，也不妨一試。只恐……」話說一半諸葛亮突然緘口，雙目炯炯凝視著劉琦，繼而把手縮了回去，歎息道：「只恐公子耽於安逸沒有恒心。算了吧，這話就當我沒提過。」

劉琦的心已被他說活了，正躍躍欲試，又聽他有小覷之意，平日養尊處優哪受得了這般輕視？霎時燃起了鬥志，厲聲喝道：「諸葛孔明！你莫看我平日不務正業，但也有滿腹雄心。孟子云：『天將降大任於斯人也，必先苦其心志，勞其筋骨，餓其體膚。』我劉琦吃得起苦受得起罪，荊襄之主舍我其誰？放手一搏有何惜哉！」

諸葛亮要的就是這態度。

他心中暗笑卻裝出一臉驚詫，連連作揖：「公子切莫聲張，但恐隔牆有耳……」

「怕什麼？」他越勸，劉琦越來勁，「這周圍都是我的人，即便有別人聽去也不怕。我也是有血性的，豁得出去！」

諸葛亮捂住他嘴：「公子無需動怒，在下直說便是。今黃祖戰死，孫權又棄西陵而去，公子何不請纓去守江夏？一則可避禍在外，二來可為日後積蓄實力。」

剛才鬧得還挺歡，一聽要去江夏防禦孫氏，劉琦立刻平靜下來：「這行嗎？」他別說領兵打仗，活了二十多歲，從未離開過父親身邊，若孫權再次來犯，他哪裡應付得了？

「公子莫非懼怕孫權？」諸葛亮出言相激。

「我豈會怕他？我是怕……怕……」

諸葛亮微微一笑：「公子莫怕，您若前往令尊必會派兵輔助，您既有城池又得兵馬，便為日後爭位添了實力。再有玄德公暗中支持，足以與蒯、蔡周旋抗拒，若令尊不幸亡故，他們膽敢廢長立幼，公子可與玄德公共同起兵，兩路兵馬會於襄陽。到時候玄德公再奉您為荊州之主，長幼傳承回歸正道，豈不是度盡劫波扭轉乾坤？」

劉琦默默思索著，好半天才喃喃道：「有理，有理！一會兒我就向父親請命。」

「且慢。」諸葛亮笑盈盈打斷，「此事干係重大，公子不宜輕言。以在下之見，何不先對蔡氏夫人進言？」

「我自去求父親，豈能對那婦人說？」提到蔡氏，劉琦就氣不打一處來。

「公子所言差矣！令尊臥病不起，州中之事盡歸蒯蔡處置，公子若直接去求令尊，蒯蔡必要懷疑其中有詐，如不應允又能奈何？不如去見蔡氏夫人，就對她言講：『我無意與弟弟爭位，懇請出鎮在外，求母親開條生路。』夫人見公子膽怯，意欲避禍，以為劉琮沒了對手必能順利繼位，定會想方設法促成此事。」

「妙！妙！先生真是神機妙算！」劉琦愁雲盡散撫掌大笑。

諸葛亮語重心長道：「公子過譽。劉琮年幼無知不堪重任，在下身為荊州之吏，自當為荊州擇一英明之主。」這倒是問心無愧之言。

劉琦想當然認為他所言「英明之主」就是自己，面露得意之色：「我若真能承繼父位，成就晉文霸業，先生就是我的子犯、趙衰②！」

「多謝公子……」諸葛亮深深一揖，心裡卻在盤算——知小謀大，也配自比晉文公？我可不願做你的子犯、趙衰，我要當的是百里奚，輔佐一位從中漁利、奠定八荒帝業的秦穆公！

劉表託孤

劉表字景升，山陽高平人，漢室宗親，是前漢魯恭王劉餘之後，漢景帝一脈玄孫。他身長八尺相貌偉岸，成名更是比同齡之人都早，二十出頭便已享譽士林，與足可當其長輩的張儉、岑晊等人並居黨人「八及」[③]之列，也曾在黨錮時期受過磨難。後來黃巾起義黨人解禁，他被大將軍何進辟為掾屬，歷任北軍中候，天下動亂之際被朝廷任命為荊州刺史。

荊州本非富庶之地，黃巾起義爆發的時候這裡也是重災區。到討董卓之時，孫堅又擅自誅殺了刺史王叡，豪強蘇代、貝羽、張虎等各占一方，黎民百姓不知所從，加之瘟疫流行滿目瘡痍——劉表接過的就是這副爛攤子。

當時的統治中心不在襄陽，而是南陽郡魯陽縣，被袁術控制著。劉表一介文人單騎赴任，既無兵馬又無僚屬，只好跑到宜城縣落足，幸而得到蒯氏、蔡氏的支持，這才整備人馬，征戰袁術，伏殺孫堅，剷除割據，安定了這一地區，在襄陽建立了新治所。這十幾年來劉表也算勵精圖治，不僅使百姓過上安穩日子，而且禮待南下避難之士，宣導文化推行名教。因而襄陽不僅市井繁華，還雲集了宋衷、邯鄲淳等著名文士，杜夔、邵登等樂律高手，連名醫張仲景都在他麾下當長沙太守，一邊處理政務，一邊醞釀岐黃大作《傷寒雜病論》。荊州的文化昌盛甚至超過許都，與紛亂的時局格

② 子犯、趙衰，春秋晉國名臣，曾跟隨晉文公流亡，為其繼位立有功勞。

③ 八及，《後漢書・黨錮傳》中記載的名士張儉、岑晊、劉表、陳翔、孔昱、苑康、檀敷、翟超八人，言其能導人追宗者也。除了「八及」之說，劉表也在其他雜史中被列入「八俊」、「八友」。具體人物不同，但性質相似，都是反對宦官的清流名士。

格不入，這不能不說是亂世中的一個奇蹟。

不過劉表經世濟民是把好手，卻無征戰天下的能力。面對漢末風起雲湧、瞬息萬變的形勢，他的對策是以江夏黃祖防禦孫氏，房陵蒯祺防禦劉璋，南陽張繡防禦曹操；張繡降曹之後又改用劉備，憑這幾面「盾牌」把襄陽包裹起來。內政方面則對蔡瑁、蒯越等本土士紳放權，勉強維持腳下一畝三分地的太平。而他本人做得最多的事就是招待避難士人，置酒高歌坐鎮風雅。

平心而論，劉表未嘗不想有一番作為，但他既乏能力又不敢冒險，加之北方曹操與江東孫氏兩大強敵無法平衡，最終錯失良機。但事到如今這些都不重要了，年近七旬的劉表病入膏肓，就連他自己都明白，恐怕熬不到曹操大舉南下那一天了。

他斜倚在病榻上，臉色蒼白，瘦骨嶙峋，呆呆望著榻邊的屏風，那上面畫的是西王母賜漢武帝蟠桃的傳說。武帝劉徹雄睿一世，到頭來求遍神明不得長壽，依舊免不了生死這一關。聖明之主尚且難逃一死，誰又能躲得過？劉表從中得到一絲寬慰，緩緩轉過臉，看著陪坐在榻邊的劉備。

此時此刻，這個滿懷壯志的草鞋販子正為他掖著被角，臉上表情既恭敬又哀婉，似乎很為他的病體憂慮。但這會不會僅僅是表象呢？劉表心裡拿不準，提了口氣顫顫巍巍道：「老夫疏忽致使黃祖敗亡，還勞煩你奔波受累，實在於心有愧。」對於號令一方的割據之主來說，這話甚是謙和，但謙和中又透著言不由衷的疏離。

劉備愁悶的臉上露出一絲倉皇：「黃祖之死非主公之過，皆屬下救援不力。主公不加怪罪已是仁厚，豈可代我等引咎？」

劉表對此回答相當滿意，但並沒有掉以輕心：「我病得真不是時候，聽說曹操已平滅蹋頓回到許都，荊州之難恐不遠矣。我已命不長久，以玄德之見，日後之事該如何呢？」

所謂「日後之事該如何」可以有多重理解，既可以理解為應該立哪個兒子為嗣，又可以理解為應該如何抵禦曹操，但是不管劉備如何回答，多少會流露一些個人打算，也就不難體察他志向所在了。可是劉備卻誠惶誠恐道：「人無百日之好，小病小災總是有的，只要主公多加調養必能痊癒，何愁以後之事？」

「但願如你所言。」劉表一拳打在棉花上，只好就坡下驢，轉而又道：「先前你勸我趁曹操遠征之際兵襲許都，我沒能採納，現在想來後悔不迭。恐怕以後再沒機會插足北方了。」

「主公無需自責。」劉備口氣依舊那麼謙卑，「天下分裂日尋干戈，機會多的是，豈會不再來？這次錯過下次還有。」

「你這是安慰我啊！」劉表重重歎了口氣，「北方狼煙已息，哪裡還有什麼可趁之機？若論洞察時局，老夫比你差得遠啊……咳咳！」話未說完咳嗽不止，上氣不接下氣。劉備見狀趕緊為他摩挲著胸脯：「主公保重身體。」

伊籍一直在旁邊垂手侍立，心裡急若滾油，暗暗埋怨劉表——都什麼時候了，不敞開窗戶說亮話，還有工夫玩心眼？見外面走進一個端湯藥的僕從，忙搶過碗來塞到劉備手裡，朝他使了個眼色。

劉備會意，親自為劉表餵藥。湯藥還有點兒燙，他舀起一匙先自己嘗了嘗，又輕輕吹了吹，感覺不涼不熱才小心翼翼送到劉表唇邊，一邊囑咐著：「慢點兒喝，別著急。」一邊用衣袖拭去順著嘴角流下的藥漬——恐怕連劉琦、劉琮伺候老爹都沒這麼周到。

一碗湯藥送下，劉表不再咳嗽，瞇著眼睛養神。伊籍瞧這火候差不多了，湊到他耳邊小聲道：「軍務之事是不是也要跟玄德公交待一下？」

「對。」劉表猛然睜開眼睛，「昨日琦兒跟我說，他有意接替黃祖鎮守江夏，未知玄德以為如何？」伊籍聽了有些洩氣——他滿心希望劉表能把軍權交給劉備，使其全力抗拒曹操，也好扼制蒯蔡兩家獨大的局面，從中費了不少心思，可劉表好像根本沒這打算。

劉備蹙眉沉思，似乎想了一陣才道：「曹操雖盛，但江東也不可不防。江夏重地誠非他人可守，公子請纓倒也妥當。今後東南之事，主公父子當之；西北之事，備願竭力而為。」

劉表不置可否，卻道：「我已力不從心，琦兒這孩子又素來心浮氣躁，恐難以任重。玄德可不可以暫時離開新野，幫幫那孩子？」

劉備一副懵懂的表情：「主公是叫我移駐江夏協助大公子？」

「不不不。老夫之意是想請你改屯漢水沿岸，以便接應江夏。」劉表從不曾信任劉備，只是借其力阻擋曹操；而劉備現今屯駐的新野又離襄陽較遠，若是將來他撒手而去，劉琮年紀輕輕很可能駕馭不住劉備，所以不可不防。所謂「改屯漢水沿岸」其實是大步伐向南撤，置於襄陽監視之下，可又不能叫劉備與劉琦混在一起，若是他們兵合一處將打一家，劉琮的位子還坐得穩嗎？

劉備聽了他的話，抓耳撓腮似乎很費了一番腦筋，最後才提議：「若主公允許，屬下願領兵移駐樊城，江夏若有兵戎之事，可自漢水而下救援便利。」

「好，很好。」樊城與襄陽隔漢水相望近在咫尺，駐軍樊城等於主動棲於襄陽眼皮底下，正中劉表下懷，「明天你就回新野，速速把兵調來，你早來一日我便早安心一日。」這倒是不折不扣的真心話。

劉備信誓旦旦：「主公放心，屬下一定不負主公厚恩。」

劉表默然望著他，隔了半晌突然換了一副語重心長的口氣：「我已病入膏肓，自知不久於人世。琮兒、琦兒皆不才，諸將零落各地，我死以後，由玄德你來總攝荊州之事，如何啊？」

伊籍早盼著這句話，頓時眼睛一亮，方要跟著幫腔，卻見劉備將手中空碗一撂，猛然伏倒在地：「屬下卑微，平庸無才，萬不敢窺覬荊州。諸公子皆賢，必將大有作為，屬下但蒙鷹犬之任足矣！請主公收回這句話……」說罷連連叩首。

劉表強打精神，斜著身子直勾勾逼視著劉備，見他戰戰兢兢體似篩糠，已膽戰心驚，卻仍不敢大意，繼續道：「老夫並非戲言，玄德若是有心，切莫辭讓。當今天下可以拒曹者舍你其誰？當初陶謙以徐州相贈，老夫也願意以荊州相讓，這都是……都是為了我大漢劉氏天下啊！」劉表搜腸刮肚了半天，才找出這個牽強的理由。

劉備兀自叩首不止：「屬下當年兵敗汝南受主公活命之恩，已是通天的造化，又豈敢多求半分。請主公以身體為念，切莫胡思亂想。」說到最後竟嗚嗚咽咽流下兩行熱淚。

伊籍連連搖頭甚感遺憾——劉琮兄弟文弱無能，蒯越、蔡瑁自私自利，唯有劉備能抵禦曹操，又不肯接受大權，以後的日子怎麼辦呢？

伊籍企盼劉表能說得再誠摯懇切些，可劉表卻把話收了回去：「非是我胡思亂想，我看是你太過自疑。老夫一直都很信賴你，既然你不願意，那就當我沒說過吧！琮兒年少，以後還要多多仰仗你，望你與蒯蔡諸公協力輔佐我兒。我即便去了，蒼天有靈也會感激你們……」說到最後劉表也動了幾分真情。

劉備越哭越淒慘：「主公乃一時小恙，為何總是言死？屬下唯願主公身體康健，荊襄百姓還指望您安定天下復興漢室呢！您可千萬不能有事啊……」

這兩句話正打在劉表軟肋上。他一向自認為不喜諂媚之言，卻也經不住這種拿百姓當幌子的馬屁，霎時間竟忘了自己是在試探劉備，不禁滿眼淚花：「唉！知我者，玄德也……」

伊籍眼望著這對惺惺作態的君臣，實在不知道該說什麼，只有悵然歎息。劉備如喪考妣抹著眼淚，好半天才止住悲聲：「主公不要多想，安心養病，我這就回新野調防兵馬，等事情辦妥再來拜望。」

「嗯，你去吧！」劉表揚了揚手。

劉備走兩步一回頭，似乎對劉表充滿了牽掛，直走到門邊又叮囑道：「主公千萬保重身體，荊州百姓不能沒有您……」這才長歎一聲出門而去。

伊籍苦苦望著劉備背影，心中茫然若失。他苦苦期盼這次會面，妄想劉表能與劉備推心置腹，確定身後抗曹之策，把話挑明，現在看來這想法太天真了。

他正在發愣，忽見病榻後的屏風微微一顫，從後來閃出幾個人，為首的是張允，後面還有四五個士兵，都攥著明晃晃的鋼刀。

「放肆！你等意欲何為？」伊籍不禁惶恐，還以為他們要不利於主公。哪知劉表卻病怏怏道：「我叫他們藏在後面的……」

伊籍愕然，還未及說什麼，又見從側室閃出一人——年約五旬開外，面色白皙，相貌端莊，身材精瘦，留著花白的三綹長鬚，正是劉表的智囊蒯越蒯異度。

劉表顯然與他們商量好了：「我看劉備並無篡奪荊州之意。」

蒯越卻對這結果不甚滿意：「我在隔壁聽見了，您不覺得他表露得太過了嗎？」

「此話怎講？」

「主公於劉備之恩未嘗過於呂布、曹操，他何以如此信誓旦旦？」蒯越眼中迸出一絲精光，「常言道過猶不及，我看他是做戲。」

伊籍這才漸漸醒悟——原來蒯蔡有意誅殺劉備，難怪劉表會主動提議以荊州相讓。若是剛才劉備應承下來，恐怕這會兒已身首異處了吧！這又是蒯越的主意，連我都瞞著，或許劉備也察覺到其中有詐，所以才反應那麼激烈。真正的傻子只有我這個穿針引線的人。

張允一貫見風使舵：「我也覺劉備之言不可信，舅父不該放他走。」

劉表似乎已被劉備的感激涕零打動：「算了吧，即便他有些非分之想，我諒他也沒那麼大的膽子。」

蒯越卻不這麼認為：「他連曹操都敢反，膽子還小嗎？後患不可留，以我之見倒不如立刻……」他做出個砍頭的手勢。

伊籍忙道：「不可不可！劉備與曹操結仇，正可用之拒敵，豈能損友而害己？」

蒯越沒接話茬——伊籍眼裡曹操是敵人，可在他看來卻未必。

劉表也不同意，理由卻大不相同：「劉備擁兵萬餘，有關羽、張飛等將為羽翼，除一人易除一黨難。倘若誅殺劉備逼反其黨，不好收拾啊！」

這話也有些道理，蒯越不便再堅持，卻止不住搖頭：「隱患不可留，倘若情勢有變節外生枝，再出手可就更難了。」

劉表的心思並不真在劉備身上：「為今之計但求維穩，能不動武盡量不動，只要把他遷到樊城牢牢盯死，他又能如何？眼下最重要的是輔保琮兒順利接位，其他的事以後再說吧！」他已命不長久，目下關心的只有兒子劉琮，「你們要好生輔佐琮兒啊！」

伊籍打心眼裡不看好劉表的兒子，無論劉琦、劉琮，都非有為之才，可礙於主臣之義還是應承道：「赴湯蹈火在所不辭。」

蒯越的回答卻頗為含蓄：「我等一定竭力周全。」

劉表感覺出一絲弦外之音，可蒯氏作為荊州豪族是他倚仗的重要力量，怎麼可能深究？他沉默了一陣，沉重的病體越發難受，又想起親家蔡瑁：「這幾日怎麼不見德珪過來？」

蒯越與張允對視了一眼，忙道：「蔡公也生病了，正在家中靜養。不過您放心，病得不重，耽誤不了輔保少主的事。」這位軍師素來行事乾脆思慮周密，可這番話卻說得含含糊糊，前言不搭後語。

「病了……」劉表自言自語了幾遍，再次囑咐：「異度，你等一定要好生輔佐我兒！」這次他口氣更重了，傾著身子死死注視著蒯越。

但蒯越的回答依舊：「主公放心。屬下竭力周全少主，定不負主公厚恩。」

「異度，你……」劉表聽出這回答很微妙，所謂「竭力周全」似乎並不意味著輔佐劉琮抗擊曹操吧？可他欲言又止，呆呆望著蒯越，不再說什麼——劉備固然不可靠，但蒯越、蔡瑁又好到哪兒去？形勢日益分明，荊州豪族早就蠢蠢欲動。與其守著他父子艱苦抵抗，倒不如把荊襄之地拱手送與曹操，既免受刀兵之苦，又保全了他們的田產利益，更免了劉備從旁覬覦，說不定日後還能在曹操手下混個一官半職呢！當年天下大亂，他們逃離朝堂回到家鄉，當然要找個名聲赫赫的人幫他們渡過難關。結果遇到了我，沒有我他們不能名正言順割據荊州，沒有他們我也不能坐穩一方。世事真難捉摸，說不清到底是誰成全了誰……現在已不需要割據了，他們又該回歸朝堂，回到仕途之路。除了那些想在亂世希冀奇功的少數分子，還有劉備那等亡命之徒，誰還願意繼續打仗？再鬥下去，將來如何在新朝廷立足？蔡瑁偏這時候生病，是真病了還是故意躲我？他是我內弟，但也是曹操故交啊！除了蒯蔡兩家，鄧羲、傅巽等州中要員也隱約有降曹之意。我活著他們不開口，我死以後還有何顧忌？也罷，人之將死其言也善，何必強人所難？糊裡糊塗半輩子，這會兒明白有何用？現在我只是個臥病在床油盡燈枯的老叟，想管也管不了。只盼曹操晚來一天，我父子便多太平一天，得過且過吧！

沉默良久，劉表終於微微抬了抬手，示意蒯越退下。蒯越想安慰兩句又不知如何開口，似乎也無顏再說什麼，既是主臣又是老朋友，一切都心照不宣吧！他深施一禮，帶著張允等緩緩退了出去。

伊籍始終緊鎖眉頭，待蒯越出去便憤憤道：「蒯蔡大族不顧主公基業，皆為自身而謀，不足以託付大事。今荊州之勢危若累卵，倘若曹操大兵壓境，他們挾持少主倡議投降又當如何？難道您就不能信任劉備一次嗎？」除了他這個同鄉近臣，別人還真不敢如此直言。

劉表搖了搖頭：「託付蒯蔡是有些寒心，但劉備更叫人不放心！再者州中政務盡在蒯蔡之手，就算我託付劉備，他能接得住嗎？襄陽十餘載未有戰亂，若同室操戈，禍起蕭牆，吏民豈不遭殃？」

「可是……」

劉表不容他再言：「不必再說了。我想安靜一會兒，你也去吧！」

伊籍心有不甘卻無可奈何——他還年輕，還可以建功立業，逢此亂世，大丈夫就該有所作為，光耀門楣青史留名。怎能屈膝於敵苟且終老？再者，毫無原則但求維穩，甚至苟且偷安，這樣的穩定不過是建立在流沙上的，又能持續多久？如果真是毫無私心為百姓著想，當初還割據什麼？伊籍漸漸對這個老鄉兼老上司生出一陣厭惡，垂頭喪氣地離開了。

僕人想攙扶劉表躺下，卻也被他打發出去了。寧靜的寢室只剩下他自己，倚在靠墊上蔫呆呆出神，說不清是委屈還是無奈，或者只是將死之人的一種憂鬱吧！忽然，院中傳來一陣嘰嘰喳喳的鳥鳴聲，把他從恍惚中拉回來——陽春的襄陽多美啊！

劉表無力行走，但他還想坐起來，透過窗戶再看一眼襄陽，看看他耗盡十多年心血創造的彈丸樂土。他並沒有呼喚僕人，只是雙臂撐住臥榻，讓虛弱的身子搖搖晃晃向前傾。雖然這只是個簡單的動作，但他卻感覺費盡九牛二虎之力，弄得滿頭是汗；好不容易坐直身子，透過窗子看見的卻是寂寥的院落和冰冷的院牆。

他雙臂一顫又倒回病榻，失落地歎息著——恐怕曹操等輩都以為我胸無大志吧！可我卻讓荊襄百姓過了幾年太平日子，讓大漢的經學文教得以延續，這難道不好嗎？即便這樣的太平是建立在虛幻中的，但畢竟也是太平，總比苦於戰亂流離失所要好。若身在治世，我可能會位列三公九卿，做得更出色；但遭逢亂世，能辦到眼前這些就已經很不易了，談何遺憾？荊州牧、鎮南將軍、成武侯，有假節之權，黨錮之士得到這些榮耀的不就我一個嗎？正義凜然卻力不從心，或許就是我們這幫清流的宿命吧！琮兒、琦兒，父親不可能養你們一輩子，靠自己吧！曹孟德、孫仲謀，或許還有劉玄德……我苦守襄陽防了你們這麼多年，如今就要撒手而去了。你們滿意了吧？可是你們早晚也有這一天，至於現在，做你們那金鑾御笏的美夢去吧！

第八章
曹操稱相

曹公拜相

建安十三年（西元二〇八年）六月，一件改變漢王朝乃至曹操個人命運的大事發生了——剛剛被罷免的司徒趙溫公開上書，奏請廢除三公，推舉曹操出任丞相。

這一提議立時震驚朝野。如果說有人對趙溫征辟曹丕之事還有所懷疑，那通過此番上書算是徹底看清這位七旬老臣的面目了——他分明就是曹操的一顆棋子。三公沒有了，丞相獨攬大權，此古人所謂「掌丞天子助理萬機」，今後不僅冀州歸曹操管轄，全天下州郡城縣、一切的文武官員都成了他的下屬，儼然是不穿龍袍的天子。

對於這個變故，文武百官大致有三種態度：大多數人僅僅是木然，曹氏掌權是多年的事實，抗爭已無濟於事，主動迎合又有違漢室臣子之道，天要下雨娘要嫁人，管也管不了，事不關己高高掛起；再者是曹操主政後提拔的官員和掾屬，朝中董昭、陳群等人對趙溫的提議大加贊譽，紛紛表示老大人「老成謀國忠義可嘉」，曹公應早登相位以慰天下人心；至於曹府掾屬更積極了，且不說日後前途可觀，司空府升格為丞相府，掾屬俸祿也水漲船高，從三百石提至六百石，大家得好處，何樂不為。但也有人持反對態度，這類人為數不多，但都是自長安保駕東歸的舊臣，他們對漢室社稷滿心留戀，可除了孔融之外，也沒人敢站出來講話，頂多是私下罵幾句罷了。漢室社稷固然重要，腦袋更重要，誰不害怕曹操手裡的屠刀呢？

最為難的，其實是太常寺那幫禮制官員。大漢不設丞相已二百餘年，突然恢復古制，誰知道拜相儀式什麼樣？查典籍的查典籍，翻史書的翻史書，還得精選玉石趕製相印，廢了半天勁也考證不清昔日高祖任命蕭何為相的禮儀。幸好曹操也沒為難他們，經過三次辭讓的冠冕文章之後明確表態——天下未平，無需計較禮制，把丞相大印給我送來就行啦！

丞相不在殿上接受天子冊封，竟要朝廷把相印給他送去，究竟誰是主誰是臣呢？曹操就是想擺這個譜，要讓全天下人都知道自己的尊貴。於是一場熱熱鬧鬧的拜相鬧劇開始了。皇帝劉協親發詔書，歷數曹操的功績，由太常卿徐璆承接詔書、相印，持節去司空府授印，朝廷百官都要身穿吉服步行相隨。知道的是曹操事先計劃好的，不知道的還以為曹操不願當，是天子和滿朝官員死皮賴臉非求著他當的呢！

忙忙碌碌準備一番，太常卿徐璆在皇宮跪受詔書、符節，其實到曹府不過幾步路程，可按照禮制要求搞得十分複雜。首先要乘坐象徵天子使者的大使車，駟架朱輪，白蓋赤帷；左右隨護隊伍的功曹車、賊曹車、斧車、督車各兩輛，後面從車又有四輛，載著九卿、侍中、大夫一級的高員；隊伍正前方還有騶騎四十人、弓弩手十二人，皆由郎官充任，負責引導車隊彰顯威嚴。一大串隊伍加上隨行官員，前面的都走到曹府門口了，後面的才剛出皇宮。百姓雲集夾道觀瞻，曹操的臉面可算露足了。

曹府這邊的準備也很周全。「司空府」的牌匾已摘去，「丞相府」的新匾還沒掛，王必率領金甲武士封鎖街巷，所有掾屬都換上簇新的皂衣，密密麻麻排列門外——按照制度規定，司空掾屬最多七十多人，而丞相辟用的屬員最多可達三百八十多人，這支隊伍日後會更加壯大。使節車隊一到，所有掾屬頓時跪倒齊呼萬歲，聲勢之大，震得市井肅然屋瓦亂顫，百官也得長揖回禮。雖然一方是卑微的屬員，一方是冠冕的朝臣，但哪方是實哪方是虛，誰心裡都有數。施禮之後眾人後退，閃出一條人胡同，徐璆由謁者攙扶著下車，雙手高捧詔書直入府門，尚書以上大臣緊隨其後，所經之處家將、僕僮也紛紛跪倒參拜，持節使者等同於天子駕臨。

徐璆如今已是七旬老翁了，他曾被袁術軟禁多年不屈臣節，最後還趁袁術病逝之際盜出傳國玉璽回歸朝廷，因此受封太常。國家大事唯祀與戎，太常乃九卿之首，沒有三公他就算曹操以下最大的官。徐璆精神矍鑠步伐穩健，滿臉莊重目不斜視，心裡卻充滿了憤慨——二十四年前黃巾起義，他隨朱儁鎮壓義軍與曹操共事過，當時只覺得曹操有點兒帶兵之才，哪想到當年毛頭小子如今成了權傾天下的丞相，自己還充任使者跑來給人家送印，真是世事難料啊！他按捺著心情，款款來到大堂之上，但見坐榻移空，香案已經設擺好了，可即將受任的曹操卻不見蹤影，難道這位「三讓而後受之」的大丞相還要玩什麼花樣嗎？

徐璆並不知情，此時此刻曹操正在後堂踱來踱去，被一件煩心事困擾著。回許都之前，他命于禁、張遼、張郃、朱靈、李典、路昭、馮楷七支軍隊屯駐潁川附近，從那之後這七隻大老虎便無一日消停，都是戰功赫赫之人，沒有曹操在眼前管著，誰也不服誰。今天分糧食鬧點兒衝突，明天分輜重械鬥一番，事後還各寫奏報往曹操眼前遞，都是雞毛蒜皮的事，各說各的理。曹操還指望他們出力打仗呢，只能睜一眼閉一眼，也懶得計較。鬧點兒小矛盾也罷了，可今早突然發來軍報——朱靈麾下中郎將程昂煽動士兵造反！

「朱文博怎麼搞的？」曹操氣哼哼道：「當初我反覆叮嚀，河北兵卒初降，當以寬仁之心待之。他怎麼拿我的話當耳旁風？還沒征伐荊州呢，先叫人家看笑話！這些將領自恃有功目無法紀，我非拿朱靈作法，好好教訓他們不可！」雖然朱靈已將程昂擒殺，並在第一時間上書自責，可還是造成了不良影響，有些河北兵不滿待遇逃役回家。于禁素與朱靈不合，又來信向曹操打小報告，揭發其任性桀驁，鞭笞士卒，辱罵將佐，哄搶糧草，不啻於火上澆油。

長史薛悌緊隨曹操身後，跟屁蟲一樣邊轉悠邊勸：「算啦算啦，朱靈已經認錯，于禁的話也有些灌水誇張，損失又不大……」

「痛雖可忍癢亦難耐！」曹操恨的倒不是這點兒損失，偏偏受任丞相之際出亂子，這不是給他臉上抹黑嗎？

主簿溫恢倒很泰然：「正因為事情出在這個節骨眼上，主公更應大事化小，小事化無，現在處置將領，豈不更叫人看笑話？徐太常還在外面候著呢，莫要怠慢了。」

「唉，忍了吧！」曹操漸漸停下腳步，又覺腦袋隱隱作痛，嘟嘟囔囔道：「大好日子沒一件事叫我順心，華佗那老傢伙不知怎麼搞的，煎的藥時靈時不靈，不針灸不見好，難道他想留個病根要脅老夫？」發了幾句牢騷終於回歸正題，「事已至此我也不追究了，先叫樂進、張遼分點兒兵給朱靈。現在就給他回信，我說你們寫。」

記室陳琳早在一旁搦管等著，見他邪火總算消了，趕緊邊聽邊寫：

兵中所以為危險者，外對敵國，內有奸謀不測之變。昔鄧禹中分光武軍西行，而有宗歆、馮愔之難，後將二十四騎還宜陽，禹豈以是減損哉？來書懇惻，多引咎過，未必如所云也！

陳琳心裡雪亮——曹操並未對朱靈加以斥責，還將其與中興名將鄧禹①相提並論。但這都是敷衍之辭，最後卻點出「來書懇惻，多引咎過，未必如所云」，未嘗不是對朱靈的懷疑。朱靈要是懂事，以後就該夾著尾巴做人了。

校事趙達別有用心掃了眼文書，不冷不熱道：「軍中出了奸人乃監察不力所致，就算不怪罪朱靈，也應追究刺奸令史之過。」其實一點兒道理都沒有，刺奸史本不在朱靈軍中任職，對此毫不知情也情有可原。可身居此職的是高柔，曹操用他就為了洩當年之恨，趙達更是不遺餘力攛掇使壞。

曹操正無從發洩：「說的對！高柔罰俸一年以示懲戒。」罰俸而不革職，還要留著他繼續受罪，簡直是貓玩耗子。

溫恢甚覺不公又無計可施，只道：「處置誰不處置誰不在緊要，當派人到軍中調和眾將，于禁、朱靈皆是爭強鬥勇之人，若無人從中勸道協調，這樣的事以後免不了還要再出。」

「有道理……派誰合適呢？」曹操敲著額頭想了想。

溫恢已有人選，卻不說破：「若依在下之意，應該選一個好脾氣慢性子的人。」

「好脾氣慢性子。」曹操眼睛一亮，「速調趙儼出任七軍總護軍！」趙儼好脾氣出了名，活了四十多歲臉都沒紅過，由他一人充七部護軍，那幫武夫就是脾氣再大也磨不過他。

無論如何這件事好歹對付過去了，眾人趕緊七手八腳幫曹操整理衣冠，匆匆忙忙往外走。可迎面又見曹丕、曹植慌慌張張而來。曹操一邊繫玉帶一邊問：「跑來做什麼？天使都到了，還不到院裡跪接？」

曹丕滿頭大汗：「沖兒、彪兒、林兒不知跑哪兒去了，父親沒見到嗎？」父親受封高官，諸公子也得盛裝出席，要在廊下跪謝聖恩，新衣服早給他們換上，這會兒卻找不到人了。

「哎呀！我哪見過他們。」曹操急得直跺腳，「這幾個小崽子，跑哪兒玩去了？還不去找！愣

① 劉秀在河北稱帝之後，派鄧禹率兩萬精兵攻取關中，鄧禹部將馮愔與宗歆不和，馮愔遂殺宗歆，又臨陣倒戈。鄧禹為赤眉軍所敗，獨與二十四騎逃回宜陽，事後一度被剝奪官職。

著幹什麼，都去給我找啊！」

曹操一通嚷，後面可熱鬧了。司空府也不小，房連房院連院的，連曹丕、陳琳、薛悌帶夫人、僕婦、丫鬟東跑西竄邊嚷邊找，也不顧內外之別了。按理說幾個小毛孩子參不參與無可厚非，可曹操的態度卻十分認真——曹林乃再嫁之妻杜氏所生，曹彪的生母孫氏不過府裡一個普通侍女，這倆兒子都不重要；他真正在乎的是環氏之子曹沖。曹沖是曹操心中內定的繼承人，無論當天子還是當權臣，身後一切都要交予此子繼承，所以今天這麼榮耀的時刻，一定要讓這孩子出來露一面，展示給滿朝大臣看。為此前幾日曹操還特意為他「搶冠」②，取表字為倉舒。

曹操穿房過院正著急，忽聽不遠處有個家丁大呼：「我的小祖宗喲，怎麼跑這兒來了！我找到啦！」趕緊跑過去觀瞧——這是二門以內一處偏院，有幾間矮房和灶台，是庖人置備酒食的地方，誰能想到貴公子會跑到此處玩耍？這會兒華佗正帶著弟子李璫之在爐邊煎藥；有兩個新收的弟子吳普、樊阿也在一旁，卻看不懂他們幹什麼，正扭動身軀擺出一副怪模怪樣。

吳普單腳點地，伸展雙臂上下抖動，樣子像隻大鳥；樊阿縮肩緊背抓耳撓腮，狀似猿猴。再往邊上看，曹操氣大了——曹沖、曹彪、曹林仨小子正伏在地上，裝模作樣的，也不知是模仿熊還是老虎，剛換的新衣服沾了一身土。

「你們做什麼！」曹操厲聲喝止。

吳普趕緊跪倒：「啟稟司……丞相，這是師傅仿照古人導引之術編成的『五禽戲』，練這個可以強身健體。」

「胡說八道！」曹操扯起曹沖搶到懷中，「你當他們何等人？堂堂公侯之子，豈可作此禽獸之態！」

華佗趕緊陪罪：「老朽未敢擅自教幾位公子，是他們看著好玩才……」

不待他講完，曹操便冷森森打斷：「華先生，老夫對你也夠客氣了，你至今未能根除老夫之疾，我也未加責怪。從今往後你這些弟子不准在我府裡居住，都給我搬出去！這是丞相府，不是市井街肆！」

曹沖見父親生氣，忽然手指著熬藥的爐子道：「爹爹快看那藥爐，火在下水在上，孩兒前日剛學了《易經》，下離上坎謂之『水火既濟』，『既濟』不就是圓滿之意嗎？爹爹今日受封丞相，咱家圓圓滿滿，多吉利啊！」

這本是句解勸的話，哪知華佗的弟子樊阿是個直性子人，忍不住插嘴道：「小公子解得不切，『水火既濟』的卦辭有云：『亨小，利貞。初吉終亂。』喻月滿則虧水滿則溢，這卦名字好聽，卻不吉利……」話說一半才意識到自己失言，趕緊閉嘴磕頭。

朱靈的事已經讓曹操煩心了，大好的日子出言不吉，非把他激怒不可！幸虧溫恢腦子快，一把抱起曹林：「我的小公子喲，快走吧！滿朝文武在外面候著呢！再耽擱時辰叫群臣如何議論？」

跟孩子說話給大人聽。曹操知他是催自己，壓壓胸中怒火，咬牙切齒瞪著樊阿：「你們現在就滾！今後不准來此攪擾，否則格殺勿論。華先生，你也好自為之吧！」說罷領著孩子拂袖而去。

當曹操舉止端莊出現在大堂上時，徐璆已經等得有些不耐煩了。奉天宣詔哪見過這樣的接詔人，生生叫使者在堂上等他一刻多工夫，坐又不能坐，詔書還不能撂下。既不把使者放在眼裡，又何嘗把天子當回事？徐璆還算好受，他身後兩個謁者，一個手持符節，一個捧著相印，兩樣東西分量都不輕，兩人舉了半天手都哆嗦了，心裡早暗暗把曹家祖宗八輩問候了個遍。

② 冠禮，古代士大夫階級的男子成年儀式，又稱「元服」，冠禮之前男孩不能戴冠，梳總角髮型，有名無字；冠禮後才能戴冠，取表字，謂之「弱冠」。冠禮按照周禮是在二十歲時舉行，而漢代一般是在十六歲左右，不足歲數而提前加冠的叫「搶冠」。

曹家諸子悄悄順著廊簷跪了，曹沖與曹丕一左一右排在了最前面。徐璆展開詔書當眾宣讀，曹操行三跪九叩大禮。而就在他接過相印的那一刻，又推辭起來：「曹某才少德薄不堪其任。徐公乃三朝老臣，這個丞相還是您來當吧！」

徐璆嚇一跳，見他事到臨頭還在惺惺作態，趕緊連退幾步一揖到地：「曹公功勞赫赫，老朽難望項背。望曹公以天下為重，承擔大任。」

「望曹公以天下為重承擔大任！」堂下群臣跟著嚷了一遍。

「唉！」曹操假惺惺歎了口氣，「既然天下無人，我就勉強當這個丞相吧！」

就這樣，曹操終於坐上了自己謀劃已久的相位，時年五十四歲。剛剛還是天使的徐璆退至廊下率領百官大禮參拜，所有人都臣服於他腳下。曹操客套了幾句，遍請滿朝官員晚間過府赴宴，便回轉後堂扒了這身禮服，接著籌劃南征之策去了。

富貴驕人

晚間的酒宴很熱鬧，朝廷要員難得齊聚一堂，就是平時不常出來的，今天也到了，比朝會人還多。曹操頭一天擔任丞相，誰敢不給面子？但出人意料的是，曹操在席間宣布了一個任命——原光祿勳郗慮晉升御史大夫。

曹操廢除三公自任丞相，已是大權獨攬，誰也沒想到他別出心裁又弄個御史大夫。這個官名義上是副丞相，但不用解釋都明白，也是掩人耳目的幌子，有職無權。郗慮毫無準備愣在當場，曹操不由分說將他拉到主席，一同接受百官祝賀——與熱烈的拜相儀式相比，郗慮這官當得可慘多了。

曹操舉起美酒遍視眾人，發現少了幾個重要的人：「伏國丈和趙老司徒怎麼沒來？」

華歆坐在東首，忙道：「伏國丈病體沉重，挪動不了。趙司徒如今已是平民，自覺有礙就不來了。」國丈伏完眼見漢室將覆，女兒伏后又三天兩頭來信哭訴，一急之下癱瘓不起，如今只比死人多口氣了。趙溫是幫著曹操幹了太多事，沒臉見人了。

曹操繼續尋找，發現荀彧竟也沒到：「令君呢？」

華歆尷尬一笑：「有些不湊巧，荀常伯昨兩天薨了，令君在那邊忙喪事呢！子曰『哭，則不歌』，怕有妨礙就不過來了。」侍中荀悅是荀彧的族叔，剛剛過世，荀彧以此為藉口不參加宴會。

曹操怏怏不悅，卻也沒抱怨什麼，只道：「老夫竟然不知，改日也過府祭拜一下吧！」話未說完忽聽一陣刺耳的狂笑聲——孔融來了。

該來的不來，不該來的回回不落。孔融自從放寬酒禁越發肆無忌憚，整日聚酒豪飲，太醫令脂習、議郎謝該等酒友日日在他府裡。今天來時有些醉醺醺的，興許已經喝過一頓了。

曹操厭惡地瞥了他一眼：「文舉兄，數載未會別來無恙？」

「丞相何必相問，」孔融笑呵呵道：「我有恙無恙，趙達他們不都告訴您了嘛！」

席間眾人嚇了一跳，華歆、陳群等趕緊打圓場：「玩笑，玩笑，文舉兄詼諧。」

曹操卻淡然一笑：「文舉兄莫非有何不滿？」

孔融擺弄著手裡的酒道：「座上客常滿，杯中酒不空。我還能有什麼不滿意的？」是啊，天子都快姓曹了，想管也管不了，除了喝酒還能幹什麼？

曹操故意刁難他：「今日群賢畢至，文舉兄何不高歌一曲為諸位助助雅興？」

「叫我賦詩？」孔融目光中露出幾分怨氣，卻轉而笑道：「好！我賦給你聽！」群臣都緊張起來，不知他會不會再發什麼不合時宜的狂言。卻見他扔下酒盞，起身堂中央，擺動長袖唱道：

六月棲棲，戎車既飭。四牡騤騤，載是常服。
玁狁孔熾，我是用急。王於出征，以匡王國。
比物四驪，閑之維則。維此六月，既成我服。
我服既成，於三十里。王於出征，以佐天子。
四牡修廣，其大有顒。薄伐玁狁，以奏膚公……

大夥忐忑的心漸漸安穩下來，孔融沒有自己作詩，而是吟了一首《詩經》的〈六月〉。這首詩是讚頌周朝名臣尹吉甫輔佐周宣王征討西戎的歌謠，借來歌頌當朝丞相戰功赫赫挺合適。不過也有少數飽學之士品出了不一樣的滋味，尹吉甫雖是周朝名臣，最終卻被昏君周幽王所殺。拿一個不得善終的人與曹操相提並論，這不是存心詛咒嗎？郗慮、王朗等都揣摩到了，卻見曹操滿面微笑不住點頭，想必是沒聽出來。其實他們猜錯了，曹操早年以通曉古學入仕為郎，《詩經》更是了然於胸，豈會聽不出來？曹操是笑了，但笑的不是詩好，笑的是孔融死到臨頭還不知道。

一首〈六月〉誦罷，堂上文武無不撫掌稱頌。御史大夫郗慮連忙舉酒：「恭祝曹公……」

「莫要敬我，」曹操順勢拉住他手腕，「你我今受天子重任，日後還要多多倚仗滿朝文武。來來來，咱倆下去敬敬大家！」

「是是是。」郗慮忙跟著起身，緊緊隨在曹操身後。

孔融吟完詩就站在堂中央，見曹操、郗慮過來，趕緊回身拿酒，再轉過身來卻見曹操擦肩而過，連理都不理自己。孔融非但不氣反而欣喜，料想他已經聽懂剛才的諷刺，樂呵呵自己把酒灌了。

按照官職大小，首先要敬的就是列卿，徐璆、丁沖、王邑等紛紛避席回敬。曹操見丁沖早就把自己灌得滿面通紅了：「你這醉貓，我聽說你前些日子喝醉酒，舉著刀滿院子跑，嚷著要殺人，有這回事？」

丁沖喝醉是常有的事，但喝醉了撒酒瘋的情況卻並不多。他心裡有事——丁家畢竟是大漢三公的門第，丁沖本人更是輔保天子東歸的功臣，當年跟著曹操建立許都，本以為從此大漢復興有望，沒料到曹操的野心如此之大；加上丁氏夫人被曹操休了，兩家已生隔閡，幾十年的老朋友、老親家走到這一步，酒入愁腸，當然喝多了撒酒瘋。

曹操見他不答，又道：「你若不願再當這個官不妨開口，我為你找個閒差也行。你兩個兒子也不小了，改天帶到府裡叫毛玠見見，我給他們官職。咱們是老朋友，子孫的事我替你安排。」

「唔。」丁沖打了個酒嗝，嘟嘟囔囔的也不知聽懂沒聽懂。曹操歎了口氣，搖頭走開。郗慮不敢怠慢，只稍稍舉盞，趕緊跟在他屁股後面——這位「副丞相」簡直就是個跟班。

挨著丁沖的是大司農王邑，此人當初割據河東，曹操強行任命杜畿為河東太守，才把他換回來的。當年這條地頭蛇作威作福，如今卻老實得像隻綿羊。曹操滿臉堆笑：「王卿近來可好，河東的老部下有沒有來看望您？」

王邑把酒放下連連叩首：「丞相慧眼識人，杜畿赴任河東以來恪盡職守廣有建樹，比在下勝之萬倍！那幫部下跟著杜郡將為國效力，早就把我忘啦！在下如今身體欠安，每日閉門讀書心無旁念。」他恐受猜忌極力解釋，也不知哪句觸了傷心處，竟掉了兩滴眼淚。

曹操非但不憫反而大笑：「您心無旁念享清福也不錯。處心積慮大半輩子，也該歇歇嘍！哈哈哈……」

人在矮簷下怎能不低頭？王邑也算一時之傑，可如今面對挖苦也只得強顏歡笑，苟全性命就不錯了。不過就在他身邊，馬騰、韋端、段煨三個同為關中割據出身的列卿，卻談笑風生無拘無束。段煨年事已高，又有誅殺李傕之功，與曹操處得不錯。韋端與馬騰都在袁曹之爭中押對了賭注，也算有功之人；況且他倆雖然遷居入京，韋端的餘部交與兒子韋康，馬騰的部隊交與兒子馬超，他們在涼州還有兵呢！

韋馬二人剛入京赴任，曹操只象徵性見過一次，今天有機會咫尺相對，可要細細打量——韋端儀表端莊談吐優雅，不愧是京兆名門；馬騰卻身材魁梧相貌猙獰，五十多歲的人了，坐在那裡搖搖晃晃毫不穩重，一身的官服倒像是借來的，怎麼看都不像個當官的，而且褐目虬髯，據說此人是中興名將馬援的後人，可怎麼好像有些胡人的血統呢？馬騰倒也憨直，見曹操瞅著自己發愣，乾脆直截了當：「大丞相組撒裡？嫌餓長得醜？霧達地方的人都砸麼咧！③」說得曹操兩眼發直。

韋端掩口而笑：「丞相莫要見怪，馬衛尉講的是涼州話。」曹操也笑了——為了安穩局勢，這樣的粗人也叫他當九卿了，這要是在朝堂上「組撒裡」、「砸麼咧」地說起來，旁邊還得有人給他翻譯。

馬騰一邊笑一邊嘰哩哇啦地說，曹操聽不懂的地方就問韋端，如此弄了半天才搞明白。原來馬騰確是扶風馬氏的後人，但他這一支卻不似馬融、馬日磾那麼興旺，到他父親馬肅那一代很不得志，只混上天水郡的一個小縣尉，後來又丟官罷職流落到隴西，與羌族女子成婚生下馬騰，故而他有些胡人血統。由於父親早亡，馬騰少時以砍柴為生度日艱難，後來邊章、韓遂、王國等舉兵造反，他投入官軍奮勇廝殺升為司馬。漢靈帝朝政腐敗，先後任命的幾個涼州刺史都不稱其職，馬騰報國無門，乾脆也投身叛匪之列。他驍勇善戰，待人又義氣，很快成了領袖人物，後來竟與韓遂合力誅殺匪首，平分了所有人馬，這才成了虎踞涼州的軍閥。

曹操初始對這個粗人印象不好，但見他如此坦誠毫不隱晦，反而覺他憨得可愛，甚至有些傻氣。他實力可遠非段、韋二人能比，若不是傻裡傻氣稀罕大官，怎會聽幾句好話就放棄兵馬入京為官？還只留下一個長子馬超，其他兒子女眷全帶來，恐怕他連自己是人質都沒想清楚吧？

無論如何，能把馬騰攥在手裡，對曹操而言是好事，唯一美中不足的是韓遂沒能來京，只送來一個小兒子。想至此曹操決定賣馬騰個人情，也給韓遂做個樣子：「馬衛尉舉家入京值得嘉獎，老夫要上表朝廷，晉封你兒馬休為奉車都尉、馬鐵為騎都尉，留守涼州的長子馬超升任偏將軍。」奉車都尉是引導聖駕的體面官，騎都尉也是二千石武官，雖然不可能擁有實權但也夠榮耀了。至於偏將軍一職，說來也有些晦氣。原本是王子服當的，結果當出「玉帶詔」來，後來關羽以白馬、延津之功也當了偏將軍，最後乾脆當到劉備那兒去了。因而曹操有點討厭這個官職，所以空缺多年。

馬騰雖不會京話，卻聽得懂別人說，嘰哩哇啦講了一大串，似乎是感謝之言。曹操哈哈大笑：「只要你們全心全意追隨老夫，我保你們子孫榮祿！」他原先說話總帶著朝廷，現在卻只對自己誇誇其談，「朝廷」二字連提都不提了。

離開他們，曹操兀自笑個不止，抬眼間又見門邊列著一席，坐著倆白髮蒼蒼的老臣——光祿大夫楊彪與騎都尉司馬防。曹操忙過去敬酒：「楊公、司馬公，看來曹某面子不小，你們也來了……坐坐坐，楊公不是有足疾嗎？我可傷不起您的腿，快請坐。」

楊彪被曹操罷免太尉，曾一度被關進大牢，還受過滿寵的刑訊，出獄之後宣稱足疾閉門不出，公私應酬一概不參加；今天實在推不開了才出來露一面，想不到還叫曹操這樣譏諷。司馬防在曹操舉孝廉時任尚書右丞，與尚書梁鵠一同拒絕曹操出任洛陽令的要求，心裡也不大安穩。

曹操看著這兩個曾經騎在自己頭上的人的窘態，心中充滿了報復的快感，拍著司馬防的肩膀：「昔日我要當天下第一縣令，您卻只讓我當北部縣尉，如今又如何？」

司馬防的回答倒也得體：「今昔有別，焉能同日而語？昔日明公舉孝廉之時，才能資歷還只適

---

③ 大丞相怎麼了？嫌我長得醜？我們那地方的人都這個樣子咧！

合當縣尉。」

「哦？」曹操越發大笑，「那我今日正適合當丞相嘍！司馬公，令郎司馬朗今在兗州為官，老夫很器重他，以後還要給他升官。不過您也應該大度些，聽說您府上有八位公子，豈能只讓一人為老夫效力？您二兒子叫司馬……什麼來著？」

「犬子司馬懿。」

「就是他！老夫三度征辟不肯赴任，難道是我面子不夠？」

「不敢、不敢。」司馬防嚇一跳。

「過去的事就過去了吧，勞煩您勸勸令郎，早日受令來京，我又不會吃了他！」曹操說罷又瞅了一眼楊彪，「楊公也有一子名喚楊修吧？昔日禰衡有云：『大兒孔文舉，小兒楊德祖』，如今也三十多了吧！老夫也打算召他入府，明天就辦。我得勸勸您老人家，兒孫大了自當叫他們謀前程，可別讓他們無所事事，跟狂悖無恥之徒攪在一起。」他所謂「狂悖無恥之徒」當然是暗諷孔融。

楊彪始終不發一言，默默忍受羞辱，舉起酒晃了晃，愁眉苦臉灌下——楊家四世三公德行無虧，竟淪落今日這步田地，叫曹孟德這樣的宦豎子弟如此作踐。人生這杯酒真難喝！曹操挖苦二人一番，心裡越發暢快，索性下堂與眾臣共飲。外面的下級官吏可不一樣，大多是擁曹派，滿面堆笑殷勤勸酒。曹操連飲了七八盞，臉上泛起紅暈。郗慮見他似有醉意，想勸幾句卻被他一把推開；他踉蹌幾步又來至一張几案前，坐的是金旋、韓玄兩位議郎。

金旋字元機，京兆人士，是昔日曹操趕走的那位兗州刺史金尚的親弟弟；韓玄是河內人，中護軍韓浩之兄。這兩人與曹操關係不錯，滿面笑容左右逢迎。

曹操瞅了瞅金旋：「要說我曹某人有什麼對不起的人，你兄長算一個。昔日若不是我將他逐出兗州，他何至於枉死袁術之手？我對你兄長不好，就補償在你身上。過些日子出兵，你隨軍聽用，若是拿下江南之地，好歹給你個郡守當！」他堂而皇之拿官位徇私情。

「多謝明公提拔。」金旋喜極而泣，「兄長在天有靈，一定感激您這片好心。」

「我一句話的事，你哭什麼？」曹操又轉向韓玄，「你兄弟從軍多年功勞不小，你今後也隨軍聽用，老夫也不會虧待。」

「謝丞相提攜。」韓玄本是個文不成武不就的人，就靠熬資歷，得了意外關照自然高興。

曹操把酒喝了，韓玄又幫他滿上，正要繼續前行，忽見長史王思笑容滿面從院外跑來：「可喜可喜！朝廷又有大喜事了。」

「何喜之有？」痛飲的人霎時靜了下來。

王思眉飛色舞：「劉璋遣益州從事張肅進京納貢。前番對陰溥的開導見效了，張肅此番不僅送來了蜀錦絹帛、御用雜物，還解送叟④兵三百人，看來劉璋有意納土歸降。」

「外藩納貢，異族歸附，這是祥瑞啊！」韓玄趕緊跟著美言。

「還有呢！」王思又道：「議郎周近與匈奴商談甚恰，左賢王已同意送蔡昭姬歸漢。」高幹死後并州盡在曹操掌握，他點名要的人，匈奴哪敢不放？

郗慮舉起酒來高聲倡議：「大漢之威光照四海，夷蠻戎狄紛紛臣服，咱們同飲此盞共祝我朝……」

「郗公真不會講話。」金旋打斷道：「這都是曹公……不！是丞相的功勞。咱們同敬丞相一盞！」

曹操已明顯有幾分醉意，又被大夥灌了一盞，忽然胡思亂想起來；恍惚覺得平定天下，身登

---

④叟，又作「氐叟」、「青叟」，是漢晉時期活動於甘肅、陝西、四川一帶的少數民族，後來逐步漢化，今已不存。

九五就是明天的事，劉表、孫權根本就不值一提，似乎自己大軍一到就能嚇得他們解甲歸降。他活了五十多歲，從來沒像今天這樣痛快，這是一種完全不受約束的放縱。天大地大我最大，世間生靈皆宿命一般要臣服於腳下。曹操甚至想到，統一天下以後要勵精圖治，帶領大漢……不，帶領一個新王朝走向盛世，把堯舜禹湯遠遠甩在身後！在酒力的催動下，他忽然詩興大發，緊走幾步一腳跨到石階上，高舉美酒放聲高歌：

對酒歌，太平時，吏不呼門。
王者賢且明，宰相股肱皆忠良。
咸禮讓，民無所爭訟。
三年耕有九年儲，倉穀滿盈，斑白不負戴。
雨澤如此，百穀用成，卻走馬，以糞其土田。
爵公侯伯子男，咸愛其民，以黜陟幽明。
子養有若父與兄，犯禮法，輕重隨其刑。
路無拾遺之私，囹圄空虛，冬節不斷人。
耄耋皆得以壽終，恩澤廣及草木昆蟲。

政治清明，百姓安樂；五穀豐登，老病無憂；路不拾遺，友善無爭；眾生平等，恩澤萬物；正是《禮記》所謂「大同世界」。在曹操看來，掃滅狼煙已不是問題，今後他要奮鬥的是如何治世，天下就在他指掌之間！在場所有人——無論贊成曹操與否，都不禁被這首歌震撼，天下動亂二十餘年，刀兵四起血流成河，該結束了吧！無論日後社稷姓劉還是姓曹，也該叫天下人緩口氣啦！

「諸位！」董昭突然站了起來，他昂首闊步走到曹操身畔，提高嗓音環顧眾人道：「竊以為方才這詩中所言的聖賢恰恰就是咱們丞相！功蓋天下解民倒懸，丞相乃天下第一豪傑，乃我華夏九州之砥柱！在下提議，咱們都站起來，敬丞相一盞酒，恭祝丞相萬壽金安！」

這哪是敬酒，分明是試探，看誰敢不站起來。華歆、王朗、陳群不復當年，已不再是孔融的摯友，率先站了起來；段煨、馬騰、韋端自顧自說笑了幾句，也跟著站起來；王邑失魂落魄顫顫巍巍爬起來；楊彪、司馬防二老嗟歎一陣，互相攙扶著也站起來；郗慮就跟在曹操身後，想不站著也不行；外面那些人更不用說，金旋、韓玄等挑頭，一窩蜂都站了起來。

唯有兩人原地不動——丁沖早醉得不省人事，伏在案邊起了鼾聲；孔融也抱著酒甕酣睡在地，卻不知是真醉假醉。

董昭瞅都不瞅孔融一眼，高舉酒盞：「來！丞相弘德恩澤眾生，咱們恭祝丞相萬壽金安！」

丞相弘德恩澤眾生……恭祝丞相萬壽金安……

所有發自肺腑的、滿懷悽楚的、見風使舵的、無可無不可的祝願聲匯聚在一起，震得耳鼓隆隆屋瓦直顫。曹操傲視在場所有人，滿意地點了點頭，沉醉在甜美的頌揚中。

御史大夫

一場熱熱鬧鬧的宴會直到掌燈時分才散，莫看堂上重臣表面逢迎陪笑，內心卻充滿了憂懼和無奈，直到跨出曹府大門才放心舒口氣。都是宦海沉浮數十年的人，曹操想要幹什麼，大家心裡都明白，卻沒一個人敢站出來阻擋。維護漢室天下固然是許多人的理想，但事到如今權柄盡歸曹氏，他們毫無抗爭之力。但求和其光，同其塵，穩穩妥妥度過餘生，至於復興漢室天下的夢想——就讓它像落葉一般隨風而逝吧！

不過並非所有人都能安安穩穩度日，老司徒趙溫有幸全身而退，御史大夫郗慮卻被綁在了曹氏的馬車上。曹操廢黜三公復立丞相，這明擺著是要專擅朝權，但誰也沒想到，事到臨頭竟然又立了一個御史大夫，連郗慮本人事前都不知情。依照漢家舊制，御史大夫有權過問政務，監察百官，相當於副丞相。可郗慮當的這個御史大夫卻莫名其妙——既不能管理御史中丞、侍御史，也不允許開府建衙。不領御史中丞、侍御史就沒有監察之權，不能開府辟掾便無權干政，豈不是徒負虛名？

這頂飛來的官帽推不開甩不掉，給郗慮帶來了無盡煩惱。其他人不敢公然反對曹操還可以躲開，但郗慮躲都躲不了，職位所在只能遵從，僅僅這上任的第一天就把他折騰得夠嗆。相府飲宴曹操行酒，他作為副職也得時刻隨在丞相身邊，既不能冷漠疏遠也不能自我表現，生生陪著笑了一個晚上，臉都快笑抽筋了。當酒宴結束，他坐上回家的馬車時，已經累得一句話都說不出來了。

但這還不算完。馬車剛回到自家府門口，郗慮還沒下車，就見管家舉著燈火慌慌張張跑出來：「啟稟主人，有三位客人來訪，已候了您半個時辰了。」

郗慮滿肚子怨氣，正好拿他撒火：「誰允許你放他們進去的？老夫誰都不想見，把他們轟走！」

管家面有難色，湊過來低聲道：「是丞相府來的掾屬。」

「唔？」郗慮的邪火霎時無影無蹤——難道是曹操派來的？剛才明明還在一處，為什麼有事不直說，私下派人過來？

「您趕緊見見吧，這三人排場大得很，小的不讓他們進府還挨了個嘴巴……就算您、您……」管家沒敢往下說——就算您也未必招惹得起。

曹操如今已是丞相，府裡的家丁都有臉面，郗慮怎敢小覷？只得拖著疲憊的身軀下車，直奔客堂。這會兒已臨近亥時，院子裡早已漆黑一片，大堂上零星點著幾盞油燈，三個人影恍恍惚惚坐在几案邊。

「郗公，您可回來了。」有一人毫不客氣占著主位，操著陰陽怪氣的口音，「加官進位可喜可賀，我們給您道喜來了。」話雖這麼說，卻根本沒站起來，全無尊敬之意。

郗慮揉揉眼睛，借著微弱的燈光才看清。那人生得瘦小枯乾，一張狗舌頭似的長臉，鬥雞眉，母狗眼，尖嘴猴腮，乃是曹操手下校事盧洪。在他右手邊，有一人肥頭胖臉，體態臃腫，滿面笑容，正是另一位校事趙達。還有一人淨面長鬚正襟危坐，恭恭敬敬拱了拱手，是曹操府裡的「筆桿子」路粹路文蔚。

路粹還倒猶可，盧洪、趙達豈是良善之輩？夜貓子進宅無事不來，郗慮不禁打起寒戰，腿底下一哆嗦，這位官職僅次曹操的御史大夫差點兒給三個掾吏施以大禮。

趙達趕緊笑呵呵攙住：「喲！我們可擔不起您的禮，郗公請坐。」說罷朝門口揮了揮手，管家趕緊退了出去，並把門關上——趙達支使這府裡的僕人竟像支使自己家人一樣。

客人都坐到主位上了，主人就只能屈於客位。郗慮忐忑不安坐了：「三位夤夜前來有何賜教？」

「我們有件好事麻煩郗公。」趙達嘻皮笑臉，「文蔚兄，把那東西拿出來給郗公看看。」

路粹似乎瞧不起趙達，也沒搭理一聲，從懷裡掏出竹簡，直接遞到郗慮面前。郗慮也不知趙達所言「好事」是正話還是反話，迷迷糊糊接了，黑燈瞎火瞧不清楚，哈著腰湊到燈前，僅看了半句便大吃一驚——太中大夫孔融既伏其罪！

「孔文舉的定罪書？」郗慮一驚之下險些失手把竹簡燒著，趕緊牢牢攥住。

趙達笑道：「明公素與孔融不睦，朝堂之上屢次爭執，當今天子有意將其治罪正法，豈不是為您老出口惡氣？這還不算好事？」

郗慮當然知道他說的是瞎話，天子怎麼可能為難孔融，這份罪狀一看就是路粹炮製，必是曹操授意所為。郗慮雖與孔融不和，但從沒想過置其於死地，還真起了幾分憐憫之情，按捺著心神繼續看下去：

太中大夫孔融既伏其罪矣，然世人多采其虛名，少於核實，見融浮豔，好作變異，眩其誑詐，不復察其亂俗也。此州人說平原禰衡受傳融論，以為父母與人無親，譬若缻器，寄盛其中，又言若遭饑饉而父不肖，寧贍活餘人。融違天反道，敗倫亂理，雖肆市朝，猶恨其晚。更以此事列上，宣示諸軍將校屬，皆使聞見。

曹操把妄言亂群、敗壞綱常、違反天道的罪名強加在孔融頭上，這不僅是迫害，還是對其名士身分的玷汙。更令人毛骨悚然的是，這篇罪狀一開頭就寫著「孔融既伏其罪」，分明是準備在處死孔融之後對外明發的。一個人還歡蹦亂跳地活著，曹操卻為他「預備後事」，不但要讓其身敗，更要使其名裂，世間還有比這更歹毒的嗎？

「豈有此理！」素來溫文爾雅的郗慮突然暴怒，為自己的冤家辯護起來，「孔融乃當代名士，四海之內誰人不知？以捕風捉影之事妄加誅害，何以服眾？天理何在？良知何存？」說罷將罪狀狠狠摔在地上。

路粹雖是炮製者，但也是奉曹操之命而為，實屬被逼無奈，聽了郗慮的誅心之言，兀自垂頭不語。盧洪可不管那麼多，把母狗眼一瞪，說道：「大膽郗鴻豫！你還真拿自己當副丞相不成？我告訴你，殺你就跟碾死隻……」

「少安毋躁！少安毋躁！」趙達笑呵呵站起來，「盧兄著什麼急？郗公所言有理，拿這些雞毛蒜皮的事定罪確實是有些牽強。不過孔文舉昔日任北海相，是否與袁紹有勾結？孔融與張紘過從慎密，是否有暗通孫權之嫌？咱應該在大是大非上做文章嘛！」趙達邊說邊笑，笑容宛如陽春般和藹，但嘴上卻憑空捏造出兩條通敵賣國罪。

郗慮望著這個卑劣小人，氣得渾身直哆嗦：「你們……你們滾出去！」

「別急嘛！」趙達沉得住氣，「正經事還沒說吶！我剛才例舉的那兩條罪狀，這份教令上沒寫，那就有勞郗公上書指明嘍！」

「你……你什麼意思？」

盧洪冷森森道：「跟你直說了吧！這篇文章你也看到了，是事後明發的。但還得有人公開上書彈劾孔融，你來做這件事。」

「什麼？」郗慮不亞於五雷轟頂，一陣眩暈伏倒案邊——平心而論，郗慮確實討厭孔融，但只是性格不合意氣之爭，絕不至於害孔融一死。孔融嘻笑怒罵性情乖張，雖不拘小節，但大節無虧；郗慮卻是中規中矩的讀書人，對待曹操有些中庸。而且他倆一個是鴻儒門生，一個是聖賢之後，自視甚高難免相輕相賤。郗慮雖然借曹操之力壓制孔融，但這並不意味著不共戴天。相反的，郗慮承認孔融的才學和名望，倘若由自己動手扼殺這朵文壇奇葩，天下人將如何議論？

趙達見他伏在那裡不吭聲，又道：「郗公放心，不過就是上一道奏章，後面的事自會有人處置。」

「這、這是丞相的意思？」

盧洪一陣蹙眉：「你莫要攀扯丞相，此事與他無關。」

趙達也畫蛇添足道：「郗公提我家丞相做什麼？還是想想自己的職責吧！您可是御史大夫，彈劾不法、為國鋤奸是您職責所在，難道有錯嗎？」不能管御史中丞、侍御史，屠害忠良的事卻要他去做。

郗慮漸漸明白了，這個官不只是陪襯，還要替曹操剷除異己，替他害人，替他行凶，替他受世人唾罵。

「怎麼樣？郗公想好了沒有？」

「我不幹……」郗慮咬了咬牙，「我不是你們這等無恥鷹犬！」

「老東西，給臉不要臉！」盧洪揪住他衣領，張手就要打。

「住手！」趙達阻攔道：「刑不上大夫，何況毆打當今副丞相？」他陰笑著湊到郗慮耳畔，「郗公啊，您知道我們將如何處置孔融嗎？不但殺他本人，還要將他一門老小斬盡殺絕！人生在世吃喝玩樂何等歡愉？死了多可惜啊！就拿您說吧，您是鄭玄老夫子的得意門生，名聲遠播四海。聽說您家也是兒孫滿堂，婦賢子孝，若眨眼工夫這些人都沒了……」

郗慮驚愕地看著這個滿臉堆笑的無賴：「你想威脅我？」

「就算威脅，你能怎麼樣？」盧洪倒是直截了當，「你不幹我們再找別人，到時候要殺的就不是孔融一家，連你滿門老小算上！」

「我有何罪？」

「你與孔融也是一黨！」盧洪想都不想脫口而出。說郗慮與孔融一黨恐怕連傻子都不信，但強權者手握屠刀，說什麼就是什麼，哪有什麼道理和廉恥？

趙達還是那副和藹可親的模樣：「盧兄又孟浪了，何必為難郗公？人家自己會想明白的。趙彥、董承、王子服那些前車之鑑相去不遠，郗公是鄭玄的得意高足，難道還能甘受刑戮？若不幸真有那麼一天，非但郗公身死名滅，連鄭老夫子在九泉之下都不會太平。人家難免議論『鄭康成有眼無珠，教出禍滅滿門的學生來，想必他本人也不怎麼樣，必是個沽名釣譽，無真才實學之人。』您想是不是這個理？您還能忍心給妻兒老小招災惹禍？您還忍心給仙去的師傅臉上抹黑？」

郗慮依然在顫抖，但已不再是因為憤怒，而是恐懼。

「我們這也是為您好。」趙達振振有詞，「豈不聞晁錯、袁盎之事？他們倆原本也是意氣之爭，袁盎無意謀害晁錯，可晁錯卻要孝景帝殺袁盎，那袁盎只好先下手為強嘍！您與孔融也是這個理，您若是不動手滅他滿門，就會有人出手滅您的滿門，是他死還是您死，可要掂量清楚啊……」

「我要見丞相！」郗慮已是最後的掙扎，「我要找他問清楚！」

「您見不到丞相。」趙達搖著頭，「明天一早丞相就到軍中理事，曹仁、曹洪已暗中集結精銳，要給劉表一個突然襲擊。您以為他老人家醉了嗎？他清醒得很！」

「還廢什麼話啊？」盧洪不耐煩了，「老傢伙，你給句痛快話，幹還是不幹？你不當這個御史大夫，有人擠破腦袋搶著當！不幹可以，把命留下！」

郗慮被徹底擊垮了——自己一死也罷，滿門親眷何罪？九泉之下的恩師何過？他幽幽咽咽伏在那裡，隔了半晌才抽泣道：「我幹……我什麼都幹……嗚嗚嗚……」

「這不就結了！」盧洪心裡的石頭終於落了地，「假仁假義，倒教我們費事。」

趙達伸手相攙：「郗公莫悲，晚生還有幾句班門弄斧的話要說。《中庸》有云：『誠者，自成也。』這事既然您願意辦，就當發自內心誠心誠意將它辦好，絕不是別人授意而為。」郗慮豈會不懂這裡面的借刀殺人之意，只得以袖遮面抽泣著。趙達永遠掛著笑臉：「天色不早了，我們不擾您的好夢了。彈劾的細節咱們等丞相出兵以後再詳細商定，畢竟這件事與他老人家無關嘛！我等告辭，不惹您討厭了。」說罷推開大門，剛邁出一隻腳，又回過頭陰陽怪氣道：「您老別難過，千萬保重身體。您可與我們這等無恥鷹犬不同啊！呵呵呵……」

伴著夜貓子般的笑聲，趙達、盧洪揚長而去。路粹這半日一句話沒說，呆呆看著眼前發生的一切，想安慰郗慮幾句又不知如何開口，只得深深一揖也跟著去了。

郗慮哭哭啼啼癱坐在地，心痛如絞——孔文舉，你贏了！非但你看不起我，如今連我自己都看不起自己了。天啊！富則多事，壽則多辱！這是什麼世道？不但要迫害人，還要逼被迫害的人去迫害別人！這是禽獸魔鬼的世道啊！

第九章
劉表暴斃，荊州歸降曹操

劉琮納土

建安十三年七月，曹操依從荀彧之計，表面上在潁川布置于禁、張遼、張郃等七支軍隊，大造南下聲勢；暗地裡集結精銳，從小路祕密進發，兵出葉縣突襲宛城。這一擊猝不及防，劉表漢水以北的部署立刻大亂，僅僅半個月時間，南陽諸多縣城失守，曹軍排山倒海勢不可擋。

面對如此凶悍的進犯，襄陽方面非但沒有積極抵抗，反而陷入混亂——劉表身染沉屙臥床不起，聞聽變故病情愈烈，終於撒手人寰，終年六十七歲。

外有強敵，內喪其主，劉備、劉琦擁兵自重，襄陽群僚手足無措。竟陵太守蔡瑁、章陵太守蒯越出來主持大局，擁立劉表少子劉琮為荊州之主，這才穩住局面。喪事也得辦，不過情勢危急一切從簡，好在劉表原配夫人過世時已提前修好陵墓，陪葬器物也早置備妥當；劉琮率眾扶柩，開陵下葬，每人披件白袍子，象徵性在墳前哭兩聲，然後急急忙忙返回城中商議戰事對策。

偌大的幕府正堂站滿了人，除了領兵在外的部將，各級官吏都到齊了，每人一身喪服，放眼望去滿眼雪白。新任荊州牧劉琮方及弱冠，面龐清秀，稚氣未脫，甚至比同齡人更顯瘦小。雖然他躊躇滿志想接班，可大敵當前滿眼喪服，總覺得這是不祥之兆。好在繼母蔡氏垂簾在後，蒯越、蔡瑁兩大豪族首領一左一右，他心裡才不那麼忐忑。

「諸君……」劉琮頭一遭以主人身分向這麼多臣僚說話，還帶著幾分羞澀，「曹操侵犯甚疾，新野以北相繼失守，我父又於此時棄世，有何退敵良策速速道來。」

群僚一片沉默，連蒯越、蔡瑁都屏息無語。

劉琮略一皺眉，硬著頭皮又問：「家兄素有奪位之心，今在江夏手握兵馬，父親喪事甚急未及告知，我又做了荊州之主。倘若他提兵來爭，又當如何？」

群僚交頭接耳小聲嘀咕了幾句，還是沒人站出來獻策。蒯越眉頭擰成個大疙瘩，幾度想開口卻欲言又止，最終還是默默把頭低下了；蔡瑁則雙眼空洞一臉無奈，呆呆站在那裡。

「唉……」劉琮連連搖頭，「襄陽上下人才濟濟，難道就無一人能為我分憂嗎？」其實並非眾臣無力分憂，而是內憂外患情勢分明，人心已經變了。

「屬下願為主公分憂！」伊籍突然站了出來，「當務之急應速發哀書至江夏，曉之以理，動之以情，撫慰大公子之心，召劉備、文聘等部列兵漢水，再調江陵的糧草輜重犒賞三軍。主公親臨河畔激勵將士，主臣兄弟齊心協力，荊州尚能保全！」

劉琮隱約也有這種想法，只不似伊籍謀劃得周全，聞聽此言思路立刻清晰，伸手要拿令箭，卻聽一個渾厚的聲音嚷道：「萬萬不可！」劉琮抬頭觀看——說話的是東曹掾傅巽，涼州北地郡人，曾在朝廷任尚書，避難荊州被劉表辟用，在這鎮南將軍府也算頗具威望了。

「機伯之言差矣。」傅巽拱手作揖，「主公與令兄構怨多年，豈能須臾便解？」話一出口群僚無不附和：「是啊……言之有理……」

其實劉琮也覺有理——劉表病逝之前劉琦從江夏前來探望，戍守幕府的張允怕劉表臨終亂命改易繼承人，以江夏任重為藉口拒絕劉琦入見，將其逐出襄陽，害得劉琦連父親最後一面都沒見到。

如此積怨豈是三言兩語就能說開的？劉琮本性柔弱，叫傅巽問得又沒了主意：「依先生之意呢？」

傅巽捋了捋頷下的山羊鬍子，滿臉鄭重道：「屬下有一計，可使荊襄之民安如泰山，又可保全主公名爵。」

一旁的蒯越立時鬆了口氣——可算有人公開倡議了！

劉琮全沒品出「保全名爵」的含義，還問：「計將安出？」

傅巽深施一禮：「歸降曹操。」

「什麼！」劉琮畢竟受父親器重，滿心熱忱要據守荊襄，聞聽此言不禁怒火中燒，「先生何出此言？我與諸君據荊楚之地，守先父之業以觀天下，有何不可？如今我父屍骨未寒，焉能棄祖業不顧，將荊州拱手獻於他人？」他越說越氣，白皙的臉龐憋得通紅，伸手抄起令箭，「你既欺我年少，我且拿主意給你看看！家兄之事暫且不提，先召劉備前來共商禦敵之策！」

話音未落，又聽簾後的蔡夫人啼哭道：「傻孩子，劉玄德與你兄長是同謀，久欲爭你之位。若召其前來，他與劉琦串通一氣奪取襄陽，豈有咱們母子容身之地？」

這話雖然聲音不大，劉琮聽來卻如冷水澆頭，手指略一顫，令箭「咚」的一聲掉落在地。傅巽本已提心吊膽，見此情形似又有轉機，趕緊接著說：「主公息怒……自古逆順有大體，強弱有定勢。曹操奉天子以征四海，未為出師無名；況以北土之眾加於荊楚，如泰山壓頂，以人臣而拒人主，是為逆時。以新興之楚而禦國家，其勢必不能擋；以常敗之劉備以抗曹操，亦不能勝。此三者皆短，抗拒不降乃必亡之道！」

「可是……可是……」劉琮方寸已亂，滿心不願卻不知如何辯駁。

正在這時又有人道：「屬下有一言斗膽相問主公，未知可否？」眾人側目觀瞧，說話之人年紀輕輕身材矮小，體態瘦削面色雪白，舉手如倩女悠然，投足似風擺楊柳，一臉書卷氣，比劉琮更文弱。但人不可貌相，此位姓王名粲字仲宣，也是山陽高平縣人，他乃先朝三公王暢之孫、何進府長史王謙之子，總角之時求學蔡邕，十七歲便受辟公府，吟詩作賦出口成章，文人墨客無不欽佩。

「仲宣但言無妨。」劉琮平日常與他坐談文章，關係不錯，這會兒見他主動開口，自然是喜出望外。

王粲深深一揖：「敢問主公自度比曹操如何？」

劉琮倒也實事求是：「我方繼父業，怎比得了曹操。」

王粲又問：「那主公自料比劉備如何？」

劉琮想了想，劉備畢竟領兵多年，只得承認：「亦不如。」

「然也。」王粲口風一轉，「主公請想，若劉備不足以禦曹，則荊州失矣；若劉備之才足以禦曹，則必不肯屈於將軍之下也。屬下為主公慮之，當前……唯有一降。」

劉琮聽得目瞪口呆。王粲信步走到大堂中央，朗朗陳詞：「昔天下大亂豪傑並起，倉促之際強弱未分，故家家欲為帝王，人人欲為公侯。而今大勢已顯，勝負已決，主公唯有見機行事，才可保全恆福。竊以為曹孟德亦人傑也，雄略冠時，智謀出世，擒呂布於下邳，摧袁氏於官渡，驅孫權於江外，破烏丸於白登，用兵如神不可勝計。」說著話他一撩衣襟跪倒在地，「屬下遭逢離亂託命此州，蒙主公父子厚待敢不盡言？主公若捲甲倒戈應天順人，曹公必當以厚德相待，保全宗族長享福祚，此萬全之策也！」

堂上眾人暗暗喝彩——不愧是個才子，勸降都能勸得這麼雅！群僚跪倒一大片，跟著附和：「保全宗族長享福祚，此萬全之策……」

「你們……我父子何曾虧待你們？」劉琮急得快哭出來了。

蒯越見火候差不多，前跨一步低聲道：「傅公悌、王仲宣所言不虛。先主在世之日素以保境安民為要，天下動亂已久，若主公能徹底平息干戈，百姓也會感念恩情。請主公放心，蒯某人既受先主之託，必當在曹公面前竭力進言，就是拚了老命，也會確保您母子周全……」說到這兒眼裡已噙著淚花。

劉琮見託孤重臣都這麼說，心裡涼了半截，可又一想，還有手握兵馬的舅舅，只要舅舅為自己撐腰，這些人肯定會服；想至此趕緊回頭——哪知蔡瑁已不見蹤影。

張允見劉琮舉目四顧，忙道：「主公別找了。蔡公原本有恙，強打精神操勞喪事，剛才又覺身體不適，已經回府了。」

這態度還不夠明確嗎？劉琮的心徹底冷了，回頭瞧瞧簾內的繼母——方才那點精明勁也沒了，咿咿呀呀就知道哭。再遍視堂上這些文臣，有的作揖，有的磕頭，有的痛哭，反正一口一個「降」字。唯有伊籍滿臉憤慨，惜乎資歷平平手中無權，急得直跺腳。

劉琮的眼淚終於落下來，他明白了——娘不是親娘，舅不是親舅，豪強大族想自保，避難之士想北歸，曹操不可敵，劉備不可靠，親哥哥都要跟自己玩命。費勁爭來的原來是燙屁股的位子。所有人都是事先串通好的，唯獨自己才是外人，煢煢孑立，形單影隻。

「既然如此……也只好如此了……」劉琮語無倫次地咕噥了一句，踉踉蹌蹌回轉後堂了；後面還有個庶出的小弟劉修，哥倆抱著哭去吧！

劉琮一走，哀號的群僚馬上止住悲聲，說話也自由多了，有人甚至馬上露出欣欣然的表情。蒯越按捺住悲涼的心情，重重歎了口氣，但也馬上又意識到投降沒這麼容易。劉備近在樊城，眾將分散在外，局勢還不穩定。他趕緊搶至帥案前抽出支令箭拋給張允：「速速關閉所有城門，沒有我的命令不准任何人擅自離開。」

張允道：「蔡公家在城外，這會兒可能已經出去了。」

「蔡大人無礙，其他人不准放行，幕府諸事一律保密。誰敢走漏消息我要他性命！」說這話時蒯越別有用心地瞥了一眼伊籍。接著又拿第二支令，「鄧義聽令。」

「在！」治中從事鄧義出列。

「我命你持鎮南將軍之節，速往南陽向曹操請降。你不要多帶從人，走偏僻小路繞道涉水，千萬不可暴露行蹤。」

「諾。」鄧義趕緊去做準備。

「傅巽、王粲聽令！」

「在。」

「你二人布置文書，祕密調襄陽附近各部將軍進城……劉備除外。」蒯越知道劉備精明，若調他回來必定猜到投降，要是他不肯過來反與劉琦串通一氣，立時禍起蕭牆，所以得瞞住劉備。

傅巽有疑慮：「大公子那邊怎麼辦？他還不知先主過世。」

蒯越早有算計：「可將先主成武侯的印璽送給他以安其心，暫且不提投降之事。」其實他也想把劉表過世之事對劉備隱瞞，但劉備駐軍的樊城與襄陽近在咫尺，出喪這麼大動靜，想瞞也瞞不住，只能在投降之事上做文章。

「是。」傅巽、王粲也去了。

蒯越又抽出支令箭，這次卻不似剛才那麼果斷，想了半晌又慢慢插回箭壺，抬頭問：「宋仲子先生來了嗎？」

「屬下在。」一位年近六旬的長鬚文士從人群中擠出來。

宋仲子名宋衷，是荊州大儒，曾校注《周易》、《法言》，修撰《五經章句》，他的許多門生都在州中供職，還有人自蜀中千里迢迢跑來求學。劉表雖任命他為從事，卻是為了自抬身價，從不勞他辦事。

「宋先生，有件事想請您辛苦一趟，但可能會有危險。不知您是否願往？」蒯越十分客氣。

「異度何必客套，上支下派理所應當。」

「好。」蒯越拉住宋衷手腕，「咱到後堂去，我詳細告訴您。」

蒯越這一走，剩下的人更無所顧忌了，降曹已成擺上桌面的話，甚至有人把喪服都脫了，開始討論曹操會給他們什麼官，在襄陽的產業該如何安排。頓足捶胸已變喜笑顏開，痛哭流涕化作彈冠相慶……

劉備南逃

劉備駐軍的樊城位於漢水北岸，是南陽郡鄧縣轄下的一座小城，但此城與襄陽隔水相峙，是拱衛荊州核心的軍事要地。而劉琦駐軍的江夏雖然離襄陽較遠，但處於漢水、長江交匯處，是防衛孫權的衝要所在。這兩處一個在北，一個在東，但有了漢水就能聯為一體，無論哪邊出現危機，另一邊都可以憑藉水路及時增援。

不過凡事有利就有弊，如果樊城與江夏的守軍立場轉變，也可以兩路配合威脅襄陽。所以諸葛亮為劉琦獻計出鎮江夏之後，劉備也很適時地提出移駐樊城。這樣對外而言便於防禦曹操、孫權，對內也是因為劉表命不長久，一旦他撒手歸天，劉備可以打著幫劉琦爭位的旗號雙管齊下爭奪襄陽，進而反客為主控制荊州，實現諸葛亮所謂「跨有益荊，保其岩阻」這一設想的第一步。所以從表面上看，劉備主動棲於劉表監視之下，實際卻大有玄機。但他萬沒想到，最糟的情況出現了——曹操南侵，劉表猝死，遠慮近憂同時發生。

曹操的奇襲打亂了南陽部署，緊接著，潁川七軍也跟著大舉進犯。堵陽失守，博望失守，西鄂失守，宛城被圍……不利的戰報接連不斷傳至樊城，大批難民似洪水般湧來。襄陽方面，蔡瑁、蒯越已將劉表下葬，擁立劉琮繼任鎮南將軍、荊州牧，分給劉琦的只有一個成武侯的空頭銜；劉琦聞訊大怒，擲印於地，點齊人馬要與兄弟拚命，但還沒離開西陵就接到奏報，曹操別部已逼近江夏郡界，劉琦自顧不暇只能作罷。

劉備陷入兩難的抉擇——北上救援難度很大，南陽兵敗如山倒的態勢已經出現，而且也沒接到劉琮的指示。若撕破臉面南下奪襄陽，沒有劉琦配合，自己這一萬多兵很難成功；就算僥倖拿下城池，來得及穩定人心，抗拒曹操嗎？劉備與諸葛亮商議良久，得出一個結論：當前唯一出路只有與劉琮、劉琦團結起來，以漢水為屏障阻擋曹操。若不把外敵遏制住，誰的日子也好過不了。

劉備立刻行動，一方面遷移新野的士兵、百姓到樊城，準備憑水戍守；另一方面給劉琮寫信，進獻禦敵之策；又派徐庶去把屬下家眷接到軍中，防止被曹軍虜獲。可發往襄陽的書信如同石沉大海，劉琮沒有絲毫反應，大敵當前也不知荊州眾臣忙些什麼，竟對惡化的局面置若罔聞。他左盼右盼終於盼來了宋衷，但帶來的並非禦敵命令，而是塌天噩耗——劉琮已暗中降曹，命劉備解除防衛準備繳械。

普天之下任何人都可以降曹，唯獨劉備不能。他當年在徐州舉兵叛曹，又參與了「玉帶詔」之事，若再落到曹操手中，焉有活命之理？劉備聞聽此訊猶如五雷轟頂，愣了片刻繼而暴跳如雷，指著宋衷鼻子吼道：「你等豈能如此行事？既有降意就當速告我知，如今大禍臨頭才告訴我，你們安的什麼心啊！」

宋衷眼裡的劉備素來是風度翩翩舉止瀟灑，哪見過他如此暴怒的一面？哆哆嗦嗦道：「還請玄德公體諒。主公和蒯異度命我轉告您，他們會替您在曹公面前美言，一定……」

「住口！」劉備不容他說下去，「叫我降曹？還不如乾脆斬了我，把腦袋給曹賊送去！」

宋衷見他鬚髮皆張，額頭的青筋都迸起來了，嚇得連連後退，一不留神摔了個仰面朝天。

劉備兀自不饒，從親兵手中搶過把佩刀，躥過去攥住宋衷衣領，將刀壓在他脖子上：「宋衷啊宋衷，你分明是來給我『送終』的！我先殺了你，然後再跟曹軍拚命！」

宋衷一介文人，驚得魂飛魄散，躺在地上體似篩糠：「將軍不可！將軍饒命！此乃蒯異度所謀，與我無干吶！」

諸葛亮就在旁邊站著，一見劉備要殺宋衷，趕緊勸道：「刀下留……」話未說完，只見刀光頓閃，喀嚓一聲剁了下去。

宋衷慘叫一聲把眼一閉，卻未感到絲毫痛楚，睜眼再看——原來刀尖擦過自己耳根子，插在地上。

劉備生氣歸生氣，心裡卻不糊塗，起身喘了口粗氣：「殺了你也難消心頭之恨。似你這等賣主求榮、貪生怕死之輩，我還嫌你髒了我的刀呢！滾！」

「謝將軍不殺之恩……」宋衷也顧不名士做派了，連滾帶爬往外跑。到了外面顫顫巍巍半天才跨上馬，也不管手下隨從，抖動韁繩飛一般逃出樊城。

劉備氣沖沖往榻上一坐：「事到臨頭才說話，還不如不告訴我，獨抗曹賊壯烈戰死也比這滋味好！」

諸葛亮已想清楚：「說早了恐咱兵犯襄陽，說晚了又怕咱與曹軍衝突，得罪曹操他們日後不好交代。派宋衷來報訊，就是算準了咱們不敢殺害賢士。這都是謀劃好的。」

「蒯異度老奸巨猾！」劉備恨得咬牙切齒。

「咱們不能坐以待斃。」諸葛亮二目炯炯表情凝重，「樊城乃彈丸之地，又孤懸漢水以北，曹軍一到必敗無疑，得儘快轉移！」

「先生真給我面子，什麼轉移？不就是逃命嘛！」劉備半生奔忙，遭打擊也習慣了，忿恨了片刻又已坦然，「把大家召集起來商量一下，看看還能往哪兒逃。」

不一會兒工夫，關羽、張飛、趙雲、陳到、糜芳等將與諸葛亮、劉琰、糜竺、孫乾、簡雍等謀士齊聚一室，生死關頭但求同心同德，劉備甚至允許魏延、薛永、士仁等下級軍官也參加會晤，還包括他前些年認的一個義子劉封。經過緊急商議，出現兩種意見。

劉琦占據江夏之地，麾下水陸兵馬一萬有餘，而且他已經與劉琮決裂，為今之計可以順漢水東撤夏口，與劉琦兵合一處共禦曹操。去那裡的最大好處是便捷，走水路也安全，即便曹操趕到樊城，沒有船也追之不及。

另一個地方是長江沿岸的江陵。荊州的輜重糧草大多屯在那裡，而且泊有不少戰船。如果能占據江陵搶到物資，不但能武裝更多軍隊，還可切斷南北荊州的聯繫，扼制曹操的勢頭。但好處越大風險越大，從樊城南下江陵要走五百里，這一路盡是沼澤、山嶽、河汊。劉備的部隊不多，算上剛從新野轉移來的也還不到兩萬。倘若曹操聞知消息追擊於後，情勢萬分凶險。

又是兩難抉擇，劉備決定取其後者：「無論江夏、江陵都是權宜之計，即便順利達到也僅是逃得活命，如何抗拒曹操才是癥結所在。江夏畢竟在劉琦手中，咱們去了不過兵合一處；若為日後抗曹著想，拿下江陵便多一分實力。再說南下渡河先過襄陽，倘能見到劉琮勸其回心轉意，趁曹操大意之時予以突襲也可扭轉局面。」其實他自己都覺這想法有點兒天真，但事到如今再渺茫的機會也要嘗試。

商議妥當馬上行動，樊城所有兵馬立即開拔，將士們亂亂烘烘還未及登船，徐庶回來了，不但帶來了眾將家眷，還有一群自願相隨的百姓。劉備忽然意識到一個問題——軍中夾雜的百姓太多了。他們有自願投軍保衛家鄉的，但更多是南陽逃難而來，闔家帶口要遠奔江陵，帶著這些人怎麼快得了？

果然，渡河伊始就出問題了。本來關羽統領的船隻就不多，士兵和輜重尚要往返數次才能渡完，現在又添了這麼多百姓。有些人逃難恨不得連房子都搬走，米缸、鋪蓋捲、頂門杠，亂七八糟什麼都有，孩子哭大人鬧，漢水兩岸吵吵嚷嚷人聲鼎沸。劉琰陪劉備先行渡河，看著混亂景象，不禁焦急道：「如此磨磨蹭蹭，何日能到江陵？咱們不能帶百姓走！」

劉備心下矛盾——帶著百姓有利有弊，到江陵後要武裝更多軍隊，難民就是最便利的兵源；可這些難民良莠不齊，老弱婦孺不但打不了仗，還會拖累隊伍。可這一時半會兒哪能分得清楚？他思慮半晌，最後決定：「先把他們渡過漢水，願意跟咱走的帶著，不願意的留在襄陽，我也算仁至義盡了。」

眾將及家眷渡完河，劉備不再等候，留下關羽繼續轉運百姓，自己率領兩千精兵奔至襄陽城下。但見四門緊閉吊橋高懸，城頭甲士密布，旌旗招展，強弓硬弩預備妥當。宋衷一回來，這邊就做好準備了。

劉備見此情景甚是寒心——一則為自己謀劃不周未能奪取襄陽；二來倒也為劉表叫屈，機關算盡防人一世，想不到屍骨未寒，蒯蔡就拿他地盤送了人情。局勢未明，劉備不敢貿然靠前，提了口氣放聲喊道：「城上兄弟替我稟報一聲，末將劉備求見鎮南將軍！」

話音剛落就見門樓上閃出一員小將，氣勢洶洶耀武揚威：「大耳賊！你死到臨頭，難道還想賺取襄陽嗎？」

劉備認出是張允，知他是蒯蔡一黨，恨得牙根癢癢卻不能翻臉，強壓怒火道：「張將軍莫要誤會，我有一言需上達主公。」

張允一陣冷笑：「你反覆無常妖言惑眾，休想再見我家主公！識相的話趕緊走吧！」

劉備聽他坦言「我家主公」，儼然已不把自己當荊州之將，怒氣已頂到了嗓子眼，打馬揚鞭來到護城河邊：「姓張的！你若疑我欲奪襄陽，何不放箭射我？我有幾句肺腑之言要告知主公，這不單是為了我自己，也是為了荊州上下所有軍民百姓！」

張允色厲內荏，被劉備大義凜然的氣魄震住了，竟不敢傳令放箭，猶猶豫豫道：「你、你到底想說什麼？」

魏延、劉封等小將唯恐城上突施暗算，趕緊領兵湧過來，把劉備護在垓心。劉備朝上嚷道：「昔日劉荊州單騎赴任，誅蘇代、殺貝羽、抗袁術、戰曹操，收納避難賢才，厚待豪傑之士，殫精竭慮受盡辛勞才打下這片基業。你等身受託國之任，當此危難之際，該齊心協力共禦外敵，豈能背信棄義獻家邦於他人？」劉備雖然幾易其主，畢竟生性桀驁胸懷壯志，這幾句乃是由衷之言，故而慷慨激昂情真意切，「若以末將之意，當請主公與大公子重歸於好，兄弟合力共據江沔，咱們這些將領身先士卒竭力而戰，荊州還可保全。敵人遠道而來必不能久，若能東結孫權，西聯劉璋，豪傑之兵齊會荊楚共擊曹賊，天下之事尚未可知也！如此不戰而降，何顏面對故去先主，何顏面對三軍將士，又何顏面對荊襄九郡的父老鄉親……」

城上士卒也都是荊州人，這些天變故甚多，他們也預感到有事兒，但只是遵令而行並不多問，直到現在才明白張允這夥人原來要降曹，立時亂烘烘議論開了。張允眼見軍心不穩，不敢讓劉備再講下去，喝止道：「住口！曹操乃是當朝丞相，代天子征四方，降之未為不正。你本曹營叛將，自知不保，顛倒是非蠱惑人心！速速給我離開，再要多言，本將軍不客氣了！」

劉備罵道：「豎子不足與謀。我要見少主！」

「主公豈能見你？」張允大吼道：「我念在同僚之情才放你走，若再不走我便放開吊橋出城一戰，到時候你想走都走不了！」其實這是威嚇之語，城中是有些兵馬，他卻不敢出來爭鬥——只因調將密令發出後，有幾路將校拒不服從，其中文聘擁兵數千，就屯駐在襄陽東北十餘里外，音訊不通未知敵友，倘與劉備串通一氣，趁兩軍交戰之際襲入城內，立時禍不可解。哪敢隨便開門？

正在這時又聞人聲鼎沸，渡過漢水的百姓一窩蜂湧到護城河邊，男女老少嚷著：「快開城門啊……放我們進去……曹兵就快殺來了……」他們還不知劉琮降曹，以為襄陽可以躲避曹軍呢！

「安靜！安靜！」張允扯著嗓門嚷了幾聲，卻被淹沒在一片混亂中；再抬眼瞭望，難民越聚越多，黑壓壓看不到邊，都朝城邊湧來，有的跪倒在地哀哀懇求，有的朝上喝罵嚷著開門。張允已六神無主，倉促間胡亂傳令：「放箭！快放箭！」士兵猶豫了一陣，還是不敢違命——梆子響起亂箭齊發，飛蝗般的箭雨頃刻而下，朝著無辜平民射去。

百姓一陣大亂，有的被射死，有的四散奔逃，還有不少正往前擠，糊裡糊塗被衝倒在地，自相踐踏死傷一片，哀號之聲響徹連天，情狀慘不可言。就連劉備等人都被人潮捲了進去，推搡半天才站住腳，再看左右百姓散了一大半，只有少數精壯的漢子還硬挺在他身邊。張允眼見射箭有效，又要傳第二道令，忽聞身後一聲斷喝：「住手！」張允回頭一看，原來是蒯越，頓時把心放回了肚子裡。

蒯越來到牆邊拱手施禮：「玄德公，別來無恙。」蒯氏在荊州素有賢名，百姓依稀識得，見他出現在城樓，嘈雜的聲音漸漸安息下來。

劉備心頭雖恨，卻不好失了禮儀，也客套道：「原來是蒯大人，末將要見少主。」

「正是主公派我來的。」蒯越手撚鬚髯，「主公命我轉告您，天下荒亂已久，生靈身在水火，請玄德公以蒼生為念，早息干戈歸順天命，以免黎民百姓再遭塗炭。只要您肯解甲歸降，曹公那裡自有我們替您美言，一定能保將軍性命無礙。」這便是寧與外敵，不與家奴，曹操來了尚可保全富貴，倘若劉備掌權，蒯蔡之流欲求富家翁而不得。

劉備見他娓娓道來不疾不徐，心裡涼透了——看來劉琮君臣已有共識，降曹之事無可挽回，只有繼續南逃了。想至此要說兩句場面話帶兵離開，卻聽身邊百姓朝上喊道：「蒯公救救我等！曹兵要來了，快開城門！」這些草民既不知劉琮降曹，也不明白為何不開城門，滿心以為劉備、劉琮是一回事，只想儘快逃到安全之地。

蒯越不禁蹙眉，提高嗓門道：「少安毋躁！諸位父老鄉親，不要驚慌。主公已決定歸順許都朝廷，請大家回轉家鄉各安己業。回不去的暫且坐在原地，待劉將軍走後，我會打開城門放你們進來……」

他話未說完，下面有人問道：「歸順什麼朝廷？哪來的朝廷？」劉表治荊襄二十載，不啻為土皇帝，從不向百姓宣揚許都之政，許多人都不曉得天下尚有朝廷。

蒯越耐心解釋：「朝廷……就是曹丞相！曹公！」見城下還是一片懵懂，索性直言：「就是曹操！」

「曹操」二字出口，下面又一陣大亂——荊州素來與北方為敵，所屬官吏也誣曹操為賊，說他屠戮百姓暴行累累；現在猛然又要歸順曹操，這個彎轉得太急太快，百姓豈能接受？

有人哀號道：「不能降曹，聽說此賊最好屠城，把徐州百姓都殺光了，還在官渡活埋了七十萬人，蒯公降曹難道不顧我們死活嗎？」曹操是在徐州屠過城，但事出有因，也不至於都殺光；官渡坑殺袁軍其實是七萬，怎麼可能是七十萬？多年來荊州官員向百姓灌輸的都是曹操如何恐怖，再加上以訛傳訛道聽塗說，才出現那麼大差距。

還有個老漢嚷著：「萬萬不可降曹，他治下百姓都要交五成以上重賦，我一把年紀了，寧死也不受那罪！」所謂交五成以上重賦其實是指屯民，與擁有戶籍的普通農戶無關。但曹操的屯田區都在豫州和淮南，所以荊州百姓就近看到的都是五成以上賦稅，也就想當然認為這是一貫之法。至於冀州僅收四升田賦，他們卻根本不知道。

屠殺無辜，苛政重賦，這兩條理由一喊出，百姓立時群起響應，吵吵嚷嚷如同水開了鍋：「你們這些當官的管不管我們窮人死活？」「不能降曹啊，咱們快逃吧！」「襄陽不能進了，咱跟著劉將軍走吧！」「老天開眼，可憐可憐我們窮人吧……」

其實所有人各安其家靜候改旗易幟，什麼錯差都不會發生，曹操豈能無故害人？饒是蒯越滿腹良謀，面對激憤的百姓也解釋不清了，嗓子都喊啞了，急得汗流浹背。就在這時又聽「轟隆」一聲巨響——襄陽吊橋落下，城門打開了。

「有人殺關落鎖！」蒯越渾身的血彷彿被抽乾了，要是劉備趁亂殺進來就危險了，此刻也顧不上黎民死活，「放箭！速速放箭！」張允更不敢怠慢，匆忙下城調兵。所幸圍在外面的大多是百姓，聞聽放箭頂著東西四下亂竄，沒人敢往城裡闖。劉備也嚇了一跳，帶著親兵撥馬便逃——他還以為城裡發兵來打他呢！

這一變故事出突然，城上城下全亂了。劉備跑了一陣，忽聽背後有個熟悉的聲音叫自己，回頭觀看，衝出城來的不是守城軍兵，而是一支雜兵——有布衣百姓，有頭戴武弁的士人，還有皂吏雜役；為首之人身披鎧甲，手持佩劍，正是荊州從事伊籍。

劉備立刻勒馬，伊籍奔到近前，也顧不上施禮了，氣喘噓噓道：「劉荊州既死，在下從今往後就追隨您啦！望玄德公收留！」

「好！好！」劉備沒想到這時還有人投奔自己，激動不已。

「不光是我，」伊籍指指身後人群，「他們都願意追隨您。」

伊籍堅決反對降曹，卻拗不過蒯越等人，又被困在城中逃不出。他便私下串聯了一幫官職較低的從事雜吏，準備殺出城去，無奈防備森嚴不能得手。今日劉備帶著百姓在外喊嚷，城內也人心惶惶，伊籍趁此良機殺死守門士兵，放落吊橋逃出來。他這一逃，不少寒族官吏、少壯將佐、冗從雜役也跟著跑了出來——這些人與降曹派大不相同，或是受豪族排擠心懷不滿，或是年輕氣盛野心勃勃，或是想建功立業改換門庭，大半是原本不得志想趁亂賭一把的人。

劉備望著源源不斷湧出的人流，精神為之一振，身邊劉封、魏延等人道：「襄陽已亂，何不發動人馬奪取此城？」

劉備搖了搖頭：「劉荊州臨終託我以遺孤，安能背信棄義奪他父子城池？咱們還是走吧！」話說得漂亮，其實他並非不想而是不能。且不論蒯蔡兩家尚有兵馬，即便僥倖拿下襄陽，又如何抵禦接踵而至的曹操？

襄陽守軍慌了一陣漸漸沉住氣。張允領兵來到城門下，連殺數十人才止住出逃的洪流，卻不敢追擊劉備、伊籍，倉皇退回城中，二次閉門扯起吊橋——一場動亂總算平息，蒯越伏在城頭大口喘息，真有劫後餘生之感。

喧鬧慢慢散去，只剩下一片百姓屍骸，家什雜物丟得滿地都是，護城河已被鮮血染紅。劉備遙望城樓歎了口氣，又高聲喊道：「蒯越、張允！你等挾持少主，賣國求榮，殘害無辜，我劉備絕不與你們同流合汙！只要我還有三寸氣在，定與曹賊周旋到底！」扔下這兩句漂亮話，便領著伊籍等人向東撤去，與渡江的大部隊匯合。

這一路到處是逃散的百姓，還有不少身受重傷伏地不起，嗚嗚的哭聲綿延不絕，鬧得人心情沉悶。劉備唉聲歎氣行了一陣，抬頭觀望——前方山嶺間顯出一陵，高有一丈七尺，占地約有一畝，封土前的墓碑還是新立的，正是劉表之墓。

劉表雖胸無大略，但在荊州這些年也算寬政愛民，故而百姓還很懷念他，如今「曹賊」要來接管荊州，受了委屈的百姓紛紛跑來哭訴。諸葛亮、張飛集結好軍隊，趙雲、陳到護衛著家眷，已在此等候多時，見劉備到來趕忙催他啟程。劉備卻搖搖頭，下馬踱至劉表陵前，深深拜了一拜——說來也奇怪，劉表在世時劉備未曾覺他有多英明，甚至還想奪他的地盤；可等他死了，才知原來他是庇護自己的參天大樹，只有他在，荊州才不至於落入曹操之手。

連劉備自己都搞不清，究竟是動了真情，還是受了委屈，竟落了幾滴眼淚，難過了好久才轉身上馬，可再想走卻走不了了。

四面八方的百姓都朝這邊聚攏來，把劉備等人圍了個嚴實，有人跪倒在地連連磕頭：「將軍行行好，帶我們一起走吧……」他們畏懼曹操，拿劉備當了救世主。有一個出來說話的，其他人也跟著回應，轉眼間漫山遍野跪倒一大片，幾乎所有人都想跟著劉備逃命。彷彿只有跟著劉備才能逃脫劫數，有的人上前抓住劉備、諸葛亮等人的韁繩，像抓住救命稻草一般不撒手。

哀求聲、痛哭聲、讚揚聲不絕於耳，劉備心中喜憂參半——喜的是輾轉半生從未有這麼多人願意追隨自己，百姓加入乃是人心所向，抗曹大有所為。憂的是這些百姓良莠不齊，老幼婦孺占了一半，還帶著許多家什牲口，豈不拖累行軍？

徐庶婉言勸開身邊兩個百姓，對劉備耳語道：「為今之計宜速行保江陵，今雖擁大眾披甲者少，若曹操兵至何以據之？不能帶這些百姓走。」

劉備沒有回答，兀自環顧百姓，望著那一雙雙渴求的眼睛，只覺胸中已被豪氣填滿，霎時迸發起一陣英雄情懷，正義凜然大聲喊道：「既然荊襄百姓不棄劉備，備安忍棄你們於不顧？大家收拾東西都跟我走！」

「多謝將軍大恩……」老百姓齊聲呼喚，牽牲口的牽牲口，套車的套車，背包袱的背包袱，所有人都以為找到了救星，殊不知已踏上一條更為凶險之路。

徐庶連連叫苦：「主公誤事矣！」

劉備卻一臉決然：「夫濟大事者以人為本，今人歸我，我何忍棄去！曹操挾天子、滅袁紹占盡天時，我唯有以人和而抗之。」

徐庶被這大道理駁得啞口無言，諸葛亮也滿面憂慮：「主公顛沛險難不失信義，可欽可敬。不過……不過……唉……」劉備把調子定得那麼高，面對這麼多百姓也不能出爾反爾，事已至此說什麼都沒用了。

不過劉備還留了個心眼，湊到二人身旁低聲吩咐：「我也知此去凶險，可叫關羽督率船隻，領那一萬水軍先往江夏，設法調劉琦麾下所有船隻都到漢水沿岸接應咱們。能逃到江陵固然最好，若行軍緩慢曹軍將至，咱就轉而登船改奔江夏，也可逃得一時。你們祕密去辦，不要走漏風聲。」說罷他提口氣，強做輕鬆之態，融入百姓之中安慰老幼去了。

諸葛亮、徐庶還是憂心忡忡——即便有此準備也難保萬無一失，數萬軍民蜿蜒於途，還有家眷車輛和糧草輜重，萬一敵人突然追到，連抵抗的能力都沒有，將是滅頂之災。這簡直是一場賭博！

襄陽易主

該走的走了，該來的也來了。建安十三年九月，曹操親率的先鋒部隊涉過漢水，抵達襄陽城下。雖然嘴上天天喊著荊襄之地不戰而定，但是當劉琮真的遣使投降之時，曹操卻有點兒不敢相信。在他看來至少也要兵至漢水，擺出雄偉陣勢，荊州群臣才會考慮投降。所以當曹操得知劉表已死、劉琮請降的消息後，第一反應竟然是找曾在荊州寄居的婁圭，詢問真偽。婁圭笑他多慮：「天下擾攘，各貪王命以自重，劉表父子素以名流自居，更看重這一套。如今他把白旄使節送來，必是誠心歸降，還有什麼不放心的？」曹操這才相信荊州果真投降，也從而得出個結論——天下歸一的大趨勢已不可逆轉，以後的戰事比預想的更容易。

曾經被劉表視為畢生榮耀的襄陽城四門大開，毫不設防地暴露在曹軍面前，所有士兵都已放下武器出屯城外。章陵太守蒯越、治中從事鄧羲帶領闔城官員出來迎接，所有人都已脫去孝服換上新衣，笑容可掬地朝拜新主人。他們如此興奮，如此虔誠，彷彿自己本來就該是曹操的人，早把屍骨未寒的劉表忘得乾乾淨淨。唯有劉琮、劉修兄弟欲哭無淚地跪在道邊，手捧著荊州牧、鎮南將軍的印綬，等待著命運的判決。

曹操騎在馬上傲視著一切，儼然一副舍我其誰的架勢，只是揮揮手示意主簿溫恢把印璽收了，便帶領部下打馬揚鞭奔向城門。可當他奔到迎接的人群邊，忽然勒韁下馬，攙起一位鬚髮蒼蒼的官吏：「哈哈！不喜得荊州，喜得異度耳！」

蒯越頗感意外：「時隔二十餘年，丞相還認得我？」

曹操抓住他手，很是親近：「當年何進幕府的西曹掾，故舊之人焉能忘了？」荀攸、許攸、樓圭也紛紛下馬，一口一個「蒯西曹」，叫得格外親切。

蒯越眼見都是老熟人，分外感慨——想當年他在幕府當西曹掾，府內人事調度皆經他手，那時天下名士聽之委任，何等風光？現如今人家身居高位，自己卻成了「賣主求榮」之徒，又何等慘然？想至此連連搖頭：「慚愧慚愧……」

「何愧之有？你是老夫的功臣，若非你居中調度，荊襄之地豈能唾手而得？」

事實確是如此，劉表新喪人心不穩，劉備、劉琦擁兵虎視，雖欲奉土降敵也非易事。曹操這話本是出於一片善意，可蒯越聽來卻帶著幾分苦澀：「慚愧慚愧……」除了這兩個字，他還能說什麼呢？

「德珪何在？」曹操最想見的還是蔡瑁。

蒯越更顯尷尬，閃爍其詞道：「德珪身體欠佳，這些天一直在家休養，未能迎接丞相，還請見諒。」

真病假病？曹操愣了片刻，隨即回過神來，「走走走，咱們攜手攬腕一同進城。」蒯越不敢以故舊自居，想要推辭，手腕卻被他抓得死死的，只得低著頭恭恭敬敬陪在身邊。曹操走至護城河邊忽然停下腳步，望著城樓狂笑不已。

「阿瞞兄，你笑什麼？」跟在身後的許攸不禁發問。

「笑此地故人甚多。」曹操手指城樓，「你看看，這城樓上鐫刻的『襄陽』二字是何人筆法？」

許攸瞧了瞧那工整的篆字，禁不住也笑了——這不是梁鵠梁孟皇那老貨的筆跡嗎？昔日曹操未得志時過府拜望被其拒之門外，想不到也躲到荊州了，這可真算是報應。

蒯越並不知曉這段往事：「丞相莫非與梁孟皇有舊？如今他就住在城西，不妨召來一敘。」

「唉……是有些朋友要敘敘舊了。」曹操又想到了王儁，意味深長地歎息一句，帶領眾人進了城門。諸謀士、將官緊隨其後，荊州群僚則很識趣地排在了曹營中人的後面；至於劉琮兄弟，早被裹挾在一群士兵當中。

鎮南將軍府雖沒有鄴城幕府寬闊，卻也小巧精緻古香古色，透著劉表的那種儒雅氣質。這裡甚至還有大量的書畫珍寶、經籍藏書，是亂世中極為難得的文化財富。不過再多文化也抵不過金戈鐵馬，如今這裡的一切都屬於曹操了。他穩坐大堂之上，而劉表的兒子們卻只能在下面聽候發落。劉琮畢竟主動歸降，曹操也得拿出肚量，宣布以往割據自守，勾結袁紹，僭越祭天，抵抗王師等罪既往不咎，荊州吏民與之更始。封劉琮為列侯，改任青州刺史，即日登程赴任；贈其弟劉修為孝廉，攜家眷遷居鄴城。

這番安排是事先與荀攸、許攸、婁圭等人商議好的。劉氏在荊州近二十載，即便本身已無野心，也難保日後有人打著他們的旗號擁兵造反，劉備拉攏劉琦不就是例子嗎？所以不能讓劉琮留在荊州。選擇青州也有深意，青州是劃給臧霸、孫觀等將自治的，劉琮即便到任也毫無實權。至於將劉修遷居鄴城，其實就是人質。

劉琮聞聽即日登程，立時傻了眼：「罪臣既獻土順天，就當聽憑處置，本不敢多求。然先父剛剛亡故，請守陵墓以待周年。」

曹操卻道：「大禮不辭小讓，大孝不拘小節。你歸順朝廷也算給令尊挽回忠臣之名，何必還要守陵，循此愚忠愚孝？但去無妨。」

劉琮生於荊襄長於荊襄，父母皆葬於荊襄，自然不願意離開，又請求道：「青州路遠，請丞相更易官職。我願留在荊州，哪怕當一個小小的從事也可……」

曹操不待他說完便咄咄道：「你這孩子好不懂事！我乃當朝丞相，代天子任免百官，豈可隨意變更？荊楚之地兵戈未休，你兄長還占據江夏不肯歸降，你滯留此間多有不便，還是離開為妙。」

劉琮是在文人堆裡長大的，又是貴公子，何曾屈於人下？見曹操面露慍色，早嚇得哭哭涕涕，跪地央求道：「曹丞相……我不願為官，情願閒居故土永守父母陵寢……」

「故土？」曹操笑了，「荊襄之地豈是使君故土？誰不知劉景升乃山陽高平的名士？你即便要歸故土，回的也只能是兗州。速速啟程不可多言！」

劉琮聽罷潸然淚下——生在荊襄長在荊襄，今日家鄉反變異鄉。至於他那庶弟劉修膽子更小了，就知道抹眼淚。曹操早就不耐煩了，乾脆直接吩咐親兵：「去幫劉使君收拾行囊之物，立刻送他登程。」眾親兵一擁而上，生生將劉琮拖了出去；劉修眼見兄弟分別，上去欲追卻被甲士攔腰抱住，送回後堂了。

蒯越曾在劉表面前立誓保全其子，一見此景趕忙上堂跪倒：「懇請丞相念在獻土之功寬待一二。」說罷倉皇叩首。

曹操笑道：「異度何須緊張？劉景升一代名士，老夫豈能謀害其子？即便不念劉表之名，還需看在蔡家的面上。我不過是叫他們離開荊州，別無他意。來日家眷遷居鄴城，府裡一應財貨之物任由帶走，以後還會另有關照，你大可放心。」

蒯越見他言辭真切，這才心中稍安，又欲引薦群僚，卻被曹操攔住：「封官之事不忙，當早定軍務大事。劉琦膏粱子弟不足為慮，卻不知劉備逃亡何方？」徐州之叛、玉帶詔之事他始終銘記在心，怎能便宜劉備？

「荊州糧草、輜重皆屯江陵，又是貫通江南之要道，劉備此去必奔江陵。」

「何不早言！」曹操立刻警覺起來，「走了幾日？」

「已有十餘日。」蒯越卻不著急，「屬下已收到軍報，劉備所部裹挾百姓近十萬，每日行軍不過十餘里，此去江陵五百里，他至今尚不及一半。我已派人通報江陵守軍嚴加防備，明公大軍聚齊再追不遲。」

「雖有防備，也恐夜長夢多……」昔日徐州之亂短短數日劉備就聚起了幾萬人，官渡之戰又在汝南勾結劉辟、龔都作亂，因而曹操深知他的煽動能力，馬上吩咐，「曹純、韓浩、史渙！」

「諾。」虎豹騎都督曹純、中護軍韓浩、中領軍史渙出列聽令。

「江陵輜重不可有失，你等即刻領兵追擊劉備、搶占江陵。」

「啊？」三人面面相覷，曹純道：「我等領兵皆去，主公誰來保護？」曹操是輕兵趕來接收襄陽的，故而只帶著一萬多兵，若中軍精銳和虎豹騎都派出去，萬一這邊出了亂子怎麼辦？

曹操卻道：「無礙，樂進等部不日將至，足可護我周全。再者蒯公等人皆我舊友，不會有閃失。」說罷朝蒯越欣然一笑，以示信任。

韓浩又道：「初到荊州道路不熟，還需本鄉之將指引道路。」

這倒是個棘手的問題，曹操未及問蒯越，堂下就有人主動請纓：「末將張允願意引路。」

曹操知道張允是劉表的外甥，見他個子不高，長得倒挺俊俏，卻滿面堆笑，不像個能征慣戰之人，恐其不能勝任，卻不好阻他這番熱忱：「將軍勇氣可嘉，就命你……」

話未說完又聽外面一陣嘈雜，許褚、鄧展等人推搡著一員被綁的將官來到院中。此人身高九尺，膀闊腰圓，一張黑油油的臉龐，虬髯虎目，鼻若懸膽，闊口咧腮，一看就是員勇將。

許褚氣沖沖稟奏：「荊州各部將官皆在城中受降，唯有這廝占據軍營拒不交兵，動了丞相府大令才把他調進城來。請主公發落！」

曹操不怒反喜：「這位將軍尊姓大名？」

那將官垂頭喪氣拒不回答，張允卻搶著道：「此人姓文名聘，字仲業，乃是南陽人。我等商議歸降之際，所有將領都願順從，唯獨他擁兵在外不肯入城，實在可恨！請丞相重重發落。」文聘被眾人推至堂上，卻立而不跪，耷拉著大腦袋唉聲歎氣。左右親兵齊喝：「既見丞相，為何不跪！」

「哎，莫要難為文將軍。」曹操湊到他身前上下打量，愈覺此人孔武有力，卻一臉淒然的神情，不禁相問，「荊州眾將皆降，將軍近在咫尺為何姍姍來遲？」

文聘未及開口虎目帶淚：「既不能輔弼劉荊州以奉國家，又不能幫助少主抵禦外敵。襄陽已歸降，我卻還想著據守漢川抗爭王師，但求生不負於孤弱，死無愧於地下。可如今到了這個地步……」說到這兒他一陣哽咽，「亡國之將悲痛慚愧，還有何臉面來見新主？」這九尺高的漢子話說一半唏噓不已，既而竟頓足痛哭起來，哀號之聲震得屋瓦直顫。

「住口！」張允一陣冷笑，「丞相面前豈可失禮？」

「你住口！」曹操反詰道：「同為荊州之將，人家知道慚愧，你又知道嗎？」

「是是是。」張允被他問得滿面通紅，退至一旁。

「此真忠臣也！」曹操由衷感歎，親自為文聘解開綁繩，「荊州雖已易主，老夫必厚待此間百姓，若將軍不棄，可否助我共謀大事？」說罷抱拳一揖。

當朝丞相給一罪將施禮，文聘眼淚都驚回去了，瞪著一雙虎目：「末將何德何能，豈敢……」

曹操越發恭敬：「將軍德才兼備。老夫欲定天下久矣，豈能與義士交臂而失之？將軍若能似輔保劉荊州一樣輔保我，上可除天下之危難，中可救百姓脫戰亂，下可求功名富貴於朝堂，未知將軍意下如何？」

「這……這……」文聘不知說什麼好了。劉表當初是很看重他，但劉表畢竟是文人，從不會如此青睞一個武夫。曹操卻能以丞相之尊折節下士，搞得文聘都有點兒不好意思了。

曹操見他臉色轉紅，再接再厲道：「將軍莫遲疑，您麾下兵馬依舊由您調遣，老夫一兵不奪，還會追加輜重、糧草。荊州之兵自然要靠您這樣荊州勇士來帶，還有什麼要求將軍但言無妨。」

文聘再也聽不下去了，撲通一聲跪倒在地：「敗軍之將何敢多言？蒙丞相錯愛，末將粉身碎骨在所不惜。」

「好！」曹操二次相攙，「目下正有一樁緊急軍務勞煩將軍，未知將軍可否……」

「我去！」文聘搶著答應。蒯越看得目瞪口呆——玩兵的終究鬥不過玩人的，曹孟德不愧是玩人的高手，三言兩語便把文聘拿下了，劉表父子若能如此屈尊武人，荊州何至於有今天？

曹操不再客套，正色傳令：「文將軍，老夫暫時任命你為中郎將，且歸中軍調遣。今有劉備逃竄江陵，你速率本部精銳騎兵帶路追襲，事成之後老夫另有封賞。」

「末將遵命！」

史渙見主公這麼容易就撿個先鋒，甚覺可笑，戲謔道：「文將軍，我們中軍之人騎的都是幽州好馬。你這引路的可得比我們快，用不用我撥你幾十匹快馬？」

文聘把眼一瞪：「你們這些北方佬有什麼了不起？我人不輸給你，馬也不輸給你，咱們走著瞧！」

「走！」四員將隨即出去點兵。

曹操見他們去了才覺安心：「明日大軍一到，立刻率部隨後接應，絕不能讓劉備搶到輜重。我有些私事要出去，城中諸事請軍師代勞。」

許褚、鄧展忙湊過來：「初至此地人心難測，我等保護主公！」

「不必了。」曹操擺了擺手，「我去探望個老朋友，你們拿刀動杖反而有礙。」

許褚平素不多言，可今天也管不住嘴了：「什麼人還需主公親往探望？」

曹操故弄玄虛：「我這朋友可厲害，他不到咱軍中，咱們只能算得了半個荊州。如今他在家裡裝病不出，老夫當然要親自走一趟。」說罷朝許攸、樓圭擠擠眼，二人不禁掩口而笑。

第十章

趙雲護主，長阪坡之戰

故友重逢

漢水古稱沔水，源自益州漢中郡，因高祖劉邦發祥於此，故後世將這條河更名為漢水。由於河道淤積和分支繁多等原因，漢水流經襄陽附近形成了大大小小無數河心洲，而這些沙洲中最大的一座就是蔡洲。

蔡洲面積寬闊，風景宜人，不僅有人居住，還修建了座莊園，院牆由一色的大青石壘成，房舍櫛比連閣高聳，瓦壟密麻椽牙高啄。如此富麗堂皇的地方自然不是尋常百姓所居——蔡洲是襄陽望族蔡氏的私產，當今蔡氏家族的族長蔡瑁就定居在這座島上。

蔡氏崛起遠遠晚於蒯氏，也就是近百餘年的事。蔡瑁之父蔡諷學識淵博樂善好施，被士林所稱道，故而有幸與不少名門望族通婚。其中蔡諷妹嫁與南陽名士張溫，張溫被曹操的祖父曹騰推薦入京為官，仕途青雲直上當到了司空、車騎將軍，蔡氏的門第也隨之水漲船高，一躍成為荊州首屈一指的豪族。也恰恰因為曹騰的原因，蔡家與曹家也拉上了關係。蔡瑁幼時求學京師，久居姑丈張溫府中，便與曹操結成了玩伴。

時隔三十多年曹操平定了荊州，自然想到老朋友，況且蔡氏名聲赫赫手握兵馬，不把蔡瑁搬出來，怎能安撫荊州人心？所以派出曹純四將之後，曹操便帶著許攸、樓圭等人去探望這個老朋友。荊州降臣也不敢怠慢，由蒯越指引道路，張允親自撐船把一行人送到洲上。

許攸大模大樣往船舷上一靠，比曹操氣派還大，望著蔡家的莊園，翹著小鬍子樂道：「這麼大一片房舍，都是青石砌造，得花多少錢啊？蔡瑁這小子真是富甲一方。」其實彼此都是五十多歲的人了，可在許攸腦海中還是年輕時胡混的樣子。

張允撐著竹篙接過話茬：「這不過九牛一毛。蔡氏僅在此一郡的房產莊園就有四十五處，蔡洲只是其中之一罷了。」

「啊？」許攸驚得直吐舌頭，「我的皇天祖宗，得花多少錢啊！」

張允又道：「虧您還是天子腳下來的官，連這都稀罕？這算得了什麼，您問問蒯大人，他家的產業比蔡家還多哩！」

蒯越瞪了張允一眼，卻沒說話。

曹操就站在船頭，把他們的話聽得清清楚楚，心下感慨甚多——怪不得這麼容易就投降，荊州豪強有如此多的產業，當然不希望它們毀於戰亂。袁紹也好劉表也罷，都因豪強而興，也因豪強而亡。只不過袁紹死後尚有實力，還能把審配等人籠絡住；劉表之死在北方統一之後，豪強自保之心更強烈。看來要想江山穩固，一定要抑制豪強。

轉眼間便靠了岸，諸人相扶下船。蒯越叩開大門，一個僕人恭恭敬敬出來施禮：「我家主人染病在身，恕不能接待。」

「當朝丞相臨門，還不見嗎？」

那僕人一臉謙恭，說話卻不軟：「官府亦不能以勢壓人，諸位還請改日再來。」

曹操沒了耐心：「蔡瑁小時候與我一處玩耍，常來常往，我家的門檻都快踢爛了，深更半夜還翻牆頭呢！如今我來了他豈能不見？」說罷推開守門人，甩開大步就往裡闖，「德珪！曹阿瞞看你來啦！」

許攸、樓圭更隨便，邊走邊大呼小叫：「蔡德珪，我們到襄陽了你不露面，這算什麼意思？躲什麼躲，快滾出來……」都是丞相帶來的，硬往裡闖誰又敢攔？

這幫人又嚷又鬧在府裡一通轉悠，上上下下沒個不驚動的。蔡府之大奴僕過百，聽見有人高呼主家名諱，都擁到前院來看。曹操旁若無人兀自叫嚷，蒯越、張允趕緊作揖解釋：「此乃曹丞相，特來拜訪你們主人。」眾僕人又是跪地又是磕頭，心中暗罵——當朝丞相私闖民宅，這叫什麼事兒啊！

曹操還真不見外，竟過了中堂直奔後宅，院裡丫鬟僕婦可嚇壞了，抱著腦袋躲的躲藏的藏。有個婆子正端著碗水也不知給誰送去，曹操搶過便喝，潤潤喉嚨越發提高嗓門：「蔡德珪！我知道你故意躲我，這又何必呢……別藏了，出來吧……」

連喊了好幾聲，才見後堂的門吱扭扭敞開，一個錦衣幅巾的士人緩緩走了出來。曹操有些錯愕：「德珪？你是德珪嗎？」

那人似乎有些慚愧，微微點了點頭。

曹操不敢相信，又揉了揉眼睛——蔡瑁老了，與他記憶中的樣子差得太多，當年那個胖墩墩的小夥子已經變成小老頭了，眉梢眼角再沒有昔日的靈性，鬍子已然花白。可轉念一想，自己何嘗不是一樣？三十多年過去了，青春已逝，彼此都老了。

蔡瑁根本沒病，有的只是愧——身為劉表的親家，受託孤之重，卻默許荊州獻與他人，有何臉面再見劉琮？身為曹操舊友，幫著別人割據二十載，與之兵戎相見，又有何顏面見曹操？左右不是，裡外有愧，今日方知做人難！

蔡瑁也猜到曹操會來，可沒想到這麼快，更沒想到會硬闖，這就不能不露面了。他望著老朋友，孩提之時鬥雞玩耍的情景歷歷在目，激動之情也湧上了心頭，半天說不出話。

對視良久，曹操顫巍巍先開了口：「你還好嗎？」

蔡瑁的嘴唇翕動了一下：「曹阿……曹丞相……」隨著一聲無奈的呼喚，他恭恭敬敬一揖到底。光陰如梭一去不回，如今彼此的身分地位已經變了。一個是當朝丞相，一個是州郡官員；一個是侯爵身分，一個是地方土豪；一個是傲然天下的成功者，一個是被逼無奈的賣主之徒。一堵無形的牆已攔在他們面前，再也不可能回到過去了。

曹操呆立片刻，漸漸笑了：「你我之間還講這套虛禮嗎？」

後面許攸、樓圭也到了，他們可不似曹操矜持，迎上去又拉又拽：「好你個姓蔡的，我們來了都不露面。倒看看你得的什麼病！」

「慚愧慚愧。」蔡瑁與蒯越一樣無言以對，只能連連作揖。

「哈哈哈……」曹操走上前一把拉住他手，「你在荊州這些年幹得不錯嘛！我還沒進襄陽就看見梁孟皇的手跡了，還記得昔日咱們去拜謁他，他給咱們吃閉門羹嗎？」

蔡瑁也笑了，笑得不甚自然：「當然記得。梁鵠如今就在荊州，怎想到明公會位居宰輔？」

「獻荊州有你之功，為何不見我？」

「唉……」蔡瑁未說話先歎氣，「無顏面見明公。」

「咳！」曹操顯得很大度，「你我乃總角之交，哪有那麼多芥蒂？還記得兒時歌謠怎麼唱的嗎？『煢煢白兔，東走西顧，衣不如新，人不如故！』襄陽城裡那些新降之人都被我原諒了，何況你這故人呢？咱們敘舊情，聊日後，不准再想這些年的事了。」

「是是是。」蔡瑁諾諾連聲。

婁圭也跟著勸道：「許子遠昔日曾隨袁紹，我在荊州客居多年，如今孟德待我們還不是情同往昔？你們倆的交情比我們還早呢！我要是你就放開膽量，以後好好吃他姓曹的！」

「對！」許攸更肆無忌憚，「你別把他看得多厲害，咱們之間彼此什麼根基誰還不清楚誰？他沒成勢力那會兒可憐得很，在官渡被袁紹逼得走投無路，若非我獻計獻策，曹阿瞞還不知葬在哪兒呢！你就放寬心吧！」聽了這番話，蔡瑁終於感到幾分慰藉，漸漸不那麼緊張了。

曹操也在笑，心裡卻不痛快——許攸越來越不像話，叫我小名也罷了，當眾揭我老底，非給他點兒教訓不可！暗暗這麼打算，臉上卻未帶出來，又道：「子文不是也在荊州嗎？帶我去見見，咱們這幫老兄弟得好好聚聚。」

提起王儁，蔡瑁剛有的一絲笑意又收斂了：「子文他……他兩年前已故去了。」

「什麼！」曹操驚呆了，「死了……」

「他不肯為官，在江南武陵郡隱居，前幾年染上了傷寒。張仲景給他看了幾次病，可惜病入膏肓……」蔡瑁搖頭歎息，「戰事紛亂，我就把他葬在武陵了。」有些話沒辦法說，王儁原籍在豫州汝南郡，屬曹操地盤；先前劉表與曹操為敵，王儁的屍骨怎麼運回家鄉？

曹操黯然神傷，婁圭、許攸當初與王儁一同遊學京師，更是唏噓不已。多虧蒯越從旁勸解：「諸位切莫悲傷，安定江陵之後，把王儁的靈柩迎回家鄉就是了。丞相與蔡大人故友重逢，今日該高興才是。」

「對。」許攸眼淚來得快收得也快，「不提他了，我們還都餓著肚子呢，德珪總得管我們頓飽飯吃吧？」

曹操瞥了他一眼——虧你們同門求學，竟這般無足輕重，那我曹某人又算什麼？日後我若登基為帝，還不知你要跋扈成什麼樣呢！

蔡瑁怎好說別的：「對對對，設擺酒宴咱們邊吃邊聊。」

蔡家是大戶，不多時一席酒宴就置備好了，珍饈美饌水陸畢陳，其實也沒人動筷子，不過是敘敘往昔之事。酒過三巡蔡瑁也放開了，叫妻子兒女出來給曹操見禮，已然故人之態。曹操此來固然是敘舊情，更為了請蔡瑁替他安撫荊州，漸漸言歸正傳：「我聽人言荊州隱居高士甚多，可否為我推薦幾位？」

蔡瑁道：「現今城中士人當以邯鄲淳、宋仲子為翹楚。」

曹操卻笑了：「我當然知道此二人大名，不過他們都是穿鑿經籍之人，可有俊逸賢能之士？」

「若論俊逸賢能嘛……」蔡瑁想了想才道：「幕府中人且不論，離此向東再走幾里水路有兩座小洲，一名魚梁洲，住著一位龐德公，此人弘德雅量又頗能識才，可堪大賢。魚梁洲對面還有一座白沙洲，也住著一位隱士，複姓司馬名徽，字德操，人稱『水鏡先生』。他是從潁川避難來的，平日寡言少語，無論鄉人問他什麼話，他都只回答一個『好』字，所以百姓又給他起了一個綽號叫『好好先生』。殊不知此人外表木訥卻腹藏良謀，點撥了不少晚生後進。劉表也知此二人賢名，屢屢征辟皆不肯出仕。」

曹操不住點頭：「古人云：『相馬以輿，相人以居。』隱居風雅之處，自非等閒之輩。」

「那是自然，莫說兩位高賢，就是他們的門生子姪也非尋常。」蔡瑁又道：「襄陽以西有一檀溪，住著幾位晚生後輩，石韜石廣元、孟建孟公威，被劉備錄用的徐庶徐元直，還有一個最年輕的隱士，叫崔州平，乃涿郡崔世名門之後。」

「崔州平？」曹操眼睛一亮，「他乃先朝太尉崔烈之子、崔鈞的弟弟啊！」

「有此等事？我竟不知。」

曹操興奮地站了起來：「昔日崔鈞隨袁紹舉事，李傕、郭汜攻破長安，崔老太尉遇害，臨難之際託付家奴保護小兒逃難，不想竟流落此間。崔釣如今已被我表為河西太守，若能接州平北歸，他兄弟不就團圓了嘛！」

婁圭卻道：「德珪言之未盡。我聽說襄陽附近還有『臥龍』、『鳳雛』二位晚生後進，為何不向孟德提起？」他原在荊州待過，多少知道些底細。

「哦？還有這樣的人物？」曹操更為驚詫，能被喻為『臥龍』和『鳳雛』，豈是等閒之輩？

蔡瑁臉上一陣羞紅：「確有此二人。『鳳雛』是龐統龐士元，他乃龐德公之姪，原為本郡功曹，劉表死後逃官而去，不知所蹤。至於那『臥龍』名喚諸葛亮，字孔明，現在劉備麾下……」他不願提諸葛亮，因為諸葛亮的岳丈黃承彥娶的正是蔡瑁的姐姐，有這層關係還與曹操為敵，實在令蔡瑁臉上無光。

徐庶、諸葛亮這些劉表請不動的人竟然甘心為劉備驅馳，可犯了曹操忌諱——大耳賊果然狡詐惑眾，定要將其置於死地！他一把拉起蔡瑁：「你不可久居家中，速回城中助我理事。」

「現在就走？」

「不錯。我已派兵追剿劉備，未知勝負如何。我只能在襄陽停留一日，明天就督率大軍接應先鋒共赴江陵。」曹操早計劃好了，「江陵的糧草、戰船不能落於大耳賊之手，我走之後你暫攝襄陽之事，安定人心撫慰百姓，另外拿我名刺請龐德公、司馬徽、崔州平等人出山，莫使賢才流於外處。」

蔡瑁總覺得有愧，原打算不再為官，可見曹操迫切地邀請自己，心思也漸漸活動了，想了想，終於應承道：「既然如此，我盡力而為。」

「這個不倫不類的竟陵太守你不要當了，我表奏你為越騎校尉，晉封亭侯，參同軍事。等平定劉備之後，咱們同歸朝廷。」越騎校尉是北軍五校尉之一，負責戍衛京師，不過在遷都許縣之後京師守軍皆由曹氏掌控，北軍校尉都是虛銜，徒留二千石俸祿彰顯尊貴。曹操授予他此職意在嘉獎，不過調至許都為官也意味著蔡瑁將失去在襄陽的影響力——畢竟他也是豪族。

交代完畢，曹操不願耽誤工夫，草草散了宴席，便催蔡瑁趕緊啟程。蔡瑁無奈，只好收拾行囊帶上佩劍，一同離開家門。眾人未及登舟，又見對岸來了一隻快船，船上站定一個瘦小猥瑣的皂隸。

曹操遠遠認出是盧洪：「你來此作甚？」

盧洪跳下船來，跪倒在地：「屬下辦事不力，孔文舉的屍身被人盜走了！」

蔡瑁聽了詫異，問身邊許攸：「孔文舉？莫非是大名鼎鼎的孔融？」

「是啊，天底下還有第二個孔文舉嗎？」

「何罪被誅？」

許攸瞥了曹操一眼，見他沒注意這邊，便小聲告訴蔡瑁：「得罪曹阿瞞了唄！阿瞞逼御史大夫郗慮上奏其罪，把孔融一家十幾口全宰了，曝屍許都城外。」說完又畫蛇添足道：「你也小心點兒吧，曹阿瞞跟當年不一樣了，殺起人來眼皮都不眨一下！」許攸也算聰明人，可只看見別人，沒看到自己。

曹操此時一門心思都在孔融身上，哪注意到許攸嚼什麼舌根？他想也不想便狠狠道：「回去告訴王必，叫他捉拿盜屍之人，抓到後立即處死……不！等我回去親自處置，不能便宜了他。我倒要看看誰有這麼大膽子！」

蔡瑁跟著文質彬彬的劉表混了半輩子，哪見過此等事？驚得毛骨悚然，深悔自己不該出來蹚渾水，可方才既然應承了，怎能不去？

「德珪！」曹操一聲喊叫。

「啊？」蔡瑁一激靈打個寒戰，嚇得佩劍落地。

曹操已經登船了，朝他招手：「你發什麼呆，快來！」

「是！」蔡瑁拾起劍來跟著上船，心裡不住打鼓——誰知他如今變得如此暴虐。曹操的船上去容易，可怎麼下啊？

長阪之戰

劉備的逃亡之旅比預想的還要艱難，一路上跋山涉水還在其次，百姓嚴重拖累了行進速度。而且這支隊伍像滾雪球一樣越來越大，自襄陽出發就有五六萬人相隨，所過中盧、宜城、編縣、臨沮等縣無不震撼。這一路上人心惶惶，所有人都知道出事了。

「鎮南將軍死了，劉琮降曹，這麼多難民！」

「一定是曹賊屠城……快殺到咱這兒了吧？」

「姓劉的催糧，姓曹的也催糧，為什麼殺我們？」

「就算不殺你，逼你當屯民交重賦，你願意嗎？」

「那、那咱也跟著跑吧！」

「這是去哪兒啊？」

「大禍臨頭別管那麼多了，聽說劉將軍乃是漢室宗親仁義之師，跟著他走肯定錯不了！」

一傳十，十傳百，沿途百姓都認定曹操要來屠城，逃難的人越來越多，只短短十幾天工夫，隊伍已超過十萬人，輜重一千餘車，根本快不起來，加之道路顛簸難行，每天只能行進十餘里。

夕陽西下，又一天結束了，劉備一行人幕天席地睡臥篝火邊。寶貴的逃亡時間已過了十四天，有消息稱曹操已過漢水，可眼下他們才剛走到當陽縣界，離江陵的路還差一半，將近三百里，若以這樣的速度前進，早晚會被曹軍追上。

劉備輾轉反側大半宿，過了四更天仍無倦意，憂心忡忡爬起來，登到馬車上憑軾眺望。借著幽幽火光看去，四處密密麻麻都是人影，臥著的、坐著的、倚著的，男女老少百姓士兵雜處在一起，就像是黑壓壓的蟻群，馬車、牛車、轅車、輜重車乃至農家的小推車橫三豎四穿插其間，如此混亂的陣勢，根本沒戰鬥力可言，一觸即潰。

正在焦慮之時，有個年輕人悄悄走過來，打著哈欠道：「父親，睡不著嗎？」原來是他的義子劉封，年方二十歲。

這劉封本不姓劉，而姓竇，乃漢家名門扶風竇氏之後[1]。他自幼父母雙亡，莫說保有封邑，連仕途之路都斷了，只得投奔舅舅新野縣令劉泌。恰劉備屯軍新野，見竇封相貌雄壯少年英氣，又頗有些勇力，心中喜愛，便認其為螟蛉義子，時刻帶在身邊。

「已入險境豈能放心安歇？」劉備輕輕歎了一聲，「你去前面把幾位將軍找來……輕輕地，切莫驚擾百姓。」

「諾。」劉封躡手躡腳去了。劉備回到篝火邊盤膝而坐，這會兒諸葛亮、徐庶、伊籍等也起來了——前途未卜誰能睡踏實？大夥圍坐一圈，不多時張飛、趙雲、陳到、霍峻等漸漸聚攏而來。

劉備的聲音陰沉至極：「要順利趕到江陵恐怕不可能了，過幾天曹軍先鋒必然追至，得分些兵馬在後面防衛。」

諸葛亮連連搖頭：「跟來的百姓有不少是士卒家眷，大夥都分散開保護家人了，叫他們在後面

---

① 漢和帝朝外戚大將軍竇憲輔政，三個弟弟竇篤、竇景、竇瓌皆封侯。後因獨攬大權驕縱不法，被宦官鄭眾扳倒，滿門受誅流放。唯竇瓌因謙和有德倖免於難，改封羅侯，後稱羅侯竇氏。《三國志》中稱劉封「羅侯寇氏」，「寇」乃「竇」之誤。

防衛，恐怕他們不幹。」

「不幹也得幹！」張飛怒氣沖沖叫了一聲，但覺自己聲音太大了，又壓低道，「現在這陣勢根本打不了仗，曹賊追上全都玩完，這會兒只能捨家為軍，拚命保命！」

他這話確實有理，可事情沒這麼簡單，帶著這麼多家眷打仗，怎麼可能全力以赴？諸葛亮不無憂慮，但到了這一步也沒有他策，只得鄭重地提醒道：「我軍雖眾恐戰不利，要做好轉移的準備啊！」

劉備無奈地點點頭，朝西邊不遠處看去——那裡停著幾輛馬車，安頓著他和眾將的妻兒老小。劉備自黃巾之亂以來東西奔走數喪嫡妻，而今只有糜氏、甘氏兩位夫人，糜氏育有二女，幼時曾隨母親流落在曹營，多虧關羽庇護，她母女才失而復得，至於兒子更不敢奢望，所以才收養劉封，意欲將身後事託付螟蛉。可誰想一載之前，一直未曾生養的甘氏竟身懷有孕，在新野生下了個大胖小子。劉備喜不自勝，便隨著劉封之名，給他取名為劉禪[2]，小名喚作阿斗。劉備年近半百唯有這一點骨血，豈能不珍視？可曹軍一旦追上，勝負尚未可知，怎保這個未及周歲的孩子無恙？

趙雲就侍立在劉備身邊，見劉備二目凝視著馬車，立刻跪倒在他面前：「倘若戰事不利，主公只管先去，末將誓死保護夫人與幼主！」

劉備聞言，一時感慨萬千，心道：「昔高祖彭城戰敗，為了保命奔逃之際將子女投於車下，若無夏侯嬰救回，險些貽笑千古。備興兵以來，一失家小於小沛，二失家小於下邳，雖亦感蒙羞，實乃情勢使然。如今更是塌天大禍，備自身尚不知能否保全，卻又要連累妻兒……」

他思緒未定，忽聽後面一陣騷動，隱約有呼喊之聲，眾人皆是一愣，趕緊站起身來，機警地向北張望——此時天已濛濛亮，看得更清楚，周匝倚臥的士卒百姓差不多都醒了，正收拾東西準備上路，有人掏出乾糧嚼著，聽到異常之聲，也紛紛伸著脖子觀看。此處喚作長阪[3]，乃當陽城西北一處開闊的坡地，數里之內沒有山林，但劉備軍民有十萬之眾，無邊無沿徹地連天，目光所及之處都是軍民和雜物，也瞧不出個子丑寅卯。

劉琰膽子甚小，嚇得臉色煞白：「會不會……曹軍追到了？」

「哼！」張飛冷笑一聲，全沒放在心上，「說什麼鬼話！曹賊再快又豈能這時趕到？至少還得三四天呢！再說咱後面有斥候打探，若是敵人快到了，能不稟報一聲嗎？放心吧，說不定是有人爭搶財物打起來了，派兩個兵去瞧瞧就行。」

眾人也覺有理，打發走倆親兵，再次落坐還欲繼續商談，可沒說幾句就覺嘈雜聲越來越大，似悶雷般隆隆；再次張望情勢驟變，軍民百姓蠢蠢欲動。而漸漸地，那模糊的吶喊聲也清晰起來——快跑啊！曹軍殺來了！

劉備腦子裡霎時一片空白，赫然呆立，喃喃自語：「怎麼、怎麼可能？」他還沒反應過來，就見北方地平線處煙塵驟起，奔逃的人流似巨浪般席捲而來。只一剎那已波及到眼前，所有的百姓都在驚叫，亂亂烘烘震天動地，已聽不清喊的什麼。但大家都在逃，四面八方亂成一鍋粥，車輛掀翻了，帳篷擠倒了，受驚的牛馬牲畜到處亂竄，財貨雜物散得滿地都是，也沒人顧得上撿了。

臨時屯兵之處雖簡易，但畢竟有士兵護衛，但到這時候什麼保護都不管用，奔逃的百姓慌不擇路，早把柵欄擠倒，亂烘烘湧了進來。親兵一時茫然無措，又不能隨便對老百姓動手，有人呆若木雞眼睜睜看著，有人糊裡糊塗拋下武器也跟著跑起來。

劉備只覺眼前一閃，不知什麼人不留神踢飛了餘燼的火堆，灰煙暴騰而起直嗆鼻子，揉揉眼再

② 封禪，古代帝王的一種祭祀活動。祭天為封，祭地為禪。

③ 古當陽縣城，今已在當陽市南。

看，已滿是逃亡的人流，親兵衛隊和家眷車輛都不見了，張飛、趙雲、霍峻等也沒了蹤影。劉封與魏延一左一右攙住劉備，連推帶拽將他弄上了馬，旁邊諸葛亮、徐庶等也匆忙跨鞍，只有十幾個心腹兵丁沒被衝散，緊緊跟著。劉封、魏延一人掌中擎一口大刀，保著劉備倉皇而逃；衝了好一陣才發覺方向不對，這才拐彎向南而去——百姓們互相亂撞，分不清東南西北了。

劉備到這會兒還未從震驚中清醒，茫然抽著戰馬尾隨劉封身後，長阪本就是個坡地，現在滿地都是丟棄的雜物、踩踏的屍體，若不是糜竺、糜芳兄弟死死按著他肩頭，恐怕劉備早被顛翻在地了。可即便如此，他還是邊逃邊向後張望——怎麼可能這麼快？真是曹軍嗎？

來者當真是曹軍。劉備可不知曉，自曹操平定烏丸以來，牽招、閻柔經營幽燕有方，將大批優良戰馬引入中原。曹操中軍基本上都已換乘幽州戰馬，虎豹騎的馬更是精銳中的精銳，加之領路的文聘剛剛歸順急於表現，這五千追兵一路趕來頃刻未停，竟在一日一夜間奔襲三百餘里，飛一樣追到當陽。劉備當然接不到斥候報告，都叫人家甩在後面了。最先撞入逃亡隊伍的就是文聘，他率麾下百餘名騎士充任嚮導，原本疾馳了一天一夜，天濛濛亮時已有些懈怠了，文聘本打算休息一陣再追，可當他馳過一片密林到達長阪坡時，立刻被眼前的情景驚呆了——無邊無沿的軍民散布遠處原野上，這得多少人啊！

那一刻文聘簡直不知所措了，他按捺住驚詫，顫抖著傳下命令：「捉、捉拿劉備！」打仗靠的是士氣，曹軍卯足勁兒來的，跑一整夜剛有些洩氣，突然發覺已經追上，而敵人又完全是挨打的架勢，頃刻間痛打落水狗的勁頭被激了出來，吶喊著向對面殺去。

軍民混在一處，落在最後的皆是老弱，猛然看見敵人，嚇得魂飛魄散，腿都邁不開了，根本來不及反應就被曹軍踏成了肉醬。人群裡炸開了鍋，兵民裹挾在一起四散奔逃，所有人似沒頭蒼蠅般亂撞，自相踐踏比曹軍殺死的還多。文聘見敵人一觸即潰，忙放聲招呼：「不必斬草除根，追擊劉備要緊！」呼罷當先衝進人群，中軍騎士、虎豹騎緊隨其後，一陣旋風般刮到長阪坡。

曹軍總共只有五千，劉備十萬之眾，可絕大多數是百姓，還帶著許多家什財物，全無抵抗能力；雖有一些能戰的士兵，但擁擁簇簇想站穩腳都困難，談何反抗？故而曹軍長驅直入，弓矢刀槍齊下，所過之處一片死屍。

越往前殺越覺混亂，剛開始百姓較多，漸漸地，士兵越來越多，也零星有些抵抗了。文聘估摸已離劉備不遠，更加緊衝殺，剛踏過一道掀翻的柵欄，忽見十幾輛糧車攔住去路——緊跟著幾十個手持大刀的敵人從車後竄出，要阻擊曹軍。文聘毫無退意，一擺長矛把一個小兵刺死在地，剛要繼續向前，就聽有人厲聲嚷道：「文仲業，休要張狂！」

文聘斜目一瞧——對面糧車旁有員小將，不到三十血氣方剛，正擎著大刀怒視自己。文聘識得，乃是荊州部將霍峻。

「霍仲邈，你怎麼投靠劉備了？」

「良禽擇木。」霍峻吼道：「你這賣主求榮之徒休要猖狂，敢與我單打獨鬥麼？」

「有何不敢？」文聘投降乃被曹操情義感化，最恨有人說他賣主，聞聽此言火往上撞，也不管舊日交情了，催馬就要動手；忽見對面又來一騎，叫道：「住手！」

文聘一看，正是襄陽出逃的伊籍：「伊機伯，你夥同劉備作亂，今日死期到了！」

伊籍唯恐霍峻莽撞，先搶住其韁繩，才搭言道：「我作亂？文聘，你睜開眼睛看看，誰在屠殺荊州百姓？誰在無情無義濫殺無辜？摸摸良心想一想，你還是不是荊州人？」

只這輕輕兩句話，文聘不禁打個寒戰，扭頭望去，攔路的步卒早被麾下殺盡了，幾個騎士正舞動長槍圍殲一群手無寸鐵的黎民。這不是追擊，這是屠殺！荊州人怎麼能屠殺自己的父老鄉親？文聘不寒而慄——我文某人保曹操則已，若屠殺家鄉之民，日後何以立足世間？想至此頓時高呼：

「只抓劉備，莫害百姓！」

可士兵早紅了眼，哪管那麼多，文聘眼見有個親兵正舉槍向一名老漢刺去，忙躥上前去奪過大槍，回手一記耳光：「他媽的，沒聽見嗎？誰再殺百姓，軍法處置！」可轉頭再瞧——伊霍二人早混入人群，不見了蹤跡。

文聘深悔殺了那麼多家鄉父老，愣在原地不知所措；將軍不動，麾下的兵也都不敢動。後面大隊曹軍趕上，曹純、韓浩並轡而馳，見文聘所部停下步伐，厲聲呵斥：「哎呀！愣著幹什麼？追啊！」於是拋下這百名荊州騎，一陣亂槍掀翻糧車，叫囂著繼續追下去。

長阪坡已成一團亂麻，曹純立功心切，一猛子往前扎，堪堪追了半個時辰，只覺百姓走卒轉稀，前面赫然出現幾輛馬車和零星騎兵。一般百姓豈會有馬車？曹純料定不是劉備也是重要人物，緊追不捨，就朝著中間護衛最多的那輛下手。車子終究跑不過單騎，更何況都是幽州好馬？不多時已追到近前，虎豹騎連連張弓，把護衛的騎兵射翻在地。有個神箭手繞到側面，照定車夫就是一箭，正中咽喉栽於車下；又有一人輕舒猿臂搶奪轡繩，馬車慢慢停了下來，被虎豹騎圍了個嚴嚴實實。

「什麼人！下來！」眾士兵連聲呵斥，裡面沒有動靜。

「費什麼話！」曹純繞到車前，大槍一挑已將車簾扯去。見裡面有兩個中年婦人，一個懷裡抱著襁褓，一個左右摟著兩個十三、四歲的女孩，大人哭孩子叫，低著腦袋都縮成一團了。

曹純原以為車裡有什麼要緊人物，見是幾個婦孺，初始只覺失望，但細看之下轉而狂喜——當年關羽曾保劉備二夫人棲身許都，曹操立誓不加傷害，那時曹純就是中軍將領，也曾有幸遠遠瞥見過二夫人。尤其甘氏相貌俊美膚如凝玉，讓人見之難忘。雖時隔多年，曹純依稀記得，這不就是劉備妻室嗎？

「大耳賊妻小，拿活的！」曹純一聲令下，眾武士猶如虎狼立刻湧上，無奈車篷太窄擠不進去，幾個女人又躲又閃，伸手拽了半天，只把兩個女孩抓下來；二次動手再拽，又抓住一個婦人，正是夫人糜氏。車上只剩甘氏母子，蜷縮在篷子角落裡，已叫天不應叫地不靈，眼看一個武士躍上車來就要搶她懷中阿斗，又悲又恨無可奈何，正要撞頭求死——忽聽一陣大亂，緊跟著眼前銀光閃過，那武士已被一杆銀槍釘死在軾木上。

原來曹純等都圍在車前，冷不防後面來了一騎。此人槍急馬快，恰似一道白光，耳中只聞一連串慘叫，好幾名虎豹騎已命喪槍下。此人單槍匹馬衝入重圍直至車前，如入無人之境；曹純嚇得連忙撥馬，連退數步這才舉目觀看。來者三十多歲，相貌英武三綹墨髯，白盔白甲白戰袍，胯下大白馬，手握亮銀槍。

「趙子龍……」劉備曾在曹操麾下效力四年多，麾下不少人物曹純都識得。

趙雲望著被擒的糜氏母女，冷冷道：「放了我家主母。」

「好大口氣，就憑你一人嗎？」曹純一擺手，「把他給我拿下！」眾武士刀槍並舉一擁而上。好個趙子龍，掌中長槍一擺，攻擊恰似暴雨梨花，只一剎那又有三人中槍落馬，而他卻在這方寸之地遊刃有餘，連毫髮都沒傷到。曹純大駭，更是連連後退——他畢竟是孝廉文士出身，雖統兵得法，武藝卻不出眾，哪敢碰這等人物？

趙雲槍來槍往卻不離馬車左右，轉眼間又取了三人性命，其他人也怕了，不禁也隨著後退，包圍圈越來越大。須知這些兵也非尋常，他們可是曹營最驍勇的虎豹騎啊！

「放了我家主母！」趙雲見敵人退縮，又喊了一聲。

曹純驚得一哆嗦，險些照辦了，但回頭一看，雖然士兵各自追擊已經分散，但周圍至少還有二十多親兵，再觀遠處征塵，史渙帶著一隊兵快殺到了；這才心裡有底，強笑道：「做夢！我勸你束手就擒，若不然亂箭齊發把你和這輛車都射成刺……」話未說完又一陣騷亂，自西面又殺進一員敵將。曹營虎豹騎誅袁譚、殺蹋頓堪稱戰無不勝，今天丟臉丟大了，兩次叫人單槍匹馬闖進來。曹純見這員將裝束打扮與趙雲一般無二，不過是虯髯，識得是陳到陳叔至，又一勁敵。

莫看趙雲表面沉著，其實心急如焚，他一人難救兩位主母，尤其少主阿斗還在車上，若有差失劉備豈不斷了骨血？正無奈間見陳到殺來，忙大喝一聲：「叔至，帶車先走！」曹純一驚，撇下趙雲，領著左右圍堵陳到。陳到不躲不避，猛然竄上鞍轎，緊跟著縱身一躍，整個人竟從眾人頭頂而過，直接跳到馬車軾木上。曹純仰觀頭上還未緩過神來，被陳到的坐騎撞了個四腳朝天，跌下了來。

陳到一手執韁繩，一手握大槍，促動車馬揚長而去，十幾個虎豹騎一擁而上，結果個個鎩羽而歸。曹純摔得盔歪甲斜，槍也撒手了，爬在地上大呼：「追！快追啊！」說時遲，那時快，只見趙雲一擺掌中銀槍，又有三四人喪命。曹純腦子快，見兩個士卒正押著糜氏站在不遠處，一個就地打滾，起身拔出佩劍，架到了糜氏脖子上：「趙雲！再不投降我殺了她！」

趙雲心中雪亮，料他不敢隨便害人質，兀自挺槍廝殺，掩護少主逃脫。曹純眼瞅著馬車已經逃遠，趙雲還不放路，又不敢真對糜氏下手，急得直跺腳。這時就聽馬蹄聲山響，史渙所部趕到了，曹純精神一震：「趙雲，我叫你殺！倒看看你還能殺幾個！」

俗話說，雙拳難敵四手，即便趙雲善戰，眼見兵馬重重，也是有心無力。可糜夫人還在敵手，他又如何能獨自逃生？

糜氏早已淚眼朦朧，她深知趙雲已不是掩護，而是顧念主臣之義不肯離去，心中又悲又痛；側目再看，兩個女兒已被曹兵縛於馬上，越發五內俱焚；焦急之際也不知哪來一股勁，竟奮力一甩掙開右臂：「子龍快逃！」呼罷猛然攥住曹純劍尖，狠狠刺進自己咽喉。

不單趙雲，連曹純等人都驚住了，伸手拉住，只見糜氏喉間鮮血汩汩，已然斷了氣。

「夫人……唉！」趙雲來不及難過，只能有淚往肚裡咽，掉轉馬頭絕塵而去。

史渙已趕到近前，早看了個真真切切，他刀馬嫻熟本領不俗，追著趙雲便趕。眼看就快追上，忽見趙雲突然轉身執弓在手，史渙趕忙仰倒鞍韉避箭，心中暗笑：此等伎倆又算什麼？哪知沒高興多久，忽覺身下一顫，天旋地轉渾身一陣劇痛，再明白過來已在地上趴著了——人家射的是馬！

騎兵陣中一旦墜落便有喪命之險，眾騎士緊勒轡繩，萬幸沒踏到史渙。眾人七手八腳將他救起，換匹新馬；曹純也二次跨鞍，耽誤了片刻再找趙雲，早溜得沒影了。

接著追，這次二將合兵已有數百人，殺氣騰騰誓報此仇。不多時漸漸又趕上車隊了，曹純指著一輛青布篷子的馬車嚷道：「就是那輛，劉備妻小就在車中。」一是報仇心切，二是人多壯膽，這回不怕了，虎豹騎齊催坐騎一擁而上，橫七豎八又砍又刺，竟把趕車的連同馬匹一併致死。可掀開車簾一看都傻了眼——不是甘氏，是個六十多歲的老太太。

原來兩輛車外觀一樣，弄錯了；趙雲、陳到恐怕已保著家眷轉道另行。曹純又羞又惱，見這老嫗一臉肅然全無懼色，料想也非尋常，恫嚇道：「你是何人？」

老嫗把頭一扭默不作答。

「不說話我殺了你！」

老嫗咬緊牙關，看都不看他一眼。

曹純見她身後還有倆女孩，好像是丫鬟，伸手抓過一個，逼問道：「你家主人是誰？」真是養奴隨主，這丫鬟也不開口。曹純早已憋氣多時，揚手將這丫鬟扯落車下：「殺！」虎豹騎不由分說，亂刃齊下立時廢命。

老嫗無可奈何答道：「我乃玄德公麾下從事徐庶之母。」

費了半天勁，原來是個小人物的家眷，曹純有些失望，只道了聲：「押起來。」再次上馬又要追趕，這時文聘追來了，厲聲質問：「曹將軍，爾等既為朝廷之師，焉能這般殘殺無辜？」

曹純聞聽此言舉目四顧，果然見不少士兵已經放棄追擊，自顧自搶掠起來。「傳令所有將士，不准妄害無辜爭搶財物，繼續追敵！」曹純倒不是怕殘殺百姓，而是怕耽誤正經差事。

史渙環顧這混亂的戰場，不禁感歎：「劉備逃命有術，又有悍將護衛，咱們耽誤這麼多工夫，恐怕很難追上了。但願韓浩能得手吧！」說罷望著煙塵滾滾的南方，重重歎了口氣。

還真如史渙所料，韓浩果然發覺了劉備蹤影。韓浩這一隊人馬在前行了十餘里之後，終於發現了劉備——正在一支幾十人的小部隊保護下死命奔逃。此時已天光大亮，兩軍在長阪坡你追我逃一個多時辰，劉備一宿沒睡，劉封、魏延、糜竺、諸葛亮等死死保著他，而在前面半里外，張飛正率領二十名精銳騎兵當先闢路。

韓浩其實比劉備更累，連續追馳了一日一夜，全憑一口氣撐著。也不知跑了多久多遠，上坡地勢已盡，漸漸轉為俯衝，又翻過一道丘陵，忽覺地勢趨於平緩，陡然間又有流水潺潺之聲——前方出現一條大河。而在河對面隱隱有一片密林。

韓浩暗叫不好，扯著嗓門高喊：「緊追不放，莫叫大耳賊逃了！」可是不喊還好，這一喊衝在前面的兵忽然都勒住了戰馬，圍在河邊不動了。韓浩怎能不生氣？馬上加鞭衝到近前，剛要呵斥，這才看清前面的變故。

原來大河之上架著一座三丈多寬的木橋，此時正有二十一騎敵人駐馬其上。二十個是普通騎兵，手持長槍肩挎長弓，當中一員戰將，甚是扎眼。此將高人一頭，虎背熊腰；頭戴三叉鑌鐵盔，上有朱纓飄灑，下排護項鋼釘；身披鎖子大葉連環甲，外罩皂羅袍，獨角獬豸護肩，腰繫一巴掌寬獅蠻帶；黑中衣，外縛著黑鐵的護腿，八楞獸頭護膝，足蹬虎頭戰靴；胯下一匹烏騅煙雲獸，手執一杆鴨卵粗的丈八蛇矛。再往面上觀，此君生得黑黲黲一張臉，相貌卻頗為俊朗，兩道濃眉斜插入鬢，隆準闊口大耳朝懷，頷下微有些虬髯，最惹人注目的就是那對眸子，乜斜著瞅向這邊，似乎全不把曹兵放在心上，竟有幾分笑意。而就在他腳畔，已有十幾具曹營將士的屍體。

韓浩與曹純不同，原是袁術麾下降將，先在夏侯惇麾下聽用，又協助任峻、棗祗掌屯田之事，因辦事謹慎幹練才調入中軍，並不識得此人就是被同僚喻為「萬人敵」的張飛張翼德。

士兵卻已見識到了，方才見一堆人馬踏一踏橋板，二十一人齊揮兵刃迎頭就殺，尤其當中這位黑將軍，掌中長矛連劈帶刺勇不可擋，一掃就是一大片。十餘騎未交一回合盡皆喪命，後面的再不敢造次了。

韓浩看得目瞪口呆，可又怕走了劉備，衝左右喊道：「怕什麼？咱這麼多人，一起上啊！」誰敢上？大夥眼巴巴看著韓浩，誰也不敢上前一步。

此時後面曹兵陸續趕到，差不多已有百人，可眼瞅著殺氣騰騰的張飛，就是沒人敢闖。韓浩急得滿頭大汗，心想若不身先士卒，這事還真不好辦了，想至此剛要催馬，忽聽張飛說了話——方才打了半天張飛一直瞇縫著眼，此刻突然圓睜二目，大吼道：「某乃燕人張翼德也！誰敢來決生死？」

這一嗓子不亞於龍吟虎嘯，喝得曹軍無人應答，韓浩剛萌生的一點兒決心也被嚇得無影無蹤。卻見張飛將掌中蛇矛一挺，再次嚷道：「戰又不戰，退又不退，卻是為何？來啊！來啊！」

韓浩被喝得膽戰心驚，但覺胯下戰馬都快驚了，忙按住轡頭退了兩步。豈料他這一退，眾士兵也跟著退，眨眼間包圍圈越閃越大。此刻追兵已湊了二三百，許多人不知細情，卻見前面的人後撤，也糊裡糊塗跟著倒退起來。

張飛喊罷這兩聲，嗔目怒視曹兵，雙方就這麼對峙了將近一炷香的工夫，莫說再行對話，連大氣都沒出一聲。張飛琢磨劉備已入密林深處，料無大礙，而眼前曹兵越聚越多，他眼珠一轉，既而仰天大笑：「哈哈哈……曹營無人矣！我也懶得再殺無名之輩，今日就留你等狗命。若敢再來……」

說到這兒他一戳長矛，紮起一串三具屍體，似乎毫不費力，接著猛然一甩向曹軍擲去。

誰見過漫天飛死人的？曹兵嚇得更往後退了。

恰在這時，張飛將馬一撥，帶著那二十個兵奔馳而去。曹兵明明看見他撤了，卻無人敢追。隔了半晌也不知誰喊了句：「放箭啊！」一韓浩猛省——真是嚇糊塗了，怎麼連放箭都忘了？待他傳令亂箭齊發，卻連敵人影子都射不到了。眾人眼睜睜瞧著張飛等人縱馬下橋向南竄入林中，只放了幾支空箭，好半天竟沒人敢踏上橋板一步。

好半天之後，曹純等人終於奔到當陽橋邊，見韓浩麾下數百騎士都大眼瞪小眼愣著，問清緣由連叫可惜。無奈建制已散，又恐對面林中設有埋伏，只得就地鳴鑼聚攏亂軍，耽誤了好一陣子，湊齊人馬才殺過橋去。

兩天後曹操親率大隊人馬而來，長阪坡前還有不少百姓未散去，有的葬埋死難親人，有的身受重傷癱倒路邊，有的鰥寡孤獨不知何去何從，綿延數里之地到處縈繞著淒苦的哭聲。曹操也覺心中不安，命當陽縣官吏組織他們入城，暫時容留一陣，日後遣散還鄉；至於逃散的士兵，一律登記造冊準備收編。過橋一路向南，都是劉備軍的輜重殘骸，可直行至江陵都未見到什麼散兵游勇。

曹純等四將率領兵馬出城迎接——劉備根本沒到江陵，半路上追丟了，除了抓到劉備兩個女兒和徐庶之母，其他一無所獲。就連曹操都覺奇怪，劉備怎麼會消失得無影無蹤呢？

魯肅過江

就在曹軍疑惑不解之際，劉備和他的親信文武已在漢津渡口登船，他們要動身前往另一個地方——江夏。

劉備攜民行軍雖然危險，但事先也安排了退身之計，他派關羽率一萬水軍先行前往江夏，水路比在陸地上快得多，十幾天的時間關羽已到江夏打個來回，又逆流而上把所有船隻散布漢水沿岸，隨時準備接應。劉備一旦受挫，可以立刻脫離大隊軍民到漢水登船，轉而逃奔江夏。這個應急之策也算周密，但事到臨頭還是出了亂子，因為劉備萬沒想到曹軍行動如此之快，竟能一天一夜追襲三百里，以至於曹兵出現在長阪坡那一刻他半點準備都沒有。若非張飛冒險擋住追兵，他早成刀下之鬼了。

劉備等人逃過當陽橋立刻轉而向東斜驅漢水，在漢水一處渡口與水軍會合。而當陽以南的密林阻礙了曹軍視線，混亂的百姓也耽誤了追擊時間，故而曹純等並未發現敵人轉向，而是急於向南搶占江陵。就這樣，劉備逃過一劫。

不過此番逃亡狼狽至極，數萬軍民只剩下不到百人，跟全軍覆沒也差不多了，眾人家眷老小更是散落四方。只要不與關羽大軍會合，終究不能算安全，劉備強忍著不安的心緒，又在江畔苦苦守候了半日，終於等來了趙雲、陳到——原來二將保甘氏母子脫難後，徐庶之母遭擒，二將恐再被曹軍追上，索性摘盔卸甲放走車馬，領著一千家眷混入百姓之中，耽誤了大半日，這才混過曹軍耳目。

趙雲詳述二女遭擒、糜氏節烈自盡之事，劉備愴然，糜竺、糜芳更是連連灑淚。所幸阿斗無礙，總算保下劉備這點兒骨血。未脫險地眾人顧不得多難過，趕緊棄岸登舟去尋關羽會合。過了這大半日，岸邊已靠了五六條大小船隻。劉備帶著諸葛亮率先登舟，家眷諸將也紛紛上了小船，唯獨徐庶一人跪於江邊不肯上船。

「元直，你……」劉備見此情形已感到不祥。

果不其然，徐庶淒然道：「在下蒙主公知遇之恩，本欲與您共圖王霸之業，耿耿此心唯天可表！然老母不幸被擄，心中牽掛方寸已亂，即使留在您身邊也無濟於事。請主公念我拳拳赤子之心，准我辭去，北上侍養老母！」

「唉！」劉備仰天長歎無可奈何——這幾年在荊州並不順利，若說還有一點兒收穫，那就是得了諸葛亮、徐庶這兩位智士。可世事無常，如今徐庶也要棄他而去了。

這時義子劉封偷偷湊到他耳邊，低聲道：「徐元直久在我軍，盡知父親欲圖荊州之謀。若放他北去，雖能救母必為曹賊所用，對我軍甚是不利。父親何不將其留住，曹賊見其不去必害其母，元直知母遇害，必決心報仇，肯定會死心塌地追隨……」他還未說完，忽覺臉上一熱，已重重挨了記耳光！

劉備怒斥道：「使人殺其母，而用其子，不仁也；留之不使去，以絕其人倫之道，不義也。行此不仁不義之事，使天下人聞之，焉能成王霸之業？昔日曹操攻伐徐州，兗州為呂布、張邈所奪，別駕畢諶因母被獲請求離去，曹操順其自然不加阻攔，兗州之士皆贊其有德。想我劉備與其為敵，又豈能在德行上輸於此賊？」說罷又朝船下拱了拱手，「母子至親關乎天性，元直有孝子之名，焉能棄老母不顧？你只管北去，勿以備為念！」

徐庶聞聽此言淚流滿面，連連頓首：「在下永生不忘主公之德，我此番北去，若為曹操所留，定不言及我軍之事。」

劉備聽他這麼說，也算得了一絲寬慰，實不忍再說什麼，轉過頭去道：「東西異路各自珍重，元直也不要太難過，願日後還有再會之期……開船！」

諸葛亮更是難捨，喃喃囑咐：「元直，倘有機會，你還回來！」再精明的這會兒也難免說糊塗話，其實這不過是自己安慰自己，這一去豈能再回來？

徐庶早泣不成聲：「在下恭送主公……」說罷又拜伏於岸，久久不肯起來。劉備唯恐自己再看一眼就會改變主意，便始終背對岸邊，一言不發。

諸葛亮戀戀不捨凝視摯友，直到船漸漸遠去，再也望不到徐庶的蹤影，才發出一聲無奈的歎息。這一歎不僅歎朋友，更是歎自己。他自出茅廬以來全部心思都花在謀取荊州上，因為只有占據荊州才能進取蜀中，實現預想的戰略。而入蜀的最佳通道就是襄陽以西的房陵郡，若從長江逆流而上，飛渡三峽之險簡直是痴人說夢。所以他選擇在襄陽與房陵之間的隆中結廬而居，旁人看來他或許是隱居，其實他早把這一路的地形險要摸了個遍，就等一位有志之主來施展抱負。

如今有志之主來了，荊州卻丟了，失去襄陽也就斷送了他的入蜀策略，所謂「隆中對」全成了泡影……諸葛亮哀怨半晌，回頭再瞧劉備，只見他疲倦地倚在船舷邊，闔著眼睛，已昏昏入睡。諸葛亮頗覺可笑——眼下是在逃亡路上，生死尚不可測，哪還顧得上入蜀？主公接連受挫，夫人遇害二女陷敵，又經離別之苦，尚能如此冷靜，我何必想不開呢？看來我初出茅廬只是個空懷壯志的鄉間書生，自以為高深莫測，其實要融入這世道，還得多歷練呢！

正思忖間，又見迎面來了條大船，高豎風帆行速極快，船頭青色大旗，上書斗大「關」字。來者正是關羽，他把船隻散布漢水各處，又派小舟往來通報，得知劉備到達漢津的消息，馬上趕來會合。不多時搭過跳板，一行人紛紛轉乘大船，這場驚心動魄的逃亡才算結束。

不過就在關羽船上，還有一位不速之客。此人三十出頭，舉止莊重，正是孫權的心腹魯肅魯子敬。

劉備方才小憩片刻，恢復了些精神，情緒也穩定不少。一見有人來拜見自己，趕緊整理衣衫——劉備素來注重儀表，可今天講究不起了，逃亡路上弄得滿身塵土衣衫破爛，船上又沒有新衣服；只得把臉洗一洗，重新梳了梳鬢髮。

「在下拜謁將軍。」魯肅一見劉備過來，跪倒在地大禮參拜。

劉備沒料到此人竟會給自己施這麼大的禮，心下暗想——禮下於人必有所求，他到底來做什麼？臉上掛著笑，趨步向前雙手相攙：「先生。久聞吳侯大名，心仰慕之未得拜會，先生此番前來有何賜教？」

魯肅禮數做足這才開口：「我家主公聽聞劉荊州新近病逝，特命在下過江弔喪。」

「有勞尊使費心，我先替公子謝過吳侯。」劉備雖然這麼說，卻險些笑出聲來——孫堅死於劉表、黃祖之手，兩家為仇十餘年，豈能通慶弔之禮？

魯肅似乎也覺得這託詞太假，乾咳一聲，繼而轉移話題：「聽聞曹操南下，劉琮已經歸降，將軍威武不屈率師獨抗，兵少落敗，現今江夏孤弱難以自存，未知將軍有何應對之策？」

劉備見他打聽自己日後的打算，已漸漸摸透其來意，卻故意不道破，轉過身歎道：「難為先生替我遮掩，我哪裡敢抵抗曹軍，不過狼狽逃竄罷了。荊州大半已失，江夏彈丸之地無力回天，幸好我與蒼梧太守吳巨交情頗厚，打算前去投奔。」蒼梧（今廣西省蒼梧市，漢代還未開發）是交州轄下的一個郡。因交州地處偏遠實力薄弱，劉表曾想染指，故而派吳巨去蒼梧擔任了太守，這是擅自任命，並未經過朝廷。

這次輪到魯肅偷笑了——劉備果真狡猾，竟拿這話搪塞我。交州在荊州以南，已屬荒蠻之地，豈能跑去那裡？即便想往南跑，如今連江陵都到不了，如何能到蒼梧？想至此，魯肅試探道：「恕在下直言，將軍所言恐怕未必是實。」

劉備早有話等著他：「我所言不實，難道先生說的就是實話嗎？您果真是來弔孝的？」

「這個嘛……將軍既已知曉，又何需再問？」魯肅不答反問，又把話推了回去。

兩人四目相對半晌無語，忽然執手而笑。

「哈哈哈……」劉備仰面大笑，「曹操劍拔弩張大兵壓境，你我還在這裡玩心眼，真真可笑！」

魯肅也不禁莞爾：「在下初見將軍，倉促之間未知敵友，故出言試探。若早知將軍是個爽快人，何必繞這個圈子。」

「來來來！」劉備拉著魯肅就地而坐，「咱們把話挑明了，是不是吳侯派你來找我聯合？」

「正是。」魯肅也不兜圈子了，「我家主公聰明仁惠敬賢禮士，江表英豪咸歸附之，已據六郡，兵精糧多。今為君計，莫若結我家主公，崇聯合之好，共濟世業。未知將軍意下如何？」

劉備笑道：「你回去告訴孫仲謀，我劉備活一天，就要與曹操鬥一天，抗拒之心絕不更改，他若肯發兵來助，我當竭盡所能。」

「好！將軍痛快！」魯肅雙挑大指，「實不相瞞，我家主公現就在對岸柴桑等候。將軍若肯聯合，不妨過江一敘，談談曹軍之勢，也好及早定下用兵之策。」

「吳侯來了？」劉備眼珠一轉，略一思忖變了口風，「非是我不願渡江，只因公子劉琦尚在江夏，劉琮背兄投敵，我若再不去江夏，恐怕公子心中不安，又要橫生枝節。還請先生見諒。」其實他心裡有小算計，剛剛脫難攜家帶口，要是過了江，孫權臨時起意把家眷一扣——那就不是聯合了，等於投靠孫權了。

魯肅明白他心裡想什麼，也不好強求，轉而道：「將軍若不便，可遣一心腹之人與我同歸。」話音未落，一旁有人插話：「事已急矣，屬下願過江去見吳侯！」請命的正是諸葛亮。

其實從走出茅廬輔佐劉備開始，諸葛亮便在醞釀如何結好江東。曹操統一北方實力雄厚，又挾天子以令諸侯，實難與之爭鋒；而孫氏經略東南已歷三代，是唯一能與曹操周旋的勢力，劉備若想立足荊州，孫權只可為友不可為敵。荊州雖一直與江東為敵，但也是唇齒相依。若曹操全據荊州之地，來日必當進取江東，那時便有唇亡齒寒之危。故而孫權此時派魯肅前來，明是幫劉備，實是保自己。唯有兩家合力互相扶持，阻曹操於江漢之地，才能轉危為安……想清楚這些，諸葛亮漸漸擺脫了喪失荊襄的苦惱，打起精神主動請纓。

劉備一見諸葛亮願去，心中大喜——沒人比他更合適了，忙拉到近前欲為魯肅引薦。哪知魯肅上上下下打量了諸葛亮一番，竟然問道：「閣下莫非是隱居隆中的諸葛孔明？」

「先生怎知我名？」

魯肅欣然一笑：「我乃子瑜之友也。」

這短短一句話，諸葛亮心中踏實大半——此去結盟必成。子瑜正是他兄長諸葛瑾。魯肅既是孫權心腹，又是諸葛瑾之友，此人從中穿針引線，再加諸葛亮分析利弊、倡明結好之意，這事還能不成？

諸葛亮聽魯肅一語挑破關係，也無需再多言了，一把拉住他手：「既然先生與我家兄長為友，亦為我之兄長。事不宜遲，咱們這便過江去見吳侯。」

「好！好！」魯肅見他這般爽利，心中更是大喜，「不過你莫再叫我先生，直呼我『子敬』便是。」

他二人三言兩語已把事情定下，即刻換乘小船辭別劉備，往柴桑方向而去。劉備聽他們「子敬兄」、「孔明賢弟」叫得甚是親熱，心下安穩不少，料想搬來救兵不成問題，總算長出了一口氣。不過此時他還不曾想到，也不敢設想，諸葛亮與魯肅不僅促成了此次用兵，而且開啟了孫劉兩家斷斷續續數十年的盟友關係。對劉備而言這是一生的幸事，或許也是憾事。

第十一章
孫劉聯手抗曹

威嚇江東

徐庶降曹之後，曹操也曾特意召見，怎奈一問三不知，半分劉備的軍情動向都不吐露。曹操心中氣惱，但念在他因老母被擒而降，有孝子之名，也未加怪罪，給他個冀州從事的小官，遠遠打發他北上。至於劉備兩個女兒，曹操更不屑一顧，命令誰搶來的就賞給誰，兩個女孩落入士兵之手，下場自然可悲。

曹軍雖然未能擒獲劉備，但順利接管江陵，保住了輜重糧草，也掌控了通往長沙、武陵、零陵、桂陽四郡的長江要道；後方曹仁、曹洪及于禁等七軍也陸續抵達襄陽，牢牢掌控局面；房陵太守蒯祺也遣使至江陵表示歸順。至此除劉琦立足的半個江夏郡以外，荊州所有郡縣盡數落入曹操之手。

曹操認為大局已定，所以到達江陵後並未急著進一步追剿劉備，而是忙於安撫人心。他一口氣表奏蒯越等十五位降臣為列侯，又辟用王粲、傅巽、裴潛等為掾屬，此外還忙中抽空辦了件私事——把好友王儁的靈柩迎回江北。

王儁生前在武陵隱居，因南北交戰客死他鄉，草草安葬於當地，如今曹操點名要將他歸葬汝南，可驚動了南荊州的官員們。武陵太守劉先、長沙太守張機、零陵太守劉度、桂陽太守趙範都是劉表舊部，如今荊州易主變化重大，要保住自己的位子就得伺候好新主子，自然竭盡所能要把這第一份差事辦妥當。四位太守商量了一番，最後公推劉先為代表，率領四郡功曹前去啟墳，將王儁的棺槨修飾一新，隆重運回江北，一路上車船儀仗甚是威嚴，比朝廷公卿的殯葬都氣派——這位一輩子沒當過官的隱士絕對想不到，死後還能風光一把。

江北方面更為隆重，曹操不僅設下祭壇，還親率眾文武臨江迎接，旌旗隊伍密密麻麻排列於江邊。劉先的船悠悠蕩蕩渡江而來，曹操居高遠眺百感交集，一別二十餘年，沒想到再重逢時已成生死相隔，不禁淚灑長江。

劉先親自抬櫬登岸，曹操與許攸、樓圭左右扶柩送至祭壇，一干文武紛紛上香叩拜，又是作誄文，又是獻祭酒，最後派樓圭護送棺槨回汝南下葬。等這些事忙完了，劉先才與四郡功曹獻上表章。曹操很體諒，宣布依舊由四位太守管轄四郡，待戰事結束另有封賜。四功曹圓滿完成任務，紛紛道謝起身，劉先卻低著頭長跪不起。

「劉郡將為何不起？」曹操問。

劉先叩首道：「昔日曾冒犯丞相，故而請罪。」當年劉先奉劉表之命出使許都，與曹操當殿辯駁，斥之為豺狼武夫；如今曹操變成了上司，心中豈能安穩？

曹操一笑置之：「老夫已有令，荊州吏民與之更始，過往之事概不追究。當年你出言頂撞乃是出自對劉景升的忠心，不但無罪反而可彰，朝中不少大臣都很欽佩。我看你也不必當太守了，去許都擔任尚書，與荀令君他們處理朝政吧！」

太守食二千石俸祿，尚書雖然只有六百石，但卻參與國家大政，責任反而更大。劉先感恩不盡，又把隨船而來的零陵名士劉巴引薦給曹操。這位劉先生年紀不大，卻頗有些名氣，劉表幾度征辟，甚至舉其為茂才，他都不願出仕，如今曹操一到他便肯來投效；曹操甚覺臉上有光，又是頭一個自江南投奔的，理當擁彗折節樹為標榜，於是當即任命劉巴為軍謀掾。剛剛封罷又有文聘、張允來報，荊州各郡戰船都已調撥完畢。曹操大喜，率領眾人一道巡閱水師。

曹營文武雖久經沙場，但大半不懂水軍，昔日在黃河抗擊袁紹，指揮些民間徵調的小船就以為很了不起了，長江上乘風破浪的戰船是生平第一次見到，真是大開眼界——寬闊的江邊停泊著大大小小數百艘船隻，有的高達數丈，上有樓閣，有的又細又長，恰似織梭，旌旗林立風帆如雲，密密麻麻鋪滿港汊。連曹操都看得眼花繚亂，指著最大的一艘戰船贊道：「這船好威武，竟有三層閣樓這麼高！」

張允笑呵呵湊了過來：「丞相往昔征戰皆在北方，河水淺窄故而舟楫亦小，征戰大江之上自然要用大船。此船喚作『樓船』，長十六丈，四道桅帆，設三層樓閣，能容下數百人。這艘就是為您預備的，相當於中軍大營。還有幾艘稍小些的，可以分給諸位將軍。」

曹操欣喜若狂，已按捺不住激動：「好！老夫縱橫半世終於也要飲馬長江了……那又是什麼船？」他又指向遠處幾艘長有數丈、牛皮蒙頂的大船。

張允又道：「此船名曰『艨艟』。以生牛皮覆背，兩廂開孔劃槳，前後左右各有弩窗、矛穴。這種船敵人弓箭射不透，又不易接近，故而護衛主帥樓船最佳。」

曹操雖不曾打過水戰，但觸類旁通也瞧出點兒門道：「敵人固然不能接近，但自己人也不易殺出，此並非能戰之船。」

「丞相天生睿智，一看一個準！」張允介紹之餘還不忘了拍馬屁，「艨艟乃運兵、守備之用，兩軍相爭要靠『鬥艦』。就是那種！」他伸手指引，「這種船的舷上鑄五尺高的女牆，上有頂棚，前豎牙旗，後置金鼓。士兵立於其中，以長矛、大戟格鬥，打仗主要還是看它。荊州水軍鬥艦百餘艘，可布兵三四萬人……」

「三四萬？」曹操突然打斷，「江東孫權有多少水軍？」

張允輕蔑一笑：「孫權麾下善戰水師總共也就是三四萬，咱們僅鬥艦就可布兵這麼多，遠遠勝之！您看那幾十艘船，狹長堅厚，前有觸角，上插利刃，此船號為『冒突』，只要借水力衝撞，就能將敵艦刺透。」跟這幫不通水戰的北方佬一比，張允快成聖人了，指指點點如數家珍，「再看那十幾艘，通體漆紅，小巧輕快，行速最疾，此名『赤馬』，用於巡察引航，相當於陸地的斥候。再有就是普通兵船了，最大的也有十二丈長、一丈六寬，每船善戰之士二十六人、操槳水兵五十人、舵手三人，還有弓弩兵、大斧兵、撓鉤兵若干，也能容下近百人。」

樂進就跟在他身後，一臉懵懂不禁發問：「兩軍接陣以兵刃長利為優，要斧手、鉤手那些中看不中用的兵做什麼？」

張允笑道：「將軍所言差矣！水戰乃是先用弓弩遠射，近處再以槍矛格鬥，兩軍接戰之時，需鉤住敵人船舷，用大斧砍斷敵人護板，士兵才能衝上敵船。這水戰之法千變萬化奧妙甚多啊……」他越說越得意，眉飛色舞口沫橫飛。非但樂進、夏侯淵這幫武夫愁眉苦臉，就連荀攸、許攸、程昱等都覺墜入五里霧中，心下漸漸不安——二十年的陸戰經驗到江裡全然無用，這完全是另一種戰法。

曹操卻滿不在乎，進一步問道：「總的算來共能裝備多少水軍？」

張允想了想道：「所有的戰船，再加上徵調的小舟、漁船，足以乘載六七萬人。」

「足夠了。」曹操心裡有數——六七萬是上船的，餘下陸軍還有三五萬，另外襄陽城還屯有于禁等七軍。曹軍總數將近十五萬，打破江夏就像捻死螞蟻一樣容易。

「請主公登船。」張允指揮親兵搭好一扇舢板。曹操當先闊步，帶著大夥登了船。樓船之上視野更為廣闊，曹操望著滾滾東流的長江，密密麻麻的船隻和兩岸茂密的山林，越發神清氣爽。許褚手指北方道：「主公快看，公子們到了！」曹操臨舷而望——在侍衛簇擁之下，大大小小一群子姪說說笑笑策馬而來。

這些公子名義上隨軍打仗，實則不過是沾沾功勞，根本沒到前線，半路就留在譙縣老家了，這些天就是遊山玩水。不僅沒動一刀一劍，留守譙縣的將軍曹瑜還得時刻派人保護。曹沖見父親站在巍峨的樓船上，不禁放聲高呼：「好大的船！爹爹好威風！」

「哈哈哈……」曹操自鳴得意，也揮了揮手。曹沖是他心中內定的繼承人，此番帶出來，就是要給他一個從軍征戰的名頭。雖然只有十四歲，但加冠之後便可視為成人。原先曹沖梳著總角的髮髻，模樣頗為可人，要給他攏髮上簪，曹操還真不捨得。哪知換完裝一看，戴著峨冠的曹沖更顯俊俏，確實有些大人模樣了，曹操豈能不喜？

諸公子剛剛登船，曹操一把將曹沖攬到身邊：「老夫已決定，就從水陸進發直逼江夏。此番陳師江表，我父子要並肩而戰！」

十四歲的孩子懂得什麼叫打仗？但曹操這麼說，無人敢反駁，有些知道曹沖底細的還一味逢迎：「小公子少年神勇，真乃良將之才。」

曹操又一指夏侯尚：「伯仁，我任命你為中軍司馬，即日起隨軍聽用。」中軍司馬是主帥的重要膀臂，夏侯尚二十出頭未經戰陣就得此要職，固然這小子有些才能，但更重要的是他娶了曹真之妹，乃是曹家的女婿。荀攸等人暗暗咋舌，可又不好說什麼——畢竟整個軍隊都是他曹某人的。

曹植最喜結交文士，給父親和諸位長輩見過禮，便忙不迭詢問：「宋仲子、邯鄲子淑，兩位老先生可在？晚生前來拜謁！」說罷對著荊州群僚深深作揖。

「公子豈可屈尊，折殺老朽了。」宋衷、邯鄲淳趕忙出來給這個年輕人還禮——這年頭面對權貴，名士也越來越不值錢了。

曹植滿面笑意：「這位就是仲子先生吧？您校訂的《六經》被人轉抄已流於北方，晚生看了由衷敬佩。身在亂世而存先賢之學，此乃造福後世之功。」

「公子過譽。」宋衷也很客氣，「昔日蔡伯喈曾在洛陽東觀校經，鐫刻石碑立於太學，可惜董卓縱火毀於一旦。亂世之中做學問的人少了，所謂朱砂不足紅土為貴，在下只是想為後學之人提供方便，若今世不為，恐後人所傳之書皆謬誤也。其實我才智平庸，遠遠不及邯鄲先生。」

他口中的邯鄲淳字子淑，潁川人，少時便以文章馳名，他享譽士林之時曹植還未出生呢！如今他已年逾古稀，昔日的瀟灑才情已成過往雲煙，當了大半輩子太平文士，嘻笑怒罵風流快活，沒想到老了趕上天下大亂，一把年紀逃到荊州避難。曹植連連作揖，說話很是謙卑：「老先生的《曹娥碑》，晚生很欣賞，曾瞻仰過拓本。」

聽晚輩提起《曹娥碑》，邯鄲淳滿是皺紋的臉上不乏得意之色，他本生性詼諧，諒這船上再沒有比自己年長的人，索性賣起老來：「昔日蔡伯喈遭宦官陷害逃官在外，避難到過會稽郡，也曾專門渡江去看那塊碑，當時天色已晚看不清楚，他又未帶引火之物，便用手觸摸、心中默念。讀罷又在碑陰親手刻了八個字的批語。」

「哦？」連曹操都被他的話勾起了興致，「不知寫的什麼？」

邯鄲淳捋了捋白鬍子，神祕兮兮道：「黃絹幼婦，外孫齏臼。」

「這四樣東西根本就不挨邊嘛！」眾人無不搖頭。

「此乃謎語，大夥不妨猜一猜。」

曹操父子皺眉凝思，其他人也各動腦筋，費了半天勁，時隔半晌竟無一人猜出。

「在下知道！」忽然有個年輕掾屬從人群中走出來。曹操抬頭一看——是諫議大夫楊彪之子楊修。他出征前剛剛被辟入幕府，曹操用他與其說是重其才，還不如說是牽制其父。

楊修作了個羅圈揖，笑道：「黃絹，乃有色之絲也，合在一起是『絕』字。幼婦，乃少女也，合在一起是『妙』字。外孫，乃女兒之子，合成一個『好』。齏臼，齏乃辛辣之物，臼乃容器，意為受辛，合在一起便是『辭』字。連起來就是……」

「絕妙好辭！」曹植脫口而出，「難怪老先生這般榮耀！」

曹操撫掌而笑：「妙！邯鄲先生的碑文妙，蔡伯喈的謎語妙，德祖解得也妙。」

「後生可畏，後生可畏……」邯鄲淳很欣賞楊修，曹植更是青睞，朝他微微拱了拱手，楊修也朝曹植施了一禮——這對年輕人四目相對，竟有些相見恨晚之感。

曹操又道：「未知老先生散居荊州可有新作？」

邯鄲淳歎了口氣，先前的自傲霎時不見，似乎有些無奈：「老朽年邁昏聵，也懶得做什麼正經文章了，這些年專門摘錄一些詼諧之事，想編成一部書，名曰《笑林》①。」

「《笑林》？」曹丕最喜歡這類東西，「老先生可否講上一篇，我等洗耳恭聽。」

「好啊，老朽就說一則笑話供丞相與諸位大人解頤。」邯鄲淳提了口氣，「話說平原郡有個複姓陶丘的人，娶了渤海郡一位女子。其女容貌甚美，夫妻和合相敬如賓。忽有一日，其妻之母來探望女兒，陶丘見後很不高興，沒多久就把妻子給休了……」

「為什麼？」曹丕忍不住插話，「是他岳母招惹他生氣了？」

「那倒不是。」邯鄲淳娓娓道來，「他妻子也是不明就裡，於是問陶丘自己錯在何處，他丈夫坦言道：『我見妳娘又老又醜，女兒都隨母親，想必妳將來也是那等模樣。故而提前休了妳這醜婆娘！』」

---

① 《笑林》，邯鄲淳著，我國歷史上第一部笑話集，原書散佚，現存二十餘篇。

眾人盡皆莞爾，樂進、夏侯淵那等武夫更是前仰後合。

邯鄲淳也笑了：「《笑林》大抵不過此類，但求博君一笑。不過凡事細細想來還是有道理的，如果說這陶丘根本就是個愚人，我看也未見得，他倒很懂得『居安思危』。」這麼一解，眾人笑得更厲害了，他卻兀自說下去，「居安思危雖不可用於夫妻之愛，但卻是為國者時時都要記住的。倘若坐擁強盛藐視天下，恐怕就要吃大虧啦！」

荀攸眼前一亮——此公老而彌辣，有曼倩遺風。

這世上專有一種人，什麼大道理都懂，無奈世道紛亂沒人肯信他的話，故而嘻笑怒罵。表面上看是詼諧找樂，實是暗藏玄機譏諷時弊，前朝有個東方朔，而邯鄲淳也屬此類。

曹操卻只顧著笑，全然沒把後面的話聽進去，轉而對眾人道：「好好好，邯鄲先生的《笑林》咱們算是領略了，過幾日老夫再帶諸位共覽《曹娥碑》。」

許攸越發笑道：「阿瞞，你笑暈了？那《曹娥碑》在江東上虞縣，孫權之地如何去得？」

「馬上就不是他的了。」曹操嘿嘿冷笑，「老夫決定對江東開戰，趁今時之勢將劉備、孫權一併剿滅。」

他突然冒出這麼句話，所有人的笑容都驚回去了。

眾人目瞪口呆半晌，荀攸才想起勸諫：「孫氏坐斷東南屢戰屢勝，未可輕視。還請主公先剿滅劉備，日後再議出兵江東之事。」

曹操輕蔑地哼了一聲：「軍師此言差矣。老夫擁兵十餘萬，合孫劉之眾不及老夫一半，有何懼哉？」

荀攸心想——當年你在官渡，兵力也未及袁紹一半，結果又如何？但話不敢這麼直著說，想想又道：「與孫權相鬥乃是水戰，非我軍所長，恐不能……恐一時不能得勝。」荀攸自荀氏被曹操猜忌以來說話分外小心。

「軍師行事太過拘謹。」曹操手指張允、文聘，「你道江中不利，荊州之將不也久經水戰嗎？他們做先鋒，老夫雄兵在側，踏平江東有何不可？」

文聘好勇爭強，張允一心富貴，都連聲附和。蒯越心裡卻直打鼓，荊州水軍雖眾，純屬守備極少出擊，與孫氏相鬥從未占過上風，何況剛剛易主士無鬥志，靠他們並不保險。但他一介降臣，又被人家捧得這麼高，怎好說喪氣話？

曹操把一切都看得很樂觀：「興許還用不著動武呢！天下大勢已定，說不定孫權能識時務不戰而降。昨天有消息傳來，劉備已派人渡江，意欲與孫權勾結。我料劉備勢弱必依孫權，可能過不了多久孫權就會把劉備的腦袋給老夫送來。去年公孫康不就這麼幹的嘛！」

奮武將軍程昱出班諫言：「不敢苟同丞相之言，孫氏絕非公孫氏所能比。遼東地處偏遠，故公孫康深知丞相有所不及；然孫氏素來驍勇善鬥，今大難近在咫尺，焉有束手之理？孫權新在位，未為海內所憚。丞相無敵於天下，平定荊州威震江表，孫權有意抗爭不能獨擋。劉備小有英名，麾下關羽、張飛皆萬人敵，權必資之以禦我軍，又豈能殺之？」

曹操卻頗有成算：「實話告訴你們，我一到江陵就開始準備了。前天我已修表發往朝廷，加封豫章太守孫賁為征虜將軍，並命令他派子為質。」孫賁是孫權從兄，當初孫策遇刺兩家妥協，曹操為曹彰迎娶孫賁之女，如今已經合卺；他給親家升官，又要求送人質，其實是暗示孫氏歸降，「孫氏願降便降，不降老夫自取之。軟的不行就來硬的，以中原之眾難道還幹不過小小江東？」

他把江東六郡之地稱為「小小」，眾人都覺太過輕敵，卻也不敢斧正。這時有個低沉的聲音道：「明公所言句句在理，以我軍今日之勢足以威震天下，豈會拿不下江東？」素來不多言的賈詡竟站了出來。

「還是文和見識過人。」曹操聽他誇耀自己甚覺得意。

「不過……」賈詡的話漸漸變了味，「既然如此何必要動干戈呢？明公昔破袁氏，今收漢南，威名遠著，軍勢浩大。若乘舊楚之饒以饗吏士，撫慰百姓，使其安土樂業，則可不勞眾而使江東稽服。」

曹操頗感詫異：「你的意思是不打仗？」

「正是，明公只需保有今日之地，安撫百姓釋懷天下，使四海之豪傑盡歸中原，蟄居之志士回應影從。過不了三兩年，江東孫氏定然傾頹，不敢與明公爭鋒，勢必具表稱降。」

「哈哈哈……」曹操仰天大笑，「文和兄，人人都說你智謀深遠，如今怎麼也這般異想天開？縱然要迫使孫權歸降，也當揚威江上以兵相嚇。徒以仁德資財相耗，不知何年何月才能如願以償？」

賈詡是個人精，見曹操全然不理會弦外之音，便咕噥著：「屬下愚鈍，但憑明公做主吧！」再後面還有理由，可他沒法說——早定天下早當皇帝，他可不想再等了。

荀攸左思右想心中不寧，還欲再諫，卻聽曹操悻悻道：「當初我一意孤行出征烏丸，你們也是橫攔豎擋，結果又如何？多少大事等著老夫去做，你等不必多言。」

荀攸心頭一緊——天下都安定了，「多少大事」又指什麼？他再不勸諫了，多說話只能讓曹操多疑心，弄不好引火焚身，荀家的日子更不好過了。

曹操此時此刻早把廣開言路的允諾忘得一乾二淨，叫人搬來几案立即書寫檄文。他把小曹沖抱到腿上：「我兒字練得越來越好了，這篇檄文為父口述，你來寫。」他攥著兒子的手，邊運筆邊道：「近者奉辭伐罪，旌麾南指，劉琮束手。今治水軍八十萬眾，方與將軍會獵於吳！」

「這就完了？」曹沖眨麼著眼睛問。他雖年紀小，也知檄文都是長篇大論辨析時局，哪有就寫兩句話的？

「完了，這就夠孫權心驚膽寒的了。」曹操把筆一扔。群僚看著這兩句話的檄文，都覺太過傲慢。況十幾萬的人馬誇張到八十萬，也太危言聳聽了吧？

「就這樣，大家都散了吧！」曹操再不納言，拉著曹沖逕赴船舷，「沖兒你看，對面往東就是孫權的地盤，再過幾日也是為父我的了。是我的也就是你的，為父所做的一切都是為了孩兒你呀！」

曹沖年紀雖小，卻也隱約明白這話的意思：「父親英明神武，等孩兒長大能做事了，一定好好孝敬父親，不負您厚望。」曹操摸摸兒子的頭，沒再說話，只是面對滾滾長江開懷大笑，此時此刻他堅信自己是這世上最成功、最幸福的人。

「丞相……」有人在背後低聲呼喚，聲音戰戰兢兢的。

曹操回頭一看：「華先生，有什麼事嗎？」

華佗似乎有些難以啟齒，緩緩道：「在下想向您告幾天假，家中老妻……」

「又病了？」曹操露出一絲懷疑的眼光。

「我這次只去半個月，半月後一定回來。」華佗抬起頭，懇切地瞧著曹操。

曹沖一向親近這老醫士，也幫腔道：「爹爹近來舊病沒有復發，就讓華先生走吧，反正半個月的工夫去去就來。以後還要勞煩華先生給熊兒弟弟調養身體呢！」

曹操見兒子說情，便順水推舟：「好吧，你速去速回。」

「謝丞相。」華佗深深作揖，「丞相對在下寬宥，我回去後會好好研究醫道。聽說荊州常鬧傷寒，我這些日子抽空尋些……」

「好好好，你去吧！」曹操不耐煩地把他打發了。

曹沖扶著船舷笑道：「華先生不僅是位名醫，也是讀書人，孩兒以為父親應該多聽聽他說的話。」

「你小子也學著管老子的事來了。莫要離舷太近，有危險……」曹操微微一笑，回身環顧眾人。這會兒散了差事，群僚也都興致勃勃觀景致，趙達就站在不遠處與溫恢說笑，曹操招手把他喚過來。

「主公有何吩咐？」

曹操湊到他耳邊：「華佗三番兩次告假，我懷疑他所言不實。你派幾個人尾隨他回去，探探他妻子是否真的有病。倘若真有病，就賜他四十斛糧食，再延他半月假期。如果他敢欺瞞老夫，你就把他關進大牢！我看這老兒自以為能治頭風，故意借此要脅老夫。哼！我堂堂丞相，一人之下萬人之上，豈能被此等巫醫之徒左右？」

趙達諾諾連聲，心中暗想——什麼一人之下萬人之上？上面那一個不過是擺設，打贏這仗連擺設都不用留著了。

孫劉結盟

諸葛亮隨魯肅過江，在柴桑拜謁孫權，表示雖然落敗，但麾下關羽還有一萬水軍，江夏劉琦之眾也有萬人。曹操遠來疲憊，為了追趕劉備，一日一夜奔襲三百餘里，此所謂「強弩之末，勢不能穿魯縞」，兵法有云：「百里而趨利者，蹶上將」，曹操犯了兵家之大忌。而且北方人不習水戰，荊州之兵又剛剛歸降人心未穩，若是江東能出兵支援劉備，兩家並力必能擊破曹軍。

孫權聽後寬心不少，立刻派人到鄱陽調回正在戡亂的周瑜，自己則帶著魯肅、諸葛亮馬不停蹄回轉吳縣，準備布置兵馬。哪知剛回到吳縣，壞消息就接踵而來。

許都派到豫章一個使者，加封孫賁為征虜將軍，孫賁接受詔命意欲遣子入質，多虧老臣朱治跑去勸阻，此事才算作罷。大敵未至，本家兄弟先有異心，影響實在惡劣。此事還未平息又有軍報打來，已經降服的黟、歙山越聞聽曹兵將至舉兵復叛，賀齊陷於苦戰，孫權只得又抽兵派去支援。緊跟著曹操的檄文也到了：

近者奉辭伐罪，旌麾南指，劉琮束手。今治水軍八十萬眾，方與將軍會獵於吳！

雖然只寥寥數語，曹操的驕橫霸氣卻一覽無餘，兩軍生死之搏在他看來就像打獵一樣輕鬆。這篇短短的檄文猶如石頭投入了平靜的死水，江東群僚霎時人心惶惶。孫權甚感時不我待，不等周瑜趕回，便召集文武匯聚一堂，商討用兵之事。

「曹操襲破劉備兵至江陵，接收荊州水軍，武陵等江南四郡也已具表稱順，其勢侵過大江。」孫權穩坐帥位朗朗而談，雖然面色凝重，心裡卻已經做好了打算，「所幸劉備已逃往江夏與劉琦匯合，今曹操又檄我江東，意欲一吞九州，暴行天下，當此危難之際，我江東子弟當與劉備同仇敵愾，發兵……」

「屬下有事稟奏！」一個響亮的聲音突然喊道。

何人敢打斷主公講話？本來專心聆聽的江東文武皆感詫異，不禁側目張望，見一個年輕掾吏擠出了人群——那是奏曹掾陸績陸公紀。此人乃舊任廬江太守陸康之子。昔日孫策在袁術麾下，奉命攻打廬江，陸康據守一年染病而卒，城池終於陷落。後來孫權廣施恩德懷柔士人，把這昔日冤家之子也招進了幕府。不過陸績雖在江東，卻時時以漢臣自居，不甚得孫氏器重。

孫權一見是他，臉色由晴轉陰：「公紀有何要事？不能等我講完了再奏嗎？」

陸績天生是個大嗓門：「屬下以為，萬不可救劉備！」

「為何？」

「劉備背信棄義反覆無常，叛呂布，反曹操，依袁紹，附劉表，所過之地盡皆落敗，實乃不祥之人。還有劉琦，浪蕩膏粱兄弟鬩牆，主公焉能援此不義之輩？」

孫權氣樂了：「你所言是他二人私德，與情勢無干。」

「私德尚缺，何談公義？」陸績硬頂了回來，「主公與劉表連年征戰，一旦變易反助其黨，豈不讓天下人笑咱們朝秦暮楚？」

孫權見他盡是歪理，終於壓不住火了：「大膽！誰敢這樣說？若按你這番道理，豈不要坐視曹操吞併荊州？」

又有個年輕的聲音道：「現今之際非但坐視曹操覆滅荊州，恐怕連咱們江東之地也難以保全。」

孫權又是一愣，轉臉觀看——說話的是主簿吾粲吾孔休。

這個年輕人從瞠目結舌的群僚中走出來：「北方州郡盡數平定，益州劉璋、交州士燮也已遠尊朝廷，天下大半入曹操之手。主公獨以東南一隅頑抗，其勢安能持久？」

孫權蹙眉道：「長他人志氣，滅自家威風，不許說這種話。」

「禍在眼前豈能不談？」吾粲又施一禮，「請恕屬下直言，事到如今我江東唯有一降耳。」

千防備萬防備，投降論還是冒了出來。

孫權盯著陸績和吾粲，心中不禁疑惑——兩條小雜魚怎麼敢出來挑事？身後必有倚仗之人！想至此故意一拍帥案：「你二人當眾妄言，動搖人心，各打五十棍逐出幕府！」

「主公息怒。」軍謀掾陳端出班施禮，「二人所言之事出自善意，不當加罪。」

秦松也站了出來：「竊以為二人所言有理。」

事態漸漸清晰——背後撐腰的是江北士人。秦松、陳端是孫策時就隨軍征戰的謀士。可他們都是徐州籍貫，現在這個節骨眼上，恐怕想放棄江東返回故土了吧？這幫人功勞赫赫威望極高，又提攜了不少後進，當然有人為他們出頭。

孫權不便與這倆老臣翻臉，據理力爭：「江東尚有數萬可戰之兵，豈可言降？」

「非也。」秦松誠惶誠恐，「江東雖稍有殷實，未為小康。四境山越驟起，內患尚不可解，何以抵禦外敵？戰事一起黎民遭難，主公父子之英明皆不存矣！屬下為主公計，亦為百姓計，當解甲歸降以全聖德。」

陳端馬上跟進：「先主舉兵本為黎庶，今天下將安，兵戈將歇，請主公三思。」

「哼！」孫權冷笑一聲，漫指堂上諸將，「未知列位將軍以為如何？」

老將黃蓋性子最烈，嚷道：「此真無稽之談！老夫跟隨先主闖蕩四海，何嘗屈於人下？」

韓當也憤憤道：「為將者報效軍前死固死耳，何談降敵？」

蕩寇中郎將程普乃諸將之首，當年跟著孫堅、孫策幾番出生入死，說話很有分量：「二位以為江東僅是主公之江東嗎？六郡之地是討逆將軍[②]打下來的，也是我們這些人玩命玩回來的，誰想搶走也得一刀一槍來奪，除非把我們這幫老骨頭打趴下！」

扶義將軍朱治、征虜中郎將呂范皆是孫氏故舊，也紛紛請戰，還有一些小將也躍躍欲試。陳端卻道：「列位將軍少安毋躁，事有輕重之別。中原動盪有敵來犯，我軍尚可一鬥。然今曹操兼北州驍勇之士，又得荊州水師合軍八十萬眾，人如龍，馬如虎，旌旗如雲，鬥艦如蛟，其勢如席捲，江東之地危如累卵。敵眾我寡強弱已分，焉能得勝？」

可把幾位老將氣壞了，黃蓋鋼牙緊咬銀髯亂顫：「什麼八十萬眾如這如那的，你又沒親眼瞧

---

② 討逆將軍是孫策的官號。

見！再說三道四，老夫一拳打死你！」他可說得出辦得到，旁人趕緊抱住：「老將軍息怒！」

陳端不敢與他對質，嚇得倒退幾步，卻朝身邊的人嘀咕：「匹夫之勇有何用？」

堂上吵吵嚷嚷，主戰主降涇渭分明，孫權眉頭擰成個疙瘩，若非事先把三位老將調回，還真難撐住這場面，但縱然壓得住秦松、陳端，仗還未打先鬧成這樣，總不是好事。剛想喝止爭論，忽聽一個厚重的聲音道：「屬下也有話要說。」這聲音其實不大，但是一鳥入林百鳥壓音，人滿為患的幕府大堂立時安靜了——說話的是撫軍中郎將、幕府長史張昭。

張昭字子布，廣陵人士，是孫策最重要的膀臂，與彭城張紘合稱「江東二張」。不但江東地盤是他倆出謀劃策得來的，就連施政之法都是他們制定的，官吏近一半是他們舉薦的，至於羈留江東的名士，十個裡有八個是衝著他們的面子。特別是孫策亡故之際，張昭總攬內外諸事，天下人盡知他能當孫權半個家。

「子布，你主戰還是主降？」孫權的聲音有些發顫。

張昭剛過五十，但身材瘦削滿臉皺紋，有些未老先衰。他往前踱了幾步，忽然跪倒在地：「我……主降。」

孫權腦子裡嗡地一聲，只覺眼前驟然發昏，好像天突然陰了——張昭不僅僅是股肱元老，還是這些年來自己為政理事的老師，甚至是為人處世的標榜。孫堅死得早，孫策又英年早逝，張昭簡直就像父親一樣疼愛自己，教育自己。他怎麼也忍心捨棄這一切？

「子綱，你的意思呢？」孫權愣了片刻又問張紘。

張紘本意也是投降，但他曾出使許都，又以朝廷委派的名義回到江東，怎好說一個「降」字？思來想去道：「戰不能戰，降不能降，倒不如……與之講和。」誰都聽得明白——城下之盟有何可談？那跟劉璋沒分別了，等同於間接投降。

連張昭、張紘都力主投降，其他觀望的人就不再踟躕了——留府長史孫邵、從事顧雍、功曹虞翻率先跪倒：「當從張公之議。」緊接著窸窸窣窣跪倒一大片，有的將軍也開始猶豫了，儼然就是荊州眾臣勸劉琮投降的那一幕。

孫權固然不似劉琮那般懦弱，但也是一頭冷汗，環顧這廳堂之上還有誰和自己一條心——除了三位老將和朱治、呂範滿臉焦急，其他人似乎都不保險。猛一眼看見中軍司馬諸葛瑾，他絕對是貼心之人：「子瑜，你有什麼要說的？」

諸葛瑾欲言又止，猶豫半天才道：「卑職唯主公馬首是瞻！」其實他主戰，可他弟弟諸葛亮為劉備效力，說什麼都有私庇之嫌，投降派必群起而攻之，所以還不如不說。

孫權長歎一聲，伏倒在案邊——他固然知道有人是要跳出來的，但沒想到主張投降的人會有這麼多。就連輔佐自己多年的重臣都力主投降。人心如此大勢已去，要不要再堅持下去？孫權就算心如磐石，這會兒也不得不鬆動了。

「主公……」站在他身邊的魯肅突然開了口，「請更衣。」

「嗯？」孫權一愣，既而反應過來，「好好好……諸公稍候。」站起身緊緊攥著魯肅的手腕，就像抓到救命稻草一樣，暈乎乎轉入偏室。

等進了門轉過屏風，孫權揮退僕僮，魯肅這才把憋了半天的話吐出來：「方才眾人之議皆為自身而謀，不足與圖大事。」

「什麼？」孫權有些不敢相信。

魯肅緊緊注視著孫權的雙眼：「似我們這等人可以降曹，如主公者，則不可。我若降曹，猶不失從事之位，乘犢車、從吏卒、交遊士林，若能恪盡職守，日後說不定還能升到州郡之位……」說到這兒他話風一轉，朝孫權深深一拜，「可主公降曹，又能得到什麼？」

孫權不禁凜然——孫氏兩代縱橫，若落於曹操之手，豈能留什麼權勢？運氣好了不過侯一縣、車一乘、府一座、僕僮數人，兒孫散秩閒職，幾輩子才能熬出頭；運氣不好就被曹操哢嚓一刀，從此絕了子嗣。

私利往往比公義更能打動人心，魯肅深諳這一點：「願主公早定大議，莫聽眾人之言。」

孫權喘著粗氣點了點頭，整理整理衣冠，拿定決心帶著魯肅二次上堂——裡面可熱鬧啦！陸績、吾粲等人正圍著老黃蓋喋喋不休；韓當與陳端辯理；程普厲聲質問張昭、張紘，二張卻一言不答；獨忙了朱治、呂範，勸了這個勸那個。

「都給我住口！吵吵嚷嚷成何體統？」孫權怒吼一聲，快步走回帥案邊，「我意已決，當與劉備併力抗曹。」秦松、陳端等人不明白這片刻工夫他何以又堅定起來，都怨咒地盯著魯肅。

「請主公三思……」張昭再次跪倒，朗朗陳詞道：「曹操實乃豺狼梟雄也，然身居相位，挾天子以征四方，動輒以朝廷為辭，今日拒之義則不順。且我江東所恃者，長江也。曹操已得荊州，悉得劉表所治水軍，艨艟鬥艦數以千計，沿江而進聲勢浩大，兼有步兵，水陸俱下，長江之險已與我共之矣。而彼眾我寡實力懸殊，當此時節若不順之，恐我江東將無遺類也！」

只要有張昭挑頭，其他人群起回應：「請主公收回成命！」

孫權萬沒想到，股肱之臣竟會成為最大阻力，這番慷慨陳詞有理有據以何駁斥？正思忖間，聽堂外傳來一陣爽朗的笑聲：「哈哈哈……張公一向慮事深遠，如今怎麼也拿這等不值一駁的鬼話來敷衍主上？」笑聲剛過，一陣騷動，許多軍兵將校一窩蜂擁到幕府院中，每人手中都是明晃晃的鋼刀。可就在一片鎧甲叢中，走出個風度翩翩的青年公子來。

此人三十出頭，身高八尺，猿背蜂腰，姿質風流，儀容秀麗；面如冠玉，眉似點漆，目若朗星，鼻直口正，唇若塗脂，牙排碎玉，滿面微笑；頭戴青藍色綸巾，身披錦緞大氅，腰圍著銀線絲絛，手裡搖著一把鵝毛羽扇，既顯莊重又不失素雅。談吐輕快舉止瀟灑，恰似一位遊學四方、坐論風雅的文士——殊不知他便是隨孫策拓定基業，久掌兵戎的周瑜周公瑾。

孫權精神為之一振——帶著兵來的，好辦啦！

諸葛瑾裝了半天啞巴，這會兒才張口：「公瑾，你可算來了。他們口口聲聲要投……」

「我聽見了。」周瑜瞥了張昭一眼，「方才張公所言出自真心？」

張昭深知來者不善，並不回答，反問道：「公瑾以為如何？」

「此真迂儒之見！」周瑜驟然變色，「曹操名托漢相，實乃漢賊也！將軍以神武雄才，兼仗父兄之烈，割據江東，地方數千里，兵精足用英雄樂業，正當橫行天下，為漢家除殘去穢！況曹賊自來送死，豈可屈膝投降？」

周瑜好大口氣，竟直指曹操為「漢賊」，還說他自來送死。此言既出，堂上沸沸揚揚，多數還是不贊同之聲；孫權卻大合心意，與魯肅對視了一眼，兩人都鬆了口氣。

「檄文初到，諸位心懷怯意，我為爾等解之！」周瑜背著手在堂上踱來踱去，一副教訓的口吻，「曹操此來立足未穩，卻先犯兵家之忌：北土未平，馬超、韓遂等尚在關西，為其後患，此一忌也；北軍不熟水戰，荊州屢敗萎靡，曹操捨鞍馬而仗舟楫，與吳越爭衡，二忌也；又時值隆冬盛寒，馬無藁草，三忌也；驅中國士卒遠涉江湖之間，不習水土，必生疾病，四忌也。此四者，用兵之患也，而操皆冒行之，即便兵馬甚眾又有何懼？」說罷他轉身朝孫權深施一禮，鏗鏘有力道：「主公除賊正在今日。瑜請得精兵五萬進屯夏口，為主公破之！」

張昭等人已被駁得面如死灰，程普、黃蓋等將精神大長，紛紛抱拳請命：「我等也願請戰，與曹賊一搏！」

眾將話音未落，又聽堂下響起了高昂的呼喊聲：「願保江東父老，為主公一戰！」眾士卒齊聲吶喊，聲震房瓦直沖霄漢，那股淩厲殺氣在樓宇間縈繞良久。

孫權大感暢快，霍然而起：「老賊欲廢漢自立久矣，徒忌二袁、呂布、劉表與我。今數雄已滅，惟我江東尚存，我與曹賊勢不兩立。卿言當戰甚合我意，江東上下一心，必與曹賊一決雌雄！」

秦松、陳端投降派盡皆披靡，回頭看了一眼——但見堂下眾士卒兵刃在手，鋼刀利劍泛著白光，殺氣騰騰列於中庭；情知若再言投降禍不旋踵，只得參差不齊地附和道：「願從主公之意……」唯有張昭二目低垂，沉默不語。

周瑜兀自不饒，又道：「末將為主公而戰，萬死不辭。只恐還有人猶豫不定，壞我大事。」

「這倒不難！」孫權從腰間抽出佩劍，朝定帥案劈去，只聽「砰」一聲，帥案竟被他斫去一角，「諸將掾吏有再言降曹者，與此案同！」

群臣一見盡皆膽寒——抗曹是沒有把握，降曹卻立時喪命，哪還敢再說什麼？大堂之上一片啞然。終於沒有異議了，孫權當即傳令，以周瑜、程普為左右都督，魯肅為贊軍校尉，朱治輸運糧草，兩日後出師。計議已定各司其職，就此散帳。

軍令如山無可挽回，秦松、陳端等只能諾諾連聲抱憾而去——這本就不是一場公平的辯論，孫權本身就願意打這一仗，手裡又握著屠刀，豈是幾個文臣能撼動的？

孫權對諸葛瑾道：「難為子瑜憋了一肚子話，就勞煩你去館驛見你家兄弟，講明出兵之事吧！」

諸葛瑾微微一笑，拱手道：「既是子敬將舍弟迎來，居中穿梭還是勞煩子敬吧。哈哈哈……」說罷滿面春風施禮而退。莫看諸葛亮來了好幾日，哥倆竟連一面都沒見過。其實同胞兄弟私下見見也是人之常情，難得這對兄弟都是公私分明懂得避嫌之人。

喧鬧的大堂散了個乾淨，不少人邁出門檻時還在感歎「江東難保」。周瑜卻沒走，亟不可待湊到帥案前：「主公不必多慮，方才眾人看到檄文上寫著水步軍八十萬，便信以為真。其實曹操集中原之士也不過十五、六萬，況東征西討軍已久疲，豈能盡數帶出？荊州降兵最多也就六七萬，且人心未附尚懷狐疑。老賊以疲憊狐疑之眾犯我江東，人馬雖多亦不足畏。」這番話明著是指責投降派，其實也是故意說給孫權聽的，怕他心思不堅定。

孫權何等精明？自然曉得他用意：「公瑾不必開導，我心裡有數。可惜群臣皆為自身而謀，連張子布都主張降曹，實在太令我失望了。唯有你與子敬之言最合我意，實在天助我也！不過你要五萬兵，目前實在抽不出，賀齊還在與山越激戰，此乃肘腋之患不得不防。眼下有精兵三萬，糧草戰船隨時可以調度，你與程老將軍先去，我當續發人馬以為後援。能取勝自然最好，若戰之不利……」孫權咬了咬牙，「若戰之不利，我便親自上陣，誓與三軍將士共存亡！」以寡敵眾以弱抗強，孫權也知風險極大，已抱定必死的決心。但現在還不是他出馬的時候，若他離開吳縣，誰還壓得住那幫投降派？

周瑜見他心志堅定，也暗暗鬆了口氣——打仗就怕主帥心存狐疑，畏首畏尾，將士們還怎麼放得開？如今是拿三萬去跟人家十幾萬拚，若主公還在後面猶猶豫豫，這仗就沒法打了。

「疾風知勁草，國亂顯忠臣。若非今日之事，我焉能識出誰跟我一條心……」孫權說了一半猛然抬頭，見張昭那瘦削的身影兀自矗立門邊，剛才的話都被他聽了，難免有些尷尬，「子布還有何事？」

張昭緩緩走到孫權面前：「我有幾句話想說。」

孫權低頭看著那被斬去一角的帥案：「用兵之事我意已決，無需再言。」他固然說過反對者殺，但殺誰也不能殺張昭啊！

張昭陰沉著臉：「我有幾句肺腑之言，一定要說。」

「子布你……哎呀……」孫權猶豫片刻一拍大腿，「你說吧！」

「屬下籌備軍務先行告退。」周瑜自覺有礙訕訕而退。

孫權也不看張昭，隨手拿起份奏報，心不在焉地瀏覽著，只給他個耳朵。張昭沉默了一會兒，突然大聲問道：「主公！你還記得令兄過世前囑咐的話嗎？」

怕什麼來什麼，孫權最忌諱提這個，只得把奏報放下道：「時刻在心未敢忘懷！這些年我恪盡職守保衛江東，有什麼不對嗎？」

張昭連連搖頭：「主公安撫百姓，提拔將領，興師報仇自然沒什麼不對。但令兄臨終之際對我言道，若割據江東事有不順，當徐圖西歸回到中原，您都忘了嗎？」孫氏雖然籍貫吳郡，但卻是自袁術麾下起家，是帶著兵殺回來的，所以在許多本土士人眼中，他們還是外人。之所以會有本土官吏跟著江北派起鬨，原因恰恰在此。

「是有這話，你還給我留了面子，沒提前半句。」孫策臨死前恐孫權年少不能服眾，把軍政事務全權委託給張昭，並囑咐說：「若仲謀不任事者，君便自取之。正復不克捷，緩步西歸，亦無所慮。」實際上是把廢立之權也給了他。

張昭作揖道：「臣下一片忠心，不敢妄為。」

「我元服之際你就把權力交出來了，子布忠心可見一斑。」孫權點了點頭，然而話風一轉，「但徐圖西歸並不等於降曹！難道叫我放棄父兄之業給曹操當臣子，你們倒不愁日後前程？」

張昭被這話刺痛了，義憤填膺道：「難道我勸您歸降就為一己私利？主公也太小覷我了！自黃巾作亂以來，天下動盪三十載，多少士人慘遭罹難？多少百姓橫屍山野？還不夠嗎？今北方已安，群藩已順，唯剩此東南一隅，難道您還要再鬥下去，讓更多人亡於兵戈，使江東六郡毀於戰火嗎！」他越說越氣，已控制不住情緒，「孔曰成仁孟云取義，大義當前君子死亦不避，況解甲歸順不失封侯之位，有何不可？你剛才說我顧念私利，我看真正顧及私利不肯放手的是你！」江東群僚中也只有張昭敢這麼言辭激烈地指責主上，換了別人非死不可。

「你住口！」

張昭偏偏不住口：「昔日令尊舉兵討伐董卓乃為安定天下，今天下一統近在咫尺，你卻……」

「給我閉嘴！」孫權徹底被激怒了，一腳把帥案踢個底朝天，欲拔劍殺人；可張昭硬是不躲不逃，就站在原地逼視著他。

孫權雖恨，可怎麼對這個既是忠臣又是師長，甚至像是嚴父的人下手？他轉過臉不再看張昭，生怕自己一時之憤鑄成大錯，手握劍柄顫抖了許久，最後摘落鉤帶，把劍狠狠地往地下一摔：「你說對了！我就是不甘心！什麼保衛漢室，維護祖業，都是欺人之言！我就是要興邦立業稱霸天下！你能奈我何？」

這次輪到張昭無言以對了。

孫權漸漸沉住氣：「別跟我講道理，世間沒那麼多對與錯。」說罷拂袖而去，走到門邊又扭過頭森然道：「天下非一人之天下，曹操有他的野心，但我也有爭奪的權力！天生萬物本無不同，王侯將相寧有種乎？我要叫你們這些迂腐之人親眼看到我身登至尊！」

張昭驚愕地瞅著這個野心勃勃的年輕人——天吶！這就是當初在兄長靈前啼哭不止的那個孩子？是我費盡心力扶立起來的少主？分明又是一個曹操！

第十二章

赤壁初交鋒，曹操出師不利

孫劉聯盟

劉備沒料到孫權辦事這般俐落，短短半個月工夫，周瑜、程普的水軍已開至樊口，與江夏隔江相望成犄角之勢。這支援軍來得如此之快，猶如從天而降。劉備大喜過望，忙派糜竺、孫乾帶著數十頭牛羊過江犒勞。周瑜毫不推辭照單全收，又叫二人捎句話回去——請劉備親自過江商討抗曹之事。

關羽、張飛得知消息忿恨不已。劉備固然屢次受挫，但畢竟躋身群雄，當過徐州刺史、豫州牧、左將軍，周瑜算個什麼東西？孫權麾下左都督，一個雜牌的建威中郎將，三十出頭晚生後輩，不過江拜望已先失禮，竟然還要讓劉備屈駕去見他，如此以下傲上，明擺著沒把江夏諸將放在眼裡。

眾人大罵周瑜狂妄，劉備倒很坦然：「江東之兵畢竟算咱們搬請來的，若拒而不往有失同盟之意。為解眼下之難，莫說是屈就周瑜，就算龍潭虎穴我也得走一趟！放心吧，大敵當前貴在同舟共濟，我量他也不敢把我怎麼樣。」為展現誠意，劉備只命趙雲、陳到左右護衛，三人乘一葉扁舟悠悠蕩蕩渡過長江。

樊口乃長江南岸的一處港汊，是樊溪入江之地，相對於夏口更靠下游，屬江夏郡鄂縣境內。劉備從未到過這裡，隨著船隻漸漸接近，不禁被沿岸的景色吸引了——樊溪比漢水平緩得多，樊口更沒有夏口的喧鬧，反而多了幾分寧靜與柔和，尤其緊鄰樊口有一片重巒疊嶂的群山，雖是深秋時節，卻松柏繁茂毫無蕭索之氣。劉備聽諸葛亮提過，鄂縣曾是春秋吳國的舊都，此山地處鄂縣以西，故而名曰西山。傳說昔日吳國境內只要天旱，吳王就派巫師燔山祈雨，只要山火一起就會降下甘霖。「燔」、「樊」二字同音，久而久之，百姓不再把這山叫西山，反而喚做樊山。於是樊山之溪謂之樊溪，樊溪入江之口謂之樊口。一切都起於那個燔山的傳說，頗有些傳奇色彩。

劉備觀覽著優美的景致，想著那個傳說故事，心下不禁有感——鄂縣也屬江夏所轄，但黃祖死後江南之土盡歸孫氏，反倒成了他們的地盤。細想起來我與孫氏也曾為敵，現在卻要腆著臉來見人家，這樣的聯合又有幾分真誠呢？

正思慮間已入樊溪，但見港汊之地泊著許許多多大小戰船，劉備見了頗覺驚詫，他原以為孫氏水軍船隻不及荊州水軍多，長年征戰未有停歇，想必船艦都已飽受瘡痍。但事實並非如此，這些船非但船舷護板修繕完好，而且被水兵擦得一塵不染，明晃晃濕漉漉的船板被陽光一照，隱約泛著金光，彷彿新造的一樣。這能看出周瑜、孫權的治軍之道，如此用心保養，精益求精，難怪戰無不勝。天下輩有人才出，這對年輕人可了不得。

正嗟歎間，小舟已緩緩靠岸。來迎接的既不是將校，也不是謀士，卻是個十幾歲的小童，穿得倒挺乾淨，梳著總角髮髻，模樣怪可愛的：「小的奉都督之命在此迎候，您一路辛勞了。」

趙雲、陳到見周瑜不肯親自迎接，都有些恚怒之意。劉備卻毫不在意，笑道：「周瑜行事也真有趣，哈哈哈……」信手抓了一把童兒的小髻，「你家都督何在？」

「已恭候多時。」童兒做了個「請」的動作，先行領路。

趙雲、陳到保著劉備，須臾不敢分離，眼看東吳將士來往穿行，竟沒一個主動過來見禮的，誰都沒拿他們當回事，可能連他們來了都不知道，心中越發不平，暗罵周瑜狂妄至極；劉備卻安之若素，自由自在跟著童兒，一個字都沒說。

走了好一陣子，穿過營寨已來到樊山腳下，童兒兀自前行。趙雲實在憋不住了：「你這娃娃，帶我們去哪兒？」

「我家都督在山上。」

陳到性子更急，不由分說一把攥住那童兒衣領：「你實話實說，這山中可有埋伏？」

這童子年紀雖小，膽子可不小，瞪著小眼睛撇著小嘴道：「你當我家都督何等樣人，豈會偷施暗算？你們又有什麼值得圖謀的？」

這倒把陳到問住了：「你、你老實點兒！」

「誰不老實？若非我家都督軍務繁忙，也不會勞煩你們過來。你以為我們欺負你們？你看看，到底誰以大欺小恃強凌弱？你現在還抓著我不放呢！將軍欺負小孩子，傳揚出去，嘿嘿嘿……」那小童嘻皮笑臉，抬起小拇指在鼻子上刮了三下，「羞！羞！羞！」

陳到的手如同被錐子刺到了，趕緊撒開：「你……咳！」氣得無可奈何。

劉備一旁看得哈哈大笑——好一個聰明的童子，瞧見他就算瞧見他主子了，若非通達機智之人，豈能調教出這樣伶俐的僕僮？

剛想到此處，忽聞山上傳來瑤琴之聲，那曲調宛轉悠揚，似百鳥爭鳴般悅耳。劉備雖出身貧寒，卻自幼熱衷此道，在襄陽時常聽劉表帳下樂工演奏，那幫人也算雅樂高士，可相較之下，竟都不如這操琴人手段之妙。宮商流轉間，每個音符都攝人心腑，令人倍感舒暢。劉備微微一笑，也不用那小童帶路，竟尋著琴聲大踏步上了山。

「主公……」陳到仍不放心。

劉備頭也不回，昂頭尋找那琴聲的來源，竟把趙雲、陳到遠遠甩在身後。其實這山並不高，只轉過兩道彎路，見蒼松翠柏之間有一座毛竹小亭，亭內坐著個年輕人，頭戴綸巾身披鶴氅，面龐溫婉眉清目秀，正舉目眺望著遠方，信手撥弄著琴弦——斯人、斯景、斯琴，人間竟有如此瀟灑之士。

「渡江而來多有辛苦，相贈此曲為您解乏……」周瑜一邊說，一邊收住琴弦，但不是戛然而止，而是撥弄得越來越輕，漸漸才停下，宛如一隻鳴叫的鴻雁越飛越遠。

劉備暗自捉摸——我一個人先上來，他怎知我是誰，這倒奇了。心中詫異，嘴上卻寒暄道：「想必先生就是吳侯帳下周都督吧？」說完這話劉備自己都覺好笑，到底是先生還是都督？也難怪他語無倫次，這個年輕人一副風流文士的做派，哪像個統兵之人？

周瑜迎出亭外欠身施禮：「末將拜見劉豫州。」

劉豫州這個稱呼許久沒人叫了，當年劉備在曹操帳下為豫州牧，故有此稱呼。如今的劉備連荊州都保不住了，何談豫州？周瑜一見面就這樣稱呼，劉備聽來頗有些刺心的感覺，強笑道：「正是我這落魄之人。」

「請……」周瑜手指亭中坐榻。

趙雲、陳到和那童兒這會兒已經上來了，見他二人落坐交談，也不敢再聒噪，各自溜到主人身後垂手而立。

周瑜對那童兒道：「你還得下去。黃老將軍督率的後軍快到了，剛好在劉豫州後面，你去把老將軍請到中軍帳，一會兒我有事相問。另外再把程老將軍請來，他就在前營大帳邊站著，我與他同為都督，理當一同會晤。」

劉備越發稱奇，此人明明坐在這裡，怎麼什麼都知道？莫非世間真有能掐會算之人？他左顧右盼一番，終於發現了蹊蹺。原來就在這亭子對面有一排柏樹，恰好生在崖邊，雖不太明顯，但只要用心觀察就會發現，透過樹間縫隙看去，恰是樊口港汊，進出船隻一覽無餘。而在周瑜右手邊也有一片這樣的林子，從樹縫間看下去，就是山下的營寨——周瑜哪是坐在這裡撫琴為樂，這是觀察全軍動向啊！

為將者當仰知天文，俯察地理，瞧破這一點，劉備又對這年輕人高看一眼，進而觀察得更仔細。見周瑜案頭有張打開的羊皮紙，似乎是江漢一帶的水道圖，有處地方赫然用朱筆圈著，莫非周瑜已有禦敵之策？劉備正要仔細看個明白，周瑜卻毫不客氣把它捲上了：「末將請劉豫州前來乃為破敵之事。」一句客套話都沒有，直奔主題。

劉備一愣，隨即綻出和緩的笑容：「未知都督可有破敵之策？」

周瑜知他隱約看到了地圖，緩緩道：「稍有設想，尚未成熟。」

劉備見其有搪塞之意，立刻追問：「既是兩家為盟，可否讓我也聞知一二？」

「那是自然。」話雖這麼說，周瑜卻並沒有再次打開的意思，而是把地圖往袖中一塞，泛泛而論，「荊州大半已失，唯留江夏之北，曹操布武江陵整備水軍，撰文檄我江東，必要自長江而進，先攻江夏後圖江東。我想主動出擊，扼曹軍於夏口以南，勿使敵人兵臨江夏，可保劉豫州與劉公子無恙……」說到這兒頓了片刻，又補充道：「若劉豫州無恙，則我江東亦得安。」這倒是肺腑之言，現在劉備與孫權是一根繩上拴的螞蚱，救劉備的目的實是為了救江東。周瑜本可朗言自己是仗義相助，卻沒講那些場面話，實話實說不圖虛名。

劉備自然高興——周瑜自願拒敵於夏口之南，使江夏免於危機，當然最好不過，不過到底在哪裡用兵，如何用兵呢？劉備再次試探，不過這次委婉許多，只輕輕歎道：「唉！說來容易做起來難，且不論敵我懸殊，水道綿長蜿蜒百里，何處才能用兵？真叫人不安啊……」他以為周瑜聽了這話便會隨口道出，哪知人家低頭擺弄著琴弦，跟沒聽見一樣。

好狡猾的小子，嘴比河堤都嚴……劉備白費心機，也不好意思再問了，猛然轉移話題：「先前子敬過江相迎，孔明又去面見吳侯，若無他二人穿針引線，今日也不能與都督相聚。何不把他們叫來共同商議？」周瑜不說，魯肅就沒準了；即便魯肅嘴也嚴，諸葛亮還能不說嗎？

周瑜這次有反應了，斷然拒絕：「末將受吳侯之託處置機要，不得妄自委署他人，您若要見子敬，改日另行約會，我也可以叫他過江拜望您。今天就免了吧！」

「不必了。」劉備不討這沒趣——你們私下串通好了不說，即便派到我那兒又有何用？又問：「我家孔明先生呢？」

「孔明先生高才，又有結好之功，被我家主公留下款待，過幾日自會回來，請您放心。」

劉備倒是放心，八成仗打完諸葛亮就回來了，那還問什麼呀？他真拿這個周公瑾沒辦法了，索性敞開窗戶說亮話：「周都督，您似乎千方百計不讓我知道用兵細節，這是為何？」

「不假。」周瑜也不隱諱，「末將也不明白，劉豫州似乎千方百計非要弄清楚用兵細節，這又是為何？」

其實道理很簡單——彼此間並不信任。雖說兩軍聯合，難免考慮私利，交戰時誰損失多誰損失少，誰擔子輕誰擔子重，乃至戰後獲利大小。周瑜要是都告訴劉備，倘劉備從中取巧，豈不是耗江東之力反為他人謀利？反之，劉備若不打聽明白，怎知周瑜葫蘆裡藏的什麼藥，若是把江夏賣了怎麼辦？

這場會晤就此僵住了，劉備心中忽生厭惡之感，但畢竟身在人家地盤上，忍了忍氣，沒有糾纏下去：「未知都督帶來多少兵馬。」

「三萬。」

「恨少矣！」

周瑜卻道：「確實少了些，聽聞劉豫州與公子帳下還有兩萬兵，可否暫時撥與末將調遣？」

哪有張嘴要人家兵的？劉備懷疑自己聽錯了：「都督何意？」

「請劉豫州將麾下兵馬借與末將，我統領這四五萬眾與曹賊周旋，豫州但觀瑜破之。」

劉備再能忍，話說至此也不禁泛出怒意：「都督此舉不合適吧？」

周瑜嫣然一笑，微微拱手：「豫州勿怒。用兵之道貴在同心，若你我各自為戰，只恐競相逐利不能得勝。若由末將……」

「憑什麼由你統領！」亭外趙雲怒衝衝插了言。

「放肆！我與周都督說話，豈容你多言？」劉備嘴上申斥，心裡卻暗暗稱快。

周瑜斜了趙雲一眼，並不理睬，卻對劉備道：「劉豫州若信不過末將，我也可將江東之兵盡數交您統領，如何啊？」

劉備萬沒料到周瑜還有這一手。由他管轄江東之眾根本不可能，且不論統軍之才，江夏之兵僅僅兩萬，而且操練不勤相對疲軟，真正的驍勇之士不過數千，而且還得分派守衛郡縣，怎壓得住人數、船隻都多於自己的江東軍？就算周瑜肯給他，他也接不住。

周瑜見劉備啞口無言，才把話往回收：「既然如此，那還是偏勞末將吧！」

劉備擠出無奈的笑容：「周都督，兩軍聯合理當彼此相敬，可不要逼人忒甚。」

周瑜連連搖頭：「陳力就列，不能者止。現在只有末將能統率全域抗擊曹軍，那我只能當仁不讓。我想您一定會答應。」

「你怎麼知道我一定會答應？就不怕逼我反目？」

「不會的。您劉豫州是何等人也？您是識大體、做大事的人，若但逞匹夫意氣，早就在當陽拚殺至死了。您既然奮力逃脫，必有縱橫之志，豈會因一時屈伸而敗大事？」說這話時周瑜的表情分外凝重，似笑非笑雙眼滿是真摯，緊緊注視著劉備。

劉備與他對視半晌，默默點了點頭：「公瑾真知我者也！」

「過譽了。這麼說劉豫州答應了？」

「嗯。」劉備的底線都被人家看穿了，焉能不答應，「不過……」

「我知道。這些兵馬只是暫時配合我行動，等戰事完畢還叫他們回到江夏，另外貴軍糧草皆由我方支應。這總可以了吧？」

劉備聽他把自己想說的全說了，卻仍不示弱：「還望都督說到做到，戰事之後務須完璧歸趙。」

「哈哈哈……」周瑜仰天大笑，一擺衣袖站了起來，「劉豫州太多心。設使戰事不利，貴軍果真喪失殆盡，恐怕那時我周瑜早就喪於曹兵刀下啦！」

直到這時劉備才感到，這個貌似文雅的年輕人實是一個鐵骨錚錚的漢子，一個可以信賴的盟友，或許更是一個強敵。

「軍中設宴，請劉豫州享用。」

劉備根本沒心思吃他這頓飯：「軍務緊急不便討擾，我這便回去調兵。請周都督代我致謝吳侯，就此別過。」說著話已起身。

「既然如此……末將恭送劉豫州。」周瑜也沒打算真挽留，兵都要到手了。多少大事等著，哪有工夫瞎客套？他畢恭畢敬轉出亭外，想親送劉備登舟，哪知剛邁出亭子，就見派去的童兒回來稟報：「黃老將軍所部人馬已到，他正在船上休息。」

「為何不到中軍待命？」周瑜跟劉備說話，眼睛可沒閒著，早把山下情形看了個清楚。

這童兒方才挺伶俐，這會兒卻吞吞吐吐：「老將軍說他連日行軍身體不適，不能立刻聽用。」

「那程都督呢？」

童兒越發語無倫次：「程老將軍……也病了。」

「都病了？」周瑜不禁皺眉。

劉備雖未聽懂他們說什麼，但卻瞧出周瑜臉色不好：「都督軍務繁忙，不勞您相送。一水之隔後會有期。」說罷搶先施了個禮。

「怠慢了……」周瑜滿臉堆笑趕緊還禮，眼瞅著劉備漸漸下山遠去，才轉臉吩咐童兒，「你帶幾個親兵把劉備送來的酒肉牛羊都抬到幾位老將軍營中，並替我轉告他們，軍務繁忙有失拜望，請他們安心養病，晚間我過營探病。這幾日我處置有何失當之處，還請他們不吝賜教。」

生病只是託詞，其實是程普、黃蓋這幫老將不滿周瑜自專。他們都是跟隨孫家兩代浴血奮戰之人，資歷高威望大，怎甘心聽一個晚輩全權指揮？尤其程普，按理說應該是左右都督並駕齊驅，而孫權明顯更器重周瑜，這口氣更是難順。周瑜深知其中利害，大戰在即，若不把這些老爺子哄好了，何談齊心破曹？打發走童兒，他默默展開地圖，直勾勾看著那個朱筆圈好的地方，陷入沉思——捍衛江東的魄力他是有的，寧為玉碎不為瓦全的決心更是不缺，拒敵地點也大致選好了，但面對十多萬敵人，這仗究竟怎麼打？孤注一擲可沒有賠的本錢啊！外人看來周瑜舉重若輕談笑風生，可其中艱辛又有誰知？

周瑜望江沉思之際，劉備已經登船，水手一陣搖櫓，那葉扁舟飄飄搖搖又向江北擺去。時至深秋，西風強勁，自樊口回夏口是向西北行進，幾個水手頂著大風奮力划船，累得汗流浹背。劉備看在眼裡急在心頭，周瑜要主動出擊，爭取隔江相鬥，這主意是不錯，至少可以避免曹軍打到自家門口。但曹軍是自長江順流而下，孫劉聯軍卻逆流而抗，若再頂著強烈的西北風，單就天時而言，完全占不了便宜。孫權處在江南多少還有個地利，可江夏處在曹操勢力的半包圍中，也無地利可言，倘若周瑜有個閃失，江夏又再無兵可派，就只能坐以待斃了。

著急又有什麼用？劉備只能採取一貫的選擇：隱忍和等待。他回想方才與周瑜的交涉，想起那個年輕人英俊的相貌、瀟灑的舉止、透著些許傲慢的話語，心中竟莫名其妙生出幾分嫉妒。自己也曾這般風流倜儻，可如今呢？

想至此，劉備不免心中苦澀，輕輕梳理起鬍鬚，似乎想讓自己看起來更體面，不經意間瞅見一根白鬚，便用力將它掐斷；可剛剛掐完又發現一根，連忙再掐。如是者三，他終於罷手了——日日奔波已經忘記自己早就年逾四旬了，白鬍子、白頭髮還數得清嗎？年輕時常聽人言「英雄老矣」，今天他算是切身感受到這種悲涼了。曹操雖然是宦豎子弟，但早年就躋身官場小有名氣，度盡劫波成就霸業；孫權雖英姿勃發英雄氣概，但若非繼承父兄基業又有何能為？唯獨劉備出身草鞋販子，天天喊著漢景帝玄孫，卻是白手起家未得祖上絲毫恩蔭，辛勞半生卻一事無成。眼看年近五旬白髮叢生，與劉琦共據半個江夏尚且朝不保夕。人與人的命運如此迥異，老天爺，你公平嗎？

「主公快看！」陳到手指北方打斷了劉備的思緒，「關將軍的船！一定是大家不放心，趕來迎咱們。」

劉備心中悲意漸漸釋然——我也並非一事無成，輾轉逃亡大半個天下，但還有一幫兄弟死心塌地追隨我。曹孟德、孫仲謀，你們有這福氣嗎？你們一個占天時，一個占地利，我劉備靠的是人和。有人斯有土。

迎面駛來的是一艘鬥艦，關羽、張飛、糜竺、劉琰等皆在其上，還有許多甲士。兩船相遇搭過踏板，劉備三人登上大船，眾人都著實鬆了口氣，他們唯恐周瑜心懷不軌，特來接應。

關羽開口便問：「用兵之事可曾談妥？」

劉備一陣苦笑：「周瑜叫我把所有兵馬都撥給他指揮，一起沿江而進抵禦曹操。」

張飛聞聽此言，眼睛都瞪圓了：「周瑜小兒也忒狂妄，兩家聯合非為主從，憑什麼咱們的兵歸他們調遣？」

關羽比張飛明白得多，雖然心中亦是不忿，卻手捋長髯默然不語——說是兩家聯合，無論地盤、兵力、資財都是孫權占優，統一指揮便於操控，人家勢力大，又有個仗義相助的好藉口，不給行嗎？

糜竺也道：「人在矮簷下，怎能不低頭？幫周瑜就是幫咱自己，依我之意……給他！」

趙雲笑道：「先生所言極是，主公已經答應周瑜。」

「不！」劉備卻打斷他的話，「我是答應他了，但絕不能給他全部兵馬。我只把劉琦所部連同水軍劃撥給他，咱自己的部隊得立刻接管江夏各縣，曹操在襄陽一帶還駐有七支部隊，也不得不防。另外……雲長、翼德，你們回去挑兩千最精銳的部隊，由你二人親自統領，以備不時之需。」

糜竺不禁蹙眉：「莫非你又有遁去之意？如今咱們已退無可退，倘有精銳就該前鋒對敵，怎能畏首畏尾？若叫周瑜知道，豈不笑咱們怯敵？」糜夫人雖死，但他與劉備畢竟有郎舅之親，故而說話直白。

劉備搖了搖頭，森然道：「以利相交者，利盡則散。倘若戰敗自不必說，一旦得勝周瑜必趁勢北上，咱們若不能突施奇兵立下大功，到時候憑什麼和他瓜分荊州？」事到如今，劉備仍沒忘諸葛亮隆中之謀，仍沒忘奪取荊州。

眾人有的點頭，有的搖頭，有的無奈而笑。劉備的目光逐一掠過他們臉龐，拍著胸口道：「你們是不是覺我想得太遠？別忘了我出身貧賤，卻有一顆平定天下之心；你等肯跟著我輾轉奔波，想必也是有安定天下、博取功名之志！我既不肯屈於曹操，又豈能效力孫權？我就是我，墳頭再小，我占住了也是一座山！任他曹操、孫權再強，我拚盡全力也要與他們鼎足而立！」

這番話慷慨激昂道盡英雄之志，關羽、張飛一左一右牢牢抓住劉備的手：「兄長不必多言，跟隨您之日就已決心生死與共，調兵之事交給我們，您放心吧！」

糜竺回頭看看孫乾、簡雍：「咱們徵調糧草保障輜重，也要多加用心。」

伊籍瞧瞧身邊的向朗，笑道：「咱們的兵都丟了，好在任職荊州多年，這張臉還有用，回去激勵將士把守城關，防備曹軍來犯。」

魏延、劉封、霍峻、士仁那幫小將更是叫嚷：「不就是跟著周瑜打仗嗎？主公放心，我們領兵去，帶多少兵去帶多少兵回來，絕不叫咱的人受損！」

「好！有勞……有勞……」劉備這兩句謝，與其說是主上對臣下的贊許，倒更像是一種朋友間的語言。

劉琰急得直跺腳：「我幹什麼呀？」

簡雍到這會兒都不忘了玩笑：「你呀？什麼都不會，乾脆從今天起別吃飯了，給軍隊省糧食吧！」

眾人一陣哄笑，劉備卻道：「有件最重要的差事非你莫屬。」

「什麼事？」劉琰來了精神，「你說的我可得辦得了。」

「當然辦得了。」劉備閃過一絲詭異的笑容，「從今天起你就幹一件事——陪劉琦玩。」

「玩？玩什麼？」

「蹴鞠、鬥雞、美酒、婦人，什麼好玩就玩什麼，他愛玩什麼就玩什麼，外面塌了天你都不要管。這位公子心志不怎麼堅定，若兵臨城下他動了投降之心就不好辦了。你就哄著他玩，只要他不出來礙手礙腳，就是你大功一件！」

「行！」劉琰全無羞赧之色，「別的咱不成，若論吃喝玩樂、談天說地，我是祖宗！」

「那就行了。從今起咱們各司其職，誓為平定天下而戰。」對於一個朝不保夕的人而言，朗言平定天下，是不是太可笑了？可這就是劉備，雖屢戰屢敗，卻愈挫愈勇，不墮青雲之志。他傲視著滾滾長江，沉吟道，「昔日我曾隨盧植習學經書，可惜學之無用但求聲名，大半已忘記，但《易經》中有句話我永遠忘不了……天行健，君子以自強不息……」

眾人品味著話中滋味，心頭熱呼呼的，彷彿眼前將要迎接的並非困獸之鬥，而是一場逐鹿中原的戰爭。

一觸即潰

建安十三年十月，曹操在江陵休整一個月之後，終於督率大軍沿長江挺進，以泰山壓頂之勢直逼江夏。

當然，在他出兵之前已得到東吳發兵的消息，不過在他看來，周瑜與孫權是兩個乳臭未乾的毛頭小子，不知天高地厚，只要交上一戰，必能打得他們落花流水。如果能一石二鳥，把劉備與周瑜的主力一併殲滅，那更是再好不過。所以曹操只分派曹仁守江陵，曹洪守夷陵，留下少數兵馬，其他水陸軍兵盡數帶出，還令劉勳、張憙、馬延等部渡到江南，將長江兩岸都囊括到自己警備之下，齊頭並進向下游推進。如此大模大樣行軍數日，早進了江夏境內，莫說敵人的兵馬戰船，連散兵游勇都沒碰見。

這日曹操穩坐樓船，帶著兒子們左右眺望，目光所及之處都是自家的兵馬。兩岸旌旗招展耀武揚威，闖入敵境像回家一樣無所顧忌；而水軍經過張允、文聘等將布置，更是氣魄宏大。隊伍最前面列著拒馬、冒突等小船，然後是數十艘鬥艦，都選身經百戰最為精良的戰士充盈其中，長戈大斧閃著寒光。再往後並排列著幾艘樓船，其中位於中央、最龐大的一艘就是曹操的帥船。築樓三層高達數丈，甲士林立文武排班，船首豎著大纛，身手矯健的傳令兵攀上吊簍揮舞紅旗，指揮三軍陣勢。

這艘船甚是龐大，有百餘人搖櫓執槳，但這會兒卻根本不費勁——順江而下又借著西北風，若不是遷就兩岸的陸軍，張足風帆早就一猛子衝下去了。

就在這幾艘樓船之間，幾十艘牛皮艨艟穿插其間，張弓搭箭隨時戒備，任何敵船休想靠近分毫。而在這排樓船後面還有數不清的大小鬥艦、運兵船、輜重船，載著近七萬曹軍，旌旗蔽日首尾相銜，一眼望不到邊。這些水軍與兩岸陸軍遙相呼應，真有鋪天蓋地之勢。此番出兵聲勢之大，人數之多，建安以來未有也。

曹操手撚鬍鬚一臉傲然，對身邊荀攸、蒯越等人笑道：「先前你等阻我用兵，現在看看哪有東吳水軍的影子？聽說咱這般陣勢，他們早嚇破了膽，劉備束手無策待死江夏，孫權羊質虎皮不值一提！」

荀攸、程昱啞口無言，蒯越畢竟是荊楚之人，有些算計：「丞相不可大意，再往前行是沙羨境內，長江流至該段有彎曲之勢，江面又趨於狹窄，當防備周瑜在此布兵。」

「知道了。」曹操只隨口應了一句，並不怎麼當回事，便回頭看兒子們，見曹丕、曹彰、曹植都在，卻少了曹沖等一幫小的，「沖兒他們方才還在，這會兒跑哪兒去了？」

曹丕搶著道：「幾位弟弟年幼，乘船有些不適，外面又涼，剛才沖兒、林兒都嘔了，我叫他們進去睡覺了。」這群北方孩子，從來沒坐過船，冷不防一坐就是好幾天，一個個小臉煞白。其實連曹丕他們都有些暈船，偷偷吐了好幾次，忍著不敢說罷了。

曹操何嘗不一樣？只是身為主帥講求矜持，加之用兵順利心情暢快才沒什麼強烈反應，聽兒子這麼說，竟也有些嗓子眼發堵，卻硬挺著道：「少不經事以後豈能出人頭地？帶他們來就是為了歷練，整日在裡面待著還有什麼意義？把他們叫……」

「主公快看！」曹操的話被身邊一個侍衛打斷。

「怎麼了？」

「有艘『赤馬』回來了！」赤馬船負責往來巡視的，相當於陸上的斥候。

曹操順侍衛手指的方面望去，果見一艘狹長的赤馬船緩緩而來，倒是自家的旗號，不過瞧著有些奇怪——在江面上巡邏與陸地不同，由於往來掉頭不便，又受水流影響，不到萬不得已不回來稟報，船上都有旗幟，一旦發現敵軍跡象，由專門訓練的旗手向後面搖旗示意就行了。可是這艘赤馬居然掉頭回來了，而且既不迅速向船隊靠攏，也沒有士兵在船板上搖旗，船上的人都擠在艙裡幹什麼？還在詫異間，距離已越來越近了。

北方人不識得使船之道，蒯越卻看得明白：「這船不是走得慢，是在江上飄著，根本沒人划！」

眾人剛有些明白，忽見對面又來了幾條船，不過不是戰艦，而是漁船，搖櫓的漁夫披著蓑衣，戴著斗笠，還唱著漁歌，離著甚遠也聽不清楚——這種情形不是沒遇見過，雖說兩軍交戰，但打漁人家靠水吃水，不出來掙命誰養活？曹軍一路上也遇到過幾條這樣的船，不過是令他們沿江停下盤查一番，若不是敵人細作，把魚搶來船就放了。這次情況有些不同，前前後後好像有十幾條漁船連在一起，而且這些船比普通漁家的船要大，倒像是某個豪強富戶手下船隊。

曹丕、曹植還伸著脖子往前看呢，忽覺背後有人猛力推搡，險些摔個大馬趴——原來文聘不顧禮儀，硬從後面擠過來：「其中有詐！那艘赤馬的兵必定遭了暗算！」

張允緊隨其後也擁了過來：「快加速行船，把那幾條漁船撞翻！」說罷兩人直跺腳——水軍有規矩，將領跺腳就是傳令加速。可這會兒他們這些荊州降將不能直接指揮，在前面督船的是曹軍嫡系，他們這邊跺腳管個屁用？

曹操一頭霧水，還以為倆人急得跺腳呢！水戰完全不通，不過他倒從善如流，趕緊傳令：「聽二位將軍的，撞它們！」一則是戰船易將溝通不便，二則南北士兵配合不佳，搖旗的搖旗，吶喊的吶喊，折騰了半天才有點兒眉目，前面的鬥艦稍微快了些，向漁船衝去。

可是為時已晚，只見對面漁船猛然散開陣勢，調轉船頭盡數橫在曹軍船隊前。戰船大，漁船小，兩船急行相撞，漁船必定撞個稀爛；可若是它們橫飄在江上，少了衝力大多只能撞翻，這些船封鎖江面，一旦撞翻必定影響行進，前排一停後面跟著停，要是敵人的船再過來一堵，曹軍就只剩下挨打了。

等曹操想明白怎麼回事，人家早布置妥了，再看那些漁船後面，赫然冒出幾十艘戰艦，都打著江東的青色戰旗，鑼鼓喧天喊聲陣陣，當中一艘樓船，高聳帥旗，斗大一個「周」字——周瑜到啦！

曹兵沒幾個會使船的，荊州兵雖然會，近幾年卻都是守備，極少主動出擊。而江東水軍久戰江淮，又在鄱陽平水寇，根本無需操練。那些水手膀大腰圓，手都磨出了繭子，胳膊練得跟腿一樣粗，那船能駛得不快？故而雖是逆風逆水，竟似箭打出來一般，與順流的曹軍相差無幾，這邊還沒準備好，人家已經過來了。

再看那些管漁船的「漁夫」，把斗笠一摘，蓑衣一脫，裡面早脫得光光溜溜，撲通撲通，全跳到江裡去了。曹操看得發呆，還以為是周瑜招募的勇士，冒死用船斷路，文聘卻連拍船舷：「糟糕！泅水士！」

「什麼是泅水士？」曹操全不懂。

文聘生性好鬥，一門死心全在前面，莫說是曹操，三皇五帝臨凡也沒工夫搭理，搶過令旗親自指揮。張允替他解釋：「泅水士是專門練泅水的兵，俗名叫水鬼，本事大的在江裡撲騰好幾個時辰都不上來。他們要是帶上錘子、鑿子，在咱們船底一通亂鑿，咱的船興許就沉了！」

「什麼？」曹操、荀攸臉都嚇白了，瞪著眼睛往腳下瞅。許攸更害怕，當即趴在船板上聽聲音。

張允噗哧一樂：「放心放心，離咱們遠著呢！好幾道船隊隔著，再大本事也游不過來……但前面的船，可就難說嘍！」

話音未落傳來一連串巨響，前面的鬥艦已與漁船相撞，由於船速不同，那十幾艘漁船有的解體，有的撞翻，有的被戰艦碾到下面，但隨著一陣搖晃都慢下來，後面的船不單受影響，而且水面都是撞碎的浮板、船舷、木頭渣滓，亂烘烘都停了，樓船、艨艟不能蹚自己的船，漸漸也停了。

文聘頓時洩了氣，惡狠狠一拍大腿：「唉！咱們吃虧了！」

仗還沒打怎麼就吃虧了？曹操執迷不悟，可東吳戰船已經逼了上來，隔著一段距離向曹軍放箭。這些箭似乎都長著眼睛，不射持戈之兵，專找划船的水手，一頓箭雨過後，那些船就是想動都動不了了。只見對面樓船令旗搖擺，十幾艘鬥艦一擁而上，東吳的戰船與曹軍的幾無差別，只是旗幟不同，大斧手站在船頭一通亂斬，把曹軍鬥艦的護板劈得漫天橫飛；緊跟著又擲出十幾條撓鉤，鉤住曹軍船舷，鉤子後面都掛有繩索，江東士兵抓著繩子，一二三喊著號子，沒幾下就把曹軍的船拽了過去。兩船還未接舷，江東兵一躍而起，紛紛跳到曹軍船上，一手拿著環首刀，一手舉著鉤鑲，斬瓜切菜似的一通砍殺。

登船的曹兵號稱精銳，陸戰尚可，但水戰的本事都是玄武池練出來的，沒風沒浪還能比劃幾下，真到江上就完了。連著坐幾天船就有點兒天旋地轉，敵人跳過來，船一伏一起一晃悠，沒掉下去就算對得起曹操。兵刃都撒手了，談何反抗，只能伏在船上等死。至於那些荊州兵，跟江東打仗未占過上風，又新換了個不知深淺的主子，心裡更發毛，也就象徵性抵擋兩下，拋下兵刃往水裡一跳，死命往回游。禦敵無能逃跑有術。

曹操都看呆了，前些日子剛聽人介紹了點兒水戰之法，都是紙上談兵，今天親眼見識了，居高臨下看得真真切切，半天才緩過神來，放聲疾呼：「救援！快救援！」

文聘根本沒閒著，揮舞令旗左右調度，要能救早救了。又撞船又減速，擠得嚴嚴實實，根本動不了。費了半天勁，總算調了幾艘艨艟，從密不透風的船縫間鑽過去，眼看接近敵船要張弓放箭了，衝在最前面的忽然停了，緊跟著緩緩沒入水中——船底叫人家鑿穿了。

這種船是護衛之用，選派的都是善射的北軍，本以為不與敵短兵相接就不會落水，哪想到連船一起沉。根本也沒幾個會水的，豈能在長江中活命？慘叫聲此起彼伏，救人的小舟東奔西竄也沒救上來幾個，大多數淹死了。

曹軍乘勝而來軍心倒還旺盛，雖然小有挫折，大多數人還是躍躍欲試，無奈堵著過不去，只能叫罵詛咒；兩岸的兵也不少，乾看著不頂用。曹操急得跳腳，眼睜睜看著敵人把十幾艘船的兵斬盡殺絕，看著他們把屍體拋到江中，看著他們明目張膽拔去自己的軍旗，看著他們接過船槳向東駛去。這些船都歸人家了。

周瑜不做賠本買賣，拿十幾艘破漁船換了曹軍十幾艘鬥艦。曹軍費了九牛二虎之力，總算拆開陣勢，可抬頭一看——人家早就撤了。周瑜也知曹操船多兵多，區區小勝不足以撼動全局，久鬥必然不利，乾脆見好就收。

就在紛亂之中，一陣悠揚的琴聲響起，宛若天籟之韻沁人心脾，江東戰艦隨著那飄逸的曲子撥轉船頭，悠悠蕩蕩漸行漸遠。曹軍眼巴巴看著敵人駛出數里之外，自己這邊還亂糟糟的，追都追不上，只能無可奈何望江而歎。

本以為勝券在握的曹軍出師不利，不但折兵數千，損失戰船二十餘艘，行軍陣勢也被徹底擾亂，不得不再次停靠休整。曹操下令將所有戰船泊於長江以北，由文聘、張允主持重新編隊，自己卻領著謀臣、侍衛、兒子忙不迭下船。有了這次教訓，這幫旱鴨子感覺船上太不安全，能上岸儘量上岸。

可還未立好營寨，又有「赤馬」渡江來報——南岸推進的部隊遭敵人伏擊，損兵千餘。曹操怒不可遏，破口大罵：「好個周瑜小兒，竟敢襲我大軍。老夫必取其首級懸於營門！」

一旁眾將聽了不免想笑——兩方交戰理所應當，周瑜已經來了，還有什麼敢不敢的？可在曹操看來，自己以十餘萬眾進逼江夏，明為消滅劉備，實則震懾江東；倘若周瑜識時務，見到大軍的威武氣魄，就該主動退去，勸說孫權投降，怎麼還敢挑釁？即便此時吃了虧，曹操依然自我感覺良好。

軍師荀攸滿臉無奈，上前進言：「我軍多為北方之士，精騎射而不善水戰，今與敵會於江上，乃是捨長而就短，不宜急於求戰。」

「哼！」曹操一臉不屑，「我以眾擊寡，以強擊弱，還怕他周瑜不成？今日猝然落敗，乃戒備不周所致，整備戰船繼續推進，我就不信周瑜小兒能敵得過我！叫張允督率前隊，文聘總管水軍全域，讓荊州兵當主力，我在岸上給他們助威！」說到底，他心裡也開始怯水了，只是不好意思說。

蒯越正在指揮泊船，聞聽此言忍不住插口：「恕在下直言，此地江面狹窄水道蜿蜒，敵人若沿江屯駐保守不戰，恐我軍欲進而不得也。」

曹操被蒯越點醒了，皺著眉頭躊躇了一會兒，最終只能採納荀攸的意見，發下第二道指示：「過江傳令，叫江南之兵馬上燒毀營寨，過來與我會合。人生地不熟的，別再叫人家占了便宜。」他擺出這姿態，實際上已開始考慮長久之計了。

好在東吳戰船已去，渡江回撤沒遇到騷擾，曹軍船又多，短短一個時辰，先行渡江的劉勳、張憙等將紛紛回來了。中軍帳臨時搭好，這幾個武夫一進來就開始罵罵咧咧：「他娘的！周瑜欺我等地形不熟，竟敢半路設伏。主公為何調我們回來？我等還打算搗了孫權的鳥窩呢！不報此仇誓不為人！」

他們一甩閒話，曹操又好氣又好笑：「皆是你等不謹慎，還怨我調你們回來。若不叫你們回來，只怕今晚都叫人家包圍了，死都不知怎麼死的！」

劉勳與曹家有舊，說話比較隨便，明明受了斥責，還一個勁推卸：「這也不怪我們不小心啊！我們又不是江南人，為了這次行軍您特意叫長沙太守張機選了一隊兵充任嚮導，他們是幹什麼吃的？自家門口還不認識？」

蒯越唯恐曹操對張機不滿，趕緊遮掩：「劉將軍所言差矣。此處是江夏界內，而非長沙所轄，張郡將派的人也不甚保險，您責怪他又有何用？」這話明是對劉勳，實是講給曹操聽的。可曹操只是喘了口粗氣，也不知聽進去沒有。

恰在此時忽見二人急匆匆闖入帳中，跪倒施禮。眾人一見皆閉息凝神——原來是趙達、盧洪兩個校事。夜貓子進宅無事不來，這兩個掃把星出現，準有人倒霉，今天倆一起到的，不知又要倒霉多少人。

盧洪嘴快，先開了口：「為孔融收屍之人已查明，是太醫令脂習所為，現已披枷戴鎖打入天牢。可此人冥頑不靈鐵嘴鋼牙，就是不說屍首藏於何處，請丞相裁決！」

「好啊……」曹操拳頭攥得咯咯直響，「小小一個太醫令，也敢與老夫做對。你回去嚴加看管，千萬別叫他尋短見，等我滅了劉備，平了江東，回去親自審他！嚴刑之下不愁他不招，等審清問明之後再將其滿門誅滅，跟孔融一起曝屍！到那時看看誰還敢拿我的話當兒戲！」

「明白。」盧洪答應一聲，趙達又跪趴上來：「啟奏丞相，我派人尾隨華佗去至譙縣，發現他所言不實。他妻子根本就沒病，他回去只為了研製草藥，撰寫醫書，根本就是欺瞞您！我已下令將其鎖拿，請問如何處……」

「殺！」曹操一拳捶在桌案上，「這還有什麼可問的？他想以醫道要脅老夫，這樣的人留著幹什麼！」

撰寫醫書畢竟也是為民造福，大家都覺此等處置太過嚴苛，可他正在氣頭上，誰也不敢多言。

曹操用兵受挫本就憋了一肚子氣，這會兒借題發揮，嘟嘟囔囔道：「哼！一個太醫令，一個軍醫，也是老夫犯這個『醫』字的晦氣，這幫人竟沒有一個好東西。」說到這兒猛然想起劉勳剛才告的刁狀，又吼道，「派人去長沙，把那個張仲景給我轟走！連個嚮導都選不好，這樣的巫醫百工之流不配做太守！」

「丞相三思。」蒯越一見不妙，仗著膽子諫道：「且不論張仲景才智如何，他為長沙百姓醫治傷寒素有厚德，朝廷初轄荊州就把這樣的人拿掉，恐怕……」

曹操哪聽得進去：「行醫之人一抓一大把，我還在乎這幾個宵小之輩不成？轟走！」說罷一抬手，指向立於班末的金旋、韓玄，「武陵太守劉先已調往許都，今長沙又出缺，你們兩個去補。好好幹，要叫江南之人看看，我曹某人照樣管得好荊州！」

「遵命。」金旋、韓玄皆因私情而來，曹操承諾給他們升官，可沒想到能一躍成為郡將，豈會不高興？

蒯越瞧著這倆人格外憂慮——一個京兆人，一個河內人，又沒有地方任職的經驗，要他們到江南任職，這擔子如何挑得起來？劉表重用鄉紳豪族已久，換了這倆北方佬，吏民上下能買他們的帳嗎？可是想歸想，蒯越終究沒敢反對，只盼曹操早些消氣，以後找機會再說。

不怕沒好事就怕沒好人，趙達又進讒言：「華佗乃一軍吏，如今欺上犯法乃監察不力所致。我等身為校事難辭其咎，然刺奸令史高柔也難脫罪責！」

這根本不挨邊，又扯到高柔頭上了，曹操就坡下驢：「對！將高柔杖責三十以示懲戒！」誰讓他是高幹的族弟，拿他撒火還用找理由嗎？

一番發作還未完，又見主簿溫恢走進帳來：「啟稟丞相，益州牧劉璋遣使者張松到我軍中犒勞，請求面見丞……」

「叫他候著！」曹操不待其說完就道：「前不久許都剛去個張肅，今日又來個張松，這劉璋也真不嫌麻煩。十幾年未向朝廷通使，現在一派起來就沒完沒了，算上陰夔，這已經是第三次了。盡說些無用的話，送些沒用的東西！」

溫恢拱手道：「這張松就是上次來的張肅之弟。」

「不管是誰，叫他暫住軍中，以後再說。軍務繁忙之際誰有工夫見這等無關痛癢的人？」曹操話音未落又聽外面有喧譁之聲。不多時，一個斥候跑進來：「東吳水軍又回來啦！」可能是這一仗士兵打怕了，斥候連進帳施禮的規矩都忘了。

「哦？周瑜小兒去而復返，莫非還敢再來挑釁？老夫親自去看。」曹操說著話已氣沖沖出了大帳，連青釭劍都拔出來了，劉勳等人見了又覺好笑——敵人在江上，又不是白刃戰，拔劍有什麼用？

眾文武一窩蜂都跟著出了帳，來到江邊矚目遠眺——江水在太陽的照耀下閃著金光，白茫茫一片，在波浪之間有幾艘東吳戰船自下游駛來。不過離曹軍極遠，也不往這邊來，反而向對岸靠攏。再向東看去，後面密密麻麻還有許多，敵人似乎已全軍出動，雖然不及曹軍船多，但是佇列整齊戒備森嚴，先登、赤馬等船穿梭其間，絲毫不遜於曹軍。

「傳令三軍小心防備，不可輕易出戰。」曹操看出點兒門道來了，「周瑜是不是要在對岸紮營立寨？」

蒯越點了點頭：「不錯，他要與咱們隔江對峙。若不能擺脫這支敵軍，咱們便到不了江夏，丞相可要小心。」

「哈哈哈……」曹操突然笑了，「我還以為周瑜有何過人之處，原來也不過爾爾。論兵力我眾他寡，論戰船我多他少，論糧草資財我更不知勝他多少倍，他竟然自不量力與我對峙！好啊，他泊船立寨，咱也立寨，倒看看誰拖垮誰。等僵持日久，他戰不能戰，資財不濟，師勞兵疲，軍心離散時，我看他還能如何。立刻傳令，水陸兩軍原地立寨！」

荀攸、蒯越面面相覷，雖說這樣的打法可能很費時間，但似乎也沒有更好的辦法了。以本心而論，他們根本不贊成沿江推進，若集中陸戰優勢，從襄陽起兵，自漢水兩岸進發，這會兒可能已經殺到劉備城下了。可曹操偏要「一石二鳥」，現在已經與周瑜交了手，就不能再退縮。倘若這時收兵江陵，無異於向敵人示弱，剛剛歸附的荊州兵也會軍心動搖，以後的事就更不好辦了。

荀攸回首望著己方這邊的地貌，見附近恰好是一片光禿的河灘，再往北則是綿綿不絕的山嶺密林，時至初冬樹葉都已凋零，顯得甚是荒涼。而這片山林阻擋了北去的道路，要想從陸路前往江夏，就只能從沿江小道而進了。不知為何，荀攸心頭竟閃過一絲不祥之感，忙問蒯越：「此乃何地？」

「此處名曰烏林，屬江夏郡沙羨縣境內。」

「哦。」荀攸頓了頓又問：「那對岸呢？」

蒯越望著南岸險絕的山巒絕壁，隨口道出兩個字：「赤壁[①]！」

①從地理位置上講，曹操與周瑜交戰之地，北岸是烏林，南岸是赤壁，主戰場在烏林一方，史書中也並無「赤壁之戰」這一說法。後來北宋蘇軾遊長江，誤把黃州北岸赤鼻磯當作赤壁，寫下兩篇《赤壁賦》，所以後人往往反將這場戰鬥稱為「赤壁之戰」。

第十三章

暗布奇兵，周瑜的苦肉計

得之失之

曹操初戰不利，將大軍屯於長江北岸的烏林，周瑜則屯駐於南岸的赤壁，自此隔江對峙。一連半個多月，曹操沒有主動出擊，周瑜也毫無反應。匯集近二十萬大軍的長江，竟然波瀾不驚毫無殺意，簡直有些不可思議。就連兩軍的巡江船迎頭撞見，也僅是遠遠放些空箭，然後互不相擾各行其是。

戰事之所以僵持，是因為雙方都沒有必勝的把握，曹軍雖眾卻不及周瑜所部精銳，先前的一仗已讓曹操看得很清楚，一味死纏硬打死傷太大，也未必能取得最終勝利。反觀周瑜一方，雖擅長水戰，但兵力懸殊，若拚全力孤注一擲，只要稍有閃失，江東六郡便會毀於一旦。最後雙方選擇了相同的策略——按兵不動等待時機。

但這種對峙是不公平的，因為這不僅是毅力的對決，更是兩個陣營整體實力的比拚。打仗打的是糧草資財，曹操背後有廣袤的中原、河北之地，以半個天下之力供養一支十幾萬的軍隊，綽綽有餘。周瑜憑藉的只有江東六郡，而且時局不寧，山越造反，投降派甚囂塵上，周瑜在前方禦敵，孫權也在後方頂壓力，內外交困能支撐多久？況且曹操手中還有一支游弋於僵持之外的部隊，屯駐在襄陽附近的于禁、張遼等七軍總兵力將近四萬，他們還沒投入戰鬥呢！

勝利的天平始終傾向曹軍。曹操每日除了巡視水旱營寨，還要閱覽後方的奏報，即便如此，總能抽出工夫與兒子們暢談國事。曹營宿將掌管陸營，荊州諸將保守水寨，也替他分擔了不少工作。總之在他看來，這場仗已無需過多費心，一切都只是時間問題。

這日軍中又有喜事，曹操命蔡瑁在襄陽招攬名士，畢竟蔡氏名門望族有面子，不到兩個月時間，竟請出了十幾位羈旅之士，都是當初不肯屈仕劉表之人。曹操命荀攸、蒯越率領眾掾屬出營迎接，在中軍帳會見眾人。他見了這些人自然高興，但最高興的還是蔡瑁能為他所用，拉著老朋友的手半天不鬆開。抬眼遍視眾人，年長者端正素雅，年少者英姿颯爽，個個都似胸懷錦繡。可看著看著，其中有一人卻格外吸引了曹操的注意。

此人醜得出奇，生了張又長又圓的冬瓜臉；紫微微的臉膛，寬腦門，塌鼻梁，左眉高右眉低，一雙三角眼，眼窩底下還有顆淚痣，地包天的下巴，鬍子倒是不少，可偏偏橫著長；個頭本來不矮，前雞胸後羅鍋，還是水蛇腰，稍微有點兒羅圈腿，卻長了雙內八字腳，真不曉得他怎麼走路的。

「德珪，這位是……」曹操沒好意思說出口——我叫你幫我招賢納士，你怎麼給我找個醜鬼來？

蔡瑁清了清喉嚨，一本正經道：「此公姓和名洽，表字陽士。」

「他就是汝南和陽士？」曹營掾屬交頭接耳，都不敢相信。

曹操當然聽說過這個人，曾被許劭「瞻評」誇讚，當年何進幾度征辟都不出仕，袁紹也曾拉攏，人家就在荊州閒居。人道聞名不如見面，這位卻見面不如聞名，原來這副尊容，曹操愣了半晌才客氣道：「久仰久仰。」

和洽似乎被別人議論慣了，回了一揖，環顧曹營掾屬，滿不在乎道：「諸位可是嘲笑在下相貌醜陋？」

「不敢不敢。」楊修笑呵呵踱了出來，「相貌獨特之人大都有奇異之才。昔黃帝龍顏，帝嚳駢齒，堯眉八彩，舜目重瞳，文王四乳，周公背僂，重耳仳脅，這些容貌古怪者不是明君就是名相，又有什麼不好？」

曹操聞聽這話頗感愜意，楊修此舉雖為寒暄，卻透著廣聞多知的才識，既給曹營長了臉，也叫這些自命清高之人不敢小覷。哪知和洽那張醜臉擠弄了幾下，坦言道：「先生所言皆民間所傳，他們若真長成那樣就不是人了！《論衡》有云：『火不苦熱，水不痛寒，其性自然也。』我這相貌也是其性自然，沒辦法的事。已經長成這模樣，還在乎別人笑話？《易》曰『否極泰來』，恐怕說的就是我這種人吧！」說罷臉龐又擠弄幾下——原來這是笑，可比哭都難看。

「人不可貌相，不識無鹽之美為無心也。」曹操察覺到了，此人出口成章，盛名之下無有虛士，正想親自討教他幾句，和洽卻搶先開了口：「丞相，在下有一事不明，想向您請教。」

「不敢當。」曹操瞧著他這認真的醜樣子，反倒不敢輕視。

和洽緩緩道：「丞相奉天子而討不臣，攜王師南征，想那劉景升父子皆才疏少謀之人，不諳軍務不識天道，歸命已屬幸然。」說至此，話風一轉，「但荊襄之民未聞王師尚耕稼自安，聞王師既至，反爭相逃竄，幾成亂世流民。劉備鄙陋之士，客居荊州，南遁之際從者十萬，牽家帶口扶老攜幼。至長阪之敗，劉備雖破，然傷及無辜近萬，父子相擁坐泣於地，夫妻掩埋哀號動天。古人云：『力足以舉百鈞，而不足以舉一羽；明足以察秋毫之末，而不見輿薪。』丞相恩德既可澤及我等微末之徒，何不能得荊州之人心，使其奔走蒙難？」

此問一出，帳內靜得落針可聞——這不是當面揭短嗎？

曹操被問得無言以對，不過可能是因為和洽長得醜，他竟破天荒沒有發怒，僅是心下暗想：這些隱居荊州之人看來也不怎麼好打交道，需給他們些顏色瞧瞧，不能叫他們小覷了。

正思量應對之詞，一旁楊修卻替曹操答道：「劉表為政之日每每詆毀朝廷，一者荊州百姓苦屯田，二者懼屠城之難，皆道聽塗說口耳相傳，加之劉備狼子野心，搧風蠱惑，其實朝廷王師豈會真的行此不義之事？不過是三人成虎，眾口鑠金。」

和洽猙獰地笑了兩聲，道：「是非真假在下不知。然而無風不起浪，既有此風言，恐怕非朝廷之福。」

「古時有傳言『楚王好細腰，宮中多餓死』，此事諸子書中多有提及。荀子云：『楚王好細腰，故朝有餓人。』到了韓非那裡又說：『楚靈王好細腰，而國中多餓人。』墨子更說：『楚靈王好士細腰，故靈王之臣皆以一飯為節，脅息然後帶，扶牆然後起。』說得有模有樣的。」楊修侃侃而談，「諸位請想，楚靈王喜歡的不過是細腰宮女，與朝臣、國人何干？就連先賢諸子都道聽塗說，何況那些目不識丁的百姓呢？」

楊修這番話竟把和洽頂了回去，曹操心裡甚是欣慰——先前聽他解曹娥碑文只當他有些小才，現今看來與其父大有不同，不僅學問好，還頗識時務，這小子可以予以重用。

和洽雖不再言，心下卻道：「屠城之無論事大小必有之，屯田五五分稅也是實情，天下亂而用重典，將來這些法令遲早要廢除。固然劉玄德是個包藏禍心之徒，然曹孟德亦為苛政嚴厲之主，此二人勢不同耳，卻無優劣可辨。真正受苦的只是無知、無辜的百姓。今後我效力曹營定要為諍諫之臣，以匡此人之過。」

蔡瑁似乎是想緩解這僵持的氣氛，又引薦另一位，乃長沙郡人，桓階桓伯緒。曹操未聞此人有什麼名氣，一旁蒯越卻道：「桓先生便是當年遊說長沙太守張羡起兵之人。」

曹操聽罷，連忙整理衣冠深深作揖：「原來是助我官渡得勝之人。」官渡之戰劉表本與袁紹串通，計劃在兩軍僵持之際興兵襲曹操於後。可關鍵時刻桓階鼓動當時的長沙太守張羨造反，劉表急於平叛耽誤了與袁紹的約定，才使曹操專心北顧最終得勝。桓階雖不在曹營，卻為曹操立了大功。

桓階不敢自居：「昔齊桓攘夷戎以尊周，晉文逐叔帶以納王。袁氏與朝廷為敵，而劉表應之，此乃取禍之道。在下所為其實是為荊州百姓，非獨為丞相也。」

曹操連連點頭——這人坦白直言，也可堪一用。

蔡瑁又逐個引薦其他人，有經學之士隗禧隗子牙，先朝河東太守韓術之子韓曁韓公至，曾在西京任尚書的趙戩趙叔茂，先朝大將軍竇武的孫子竇輔，以及與諸葛亮交好的石韜石廣元、孟建孟公威兩個年輕後生；還有一位複姓司馬名芝，字子華，河內溫縣司馬氏一族，算起來還是司馬朗、司馬懿的族兄呢！

曹操擁彗折節一併禮遇，長者辟為掾屬，少者充任令史。正寒暄間，又發現一位皂衣之士始終隱在人群最後，別人有說有笑他卻一個勁後躲，曹操左看他便右閃，右看他又左閃，半天連正臉都沒露，活像捉迷藏。不過即便如此，曹操還是猜到了此人：「梁尚書！選部尚書梁孟皇，是您老人家嗎？」

這回躲不成了，梁鵠老老實實鑽出來：「參見丞相大人，小可乃一避難之人，早已不是尚書。當年之事還請您老見諒……」說罷連連屈身，不知作了多少個揖。

眾人聽他以近七十高齡自稱「小可」都不禁發笑。其實梁鵠真不是什麼德行人物，他任選部尚書不能公正選才，當涼州刺史也搞得一團糟，只因書法傑出才得先朝靈帝寵信，與鴻都門出身的賈護、江覽、任芝等佞臣屬同類人物。

曹操未見梁鵠之先還有幾分恨意，此刻見他容貌滄桑，哆哆嗦嗦，全無昔日皇帝寵臣的傲氣，既可憐又解氣，故意拿他開心：「梁尚書，咱們是老相識了，若非你當年拒我於門外，焉有今日朝廷宰輔之位？多謝多謝！」

梁鵠哪敢領受，越發點頭哈腰：「小可有眼不識泰山，當初得罪丞相，若您老不咎，小可願以筆墨贖罪效力。」

楊修覺他一把年紀寡廉少恥，故意取笑：「您老人家當年給天子寫字，後來給劉表寫字，如今又要給丞相寫字，您就真以為您的字無人可及嗎？」

梁鵠見出來個年輕人，不知什麼底細，也不敢得罪，卻笑道：「這位先生見教的是，小可這兩筆也是平平，不過當今自詡善篆之人多不明其道。這篆字之始因於鳥雀之跡，由倉頡化作文字，故頓筆之處當如雀伏，舒展之處猶如振翅。延頸協翼，勢似凌雲，不方不圓，若行若飛……」帳內不乏靠筆桿吃飯的人，聽他這番解析，知是高手經驗之談，無不欣然頷首。這老兒人品再差，他的書法造詣卻不能不服。

這也觸到了曹操癢處，此人固然可恨，但畢竟事過幾十年了，蔡瑁都不難為他，曹操又豈能肚量狹小？況且他的篆字實是世間無雙，莫說先朝靈帝，曹操也欣賞，想至此連連點頭：「你既自願以筆墨效力，就留在我營中充任假司馬吧！」

荀攸、楊修等皆感驚訝，中軍假司馬乃是要職，比尋常掾屬地位還高，圖的不過是一筆好字，何必委以這麼高的職位？他們不知曹操另有所思，既饒了梁鴻，就要讓天下都知道自己有多寬宏，他早做了改朝換代的計畫，還要在鄴城修建宮殿，將來那些匾額也指望梁鵠揮毫呢！

一同來的人沒料到這老貨竟得了頭彩，紛紛道賀，言語中多有嘲弄之意；梁鵠也不惱，逆來順受只當好話聽，還連連道謝，點頭哈腰更似個彎鈎大蝦，倒叫眾人無可奈何。

曹操環視這些人，甚是不悅，他招攬荊州隱居之士，既是要彰顯自己得荊州人心，更希望他們為己所用。可這些人竟對他的處置頗多微詞，至今還擺不清曹操與朝廷孰輕孰重，若不給他們點兒下馬威，日後難免再出孔融那樣的人：「老夫正要巡視營寨，諸位既然來到軍中，不妨陪我同往。」

這就叫以軍勢相嚇。

和洽、桓階等都明白他用意，卻也不好推辭，只得談笑相隨。平日巡寨不過在江邊轉轉，今天特意領他們繞了一大圈，先是叫他們看了曹軍的營寨、輜重，又登上臨江戰船，眺望水軍陣容。

波浪滔滔的大江上，數百戰船星羅棋布，桅帆若層巒疊嶂一般。這陣勢確實駭人，不過細看之下就發現問題了——戰船倒是一流的，所部陣勢也是細心籌畫的，可船上的士卒卻不怎麼精神。自從南下入江以來，北軍暈船和水土不服的問題始終難以解決，經過部署派到船上的士兵就不能隨便移動了，需視戰船如營寨，無論行動坐臥都在船上。這半個月熬下來，可把這幫北方佬害苦了，一個個臉色煞白五官不正，有的拄著兵刃歪歪扭扭立在舷邊，有的癱坐船板微合二目忍著眩暈。大船的人還算不錯，那些小船更沒法看了，波浪襲來船還沒怎麼晃士兵就先東倒西歪，都跟喝醉了一樣。還有人一個勁往江裡嘔，吐的都是綠陰陰的湯汁——吃什麼吐什麼，肚裡早倒空了，就剩下胃汁了，只要一陣涼風吹過，所有人都哆嗦得抽筋一般。按理說見到主帥應該大聲呼喊以示軍威，可這會兒他們看到曹操與其說是呼喊，還不如說是病怏怏的呻吟。這樣的軍隊有何威力可言？

曹操前幾日也曾到江上巡查，士兵是有些水土不服，卻沒有今天這般厲害。平常將領匯報，他只當是耳旁風，以為叫大夥忍忍就過去了，現在看來這仗簡直沒法打了。那些來歸附之人也有些尷尬，但總不能叫丞相下不來台，和洽一改強硬的態度，避重就輕道：「王師果然戰船眾多，必能克定……」

「哇……」和洽話未說完，曹操身邊一個親兵暈得當即作嘔，汙穢之物吐得滿地都是。

「你！你……」曹操的臉都丟盡了，指著那個親兵，氣得渾身冰涼。荀攸、蒯越趕緊出列：「列位先生遠道而來鞍馬勞頓，不如先為大家安排營寨，改日再談軍務。」

「也好。」曹操總算有了個臺階下，強作笑顏送走了諸人。待和洽等人登岸走遠，轉過身回手給了那個嘔吐的親兵一記耳光。不打還好，這一打那親兵暈得更厲害，伏在舷邊越發狂噴。曹操不解氣，照定那兵屁股就是一腳，硬是把他踹到了江中。那兵也不會水，在水裡上下撲騰連呼救命——大夥眼睜睜看著，哪個敢去撈？

蔡瑁、楊修沒有走，就默默站在曹操身邊。蔡瑁勸諫道：「北人水土不服，暈船乃是常理，您又何必因此動怒？請饒恕此人。」

「哼！不給我爭氣，撈上來吧！」蔡瑁說情，曹操還算給面子，「我非是為顏面有失，今我軍雖眾，倘戰力有虧不能禦敵，恐被周瑜趁虛而入。你久在江漢典軍，可有應對風浪之策？」

「有倒是有，不過……」蔡瑁欲言又止。

「但言無妨！」

「沒有戰事之時，每逢冬季常以鐵索連船以保穩固。大艦五艘一排，小船十艘一列，用鎖鏈鉚釘固定，如此渾然一體，非但不受風浪顛簸，馬匹也可行於其上……」

「好。」曹操不等他說完就要傳令，「這就命全軍打造鐵索。」

「且慢。」蔡瑁又道：「凡事有利有弊，此法雖避風浪，卻有一短處。戰船連結之後就難以急速縱橫，若敵人以火攻之法來襲，恐所有船隻將無遺類。荊州水軍也曾多次連接，但都是未有戰事之時，單純為了過冬，從未在兩軍陣前連過戰船。」

「火攻？」曹操呆呆想了想，卻又笑了，「我軍在北敵軍在南，嚴冬都是西北風。周瑜若用火攻，是燒我還是燒他自己？」

蔡瑁卻不敢掉以輕心：「話雖如此，然天有不測風雲啊！」

曹操已拿定主意：「先連結戰船緩解軍士之苦，待開春之際再撤去鎖鏈以禦敵軍，那時我軍也休養得差不多了。咱們人多勢眾，雖疲乏而制彼有餘，傾中原之力於此相持，興許熬不到開春，周瑜就會軍心動搖不戰而潰，納土歸降亦未可知。你既然來到軍中，又久典水軍，這件事就由您來辦吧！」

蔡瑁總覺得這想法過於樂觀了，莫說孫權、周瑜誓死相爭，就算真的大勢已去，也必有困獸之搏，真的會屈膝投降嗎？

曹操見蔡瑁滿臉凝重，卻未往戰事上想，以為他心懷顧慮，便道：「論陸戰你不如我，論治理水軍我不如你。你不必多慮，我這就明發軍令，命你兼任水軍都督。咱們是老朋友，我不靠你還能靠誰？」

蔡瑁被他這話說得心頭熱呼呼的，卻歎息道：「我可不敢覬覦都督之位，不過會盡力而為的……」說罷他回首望著江畔，被一種難言的感覺所糾纏——自己與曹操之間究竟有沒有昔日的友情，或者單純是主臣之間的利益關係？真真假假，這樣的話又有幾分能當真呢？

他還在暗暗思忖，曹操已悄然改變話題：「賢弟曾言司馬徽、龐德公二位先生，為何不見他們前來？」

「司馬公、龐德公名望甚高，我也曾親往拜謁，不過二人已攜家眷遷離，不知所終。」

「不知所終？」曹操明白，這是不願做官故意躲了，「那崔州平呢？他是元平之弟，總不會也躲著我吧？」

還真讓曹操言中了，蔡瑁掏出個錦囊：「險些忘卻！州平賢弟也已離開荊州，我差人尋訪，鄉里也說不清他去哪兒了。不過他在空室之中留下個錦囊，是給你的。」

「給我的？」曹操莫名其妙接過一看，囊上果然寫著「漢丞相曹公孟德親啟」幾個字，囊口是封死的，蔡瑁未敢輕啟。他連忙拆開，原來裡面塞著團麻布，工工整整寫了行字，是一首鄉間民謠：

公無渡河，公竟渡河，墮河而死，其奈公何！

「咒我兵敗？可惱！」曹操隨手將其擲於江中，「若不看在他兄長的面上，定要將他捉拿問罪。這幫清高之士忒刻薄，難道天下之大就缺了他們不成？前年征戰烏丸有一田疇，我三番兩次奏表加封他都不理，如今這幾個也是一路貨色。我算看透了，這些人都是牽著不走打著倒退。堯舜之世尚有巢父、許由在野，從今以後不必理會這些人，叫他們獨自清高去吧！」

蔡瑁見剛才還軟語溫存的曹操霎時目露凶光，心下不禁一顫，把頭壓得低低的。這時半天未言的楊修忍不住插了話：「我倒還想向主公推薦一人，就是此番益州劉璋遣來的使者張松。那日我在後營遇到他，閒談了幾句，此人見識不俗。想來他滯留軍中已半月有餘，丞相何不抽空見見他？」

曹操冷笑：「半月之中豈能無暇？實是老夫根本就不想見。劉璋十餘年不與朝廷通信，如今一派使者便接二連三沒完沒了，我若待之太厚勢必得寸進尺！昔日陰饗朝覲之時就曾有約，益州供奉賦稅遣兵服役。這兩年他不過是拿些蜀錦敷衍，說好了派兵，卻弄來幾百叟蠻充數。我若再加禮遇，他還知道自己幾斤幾兩嗎？這世上有的人就是不識好歹，你越理睬他越壞！」

楊修自不敢反駁，只道：「張松不過是個辦事的，何必為難他呢？況且此人有才，又是自己送上門來的，倘若留於帳下也是一樁好事。」

曹操雖未正式接見張松，卻在幾次巡營時遠遠望見過。此人生得五短身材相貌猥瑣，差不多能與和洽一分高下，可是卻沒有和洽那麼高的名望。如此尋常小吏車載斗量，有什麼與眾不同的？因而道：「天下之士多矣，今日我又得十餘位，若留劉璋帳下之徒豈不為天下人恥笑？我也不為難他，早早打發他走。回頭你轉告主簿一聲，叫他查查郡縣官冊，好歹給他個郡縣之職就罷了。」如此鄭重的推薦竟被他三言兩語就打發了，搞得楊修哭笑不得。

曹操未對張松加以禮遇，把封官之事推給主簿溫恢，溫恢事務甚多也沒詳查益州官員的名冊，只是與其他掾屬商量了一下。因為前番益州從事張肅入京覲見被晉升為廣漢太守，張松是張肅的弟弟，考慮到弟弟的官職不宜高過兄長，最終寫下冊文，任命張松為益州永昌郡轄下比蘇縣的縣令，就此草草了事。比蘇縣乃是蜀中產鹽之地，還算是富庶，在曹操看來，對於張松這等默默無聞的小人物而言，就算是美差啦！

哪知當這位張松先生拿到任命書後，不禁目瞪口呆——莫看他是張肅之弟，卻頗得劉璋重用，官拜益州別駕，相當於副刺史，這職位雖不是朝廷任命，在蜀中也算有頭臉的人物；可現在曹操卻無緣無故把這位益州的第二長官貶為小小縣令。

張松苦等半月竟換來這樣一個結果，也搞不清哪裡得罪曹操了，又不敢多問，只得帶著任命離開曹營。回去的路上越想越窩火，最後一氣之下把冊文扯得稀爛，扔到長江之中。

曹操根本沒意識到，這件小事的影響絲毫不遜於戰場成敗。正是這個不經意的小失誤，最終致使自己抱憾終身！

惡疾流散

為了緩解北方士卒不適暈船，曹軍打造鐵索將大部分戰船鎖連，避免風浪顛簸。可是情況並沒有像曹操預想的那樣轉好，反而愈加嚴重，進入冬月以後，士兵大多病倒。荊州之兵尚好，北方兵不適者十有三四，而且人數每天都在增加，甚至連一些旱寨的士兵也感染了，所有的人症狀都差不多：發熱、乏力、食欲不振。曹操隱約感到這似乎不是單純的水土不服，而汝南太守滿寵、揚州別駕蔣濟的到來更確定了這一想法。

「什麼？傷寒？」曹操額角處滲出一陣冷汗。

蔣濟滿臉嚴肅：「今冬時令不佳，江漢之地惡疾縱橫，非但荊州之地，淮南、廬江等地也在鬧傷寒。半月前劉使君出外視察河工，回來後也發熱不止。」他所言「劉使君」是揚州刺史劉馥，擴建合肥城，興修芍陂等水利工程，深得曹操器重，想不到連這個州長官都感染了重病。

滿寵也嗟歎不已：「汝南也有百姓感染此病。有些屯民苦於疾病，無力耕稼逃離屯田。汝南出了個土匪名叫張赤，專門招攬流民作亂，已在桃山聚眾五千餘戶，如今李通將軍正忙於戡亂。」

曹操越發不敢怠慢，親自領他們到江邊，查看了幾個染病之人，所有症狀都與淮南、汝南爆發的傷寒一樣，看來確實是地域甚廣的大瘟疫。天下戰亂瘟疫並不罕見，可多在春夏，唯傷寒易發於立冬之後，因天氣驟變食水不佳所致，感染者大半體虛羸弱。行伍之士身體強壯本不易罹患此疾，可北兵南來水土不服暈船不適，將士體質普遍衰弱，感染傷寒就不稀奇了。軍隊染上瘟疫是非常可怕的，何況現在十幾萬人擠在江邊，萬一這場病蔓延開來，不但影響戰鬥力，軍心都會動搖。

滿寵蹙眉半晌忽然想起一人：「丞相，何不令華佗先生診治一些病人，開出藥方廣為施用？」

曹操自嘲般一陣苦笑：「華佗……已被我處死了。」

滿寵還不知這件事，驚得目瞪口呆。蔣濟又道：「華佗雖死，還有張機，此人著《傷寒雜病論》，最是精通此道，何不從長沙把他調來？」

曹操愈加搖頭：「張仲景已被我逐離郡守之位，流於民間。」

兩位名冠當世的岐黃妙手竟都遭此對待，蔣濟與滿寵面面相覷，只得安慰道：「逐離郡府倒也無妨，可派人尋訪。而且荊州還有他的醫書流傳，不妨叫其他醫官多加研讀揣摩，為士卒施救。」

也只能如此了，曹操發下命令，把所有染病之人盡數調回旱寨，另換步軍士卒填補空缺，各部負責的將領更換成荊州之人——固然荊州將領善水戰，畢竟新近歸附人心未定，用他們統兵並非上策，所以除了蔡瑁、文聘、張允等輩，其他人多擔任副職。

忙碌的調動開始了，病情較輕的人晃晃悠悠拄著兵刃，病重的都是連滾帶爬下船，還有幾十人連著數日湯米不進，根本救不活了，乾脆直接抬到後營等死。曹操眼看這般光景，心下不免彷徨，但仗還要繼續打下去。在他看來己方雖然疲弱，但畢竟人多勢眾，制敵綽綽有餘，周瑜的實力不足以長久相持，熬過這陣子必會有轉機。

往來嘈雜間，曹丕、曹植擠了過來：「父親，沖兒病了。」

「什麼！」數千軍士染病都不及這句話對曹操的觸動大。

曹植惶恐道：「弟弟昨晚出去耍鬧受了點涼，今早頭上就有些發熱，飯都沒吃。」

曹操聽說心頭肉染病，這邊的將士都不顧了，連忙跑去看兒子。曹沖與幾個兄弟合住在一頂牛皮帳，這會兒裡面黑壓壓站滿了人，除了醫官、僕僮，連中軍幾位將佐都來了。曹操一見更緊張了，推開人群擠到兒子榻邊——卻見曹沖沒有病臥，只是盤腿坐著，粉嘟嘟的小臉是比平日稍微蒼白了些。

「父親……」曹沖想要行禮，卻被曹操按住，伸手在他額頭上摸了摸，果然有些發燙，看精神也不及平日那般活潑。曹沖頗為曉事：「父親無須擔心，孩兒沒什麼大病，是大家太過擔心了。」眾人聽他這麼說，都不禁往後閃了閃身——這孩子的病確實看起來不重，但誰不知他是曹操命根子，倘有一差二錯，中軍之人誰負得起責任？

曹操也鬆了口氣，見榻邊放著一碗米羹，動都沒動過，拿起來要餵給兒子吃。曹沖強打精神伸手搶過：「罪過罪過，孩兒豈敢勞父親動手。」說罷端起碗來大口往嘴裡送，三兩下就吃個精光，還舔了舔嘴唇。其實此刻即便山珍海味到口中也味同嚼蠟，這孩子平素仁孝，故意做出吃得香甜的樣子，讓父親安心。

可曹操豈能安心？兒子們住的這頂軍帳暖烘烘，庖人所供飲食也比別處精細，即便如此都會生病，那外面的將士呢？想至此他發話了：「疫情嚴重，無干軍務之人不宜久留。沖兒、林兒年紀都小，得趕緊啟程離開。我看江陵、襄陽也未必保險，不如回譙縣暫時安頓。」

聽說回譙縣，一旁侍立的老將曹瑜主動請纓：「是我護送公子們來的，還由我送他們回去。」這曹瑜論起來是曹操遠房族叔，為人倒挺厚道，卻沒什麼本事，麾下之兵基本是譙縣鄉勇，官不小卻沒怎麼打過仗，如今不太平，萬一敵人有兵馬游弋江畔，遇上不是鬧著玩的，憑這位叔叔的本事，不怎麼可靠。曹操委婉道：「那就辛苦您老了。不過此去路遠，我怕您照應不過來，叫仲康、伯仁他們領些兵一同去吧！」論忠勇有許褚，論親近有女婿夏侯尚，有這兩人陪同曹操才放心。

曹植在後面訕訕道：「軍中還有不少尊貴之人，似宋仲子、邯鄲淳幾位老先生。是不是也一併把他們送走。」

「嗯！我兒想得周全。」

「那孩兒也願請令，照顧幾位老先生回轉譙縣。」曹植說是要去保護，其實他附庸風雅，更多是想找機會多與他們盤桓盤桓。

曹操自然瞧得出他這點心思，卻沒有戳破，只道：「也好，這一路也要多多照顧你弟弟。」

曹沖本人卻不太樂意，小手攥著父親的大手：「父親不是說好了帶孩兒一起馳騁破敵嗎？」

曹操捋著兒子的髮髻緩緩道：「傻小子，難道還真指望你上陣，你既然跟為父出來，平平安安回去才是最重要的……」說到此處曹操似乎感到一陣不祥，不知為何他想起了戰死宛城的曹昂，當年他何等器重曹昂，若有嫡長子在，恐怕也不會輪到曹沖了。可是一次出征就斷送了佳兒的性命，或許是因為有慘痛記憶，曹操竟莫名其妙地預感自己會失去曹沖，甚至恍惚看到這弱小軀體躺在棺櫬中……想至此他用力搖了搖頭，再不容兒子多說：「我意已決，你現在就啟程，回到家鄉安心養病。」

曹沖撇了撇小嘴：「可是……」

曹操一臉堅決，甚至有些嚴厲：「你若孝順為父，就該聽從為父之言。該是你的永遠是你的，你只管去吧！」

曹丕、曹植都低下了頭——「該是你的永遠是你的」，這話到底說給誰聽？

可能剛才那可怖的幻象還縈繞在曹操心頭，他說完這番話便起身離開了。曹沖再聰明也是個孩子，竟然還念叨著隨父破敵。可是如今連曹操自己都有些不安了，傷寒可能會繼續蔓延，照這勢頭發展下去，原本勝券在握的戰鬥可能變得格外艱難，沒想到誅殺華佗、驅逐張機也成了失算。當著眾人他不肯承認，但心裡已開始自疑——兵進長江震懾江東，這一步難道走錯了？他悄悄佇立在轅門，心頭漸漸被不安侵擾。

但就在這時，中領軍史渙與中軍校尉鄧展興沖沖出現在他面前：「啟稟主公，我等有要事稟奏。」

曹操還糾結在不安中，只隨口道了聲：「說！」

史渙神神祕祕湊到他耳畔：「有個漁夫打扮的人投至軍中，自稱是江東老將黃蓋的使者。」

「密使？」曹操黯淡的眼神又亮起來。

「我二人沒敢聲張，悄悄把他領到大帳裡。他說江東軍心有變，黃蓋欲暗中投降我軍，還聲稱有一封書信，要親手交給您。未知是否有詐，如何處置請您示下。」

「哼，」曹操又露出了笑意，「我要親自見見這個人，去把軍師也叫來。」

或許史渙說到一半時曹操已經相信了，他的潛意識告訴自己：「我不會錯！隔江對峙是對的，江東果然支援不住了。」自官渡之戰以來，他沒在戰場上犯過錯誤，也絕不會認為自己有錯。柳城之戰幾乎所有人都反對，他一意孤行不還是做對了嗎？他是受天命庇護的人，每當危難之際總會有轉機，官渡時是這樣，鄴城之戰是這樣，柳城之戰還是這樣，如今一樣會有機會出現。

曹操已把方才的那點兒自疑看作是杞人憂天，他反覆告訴自己：曹某是不會錯的！

密使獻書

曹操、荀攸親眼看到這位使者時都有點兒洩氣——此人哪像將軍的心腹親兵，就是個普通的老漁翁。看年紀恐怕快七十歲了，一張狹長的瘦臉，臉上皺紋跟核桃皮似的，留著耷拉到前胸的山羊鬍；頭戴破斗笠，身披破蓑衣，腰繫一條草繩，腳下趿著草鞋。當朝丞相和大軍師走進軍帳時，這位老人家一沒作揖二沒磕頭，坐在杌凳上眯著眼睛迷迷糊糊睡著了。也真難為他一把年紀，竟能獨自划船過江，想必累得不輕。

「醒醒！不瞅瞅這是什麼地方？」史渙想笑不敢笑，抬起腳輕輕把他踢醒——歲數太大，踢都不忍使勁踢。

「嗯……」老頭緩緩睜開眼，張著嘴愣了半天，這才扔下斗笠跪倒施禮，「小的拜見幾位大人。」

這麼個老頭，真會是黃蓋的使者？曹操不禁皺眉：「起來說。」

「諾！」老頭答應得響亮，一跪一起挺利索，倒像個當兵的。

曹操落坐，仔仔細細打量半天才問：「你果真是黃蓋派來的使者？」

老頭耷拉著的眉毛微微一抬：「我一把年紀還能信口胡言？」

荀攸耳聰目明：「聽你口音不似吳地之人。」

「回大人的話，小的是荊州零陵人，不到二十投到黃家，給我家將軍當了四十年親兵。不瞞您說，人前我叫他一聲將軍，人後他還得叫我一聲老哥哥呢！」他一邊說一邊手捋銀鬚，頗有得意之色。

這倒很有可能，為將之家都有幾個老軍，作為私人部曲跟著主子出生入死半輩子，卻沒有出眾本事提拔不上去，便放在身邊養到老，實際上跟家奴差不多。黃蓋是零陵人，他的老軍自然也屬本鄉本土，曹操幕府也有這樣的老軍，全是譙縣老鄉。史渙一旁耳語道：「剛才我問他江東的一些事情，他倒是都說得上來，不像是假的。」

曹操點了點頭，又問：「兩方交兵多有曖昧，你家將軍差你前來所為何事？」

老軍又跪下了：「將軍特命小的來請降。」

荀攸機警地笑道：「江東無人了麼？為何差你這遲暮之人前來？」

「實不相瞞，此番請降特為我家將軍，非干周瑜之事。赤壁軍寨來往巡哨甚多，江上也有赤馬，若非老朽這等人扮作漁翁，士兵不甚在意，豈能渡到江北？」

這道理也通，曹操又問：「空口無憑，可有你家將軍書信？」

「有！不過……」老軍眼中閃過一絲狐疑，「不過此事干係重大，我得見了曹丞相才能拿出來。」

「老夫就是曹操。」

「啊？真的？」老軍還不相信。

史渙喝道：「什麼真的假的，這就是當朝曹丞相！」

老軍趕忙二次跪倒，這回趴在地上直哆嗦：「哎喲喲，冒犯了。周瑜常說丞相是凶悍之人，今日一見原來也這麼慈眉善目的，真似個坐殿治民的好官。」

史渙、鄧展皆掩口而笑——沒錯了，肯定是個老兵油子。這馬屁拍得爐火純青，不留痕跡。

曹操也笑了：「休要多言，把書信拿來。」

「諾。」老軍答應一聲，既不掏袖口，也不摸胸襟，先把整件蓑衣卸了，接著又脫袍子，再脫裡面麻衣，眼瞅著都露出瘦骨嶙峋的肋條了，還往下解腰帶。鄧展手按佩劍在一旁瞪著，生怕這位是什麼隱居的老劍俠，暗藏利刃來充刺客。哪知他身上別說兵刃，鐵器都沒有一件，褪下中衣，就在老皮皺皺的大腿上纏著一段綁腿。老軍顫顫巍巍把綁腿解開，繞了半天才從裡面抽出一份薄薄的帛書——綁在身上一來士兵不易搜到，二來擺渡之時也不至於掉到江裡。

鄧展接過帛書不敢擅閱，雙手遞給曹操。曹操側著身子與荀攸一同觀看。這信字跡還算清楚，就是有些潮，還有股汗味呢！上寫著：

> 蓋受孫氏厚恩，常為將帥，見遇不薄。然顧天下事有大勢，用江東六郡山越之人，以當中國百萬之眾，眾寡不敵，海內所共見也。東方將吏，無有愚智，皆知其不可，惟周瑜、魯肅偏懷淺戇，意未解耳。今日歸命，是其實計。瑜所督領，自易摧破。交鋒之日，蓋為前部，當因事變化，效命在近。

曹操捧在掌中，翻來覆去默念了好幾遍，回手遞與史渙，低聲囑咐：「尋尋軍中有沒有識得黃蓋筆跡的人，好好辨認一下。」說罷猛然扭頭一拍帥案，佯怒道：「大膽！此分明是黃蓋老叟詐降之計，想要從中取事，憑你這老兒也敢矇騙我？」

老軍顧不上穿衣服，跪在地上連連磕頭：「冤枉啊！小的天大的膽子也不敢騙您，我家將軍確實誠心歸附，我親眼看著他寫的……不過，他、他寫的什麼啊？」這老軍根本不識字。

「寫的什麼你不必知道。」荀攸冷笑道：「我倒要問問，你家將軍侍奉孫氏幾位主公？」

「先從孫破虜，後隨孫討逆，如今孫仲謀已是孫氏第二代，第三位主子。」

「是啊，黃蓋為孫氏兩代驅馳，效命三任主公，如此親信豈能懷有疑心？不是詐降又是什麼？」

荀攸問到癥結上。

老軍歎了口氣：「乾脆對您實話實說吧！我家將軍也算孫氏老臣，斷不會輕易背主，可這實在是逼出來的，沒辦法呀……」

「其中有何隱情？」曹操、荀攸都不錯眼珠盯著他，詳細辨識他的神色變化。

老軍跪起來，唉聲歎氣道：「我家將軍從年輕之時就跟隨先主，立下汗馬功勞，如今雖然官職不高，才是個都尉，可畢竟跟主公父子有感情，官大官小也就罷了。其實凡是老人都有點兒念舊的心，您就拿我來說吧，我是……」

「提你自己作甚？說正經事！」曹操蹙眉道。

「諾。本來老將軍不是江東之士，但待在江東也不錯，至少兩代主公很尊敬他老人家。可是自從周瑜、魯肅一干小輩主事以來，待人頗為簡慢。此番出征本來是程老將軍與周瑜分任左右都督，可周瑜仗著與主公關係近，凡事自作主張，根本不拿老都督當回事，就更別說我們將軍了。自樊口出兵之日，我家將軍統後軍，只因遲緩了兩日，就被周瑜當眾責罵一番，魯肅那等惡人也不省事，私下裡跟身邊的人念叨，什麼老不死、老東西、老而無用。我們將軍都六十多了，還得聽這等閒話，您說氣人不氣人？」

荀攸未瞧出什麼破綻，半信半疑道：「難道就為這等小事？」

「小事？哼！」這老君眉毛都豎起來了，十分激憤，「開始不過是幾句閒話，後來越來越不把幾位老將當回事。周瑜手下那幫心腹，什麼董襲、陳武、潘璋、宋謙之流，都是乳臭未乾的小毛孩子，他們天天喝酒吃肉，卻剋扣我們幾個營的糧食。前天我去催糧，竟叫魯肅麾下親兵揪著鬍子戲耍一番，這群小兔崽子！」他總忘不了自己的事，「這仗未打之先大夥心就不齊。張子布、秦文表都說不能打，吵得可凶呢，卻拗不過主公。打就打唄，還弄成這樣，軍隊往赤壁一屯，有道是……那句話怎麼說來著……哦！兵貴神速。如今一個月沒動靜，就算天兵天將心也散了。」

這些事曹操也有風聞，自然多信了幾分：「如今對岸形勢如何？」

「不妙啊……」老軍連連搖頭，「眼下就四萬多人，還有一萬是劉備的。這幾天不知為何，常有鬧病的，大夥議論紛紛，周瑜也沒個主意，就知道拿我們撒火，其實胸中不滿的人可多呢！程老都督是北平人，韓老將軍是遼西人，張子布、秦文表出自徐州，誰不想回家鄉？前些年朝廷征走那麼多名士，弄得好多人都不想幹了。孫仲謀今年二十七，周瑜三十四，魯肅三十一，剩下那幫小將更不消說，就憑他們能成什麼氣候？我們營裡不少兵私下議論，說等開春天暖和了就跑，回家好好過日子，誰願意給周瑜賣命？」

這番大兵欲摧、人心離散的話與曹操預想的完全一致，又見史渙快步進帳，伏到耳邊道：「劉巴就是零陵人，也見過黃蓋筆跡，他說這是真的。」

「嗯。」曹操很滿意，「囑咐他，此事莫要聲張。」

「是，末將已經跟他說了。」史渙在中軍辦事多年，曉得保密。

曹操先前聽老軍的話便有幾分相信，又知書信是真，十成已信了七成，轉而問道：「你家將軍說『當因事變化』，究竟哪一天舉事降我？」

「不好說。」老軍撇撇嘴，「這背主做竊的事兒豈能定期？倘約定好時日，事到臨頭下不得手，反倒洩漏了。前天將軍寫的信，今天我才設法混過江來，盤查太嚴。」

「倒也有理。」曹操低了頭暗暗思量。

「不過我估計也就是這十來天。」老軍又道：「照目前這情勢，周瑜也過不了幾天穩當日子。軍心都散了，興許過幾天給塊金子就能混過關卡。我家將軍想好了，到時候那邊舉事，放火為號，您就派兵呼應。若事有不成，乾脆就來投降您。我家將軍畢竟也算有頭臉的人，他一降那邊人心更亂了。」

曹操已覺無話可說，又把降書從頭至尾看了一遍，最後道：「也好，但願舉事成功。既然沿路盤查多不便，你又是黃將軍信賴之人，我就不寫回書了。你轉告你家將軍，若舉事不成，渡江來降之際要在船頭插青色牙旗以為表記，以免兩軍交戰……」

「且慢！」荀攸聽他有放走之意連忙打斷，「黃蓋空口白牙不宜深信，何不留此人為質？」

曹操卻道：「一個老兵，留他作甚？叫他回去給黃蓋捎個口訊，也好安其心。」

那老兵還算伶俐：「謝丞相，我這把老骨頭還得趁天黑之前趕回去，以免將軍記掛。」

「那你多辛苦吧！」曹操招呼史渙，「取些金帛給他。」

老軍搖頭道：「財物就不要了。我這偌大年紀，當了一輩子兵，沒兒沒女的，離開軍營都不會過日子，有錢又往何處花？別再叫那幫小兔崽子搶了！只盼這仗早日結束，我們將軍得幾天太平日子，我也就跟著享幾天清福。」

「唉……」曹操竟為這老人家感到可憐起來。

「不過……」那老軍又羞赧道：「丞相能否賞我頓飽飯吃？」

「嗯？」曹操一愣。

「這一路趕來實在是餓了，再說我們那邊不管飽，缺糧缺得厲害。您仗著地盤大糧食多，我們那屁大點兒地方有多少糧？還得分給劉備呢！新墾出來地原本都是山越的，把人家趕跑了才開荒，而且幹活的都是從廬江、江夏擄來的百姓，能好好給我們種地嗎？說心裡話小的真不願意回去，但為了老將軍就忍忍吧！」

曹操聞聽此言更是暗喜：「史渙，帶他吃些東西，再給他件暖和衣服，去吧！」

荀攸卻道：「直奔廚下，莫要亂走。」他還是心存懷疑，唯恐此人窺探軍情，更怕此人瞧見後營那一大群身染重病的士卒。

待老軍走後，曹操把降書往袖中一揣：「我早知敵人難以持久，果然不出所料。江東多濕地少糧穀，周瑜傲慢少禮不得人心，孫權帳下又多羈旅思歸之士。有此三患焉能不敗？」

荀攸仍心存懷疑：「我看還是謹慎為妙。」

「放心吧。」曹操胸有成竹道：「黃蓋舉事在彼岸，與我無傷。即便是假，咱們派兵之際多加小心也就是了。」

「倘若黃蓋假裝勢窮來投奇襲我軍，又當如何？」

曹操反倒笑了：「此等小伎倆焉能破我大軍？即便周瑜盡發南岸兵馬，又能奈我何？」

話音未落鄧展樂呵呵進來，荀攸又問他：「你覺黃蓋此舉是真是詐？」

鄧展笑道：「我倒不懷疑其中有詐，卻懷疑這老兵是餓死鬼託生。這麼一大把年紀，竟要了四五塊餅，趁庖人不留神，抓起塊肉乾就往懷裡掖，就跟一輩子沒吃過飽飯似的！」

「哈哈！這正說明周瑜缺糧，他方才所言不虛。」曹操這會兒已是十足相信，「世上之人大半口是心非，越是能言善辯越是有詐，似這老軍如此憨直快語，豈會是假？」

荀攸心中還是不安，卻也說不出個理由，只是感覺事情不會這麼簡單，敵人興許正醞釀一個陰謀，但具體是什麼卻摸不清頭緒。荀攸也不知該怎樣跟曹操解釋，只能叫將士們多加戒備了……

橫槊賦詩

黃蓋獻書投降是十分機密之事，曹操僅向身邊幾人透露，至於普通將校根本就不知情。可是大家都察覺到丞相大人最近心情格外好，動不動就吟唱詩篇，有時還會莫名其妙地站在江邊手舞足蹈。那些疾病纏身的士兵見此情景有了盼頭，這場戰爭應該快要結束了吧？

轉眼將近冬至，一年中最冷的一段日子就要開始了，或許還真是老天庇護，先前鬧得厲害的傷寒竟然漸漸控制住了，雖然還有數千人病臥營中，也死了不少，但疫情終究沒有進一步擴大，也算不幸中的萬幸。不過隨著天氣漸冷，長江也已進入枯水期，自烏林屯軍以來江水後縮了好幾丈，所有船隻都要挪移，防止擱淺江灘，旱寨也得隨著前推，重新部署崗哨。將士拔營起寨忙得不亦樂乎，曹操卻興致不減，竟然考慮起冬至慶典的問題來了。

依照禮制規定，冬至前後君子安身養體，朝廷百官輟朝不聽政，演八佾之舞，奏黃鐘之樂，祭祀祖先陵寢。不過身在軍中，這一切都要從簡。但曹操心情甚好，堅持要舉行一場宴會。這可把荀攸、蒯越嚇壞了——將帥聚飲，萬一敵人突襲怎麼辦？苦苦力諫，還是拗不過曹操，最後經過商討，把宴會地點從中軍帳移到主帥樓船，又加派十幾艘戰船巡江戒備，這才算定下來。

當日天氣晴朗風平浪靜，曹操特意換了身簇新的鎧甲，於傍晚時分登上了主帥樓船，所有參謀掾屬盡來赴會，陸寨將領也來了不少。這座樓船長有十六丈，閣內寬敞，船頭更是開闊，曹操命夏侯尚、卞秉在船頭安設席位，要與文臣群僚邊飲酒邊觀賞風景。左右僕役近百人，皆錦衣繡襖，奉酒端膳，來往如穿梭。中軍衛士頂盔冠甲，荷槊執戟列於兩側，每十步舉一支松油火把，照得這大船燈火通明猶如白晝。

曹操端然穩坐正席，左邊是荀攸、許攸、劉勳等一干親信宿將，右邊是蒯越、蔡瑁、傅巽等荊州降臣，倒也相談甚歡。雖沒什麼風，畢竟在冬月裡，船上又不便取暖，就在岸邊設了十幾口大灶，生上火煮著陶鍋，改用銅樽盛酒，都在熱水裡燙著，僕役一輪一輪往上端，喝到嘴裡還是熱的，倒也渾身暖和。

軍中的菜肴雖不豐盛，也有魚有肉，尤其一樣點心引起了曹操興趣。此物以白麵裹著肉糜製成，下到滾水裡煮熟，盛到食器中晶瑩剔透白裡透紅，形狀頗似耳朵；咬在嘴裡滿口冒油卻不覺膩，曹操一連吃了好幾個，連連稱妙，不禁發問：「這是什麼，老夫怎麼從來未嘗過？」

蒯越鄭重其事站了起來：「回稟丞相，此物名為『嬌耳①』，是南陽張仲景所創，原本是以麥粉包裹藥物煮給病患吃的，後來荊州百姓以肉蔬為餡廣泛取材，就成了點心。尤其寒冬時節用羊肉為餡，加以驅寒之藥，最是滋補，我們這裡立冬都吃這東西。在下想叫丞相嘗嘗我們本地的風味，特意命庖人準備了這東西。」

「嘿嘿嘿……」曹操瞥了他一眼，「異度是個有心人，不過你特意為我準備嬌耳，似乎並非單單為飽我口舌之欲吧？」

蒯越見用意已被他看破，便索性直說了：「張仲景造福於民乃是有用之人，在下以為不當廢棄於野，還請丞相三思。」

曹操這些日子也在想，對於華佗、張機確實不該過於苛刻。尤其軍中蔓延傷寒，醫官們用的都是張仲景創製的藥方，大灶裡整日熬著麻黃、柴胡的湯子，全軍上下有病沒病都得灌一氣，瘟疫得以收斂實是託了張仲景醫書的福。再比如前番曹沖生病，其實並不嚴重，若是華佗還在，兩針下去便可治癒，何至於擔心害怕？當今天下論起智士、猛將不勝枚舉，可稱得上神醫的卻只有這兩個人。已經殺了一個華佗，難道還要讓張仲景荒廢鄉野嗎？也是酒席宴上曹操心情好，順水推舟就把這人情准了：「異度所言有理，過幾日老夫派人去長沙訪查，若能找到他，還請他回來為官。郡守之位大可不必再當，入朝充任醫官還是綽綽有餘的，此人應該比華佗識趣。」

「謝丞相寬宏。」蒯越用心良苦，荊州本土之士，能保全的他盡量保全。旁人見曹操准了這人情，都覺他心緒不錯，慢慢也放開酒食之量，慢慢隨便起來。

初時還見青山碧水，漸漸地，天暗下來，江上起了一層朦朦朧朧的薄霧，眾人皆有未盡興之感。曹操早有安排，扭頭吩咐了幾句，不多時就來了幾十個樂工，絲竹管弦金石編鐘都抬了上來。為首一人五十出頭，骨骼清瘦面龐白皙，頭戴建華冠，穿著大袖寬衣，足蹬雲履，一上船便向眾人作揖問安。

此公名喚杜夔，字公良，河南人士，自幼聰思過人通曉八音[2]，曾在朝廷擔任雅樂郎，擅長宮廷雅樂，北土戰亂避難荊州。劉表乃風雅之人，將其收在麾下司樂，如今轉為曹操帳下，任軍謀祭酒，參太樂事。

曹操笑道：「公良，今日不演樂府舊章，把你這些年新近編制的曲目奏來讓我們聽聽。」

「諾。」杜夔輕輕應了一聲，回身揚起雙臂，那數十個樂工立刻演奏起來。弄簫吹笙，鼓瑟撥弦，杜夔也拿起只小槌親司編鐘，那樂曲時而激揚滂湃似江水滔滔，時而宛轉悠揚如泉水幽咽——到底是宮廷之樂，比之尋常俳優的俚曲要風雅得多。玄妙的樂曲伴著縹緲的薄霧，竟把這樓船裝點得仙境一般。

眾人聽得如醉如痴，連飲數樽。記室陳琳、阮瑀、劉楨等素愛風雅，紛紛讚不絕口：「此曲抑

---

① 嬌耳，即現今的餃子，為醫聖張仲景發明，立冬吃餃子也成為中國人普遍的風俗。
② 八音，古代八類不同材質的樂器，包括金、石、絲、竹、匏、土、革、木。

而不悲，揚而不狷，既合古風又別出心裁，《禮記》有云：『夫敬以和，何事不行。』杜公良真是此道高手。」

蒯越道：「公良治樂嚴謹世間罕有。昔日劉景升命他做這組編鐘，工匠鑄好後他必要親手敲擊聆聽，我們都聽不出什麼名堂，他卻道不好，舉起大錘就給砸了。如此鑄了砸，砸了鑄，精益求精，一組鐘竟做了三年才合他心意！」

劉楨有意奉承，笑道：「我家丞相作詩也是精益求精，前年所作《觀滄海》、《龜雖壽》等章皆合樂府之調，何不叫他演來試試？」

曹操卻道：「算了吧，命此太樂之才演老夫的篇章，真是大材小用嘍！」話雖這麼說，心裡卻是美滋滋的。

「父親，」曹丕也出來湊趣，「此番孩兒隨軍頗有感觸，昨夜推枕無眠，寫了篇詩賦，想請父親和列位大人指教。」說罷自懷中掏出一卷文章。

「哦？」曹操正在酒酣耳熱之際，漫指船上眾人，「在座多有高士，你一個晚生後輩也敢在此炫耀？」

曹丕雙手捧著文章，低頭道：「孩兒並非炫耀，腆顏獻醜只是為父親和諸位大人佐酒。此賦名喚《述征賦》，述我王師之神威，願父親掃滅狼煙早定天下！」

「好！」這話正說到曹操心坎裡，「那你就當眾念來，給列位大人聽。」

「諾。」曹丕清清喉嚨，展開文卷大聲誦讀，那辭句甚是鏗鏘有力：「建安十三年，荊楚傲而弗臣，命元司以簡旅，予願奮武乎南鄴。伐靈鼓之硼隱兮，建長旗之飄搖；躍甲卒之皓旰兮，馳萬騎之瀏瀏；揚凱梯之豐惠兮，仰乾威之靈武；伊皇衢之遐通兮，維天網之畢舉……」

這篇《述征賦》把曹軍吹得神威赫赫天下無敵，又是曹丕的手筆，在座之人哪有不說好的？霎時間一片稱頌之聲，眾人舉酒頻頻相敬，曹操卻只捋鬍而笑：「小子此賦雖妙，然皆辭藻堆砌之物，未必心有所悟，盡美而未盡善！」

許攸借著酒勁戲謔道：「阿瞞兄，你說賢姪才力不逮，你這為人父的可有盡善盡美之作？」

「你敢小覷我？這就即興作來叫爾等聽聽！」曹操把樽中酒一飲而盡，猛然起身呼喊道，「諸位……」

眾文武立刻安靜下來，司樂的杜夔也趕緊招呼樂工把絲竹管弦都停下，樓船之上一時寂靜，只有曹操那激揚的聲音：「老夫自起義兵以來，與國家除害去凶，誓要掃清四海削平天下，現已功成大半，唯遺江東一隅。今擁雄兵十餘萬、戰船數百艘，橫行江表旌幡蔽日，順天應時神明庇佑，更有諸位馳騁用命，何患不勝？周瑜小兒不識時務，以螻蟻之力欲撼泰山，卻不知其帳下大將已暗中歸降於我，焉能不敗乎？」

荀攸聞聽此言不禁一顫，險些把酒灑在身上：「丞相，軍中機密不可輕言，恐有洩漏！」

曹操此時不知是醉了還是太過自負，竟全不在意：「在座皆是老夫心腹股肱，言之何礙？哈哈哈……」

荀攸無可奈何連連搖頭。

「方才子遠激我作詩。」曹操戲指許攸，「那老夫就作一首，以吐胸中之快，亦助列位之酒興。」

「不敢，我等洗耳恭聽。」群僚一併屈身拱手，唯許攸滿面戲謔翹足而聽。

曹操緊了緊裘氅，自親兵手中拿過一條丈八大槊：「老夫舉兵馳騁一十九載，克定黃巾還在其前，雖不是百戰百勝，但自視武略天下無人可及！今日就憑此槊邊舞邊吟……」說罷仰望夜空醞釀辭句——說來也奇，方才還是漫江大霧，這會兒卻漸漸散去，雲淡風清，一輪皓月當空。忽然，一聲鳴叫劃破夜空，原來有隻寒鴉自江畔一掠而過，這鳥兒見雲散月明竟以為天曉。曹操頓時來了靈感，既而橫起大槊邊舞邊歌：

對酒當歌，人生幾何？譬如朝露，去日苦多。
慨當以慷，憂思難忘。何以解憂？唯有杜康。
青青子衿，悠悠我心。但為君故，沉吟至今。
呦呦鹿鳴，食野之苹。我有嘉賓，鼓瑟吹笙。
明明如月，何時可掇？憂從中來，不可斷絕。
越陌度阡，枉用相存。契闊談讌，心念舊恩。
月明星稀，烏鵲南飛。繞樹三匝，何枝可依？
山不厭高，海不厭深。周公吐哺，天下歸心！

漫漫江岸燈火通明，樓船之上竟無一人做聲，大家似乎都已心馳神往，唯有曹操那雄壯的舞姿目眩神迷，那渾厚的歌聲順著滔滔江水，傳得好遠好遠……歌者豪邁聞者如痴，江上隱隱尚有回聲。莫說眾人被這慷慨的詩歌所震撼，就連曹操自己都覺這首《短歌行》乃平生詩作之翹楚。

不過除了得意，他心頭還有一絲不解——明明是大好日子，怎麼不知不覺竟吟出了悲意？連「人生如朝露」的話都出來了，或許是光陰易逝往事縈繞之故吧！不過正因有此悲意，此詩方能前悲而後喜，先抑而後揚，卻沒想到這即興之辭竟成了一首傑作……

隔了半晌讚歎之聲才起，楊修起身贊道：「昔日周公一沐三握髮，一飯三吐哺，猶恐失天下之士。丞相云：『山不厭高，水不厭深，周公吐哺，天下歸心』，足見重才愛士之心可比古之聖賢！」

「過譽了……」曹操含笑擺手，心下卻越發滿意此人。

王粲也搖頭晃腦道：「這『呦呦鹿鳴』兩句出自《詩經・小雅》，隨手拈來全無矯揉造作之感，反倒似丞相自創的一般！真真巧妙！」

王粲昔日得蔡邕之點撥，連他都給這麼高的評價，別人越發讚揚。曹操手撚鬚髯正在沾沾自喜之際，忽聽許攸尖聲尖氣道：「不好！晦氣啊晦氣！」

眾人見他公然潑冷水都不禁側目，曹操知他性情，也不大當回事，噗哧一笑：「你這敗興之物，偏與旁人所論不同。評說詞句也罷了，何來晦氣？」

許攸自顧自灌了樽酒，擦擦嘴道：「今聚飲江畔乃是幸事，你卻一開言就連發六句悲苦之歎，還道『譬如朝露，去日苦多』，豈不是晦氣？」

曹操不屑一顧：「你何曾明瞭我詩中之意？豈不聞詩賦皆有比興之道，胡批亂講真是掃興！」

「我說的正是比興之道。前面悲歎之語也就罷了，你既有求賢之意，為何還道『繞樹三匝，何枝可依』？難道說你曹阿瞞這棵大樹也不可依？甚是不吉啊！」

曹操的臉色立時沉了下來——招攬天下才士，謀取九五至尊恰是他此時最在意的事，這番敗興之言正觸霉頭。

許攸兀自不悟，依舊嘻皮笑臉往下批：「還有，今我軍在北周瑜在南，你卻道『烏鵲南飛』。這豈不是說你這棵樹不可依，反倒逼得那些有才之士南奔孫氏？大軍相持之際，將士用命之時，這詩是不是晦氣？」

蔡瑁早發覺曹操變顏變色，趕緊出來打圓場，嚷道：「許子遠，你這饒舌鬼！喝酒還堵不住嘴？」眾人皆有尷尬之態，一見此景都把酒舉了起來：「請請請……」甭管左右是誰，都一通亂敬。猛然間又聽樂聲驟起，杜夔帶著一干樂工又奏又唱：「對酒當歌，人生幾何。譬如朝露，去日苦多……」

「嘿！好厲害，這麼會兒工夫就奏出來啦！」

「是丞相編得好，敬丞相……敬丞相……」眾人連聲敬酒，總算把這話頭岔開了。

曹操手握大槊呆立半晌，最後冷笑一聲回歸坐席。蔡瑁已一頭冷汗，他呆了片刻，猛然想起件事——冬天本是西北風，可每逢冬至前後，必有幾日轉刮東南風，如今為避風浪戰船多已連鎖，當防敵人火攻，該提醒曹操一聲。想至此一抬頭，卻發現主席上已空空如也。

「異度兄，丞相何處去了？」

蒯越道：「方才起風，丞相好像起身更衣去了。等他回來你勸勸他，時候不早了，差不多就散席吧，不少人都悄悄撤了。如今時氣不好，別再有病倒的。」

「好。」蔡瑁連忙起身，「我正好有事與他談，順便問問。」說罷起身奔了閣樓。

這艘樓船的閣樓共有三層，一層相當於議事軍帳，二層以上既供將領居住又可安排弓弩。這會兒眾人都在船頭飲酒，衛士僕役也在外伺候，曹操平日又不在這兒住，裡面連個兵都沒有，唯恐失火僅點了一盞燈，昏昏暗暗的。蔡瑁轉了兩圈沒看到曹操，正想登梯上樓，卻聽東邊視窗傳來說話聲，過去一看，不禁失笑——船舷夾道處十幾個親兵分作兩列，那位大丞相正褪著中衣往江裡撒尿。

蔡瑁想打個招呼，又恐「驚駕」，便側身隱在窗內，卻聽曹操正說道：「我以為你這老小子有多大的本事，原來也是飲酒撒尿的尋常之輩。」

說誰呢？蔡瑁正詫異，又聽到一個尖尖的聲音：「阿瞞兄不也一樣？」

蔡瑁禁不住好奇，偷偷探頭一看——果然是許攸，也提著中衣在那兒站著呢！其實也是一把年紀的人了，可許攸天生愛說話，小解還要聊天：「唉……咱都老了，身體不行了，我一夜得起個兩三次。」

曹操卻道：「我身子硬朗著呢，沒你那般廢物。瞧你那物件，就是個軟枝子，撒個尿都這麼半天，恐怕什麼烏鵲也依不得了吧？還有臉說我？」

蔡瑁捂著嘴才沒笑出聲來，瞧著他倆鬥嘴，心裡卻覺踏實不少——畢竟是朋友，剛才還在生氣，這會兒又有說有笑了。

許攸也笑道：「你太小心眼，什麼事都記著，撒尿還要作踐我。」

「我作踐你？你幾時給我面子？」

「官渡之時若不是我……」

曹操趕緊攔住：「行啦行啦！別沒完沒了的，多少年就是這麼句話，做夢都忘不了！」

「我立的功勞，憑什麼忘？」

「我也沒虧待過你呀，賜你錢財，與你富貴。你的家奴在外勒索民財強占田地，我何時問過？」

許攸咯咯一笑：「墨子有云：『據財不能以分人者，不足與友！』自古錢財乃智勇所謀，你酬勞我還不是應該的？」

「應該的？好好好！算你對，你對……」曹操笑呵呵繫好中衣，忽然手指前方，「子遠快看，有一條閃白光的魚！」

「在哪兒？」許攸不明就裡，褲子還沒繫好就伸著脖子彎著腰一通找，目光所及之處只有漆黑的江水，哪有什麼白魚？正在五里霧中，忽覺腰上一痛，一個趔趄栽落江中。

嚴冬的江水冰涼刺骨，許攸手刨腳蹬拚命喊著：「快拉我上去，我不會水！」

「哈哈哈……」曹操笑得前仰後合，「天底下也有你許子遠不會的？我可不信！」

「我真不會水……」許攸話未說完已灌了口水，一伏一冒嚷著，「咳咳！救命啊……」

「救命？」曹操的笑容倏然不見，霎時間目光猙獰可怖，「繞樹三匝，何枝可依，既然我不可依，又豈會救你？實話告訴你，我忍你不是一天兩天啦！」

「曹阿瞞……」許攸明白了，就是他把自己踹下來的！越發死命掙扎，「曹阿瞞……曹丞相！求你看在……」話說一半又沒入水中。

「看在老朋友的分上饒了你？」曹操冷冷一笑，「你可真是痴人，到死都不明白。正因為你是我朋友，我就更不能容你居功自傲，指手畫腳！別以為立了點兒功勞就可以為所欲為，你的一切都是我給的。我能富貴你，也能殺你！順我者昌逆我者亡！」

「我錯了……求求你……」許攸的掙扎越來越無力。

「晚矣。」曹操搖了搖頭，「天作孽猶可違，自作孽不可活。我不能饒你，但看在老朋友的份上送你一程，叫你少受點兒罪。」說罷自親兵掌中搶過那條大槊，掉轉刃鋒，猛地擲了下去。

這一槊正刺入許攸肩頭，他忍著劇痛還在撲騰，嘴裡胡亂嚷著。是哀求？是咒罵？是號哭？已沒人辨得清，只是那聲音越來越小，越來越弱……曹操卻似泥胎偶像般無動於衷，默然注視著江面，直到一切歸於寂靜，只剩下一片無邊無際的黑暗。至於那些親兵，都緘口不言，就像什麼也沒看見一樣。

蔡瑁躲在窗後，把這經過看得清清楚楚，已嚇得癱軟如泥，早把要說的事情忘了。他蜷身倚在窗下，緊捂住鼻口，生怕發出動靜引火燒身，心中糾結似一團亂麻——天吶！這就是與曹操做朋友的下場嗎？

第十四章
千年經典一役，赤壁之戰

火燒戰船

建安十三年十一月甲子日（西元二〇八年十二月七日）傍晚，晴空風暖，萬里無雲，就連滔滔江水都平緩了許多。皎潔的月光灑在粼粼江面之上，頗有幾分寧靜之美。曹操、周瑜還在隔江對峙，不過北岸的烏林水寨燈火輝煌甚是壯觀，遠遠望去宛若蜃樓；南岸赤壁卻死氣沉沉一片幽暗，甚至靜得令人有些不安。

北方士卒多病，曹操又坐鎮中軍大營，曹營水軍的指揮權落到荊州將領肩上，而戍守水寨最周邊的正是近來頗受曹操倚重的張允。他的座艦也是一艘三層的樓船，只比曹操的稍小一點兒，也是戰旗高豎甲士林立，護衛的艨艟、鬥艦數不勝數。給他充任副手的是河北戰將馬延、張顗。這兩員將原本是袁尚麾下，自歸降曹操以來忠心耿耿作戰驍勇，玄武池練兵時也最為用心；不過降得早不如人家降得巧，現在這倆威武的北方漢子都得聽命於張允了。

眼瞅這一晚似乎又平安無事了，張允令馬延、張顗在下面戒備，自己登到高樓之上，叫親兵煮了兩尾鮮魚，燙了一壺老酒，又吃又喝觀賞江上夜景。張允這幾日也頗有些飄飄然。身為劉表的外甥，降曹後非但未被打入另冊，還受到了重用，真是交了好運。尤其冬至飲宴之後，蔡瑁突然染病，文聘接過水軍都督的差事，張允儼然成了水軍的副都督，執掌水寨前部百餘艘大小戰船，就是當年跟著舅舅都沒這麼威風過，想到日後前程似錦，高興得連自己姓什麼都快忘了。

吃吃喝喝就有些過量了，張允便圍著戰袍迷迷糊糊睡著了，也不知過了多久，感覺有人推他：「將軍……將軍醒醒……」

「他媽的！」張允睜開眼，回手給親兵一個嘴巴，「好大的膽子，敢擾老子的好夢！」

親兵捂著臉委委屈屈道：「有敵船過來了。」

「什麼！」張允聽罷雙腿一顫，倉皇爬起從窗口一望，又安心了——此時將近子夜，驟然起了風，江上黑黢黢的，不過對面不遠處冒出一排戰船，大約有二十艘，都豎著青色牙旗，唯恐這邊看不清楚，船頭都豎著許多火把，將旗幟照得清清楚楚。但那排船隊之後，乃至對面的赤壁水寨依舊死氣沉沉，似乎毫無動靜。

「將軍，布置艨艟射退他們吧！」

「射什麼射？」張允甩了把冷汗，隨即輕蔑一笑，「你曉得什麼，這是黃蓋來歸降我軍。這老兵痞真能唬人，說是能舉事殺周瑜，牛皮都快吹破了，到頭來還是一事無成腆著臉來降。看明天見了丞相我怎麼損他！不必設防，叫他的船靠過來。」

「投降之事小的也知道，不過……風向似乎變了，會不會有詐？」親兵提醒道。

「哦？」張允又朝外面探了探頭，但覺一股東南風迎面而來，風勢還不小，吹得人睜不開眼，「嗐，冬至已過，東南風何足為奇？放心去吧！」

張允既然說無礙，親兵便去傳令了，跟將士們一念叨，樓船上下立時歡聲雷動——曹軍為疲病所困，早盼著這一仗快快了結，聽說敵人來降簡直跟見到親人一樣，許多兵都擠到前面觀看船隊，壓得樓船都有點兒前傾了。黃蓋的兵也不見外，離著老遠就朝這邊搖旗揮手，雙方簡直有些相見恨晚之感。張允將令傳開，負責守備的艨艟、冒突等船紛紛閃開道路。黃蓋的船隊漸漸接近曹軍船陣。

按理說敵人大將來降，張允即使不去迎接，也該到近處觀望。而他卻擺出一副曹營宿將的架勢，硬是賴在樓上不動，要等黃蓋來拜見自己；大模大樣坐了一陣，眼見黃蓋的船越靠越近，瞧著瞧著突然瞧出了問題——這些船吃水不對！

黃蓋所部這二十艘戰船雖體積不大，但每船至少也能容載幾十兵丁，想來行駛穩重吃水必深，可這些船卻吃水很淺，固然是張足船帆憑借風勢，但看起來總跟一陣大浪就能掀翻似的，輕飄飄而來。張允不禁詫異：難道黃蓋倉促舉事被周瑜擊敗，只帶了些空船來？不過對岸大寨燈火昏暗死氣沉沉，哪像有一場廝殺？這麼多船怎麼會是空載？如此輕盈難道載的不是兵，而是……引火之物！

想到此張允肝膽俱裂，扯著脖子嚷道：「其中有詐，快攔住敵船！」

軍中不乏有經驗的荊州兵，也看出了毛病。張顗立刻跳下小船，用手一指，十幾條巡江赤馬一併出動。此時兩軍相據已不過二三里遠，張顗立於船頭放聲吶喊：「南船休要近寨，速速拋住！」連嚷幾聲，對面船隊並不作答，反倒散開陣勢列成一字長蛇，全速撞來。

越到近處看得越明白，這二十艘戰船又輕又快，船頭都釘滿了五尺許的大鐵釘，只要撞到曹軍船上就牢牢嵌入。剛才還與曹軍親熱揮手的士兵都不見了，只剩下船上蓋著的紅色幔帳。張顗還未忖度明白，忽聽嗤的一聲響——黃蓋主艦上燃起一團火球。緊跟著二十艘船都著了火，那火苗子張牙舞爪躥起來。

原來幔帳之下蓋的都是柴草枯葉，還灌了魚膏，火焰一起幔帳瞬間化為烏有，柴草騰起借著東南風席捲散開，無數火星像紅色飛蛾一般向曹軍撲去。張顗只覺一陣灼痛，已被火星迷了眼睛。使船的還算機靈，趕緊撥槳轉彎，硬是擠進了兩條火船的夾縫中，以為這樣就能逃過一劫。哪知每條火船之後還另繫著一條船，因為未點燈火，遠處根本看不見，方才火船上搖旗的士卒已退到後面，早就強弓硬弩擎在手中——可憐張顗及麾下士卒，立時亂箭攢身。

張允在樓船上看得更清楚，大火一起照出數里之遠，敵人豈止二十條船，遠處大大小小都是敵艦，都不聲不響跟在後面，此時已知遭了算計，但要阻止已經晚了。張顗一死，其他的巡江小船或被撞翻，或被驚散，二十艘火船撞入水寨，排在前列的曹軍鬥艦立時齊刷刷著了一排。平日若是有船著火，遠遠躲開倒也無礙，可曹軍鬥艦為避風浪已被鐵環鎖住，或是十艘一排，或是五條一列，既不能分開又不便掉頭，盡被大火吞噬，就連張允的樓船也被圍在其中動彈不得。

正在這時又聞喊殺聲大作，黃蓋率領江東勇士突煙冒火衝上曹軍戰船，逢人便殺遇人便砍，曹軍抱頭鼠竄，墜江而死者不計其數。後面周瑜親率的大隊人馬也已趕到。為了打這場仗，周瑜特意督造了幾十艘新式戰艦，船板上不建閣樓而搭三四層簡易箭樓，幾十名精銳弓手列於其上，老遠就是一通掃射，早把船頭接戰的曹兵射成了刺蝟。有的船上還設有弩車，那些巨弩都是整棵樹幹削成，弩尖浸了松油燃火，絞緊弩車斬斷繩索，巨弩能飛出一丈多遠，打在船上不僅是個窟窿，還會燃起熊熊烈火。

張允只覺腳下隱隱發顫連聲巨響，想必閣樓已經中弩，從視窗向下看去，黃蓋已帶著人殺上了自己的船，親兵將士身遭烈火弓矢死傷無數，馬延早已不見了蹤影。這位自詡水軍副都督的男人頓時癱軟在地，連下樓突圍的勇氣都沒了，抱著腦袋扎在角落裡，忍受著樓下傳來的廝殺聲……

也不知過了多久，張允只覺殺聲漸遠，他大著膽子抬起頭來，只見閣樓內滿是濃煙，身邊一個人都沒有了，想再下樓逃生，卻見樓梯已被大火燒斷。他又摸索著來到窗邊，才發覺惡毒的火蛇已漸漸攀上三樓，滾滾黑煙不斷地湧進來。他把頭探出窗外想透口氣，卻看到了觸目驚心的一幕。

曹軍戰船已成一片火海，那肆虐的東南風成了幫凶，火趁風威，風助火勢，正向曹營深處推進，目光所及都是一片赤紅，烈火焚身的將士掙扎著、慘叫著、哀號著跳進江中，連綿數十里水寨已成煉獄。而在對面還有數不清的江東戰船密密麻麻鋪滿江面，盔明甲亮兵刃泛光，戰鼓聲驚天動地，彷彿要把蒼茫天地震個底朝天。

「咳、咳、咳……」張允被濃煙嗆住了，猛一低頭又被竄上來的火焰灼了臉。他恐懼地後退幾步，但覺整座閣樓搖擺不停，都在劈劈啪啪作響，炙熱感從腳底冒上來——這座樓船已被大火吞沒，就快坍塌了。

「救命！救命啊！」張允絕望地呼喊著，只覺腳底一陷摔了下去，樓板燒穿了。他一跤跌落到底層，渾身筋骨劇痛，再爬起來已被烈火包圍，那火焰就像憤怒的敵人……不，比敵人還要可怖百倍！

「丞相救命！蔡公救命！舅舅……我錯了……」或許是將死之人的幻覺，張允彷彿在烈火中看到了劉表的身影，正揮舞著火把向他打來。他竭力躲著火焰，但燒塌的木頭不斷從頭頂墜落，已避無可避。戰袍引燃了，毛髮燎著了，連雙腿臂膀都被烈火纏住了，他只覺口鼻窒息眩暈跌倒，渾身鎧甲已變成滾燙的烙鐵，緊緊裹住軀體，要把他化成一灘膿血……

大勢已去

當曹操得到奏報邁出大帳的那一刻，中軍大營仍一片寂靜，絕大多數士兵還在睡夢中，但隱隱約約已能聽到水寨方向的呼喊聲。遙望江中有一團閃閃發亮的光球，彷彿黑夜中的一堆篝火。

一陣強勁的東南風迎面拂來，吹得曹操打了個寒戰。正是這陣風把曹操從一統天下的美夢中拉回現實，憑著爾虞我詐幾十年的經驗，他立刻意識到發生了什麼——江東軍內部從來就沒有矛盾，周瑜也根本不缺糧草，黃蓋投降更是逼真的詭計。

軍師荀攸、中領軍史渙、中護軍韓浩、公子曹丕漸漸聚攏而來，猝聞變故都有些驚駭；大營也漸漸騷動，不少兵士出於好奇跑出來打聽消息，還有人攀上寨牆、箭樓，伸著脖子往江上張望，此時此刻他們還只是看熱鬧，完全沒有意識到，這把火意味著什麼。

但曹操、荀攸心裡卻很清楚，東南風強勁，戰船又被鐵索固定，只要一條船起了火，所有的都跑不了，全部水軍都將喪於火海，甚至進一步震駭陸軍，換句話說，十幾萬大軍有覆滅的危險。不過曹操的第一反應還是設法補救，旋即帶領眾人趕奔江畔，並責令各營將領約束士兵，不准隨便出來活動，設法穩住軍心。

可即便如此，連營裡到處是驚懼的士兵，他們議論紛紛，人心惶惶，加之疫情嚴重本來就人心不穩，哪裡壓制得住？事出緊急，曹操率領親兵步履如飛，幾乎是跑著來到岸邊的。只見沿岸及不遠處的戰船還完好無損，但二里開外已是一片赤紅，刺眼的光芒與滾滾黑煙把水軍罩得朦朦朧朧，燃燒的氣味伴著東南風飄來，直鑽鼻子眼——這把火越燒越大，已漸漸向岸邊逼近了。

曹操一陣頭暈腦脹，可還是強作鎮定道：「不要慌！傳令各船斬斷鐵鍊各自逃生。調集陸軍人馬沿江修築土壘、壕溝，把大旗挪過來，我要親自在此抵擋敵軍！」

依照他的估計，水軍很可能保不住了，為了保住旱寨，必須在敵人殺到之前設置一道新防線，阻擋敵人登陸。可軍令傳下去卻沒多大效果，只有忠誠的中軍將士響應號召挖溝築壘。其餘人心已經亂了，吵鬧喧囂反而越來越大。至於斬斷鐵鍊逃生，更沒什麼動靜，大多數士兵棄船而逃，只有少數死心眼的人還兀自揮舞著刀戈，徒勞地敲擊著鐵鍊。

棄船的士兵丟盔棄甲玩命奔逃，有個小卒邊跑邊喊：「快跑啊！燒過來了啦！」慌不擇路正撞到曹操眼前，曹操不由分說拔出佩劍將他捅翻在地：「撤退之人協助修壘不准喧譁，違令者殺！」可這殺雞儆猴的辦法沒什麼用，逃的人越來越多——禍到臨頭了，誰還管什麼將令？

這時已有敗軍的小舟逃回來了，那些兵士個個盔歪甲斜滿面焦黑，還有不少身負重傷，都是九死一生。其中有艘小船更是冒著火回來，船板上的一切都燒光了，上面人燒得四散投水。有個烈火纏身的將領掙扎著躍到岸上，痛苦地打著滾，可身上的火卻愈加肆虐，只有哀號著向大寨爬來，一面掙扎一面求救。

眾人驚懼地望著那個渾身是火的將官，雖然驚叫聲、悲號聲、呼喊聲、火燒戰船劈劈啪啪的聲音震耳欲聾，曹操卻彷彿能聽到那個垂死之人的喘息。他的肩胛骨中了一箭，兜鍪早不知道掉到哪裡了，滿頭的毛髮燒得烏七八糟，除了身負大火煎熬，似乎還有別的創傷，爬過的地方留下一條鮮紅的血痕，但他還在吃力地往前爬，一心撲在逃命的征途上，像個蹣跚學步的嬰兒，胡亂地伸張著雙臂扭動著身軀，行動十分遲緩。以前他必定是個威武雄壯的漢子，可如今龐大的軀體卻成了阻礙，並在烈火焚燒下變得越來越扭曲。就在他抬頭望見曹操等人那一刻，突然渾身抽搐著哭泣起來，終於看到了救星，但他明白已經晚了，他甚至連一聲「救命」都喊不出來了，只剩下絕望的嗚咽。

大家臉上紛紛顯出恐懼、驚訝乃至困惑的表情，一時間竟沒有人過去救援，似乎懷疑這個面目全非的傢伙究竟是不是人。最先反應過來的是韓浩，他由那悲哀痛苦的號哭聲辨出了此人，繼而張著雙臂手足無措地呼喊著：「是馬延，馬延將軍！救人！快救人吶！」

親兵們隨即圍上前去，紛紛解下戰袍撲打著馬延身上的火焰。不知有多少件袍子被火焰燎著了，有人乾脆從地上抓起一把沙土向他身上擲去，彷彿是要將他埋葬。曹操等人目睹此景已忘了戰火，只感到一陣窒息的恐懼，也不禁解下征袍，卻並非救人，而是像丟棄某種不祥之物一般拋得老遠——戰袍不僅可以遮風擋塵，也是軍隊中高貴身分的象徵，可在熊熊烈火之間，這玩意很可能就是引火催命的魔鬼。

一股嗆人的黑煙飄過，馬延身上的火終於撲滅了，親兵不由自主地轉過臉，已不忍再看一眼這位曾經人高馬大，現在卻四肢蜷縮的將軍。曹操一陣悸動，撲過去抱起馬延雙肩，繼而雙手又猛然彈開——他身上鎧甲早被烈火燒得滾燙，灼掉曹操手上的一層皮。

韓浩、史渙等人一擁而上，連推帶拽將他翻過身來。馬延只剩下一口氣了，四肢早就變成了焦炭，不受控制地搐擺著，軀幹還在猛烈抽搐，五官已被燒得模模糊糊，雙眼也蒙上了一層烏黑，兀自翕動著嘴唇，好像在念叨什麼。曹操顧不上手掌的燙傷，又抱起他的頭：「馬將軍，前方如何？」

「咳、咳……」馬延咳了兩聲，從他的嘴裡冒出一縷黑煙和焦糊的氣味，「敵人……全軍出動……不、不行了……」只斷斷續續說了這一句，他自己也不行了，腦袋一歪沉寂在喧鬧之中，但四肢仍因皮膚融化而慢慢蜷縮，發出滋滋的響聲。

「馬將軍！馬將軍！」眾人大聲呼喊。

「他已經死了。」曹操默默鬆開亡者的頭顱，只覺一陣茫然，雙手油乎乎的，似乎是融化的膿血黏著在手上。他顧不得惡心，抬起頭繼續觀望，只見又有幾條小船逃回來，士兵丟盔棄甲，有人連衣服都脫光了，一登岸就死命往後跑，攔都攔不住；還有些會水的游了回來，濕漉漉爬上江灘，趴在地上大口喘息。更多人是在水裡撲騰，偶爾抓住一塊浮板，抱著不敢撒手，扯著脖子在水中呼救。但能得活命的是少數，逃回來的船已擠得插不下腳，晃晃悠悠就快翻了，只要水裡有人摸到船舷，馬上一刀剁掉手指，任他們流血、掙扎、咒罵、哀求，理都不理。

主帥的纛旗已移到了江畔，中軍將士還在忙著堆設土壘，可回應的士卒已越來越少，有人戰戰兢兢不敢再待下去，有人大發牢騷不想打，還有人病病怏怏沒力氣。所有人都被這把大火搞得暈頭轉向，就連緊靠江灘、遠離火場的水軍都棄船了，更可惡的是這幫人拚命往後推擠，把剛堆起一點兒的土壘也衝壞了。任憑曹純、鄧展揮舞著兵刃斬殺逃兵，還是止不住奔走的人流，這些荊州兵根本聽不進將令，一窩蜂往回逃。混亂之中一群逃兵慌不擇路撞進了中軍隊伍，連虎豹騎都被他們衝得連連後退，也不知誰踏翻了纛旗的夾杆石，耳輪中只聽一聲巨響，主帥大旗倒落塵埃之中。

荀攸險些被纛旗砸在下面，摔了個跟頭，爬起來一把抓住曹操：「主公，咱們……咱們不成了，趕緊撤吧！」

曹操卻無動於衷，陷入一片茫然之中，眼前的火光越來越明亮，把上空的雲彩染得一片殷紅，隆隆的喊殺聲也漸漸清晰，懾人魂魄。曹操呆呆遙望著火場，心頭竟莫名其妙生出一種輕鬆之感，訥訥道：「《六韜》有云：『外亂而內整，示饑而實飽，內精而外鈍。陰其謀，密其機，高其壘，伏其銳。士寂若無聲，敵不知我所備。』周瑜如此用兵焉能不勝？小覷此人乃老夫之過……」

逃兵還在像洪流一般往後湧，這會兒連曹丕都瞧出不對了：「父親，咱們也走吧！」所謂「走」其實就是逃，其他謀士、親兵也紛紛附和：「對！暫且避敵鋒芒，來日再戰！」

不用大家給他找臺階，曹操暴戾之氣頓挫，已經在考慮撤退了。他回首環顧眾人，煞有介事道：「敗在周瑜這樣精明的敵人手裡也不算丟人，我不羞於撤退！」

親兵早等著他吩咐呢，現在不跑，等敵人上來就完了！一聽他發話幾個人搶過來就要攙他後退，曹操卻將雙臂一掙：「慢著……放火！」

「放火？」大家一時間沒明白。

曹操咬著後槽牙又重複了一遍：「把沒著火的船也燒掉，能燒多少燒多少！」

眾人先一陣懵懂，既而才明白他的苦心。戰局失去控制，水軍已全部潰敗，餘下未起火的船不燒掉就會被敵人所有，那江東的水軍實力更強了。再者敵人邊縱火邊衝殺，過不了多時就會竄上岸，那時想跑都不容易了，把沿岸的所有船隻點燃，無形中就多了一道火牆，把敵人暫時擋在江上，雖不能扼敵，但足以拖延一時三刻。

軍令傳下，密密麻麻的火把都湊到了岸邊，剛開始還有人駕著小舟到稍微靠前的船隻放火，不多時眾人也沒了耐性，乾脆一股腦將火把都擲向沿江的大船，宛如一陣流星雨劃過黝黑的夜空；為了防止殃及旱寨，有人連沿江的柵欄都拆了，像續柴禾一樣扔到船上。好幾個有血性的荊州部將幾乎是流著眼淚放的火，辛辛苦苦勞碌了十幾年，為劉表打造了這支水軍，如今都付之一炬了。北軍諸將則各歸各營提點人馬，收拾輜重準備撤退。至於那些還沒逃回來的水軍將士，連後路都斷了，棄卒保帥也顧不上他們死活了。

大多數船都用鐵索連著，想逃都難，何況故意縱火？根本沒費多大工夫火就著了，尤其是曹操引以為傲的那艘主帥樓船，儼然成了個渾身冒火的龐大怪物，把江灘照得白晝一般，陣陣黑煙飄向天際。東南風捲著滾滾熱浪向旱寨方向撲來，烤得人頭暈腦脹，曹操在親兵簇擁下撤回營中，兵荒馬亂之際還忍不住回頭看了一眼，望著那奪目刺眼的火海、搖曳多姿的火焰，竟自嘲般歎息了一句：「多美的一場大火呀……」

與此同時，剛剛還寂靜無聲的旱寨已面目全非。各營各帳的士兵不辨東西南北一通亂竄，各部兵長揮舞戰旗，扯著嗓門一通叫嚷，士兵依然我行我素，水軍幾乎全軍覆沒，敵人就快殺來了，到這會兒誰還顧得上誰？韓浩、史渙想制止混亂，下令擊鼓聚兵，這邊鼓聲一起，別人也跟著學，擊鼓聲、鳴金聲自四面八方傳來，士兵更手足無措了，不少兵竟以為是敵人的戰鼓，更是拚命奔逃。柵欄擠倒了，糧車撞翻了，帳篷踩塌了，多少病臥不起的將士還沒來得及爬起，就被踏死在帳中。還有些人倒是小聰明，逆著火的方向跑，翻過寨牆直接攀上北面的山脊，都成了散兵游勇，拋下營寨不管了。

江上的大火把營中照得清清楚楚，曹操見此情景心裡著急卻束手無策，荊州兵剛脫火海紛紛逃竄，北方兵不明就裡又不熟悉地形也跟著跑，還有那些惡疾纏身之人，有的拄著槍戈茫然發呆，有的乾脆倚在角落等死。

費盡九牛二虎之力，曹操才回到中軍營，莫說親兵擠散不少，就連留在營中的蒯越、王粲等人乃至病榻上的蔡瑁都不見了蹤影，不知是互相尋找走散了，還是見勢不妙也跑了。眼下全師而退都不可能了，說不準敵人什麼時候殺到，曹軍已喪失了抗拒之力。曹操與部分將領謀士在喧囂包圍的大帳裡進行了最後一次議事，緊接著率領還服從命令的部隊突出西寨門向江陵撤退。

就這樣，號稱百萬雄師的曹操大軍轉瞬之間潰敗了。

奔走逃亡

離開營寨，情況更亂。烏林以北完全是山林，只有一條沿江的路，還不甚寬闊，敗兵逃兵大多湧上了這條道，連山坡上都擠滿了人；就在一旁的江面上，火光沖天喊聲嘈雜，零星的大小舟楫左右亂竄，也分不清敵我，反正兩船相近就放一陣箭雨，都似驚弓之鳥。曹操與中軍將士混在敗軍之中，既不敢打出帥旗，也不敢擊鼓聚兵——敵人戰船就在不遠處，強弓硬弩都預備下了，一旦舉旗擊鼓，自己人可以聚攏，敵人也湊過來了，人家在水上，自己在岸上，只有挨打的分。

擁擁堵堵行了二三里，又聞前面傳來喊殺聲——原來周瑜早料到曹操兵敗必經此路，預先派人偷偷過江設下埋伏。到這會兒大營可能都丟了，能逃出來就不錯，許多人連兵刃都沒帶，哪有心思再戰？「敵人殺過來了！」隨著一陣呼喊，曹軍越發大亂，有向前的，有向後的，有往山上爬的，自相踐踏折損無數。曹操、荀攸只能喝住中軍這幾千人，還未站穩腳跟又見對面一支隊伍已衝上來，只能拚命一搏了。

曹操不知不覺間已被湧到隊伍前列，後面推推搡搡都是兵，想躲都躲不開了，正在忐忑之際，對面的軍隊卻漸漸停了，一員身材矮小的將領縱馬衝出：「丞相！是丞相嗎？」

來者是樂進，曹操一陣驚喜，險些從馬上栽落。這會兒樂進也顧不得禮法了，躍馬來至近前，死死抓住曹操手臂：「真是丞相！謝天謝地，多謝過往神靈！只要主公安然無恙，我等就……」話未說完，這位從不服輸的將軍淚水直在眼眶裡打轉。

曹操強打精神撫慰兩句，才發現樂進已殺得血葫蘆一般：「前方戰事如何？」

樂進抹去眼淚，又恢復了平日的威嚴：「末將尋不到您先行突圍，正逢敵軍埋伏，奮戰多時總算將他們殺退了。丞相快隨我來，末將為您開道！」

「有勞文謙。」曹操茫然道了聲謝，心下不禁後怕——周瑜麾下不過三四萬人，又要燒船又要攻寨，抽不出多少兵設伏；倘若他與我旗鼓相當，這會兒我還有命在嗎？

他越想越覺不妥，趕緊催著中軍加速前進，尾隨樂進所部之後。有這個武夫當先開路，事情順利多了，也不管什麼逃兵擋路，敵船放箭，馬上加鞭硬往前衝。虎豹騎跟得很緊，為避免敵人突襲，連火把都沒打一支，借著朦朦火光保著曹操、荀攸等人疾馳向前，但大隊步兵就被遠遠甩在後面了。有命才有一切，這關頭也管不了許多人了。

如此約莫行了四五里，喧鬧聲越來越小，道路也漸漸黢黑，江上再不見什麼船隻，眾人勒馬稍事休息。此刻早已過了子時，山高月小，風寒夜深，陰冷的長江宛如一道漆黑無底的深淵，瀰漫著恐怖的氣息；而蓊鬱的山林又被東南風吹得沙沙作響，似歌似哭又似笑，還似孫劉聯軍的歡呼。曹操這才命人點起火把，回頭望瞭望。遙遠的江上還是一片混亂，烈火與戰船早就模糊成一團，逃亡的士兵潰不成軍，三個一群五個一夥，逶迤在江灘上，拉成一道長長的線，一眼望不到邊。燒死的、戰死的、病死的、逃亡的，不知這十萬大軍還剩多少？

突然間，自搖曳的蘆葦叢中閃出幾道黑影，似鬼魅般竄到路上。「什麼人？」親兵紛紛厲吼，都舉起了弓箭。

「別放箭！自己人！」有個人影揮舞雙臂吶喊著跑過來，是曹仁麾下部將牛金。

原來曹仁鎮守江陵，兼著供給糧草的差事。冬至過後曹營缺糧，曹仁一面令屯田都尉董祀回豫州調糧，一面派牛金先運四十船糧食送到軍中。牛金不敢怠慢，日夜兼程趕奔大營，這一晚已入沙羨境內，原指望子夜前把糧送到。哪知離著甚遠就見烏林火光沖天，情知大軍受挫，他倒是有心過去幫忙，但手下多為糧船，所有兵湊在一起不過千人，貿然行動只怕連船帶糧都送了敵人。急中生智叫船隊熄滅一切燈火，全部停靠在江畔枯葦叢中，準備暗中接應。

問明情由大家皆感慶幸——路上行軍畢竟遲緩，人馬也勞累，還不免被江上的敵人糾纏，有了這幾十條船至少能保著曹操迅速脫難。樂進、牛金說幹就幹，糧食也不要了，抓上幾把塞到包袱裡，剩下整包整包往江裡扔。荀攸看他們糟蹋糧食，雖是無奈之舉，心下仍不免悵然，可轉過頭又是倉皇奔逃的敗軍，前後難受索性轉臉瞧對岸。深夜之際江南一片死寂，對岸突兀的山巒絕壁毫無光亮，就像沉睡的巨人。荀攸看著看著，猛然意識到一個問題：「丞相！我軍水師已潰，周瑜全據長江之險，江南四郡怎麼辦？」

水軍一旦失去，長江水道便被孫劉掌握，南北荊州的聯繫就切斷了，長沙、武陵、零陵、桂陽四郡也難保。這會兒曹操方寸已亂，煩心事一大車，軍師都沒辦法，他又能如何？想起桓階曾鼓動長沙郡造劉表的反，趕緊舉目四顧放聲呼喊：「桓伯緒可在？」

桓階還真沒掉隊，但也灰頭土臉一身狼狽，逃得上氣不接下氣，被兩個親兵攙著蹣跚而來。曹操森然道：「我軍敗走，江南之地危矣！我想派你分兵過江統轄四郡之事，堅守城池等候老夫再興兵馬。」

桓階聞聽此言腦袋都大了——十幾萬大軍都敗了，江陵能不能保還在兩可，何年何月才能捲土重來？他心裡沒底又不敢推辭，一轉臉正看見劉巴跟在他身後，靈機一動便道：「在下才力不逮恐不勝任，劉子初之才勝我十倍，又是零陵郡人，何不遣他前往？」

劉巴萬沒想到這塊燙手的山芋會扔到自己手裡，不禁愣在當場。曹操卻不容分說道：「那好，江南之事老夫就託付子初你了。」

劉巴回過神來倉皇拜倒：「請丞相收回成命。」

「為何？」

「劉備謀奪荊州久矣，今又有孫權相助，大軍一撤，敵必趁虛而入，大江之北能否得保尚未可知，何況江南四郡？」

這番悲觀的論調刺激了曹操：「劉子初，難道你不敢去？」

劉巴連忙頓首：「非是在下不敢渡江，只恐我這一去就再不能回來侍奉您了。」

直到此時曹操還沒死心，在他看來，江陵、襄陽等地尚有守軍，若歸攏逃兵再調于禁等七部還可去而復來，於是強笑道：「大耳賊若敢覬覦江南，老夫以三軍繼之，你大可放心但去無妨！」

劉巴怎麼可能放心？四郡實力薄弱，太守除了劉表舊黨就是曹操提拔的私部，想要歸攏人心談何容易？但曹操信心滿滿，怎能推脫？劉巴站起身來，咬了咬牙：「也罷，在下既追隨丞相，願肝腦塗地以報知遇之恩！」

曹操終於滿意了。不過說分兵給劉巴，眼下哪抽得出像樣的兵？即便有兵船也不夠。只交給他幾支丞相大令，勉強抽了四百荊州兵，全都是江南本土之人，這些兵與其說是救援四郡，還不如說是還鄉。此時渡江前往四郡比回歸江陵還要凶險，牛金趕緊把剛騰空的幾隻糧船交給劉巴，趁著夜色打發他過江。

劉巴走後曹操也準備動身了，這會兒後面零零散散已有敗軍追上，亂亂烘烘也將近一萬了，可有兵刃的不及一半。曹操進兵之時有大小戰船近千艘，眼下只剩三十多條，大半還是糧船。後面也許還有船隻，但糾纏在戰團之中，能否從周瑜眼皮底下逃出來還未可知。

人越多越容易暴露目標，樂進、牛金加快行動，不多時就將所有糧船騰空，士兵吵吵嚷嚷都要上船，最後虎豹騎舉著大刀登上船頭才算勉強彈壓住。這時候保帥最重要，曹操父子以及親信將校、謀士掾屬先登上僅有的幾艘戰船，其他的糧船光戰馬就占了兩條，剩下的還不夠中軍將佐和虎豹騎分的。樂進自告奮勇統領餘部，接應後續的敗兵。

分派已畢，幾篙撐開緩緩離岸，士兵搖櫓的搖櫓，戒備的戒備。曹操忐忑的心這才稍安，望著江邊的部隊，直到樂進的身影消失在茫茫夜幕中，再也看不見了，才扶著船舷緩緩坐下，慢慢閉上眼睛。他暫時忘了害怕，也不去考慮明天該怎麼辦，更沒精神發脾氣，只是感覺疲勞，想美美睡上一覺。他甚至幻想這只是場噩夢，或許一覺睡醒就會從頭開始，兵敗之事根本就不存在了……

可剛一閉眼就聽有人呼喊：「敵人殺來了！」

曹操猛然起身——但見後方四五艘戰船飛一般追來，都打著明亮的火把，船上之士刀斧在手，領隊一艦赫然插著醒目的青色牙旗。

韓浩、史渙也摸到些治水軍的經驗，站在船頭連連跺腳，想把他們甩掉。可這幾艘敵船雖不大，行進速度卻甚快，眼瞅著距離越拉越近，即便我眾敵寡，真動起手來也難說。關鍵時刻還是荀攸腦子快：「趕緊靠岸，後面還有咱的人接應。」

大半夜的也無法傳遞旗語，吵吵嚷嚷一通，船隊總算是轉向北岸。但黑黢黢的辨不清水道，轉向速度很慢，眼瞅著敵人就要追上來了，曹操乘坐的船突然一陣搖晃——冬季枯水地形又不熟，離著江灘還有一丈多，竟然擱淺了。

這個節骨眼上再有本事的水手也沒辦法了，只能跳下去推。可敵人已追到。這幫人精明得很，一路追逐一路觀望，早揣摩清哪條船坐著將領，五條敵船都朝這邊湧來。眨眼間為首一艦已與曹操的船接舷，眾人還未反應過來，但見一條黑影躍了過來，有個親兵還沒明白怎麼回事，就被削去了半個腦袋。

眾人定睛觀瞧，來者是員蒼髯老將，頭戴鑌鐵兜鍪，身披鎖子甲，右手舉著環首大刀，左手攥著盾牌，雖似耳順之年，卻精神抖擻，腰圓膀粗，面紅耳赤滿臉殺氣，這把年紀還如此強悍，年輕時還不知是何等人物呢！老將剛站穩，後面嗖嗖嗖又竄過來十幾個武士，也都一手執刀一手執盾，與曹氏親兵惡鬥起來。

這船上空間本來就不大，猛然多了十幾隻惡虎，根本周旋不開，親兵猝然應戰，不多時就倒下一半。其他船上的虎豹士倒想來救，卻被剩下四條船生生擋住，也陷入了廝殺。曹操等人一開始還在船艙裡躲著，後來一琢磨，若叫敵人堵在裡面，當真半點兒活路都沒有了。索性都把劍拔了出來，硬著頭皮往外闖，韓浩、史渙、鄧展、曹純親自護衛周全。那老將十分驍勇，不多時已砍翻了五六個親兵，溫恢、滿寵等都驚得跳入水中。曹操幾人闖出船艙，恰被那老將看了個滿眼，立刻揮刀劈來。史渙倉皇舉劍接刀，但覺雙臂一麻，佩劍立時脫手。韓浩、鄧展一擁而上，與老將扭作一團。單論劍術精湛在場所有人都不及鄧展，但那老將過了一輩子船上生活，在桅杆船艙間滴溜溜亂轉，竟似穿梭自家宅院一般容易，二人非但沒傷到他，三繞兩繞反被他引到敵群包圍中，刀來劍往陷入苦戰。

曹丕一手架著父親，一手拉著荀攸，正猶豫這一丈寬水有多深，能不能往下跳，那老將又出現在他們面前，直覺眼前寒光一閃，大刀已經下來了。史渙驚得魂飛魄散，手裡又沒傢伙，抄起一支船槳竄到曹丕身前，使盡渾身力氣迎擊──只聽轟地一聲悶響，船槳削為兩截，大刀就勢砍在史渙肩頭，頓時血流如注。

曹營親兵非死即傷，大半爬不起來了；曹純且戰且退，被逼回船艙；鄧韓二將以寡敵眾，勉強能把敵人拖住，眼瞅著史渙重傷卻幫不上忙。曹家父子和荀攸現在連投水都來不及了，手裡倒都有傢伙，卻不敢往前遞，離著八丈遠跟人家比劃。

眼看老將三次舉刀，就要結果曹操性命，忽然斜刺裡飛來一陣箭雨，其中一箭正中老將腋下，他膀子一顫，鋼刀立時脫手。史渙明明已受重傷，見此情形也不知哪來的氣力，竟一躍而起揮起拳頭朝老將面門打去。這一拳正擊在他太陽穴上，雖隔著兜鍪，卻打得他暈頭轉向伏倒船舷，一個側歪栽了下去。

「黃老將軍落水了！」敵軍頃刻大亂，當即有人跳下去撈人。曹操劫後餘生穩住心神，再瞧射箭的方向——自後面趕來一葉扁舟，上面立著七八人，都手持著弓箭，被煙火熏得滿面烏黑，但曹操還是一眼認出帶兵的是文聘。

原來黃蓋順風縱火，張允燒死陣中，文聘坐鎮水軍中央兀自抵抗。最後他的船也著了火，無力回天才率兵棄船，分乘十幾條小舟回撤。哪知後方也是一片火海，只好繼續折返西行，在火陣裡穿梭半天才逃出，惜乎十幾條舟的士兵不是燒死就是喪於敵人箭下，僅文聘一船倖免。這時曹軍大潰，周瑜已繞至東面殺入大營。文聘孤舟不敢靠岸，就貼著江岸西撤，沒走多遠看到一艘豎著青牙旗的戰船。文聘力戰半日，識得正是江東先鋒黃蓋的坐艦，頓時無名火起——荊州水師毀於一旦，罪魁禍首就是這老兒。盛怒之際他也豁出去了，也不顧雙方實力懸殊，令親兵奮力划船，就追在黃蓋船後，要找機會與老兒拚個魚死網破；沒想到竟因此找到曹操，眼見情勢危急放了一陣箭，還真把黃蓋射中了。

擱淺的地方大船過不來，文聘的小舟卻遊刃有餘。他久經水戰身手矯健，信手拾起一條長篙往淺水裡一撐，身子借力而起，躍過戰船之舷正落到曹操身邊。江東諸人沒料到曹軍還有如此悍將，頓時怯了幾分，加之黃蓋中箭落水，剩下的士卒也沒戰意了，漸漸退回自己船上。這時樂進也帶著兵沿岸趕到，眾人不敢糾纏，掉頭而去。

屍體拋入江中，重新換上親兵，樂進等人蹚著水把擱淺的船推開，文聘親自舉著火把在前引航，這艘船總算重新踏上了逃亡之旅。

不過曹操父子在鬼門關前走一遭，已嚇得癱軟在船板上；投水得救的桓階、溫恢等人個個落湯雞似的，哆哆嗦嗦直打噴嚏；史渙身受重傷，又折了三根手指，正痛苦地呻吟。大家狼狽不堪地圍坐一圈，你看著我我看著你，皆成驚弓之鳥，誰也沒心思再說一句話……

第十五章
步步驚心華容道

迷途逶迤

曹操敗軍上溯長江而逃，本欲回歸江陵，可這一路越走越害怕，水師全軍覆沒，長江水道已被敵人控制，倘若周瑜的船隊大舉追來，恐再不能倖免。行至巴丘一帶，曹操下令登岸，將所有船隻燒毀，由陸路繼續向北撤退。他這個決定本是為了安全著想，沒想到卻讓全軍陷入更危險的境地。

轉眼已到大寒時節，天地間一派寒荒之氣。自巴丘到江陵，江北之地盡是連綿不盡的沼澤密林。可惱的東南風停歇了，但又墜入了無邊無際的陰冷之中。杳無人跡的沼澤地布滿了枯枝爛葉荒草爛泥，被嚴冬凍結出一層冰殼，就像瘡癬般令人惡心。只要一腳踩上去，就滑溜溜往下陷，半天拔不出腿來。一人多高的枯樹林綿延沒有盡頭，嶙峋的怪石如魑魅魍魎，散發著詭異的氣息。一連數日都是陰天，根本瞧不見半點兒陽光，有時還會飄幾片細碎的雪花，灰濛濛的濃雲積滿天空，一動也不動，彷彿隨時準備壓下來。還有那整日不散的大霧，把沼澤、密林、水塘、泥潭都籠罩在其中，渾渾噩噩辨不清方向，連禽獸鳥兒都瞧不見。

曹操在這片茫茫沼澤中輾轉了好幾天，莫說離開密林，連去江陵的路都尋不到，敗軍倒是陸續趕上，卻像一群沒頭蒼蠅，東南西北一通亂撞，就是走不出這片地區。到了這裡連文聘也毫無辦法，據他所說，這就是著名的雲夢大澤，屬於春秋時楚王游獵之地。曹操記得司馬相如《子虛賦》中描寫此地「丹青赭堊，雌黃白坿，錫碧金銀。眾色炫耀，照爛龍鱗」，身臨其境才知文學與現實的差距。雲夢澤方圓九百里，東到江夏，西過江陵，北到安陸，南緣長江，差不多都是一個樣，山林沼澤縱橫交錯，就是荊州本土人也不敢在這個季節貿然涉足。

周瑜是否快追到，七軍何時來援助，散佚的人馬流落何方，這些曹操連想都不敢想，眼下最嚴重的危機是傷病和缺糧。自交戰伊始瘟疫就是大問題，如今兵敗逃亡，在這陰冷潮濕的沼澤密林裡一折騰，染病的人更多了。現在他身邊已集結了兩萬殘兵敗將，其中感染疾病的就小一半，每天都有士兵死在這荒僻野地裡。糧食問題更嚴重，離開烏林幾乎把所有糧草都扔給了敵人，士兵身上不過是四五天的口糧，即便再省也吃完了，寒冬時節又不能採野果，無奈之下只能殺馬。

曹操坐在一塊大青石上，神情呆滯地望著士兵殺馬——閻柔費盡心機在幽州馴養的好馬，沒用在疆場上，倒填了肚子，暴殄天物啊！可是不吃牠又吃什麼？吃人？且不論人倫之道，都是身患疫病的兵，敢吃嗎？今天算是填飽了肚子，可明天又吃什麼？

「父親，快吃吧。」曹丕舉著一塊剛烤好的馬肉湊到他身邊，這位大公子如今也沒了平日的貴氣，和士兵們一起摸爬滾打，一身白狐皮的裘衣都滾得跟地皮一個顏色。

馬肉並不好吃，沒有調料烹飪，又乾又澀，還有一股酸臭之味，曹操嚼了兩口便覺惡心，幹嘔了兩聲，卻什麼也吐不出來。

「丞相，喝口水吧！」有個身材高大的年輕人雙手捧著一個水袋遞到曹操面前。他名叫竇輔，乃是先朝大將軍竇武的孫子，流落荊州為吏，前不久剛被曹操辟用。這些天他時刻不離左右，與曹丕一起伺候曹操的飲食。

曹操接過水袋，不禁詫異：「嗯？怎麼是熱的？」

竇輔憨然道：「這是我剛剛煮好的開水。」

逃亡之際鍋灶都沒帶出來，如何做開水？曹操正不解，卻見竇輔自背後解下個小包袱，裡面是一個燒得焦黑的兜鍪——原來他把兜鍪刷得乾乾淨淨，用它盛水在火上燒。

曹操感慨不已：「你真是細心周到，等走出這片山林，老夫必定重用你！」幾口熱水送下，曹操渾身暖洋洋的，又嚼起了馬肉，正覺有了些滋味，忽聽有人高喊道：「風！起大風了！」緊接著士兵都歡呼起來，真比打了勝仗還高興。

刮風並不新鮮，可要看什麼時候刮。曹軍被困雲夢大澤好幾日，始終是陰冷無風的天氣，又沒有太陽，所以才辨不清東南西北，現在起了大風，曹軍走出困境總算有望。曹操把吃了一半的肉都扔了，抓起一根枯枝當拐杖，迎風走去：「東北！這方向是東北，一定能到江陵！」

風不來則已，一來還真不小，吹得眾人衣衫飄揚。不過曹軍上下都很興奮，曹操父子當先引路，荀攸、桓階、溫恢等互相攙扶，士兵們一霎時也彷彿來了精神，所有人都跟著往東北走去。可是沒走多遠，忽聽頭上一個悶雷，風漸漸停了，緊跟著牛毛細雨簌簌而落。士兵們先是一陣呆立，緊跟著唏噓聲起，所有人都哭了。

曹操剛燃起的一點兒希望之火就這樣被滅了，矗立在冰雨之中，心情跌落到谷底——風停了，又下起寒雨，糧食吃光了，馬也即將殺盡，莫非天亡我也？

可就在這時，有人擦去眼淚高聲喊嚷：「那邊好像有人！」

曹操第一個反應是周瑜的兵馬追到了，眼下他這支敗軍毫無戰鬥力可言，遇到敵人便是死。曹操甚至覺得有些欣慰，死在敵人刀下總比困死在林子裡強。曹純、韓浩、鄧展都抽出兵刃護在曹操周圍，就連身負重傷時而暈厥的史渙也拄著刀湊過來。

雨一起霧就散了，幽深的樹林瞧得挺清楚，但見右前方的樹木在搖晃，傳來沙沙響動，看那松濤陣陣，顯然不是百八十人的小隊伍。所有人都屏氣凝神望著那裡，也不知是等待搏殺還是最後解脫。

似乎過了很久，有一人騎著馬出現在曹軍面前，此人五十多歲，雖然衣衫破爛卻還算乾淨，頭上甚至還戴著峨冠。曹操驚異地叫出了一聲：「蒯異度！你、你怎麼會在這裡？」

蒯越比他更吃驚：「丞相！您還沒到江陵？」既而撥馬大呼：「大家快來啊！丞相在這裡！」不多時，一大群人從林子深處陸續走來，有王粲、傅巽等荊州僚屬，將軍張憙，連重病在身的蔡瑁躺在車上也被推了過來，還有千餘名士兵。這支部隊兵刃鎧甲齊整，都背著鼓鼓囊囊的乾糧袋，甚至還有幾車糧草和軍帳。

原來周瑜縱火之夜，蒯越等一干荊州屬僚留守中軍營，聞聽寨中大亂出外觀看，但見江畔火光沖天，還以為曹操已經撤了，遂湧出北門準備逃跑，恰與後營張憙所部一千多人相遇。他們這幫人大多熟悉荊州地理，便自告奮勇為張憙充當嚮導，不循沿江之路，而是北上入山，從隱祕的小路而逃。他們走的路安全隱蔽，卻蜿蜒曲折，本應落在後面，但曹操被困雲夢耽誤了時日，故而巧遇。

蒯越聽曹操說明困境不禁一笑：「丞相無需憂慮，屬下精熟此間道路，常與荊楚之士暢遊雲夢。此處往北……」

「哪裡是北？」這位大丞相正找不著北呢！

「便是您來的那邊。」

曹操哭笑不得——原來自己南轅北轍了。

蒯越伸手指去：「一直下去涉過一片沼澤有條狹窄古道，可直通華容縣，因為年代久遠已被泥淖覆蓋，不過我還是識得的。其實現在不過是時氣不好，若逢陽春盛夏，風景宜人適於漁獵，有機會我再帶您來……」

曹操連連搖頭——這輩子絕不再來了。

曹丕也覺慶幸：「蒯大人，既然遇到您，先別忙著走了。我們的士兵已經斷炊，若有餘糧先分給大家，再支起帳篷睡上一大覺，養足精神才好趕路。」

「糧食帳篷倒都有，不過咱們可耽誤不得。」蒯越的表情凝重起來，「昨天我們的斥候稟報，東面方向有劉備的人馬出沒。」

「什麼？劉備的人馬？」曹操驚詫不已。

「這一路我聽鄉人傳言，劉備與周瑜合兵之際預留了兩千精銳。周瑜縱火之夜，他率領這支部隊涉過漢水，想從陸路襲擊我軍，想必現在已追到雲夢澤了。我們也是緊趕慢趕，想儘快離開這裡。」

曹操預料會被敵人追擊，可沒想到劉備會比周瑜來得還快，暗罵大耳賊坐收漁利老奸巨猾，如今敗軍無抵抗之力，碰上就完了。他立刻發話：「事不宜遲馬上趕路，叫士兵抓些乾糧，邊吃邊走！」

緊張的逃亡又開始了，所幸這次有熟知地理的蒯越帶路，沿途順利了不少。曹操這幾天也疲乏了，曹丕、竇輔乾脆把他攙到蔡瑁病臥的平板車上，叫士兵推著他二人走。

蔡瑁自那日無意間目睹曹操害死許攸，一直處於惶惶不安的狀態，這一路雖然食水不缺，但畢竟在密林穿行受了瘴氣，臉色蒼白，眼窩都凹下去了。曹操瞧著他這慘模樣，不住安慰：「你再忍忍，等回到江陵好好養病。」

蔡瑁深悔未把東南風之事及時告知，心中滿是自責：「你將水軍託付於我……我未能多加留心，實在有愧。」說雖這麼說，他卻仰臥在那裡，始終不敢正眼瞧曹操一眼，唯恐看上一眼，就會憶起那些恐怖的情景。

曹操撫著他胸口，歎道：「你突然染病，未能盡職也是人之常情。沒關係，咱們是老朋友嘛！」殊不知蔡瑁的心病比身病更重，最怕就是這「老朋友」三個字。聞聽此語不禁顫抖起來，發出一聲痛苦的呻吟。曹操全不知曉，兀自念叨著：「孫權孺子和那大耳賊不過一時得勢，要打敗老夫可沒那麼容易。等我到了江陵招攏敗軍，再調七軍人馬，定能反敗為勝！」

話說到這裡，前面的部隊忽然停住了。

「怎麼回事？」曹操跳下車來。

韓浩回奏：「前面有一片沼澤。」

曹操步入兵群來到最前面親自觀看，但見漫漫林間又是一片漆黑的泥淖之地，有幾個兵已經下去了，爛泥竟有齊腰深，舉步維艱極難通過。曹操不禁皺眉：「沒有別的路嗎？」

蒯越也無可奈何：「這是最近的路，過去再向西就是華容古道。別的路也有，得從東北方繞，恐怕要耽誤大半天路程。」

半天路程可耽誤不起，已經得知劉備軍就在附近，若是這大半天叫人家追上就麻煩了。可是硬從這裡過，所有的士兵蹚過去也得一兩個時辰，多耽誤一刻都是危險，這怎麼辦？這會兒後面的將領和大隊人馬也趕到了，曹操望了望那些病勢不輕的老弱殘兵，眼珠一轉有了主意。

他走到那些疲病士卒面前，唉聲歎氣道：「前有沼澤後有追兵，眼看涉過這裡就能脫難了，可叫敵人追上如何應付？你們這些人都已染病，不能再作戰了。以我之見你們各負柴草下去填道，老夫命可戰之士在後戒備，倘敵兵追至暫且抵擋一時。你們也不必作戰，只要儘快把路墊好就行。眾位覺得如何？」

這些兵面面相覷——這辦法倒也使得，雖然他們身上有病，但背草墊道還是辦得來的，何況是丞相親自過來說話，一副商量的口吻，豈能不應允？大夥說幹就幹，有百餘名傷病之士動手收集枯草，曹操不叫他們費事，反正馬都殺了一大半，乾脆把張憙帶回的草料給他們分了，再加上些枯枝敗葉，每人背了一大捆，下到沼澤裡去填路。

曹操眼見他們陸續下去，悄悄走到韓浩、曹純身邊：「還有多少馬，都集中到這邊來，叫虎豹士都騎上，聽我號令。」說罷慢吞吞又回到蔡瑁那平板車上，盤腿瞅著沼澤裡的士兵。

不多時，韓浩、曹純把所有馬匹都集中過來，虎豹士各跨雕鞍，可誰也搞不清曹操在想什麼。曹操也不說話，眼珠一動不動地盯著沼澤裡那些疲病之士。這些人畢竟氣虛體弱，在爛泥裡折騰半天才挪開步子，開始時墊的是邊緣地方，後來漸漸散開，布滿了黑漆漆的沼澤。

忽然間，曹操自車上一躍而起，對著虎豹騎喊道：「馳過去！」

韓浩、曹純皆是一愣，沒明白他什麼意思。

「馳過去！」曹操又喊了一聲。

這次二將明白了，瞪著驚恐的眼睛不敢相信。

曹操放聲吼道：「違抗軍令就地正法！馳過去！」

韓浩五內俱焚，腦中一片空白，索性兩眼一閉，朝著馬背上狠落一鞭，當先朝沼澤衝去，曹純緊隨其後。虎豹騎皆感震驚，可連將軍都走了，自己又豈能不跟著。霎時間數百騎奔馳而去，生生從那些士兵身上踏過，耳輪中只聞一聲聲慘絕人寰的號叫——沼澤泥淖已被死人填出一條路。

蒯越、荀攸、竇輔等人都驚呆了，而曹操卻如釋重負，跌坐在車上，痛苦地擺了擺手：「別這麼看著我。老夫也是迫於無奈，若叫劉備追上，死的又何止這百餘人？」

話音方落，忽聽身後一聲慘叫——蔡瑁一個激靈，從車上翻倒在地。

「德珪，你怎麼了？」曹操連忙將他抱起。

蔡瑁瞪著一雙大眼睛，恐懼地望著曹操，繼而張著嘴大口喘息，彷彿他的胸腔已被掏空，迫不及待要吸進氣息將它填滿，那粗重的聲音猶如牛吼，簡直不似人類。

曹操預感不妙，扶住他肩膀：「德珪，你要挺住啊！」

蔡瑁渾然沒聽見，兀自瞪著眼張著嘴，喉嚨裡發出「咯咯」怪聲，四肢也不受控制地抽搐著。

「你可不能去啊，老朋友！」曹操一言未畢，蔡瑁喉間咕噥一聲，腦袋重重地垂了下去。

曹操痛徹肺腑，輕輕合上他的雙眼——幼時的好夥伴，分別三十多年了，才重逢幾個月就生死分別。曹操始終也不明白，老朋友是被他嚇死的。

蒯越抹著眼淚道：「丞相不要難過，還是儘快趕路吧！德珪的屍首運回襄陽，好生安葬便是。」其實蒯越比曹操還難受，共事半輩子，豈能不動真情？

士兵把屍體抬回車上，大夥心情沉重，但還是得走過那段死人鋪成的路。曹操一門心思在回憶自己和蔡瑁的兒時往事，不知不覺就過去了，其他人可沒這麼輕鬆，有的躡手躡腳，有的顫顫巍巍，似王粲、阮瑀、應瑒之輩的文人，幾乎是含著眼淚叫人攙過去的。連曹丕也嚇住了，這位大公子落在後面，半天才敢邁腿，唯恐哪個人未死透，要拉他下去。走了一半，忽見賈詡從他身邊而過，拄著根杖，恰似走在許都大街上一般毫不在意。

「賈大人，您心腸好硬啊！」曹丕不禁念叨了一句。

賈詡歎了口氣：「唉！公子有所不知……這不過是看得見的路，那些看不見的呢？在咱們這個世道裡，一切富貴之路、尊貴之路、仕途之路，哪條不是死人墊起來的……」話說一半甚覺不該多言，又低下頭快步去了。

無論如何曹軍總算涉過險地，踏上了華容古道，又走了一陣，夕陽西下，就此安營紮寨。在雲夢澤行軍就這點兒好處，到晚上可以放心休息，即便有敵人，他們也不可能深夜在密林沼澤間行軍。不過回想起白天以人墊路的事，誰又睡得著呢？天不過濛濛亮，曹軍便再次啟程，又跋涉了半日，總算走出了雲夢大澤。

到了坦途大道，曹軍就算脫難了。這裡畢竟還屬曹操控制範圍，劉備兵力有限，還不敢在平原開闊之地造次。但剛走出來不遠，就覺背後異動，回頭觀看，竟在曹軍剛走出的那片密林間升起了滾滾濃煙！

這情形實在叫人不寒而慄，倘若稍遲一步，所有人都要葬身火海之中了，直到此時大家才覺曹操以人塹道，節省時間也算是不得已的權宜之法。曹操望著那火不禁冷笑：「劉備還算個對手，不過得計稍晚，尋不到我就該早放火。現在下手，太遲了！等著瞧吧，我調來七軍先收拾你！」

經過半個多月磨難，曹軍總算脫離虎口，不過還不能掉以輕心，須儘快趕到江陵召集兵馬，因而不奔華容縣，繼續向西而去。行不多遠，只見塵沙飛揚，對面來了一小股部隊。眾人皆有驚懼之色，曹操卻道：「周瑜新近得勝，還不敢來這裡，一定是自己人。」

果不其然，這股幾百人的小隊伍奔至近前，領兵的竟然是張遼和許褚。張遼是七軍統帥之一，原在襄陽附近屯駐，許褚奉命護送曹沖等一行人回譙縣，這倆人得知戰敗，都帶著親兵趕來接應，偶然碰在一處。二將見到曹操立刻下馬參拜：「驚煞我等！主公無事，萬幸萬幸！」兩條大漢連連歎息。

曹操此刻的心情還算不錯：「勝敗乃兵家常事，也無需多在意。待我再調人馬與孫劉二賊鏖戰！」

張遼、許褚皆是好戰之人，平時一聽說打仗，笑得嘴都合不攏，今天卻耷拉著腦袋死氣沉沉。

「怎麼回事？」曹操感到一絲不對勁。

許褚稟奏道：「主公，倉舒公子的病……」

「沖兒怎麼樣了？」

「公子病勢轉重，盧洪從兗州把華佗的大弟子李璫之抓來診治，他也束手無策……不過，李璫之說他師傅留有一部醫書，好像叫什麼《青囊書》，似乎帶進了獄中。如果能找到這部醫典，說不定還有救治之法……您別著急，千萬別著急！」

曹操半晌無語，豈能不急？

張遼也道：「末將也、也有事稟奏。」

「不必說了，」曹操暫時拋開對兒子的掛念，斬釘截鐵道：「你先去調襄陽七部人馬來江陵，我要與孫劉二賊再戰。」

張遼愁眉苦臉搖了搖頭：「沒法再打了，出事啦！」

曹操一陣眩暈，強打精神問道：「怎麼了？」

「數日前孫權率十萬大軍渡江攻打合肥，袁術舊部陳蘭、雷薄、梅乾等趁機叛變，已攻克六安縣。恰逢揚州刺史劉馥病逝，淮南戰事已亂，護軍趙儼已督七部兵馬前去戡亂，單派我來接應您。合肥被困尚缺救兵，咱們……咱們已無兵可派了。」

雪上加霜

赤壁戰敗的影響遠遠超過了曹操的估量，這不單單是戰場上受損，而是大大撼動了整個局面。荊州方面受敵，孫權趁機率十萬大軍殺至江北包圍合肥，處於盧江、九江二郡的陳蘭、雷薄、梅乾、雷緒等本為袁術舊部，盤踞江淮亦兵亦匪，早與孫氏有千絲萬縷的關係，不過迫於局勢才歸順曹操，貌恭而未心服。如今曹操戰敗，孫權進攻合肥，揚州刺史劉馥又恰在此時病逝，他們終於有機會興風作浪了，立刻召集舊部，轉眼間就攻占了氐縣、六安、灊山等六個縣城，叛軍多達五六萬人。

曹操原指望召集七軍再戰周瑜，現在不可能了，他連救援合肥的人都派不出了。無奈之下只能把所有馬匹裝備給未受損傷的張憙一部，命他帶領那一千多人趕赴合肥。原本還想調汝南李通去救，可又得到消息，李通剿滅桃山叛匪張赤，雖然已經得勝，但打完仗就病倒了，暫時無法領兵。只好叫張憙先奔汝南，把李通麾下三千兵帶上再去解圍。

又經過兩天的艱辛跋涉，曹操終於撤退到江陵，不過僅僅停留了幾日，便啟程繼續北上。他很清楚，淮南出了問題，周瑜與劉備勢必要趁勢攻打荊州，他手下的殘兵敗將已沒有戰鬥力，必須尋一處清靜地方進行休整。現在淮南受敵，荊州也受敵，他絕不能羈絆在任何一處戰場，必須選個合適位置居中觀察，以便往來救援不受牽制。這個最佳地點就是家鄉譙縣。

曹操命曹仁、曹洪繼續駐守江陵和夷陵，又派滿寵守當陽，樂進守襄陽，調徐晃所部南下，一方面為了禦敵，一方面召集流散的部隊，他自己則帶著疲憊不堪的敗軍北上還鄉。

建安十四年（西元二〇九年）四月，舉步維艱的曹操敗軍終於回到了譙縣，不過剛一下馬，就有個噩耗等著曹操——他最寵愛的兒子曹沖已病入膏肓了。

經過許都方面的查找，華佗的《青囊書》終於找到了，不過不再是卷冊，而是一團灰燼。華佗之所以在曹操拿下荊州後告假還鄉，也是為了這部醫書。普天之下皆知沛國華佗與南陽張機是當今兩大神醫，張機著有《傷寒雜病論》，華佗卻始終沒能完成著作，荊州歸順兩人有了見面交流，華佗自不願輸於張機，故而謊稱妻子有病，回鄉完成著作，意欲與張機交流技藝，不想因此引來殺身之禍。華佗在獄中料想難免一死，便把剛剛完成的《青囊書》託與一名獄卒，告訴他精研此書可以救人，哪知華佗死後那獄卒竟一把火將書燒了。盧洪、趙達查起此事，喝問那獄卒為何燒書，人家的回答有理有據：「縱然學得與華佗一樣神妙的醫術，到頭來也是枉死獄中，留它何用？」

李璫之費盡心力束手無策，眼看曹沖連湯藥都灌不下去了，只得跪倒在曹操面前頓首請罪。

「庸醫！」曹操指著他鼻子破口大罵，「給我繼續醫！若醫不好，我要你全家的性命！」

李璫之本就是個木訥怯官的人，老師又被曹操所害，實是硬被抓來給曹沖看病的，見曹操怒不可遏，早嚇得哆嗦成一團，連句整話都說不出來了：「丞、丞相莫說殺我全、全家，就算殺、殺殺我全族……我也……」

「我不管！你要醫好我兒，否則我扒你的皮！」曹操不再理他，湊到榻邊注視著兒子──幾個月前曹沖還活蹦亂跳，會說話會辦事，會討曹操歡心，跟個小大人一樣；可現在卻昏迷不醒，躺在那裡一動不動，渾身上下又濕又燙。

曹操摸著兒子的額頭，輕聲呼喚：「沖兒！倉舒！你睜開眼看看為父，跟我說句話啊，你聽見沒有？聽見沒有？你娘親還在鄴城等著你回去，你醒醒啊……蒼天！為何這樣戲弄我曹某人！」霎時間曹操又想起了當年慘死宛城的曹昂，他恨老天爺故意捉弄他，兩度讓他器重的嗣子亡故。喪子之痛一次還不夠，老天爺偏偏要在他最失落的時候再給他一次打擊，擊得他五臟六腑都要碎了。

曹丕、曹植、夏侯尚、曹瑜等親眷也守在榻邊，見他痛苦已極，起身相勸：「丞相莫要過於悲痛，當心傷了身體……」

不勸還好，這一勸曹操滿腹邪火變了方向：「我悲痛？我悲痛什麼？沖兒還沒死呢，你們盼著他死嗎？」一句話吼得幾人呆若木雞。曹操用手一指曹植：「你是怎麼照顧你弟弟的？是不是你把他害死的，說！」

曹植嚇一跳，趕緊跪倒在地：「孩兒豈敢行此禽獸不如之事？」

「有什麼不敢的？這世上之人為了權力什麼事做不出來？沖兒若死了，你也別想有好日子過！」曹操忽然把手一轉，又指向了曹丕，「還有你！沖兒死了你就高興了，是不是？」

曹丕立刻矮了半截，趴在地上連連頓首：「孩兒不敢……」

夏侯尚、曹瑜見此情景也跟著跪下了，主動為二人開脫：「皆是我等照顧不周，與兩位公子無干，丞相息怒。」

曹操哪裡息得下怒？背著手在房中轉來轉去：「你們統統恨我兒不死，是不是也想把我害死！我饒不了你們，還有孫權小兒、大耳賊劉備……」他悲恨交加，思緒混亂，「他們都是害死我兒的凶手！我曹某人不會善罷甘休，我曹某人是不會失敗的！」他張牙舞爪喊了這麼兩句，忽然身子一歪，俯倒在榻邊，雙手抱頭不住呻吟——一年多未犯的頭風病又發作了。

眾人一陣大亂，李璫之向前跪爬幾步，磕磕巴巴道：「我、我配副湯藥，能治頭風，是、是否……」

「哎呀，別廢話了，還不快配！」曹瑜急得跺腳。

李璫之把藥配好，交與夏侯尚去煎，仗著膽子為曹操按摩頭部。不多時湯藥煎成了，曹丕吹了又吹，一匙一匙往他嘴裡餵。這會兒曹操呼吸已趨於平和，只喝了小半碗，便慢慢睜開眼睛：「我不該歸罪你等，委屈你們了。」這陣突如其來的疼痛使他態度和緩了下來，也漸漸想清楚了。

曹植卻道：「兒等受父親養育之恩，談何委屈？父親安心養病，不要想太多。」

曹操微微點頭，又看看李璫之：「你也能治老夫的頭風？」

「在下學藝不精，只會配藥煎藥，不甚通針石之術。」李璫之所言不虛。若論對藥性藥理的研究，他甚至不亞於老師，但論及針石之術就不行了。

曹操歎了口氣：「那你就不能給我兒治好病嗎？」

「公子之症乃氣虛體弱與傷寒之疫併發，在下才力不逮，若要治好此病，恐怕只有我老師才行，或者……或者請來南陽張仲景，也未可知。」

曹操搖了搖頭——華佗叫他殺了，赤壁戰敗江南四郡鞭長莫及，怎麼請張機回來？即便私下派人找到，人家又願意來嗎？曹操此時方才追悔莫及：「我悔不該殺華佗，若此人還在，沖兒焉能不治？」話未說完已滿眼淚花。

曹丕、曹植也不禁悵然，李璫之聽他可算承認老師死得冤，更是唏噓不已。曹操拍拍他肩頭：「生死有命，你能盡多大力，便盡多大力，老夫也不再強求。你來治病，老夫去求天求地求鬼神，但願能保沖兒渡過此劫。」素來不相信天命的曹操竟要為兒子祭祀祈福，當真是無可奈何了，「從今以後，老夫的頭風也由你診治。」

李璫之聞聽此言又是一陣顫抖：「在下只通湯藥，此法甚慢，恐不能似師傅般針到病解。」顧慮是當然的，華佗那麼大本事曹操還嫌慢，憑他的手段還不得死一百次？

曹操卻道：「沒關係，慢慢來，老夫不怪罪。」朱砂不足紅土為貴，兩大神醫他都錯過了，剩下這麼個精通藥理的李璫之，難道還不知珍惜？

方說到這裡，只見門簾一挑，樓圭滿臉焦急走了進來——他受命運送王儁靈柩回汝南下葬，哪知走了幾個月竟發生這麼多變故。樓圭滿腹不解，尤其聽說許攸在軍中落水溺斃，死得不明不白，同學之義豈能不問？正要找曹操計較清楚，卻見他病怏怏歪在那裡，滿腹之言竟堵於喉間：「你怎麼也病了？」

曹操低著眼沒有看他：「老毛病，不礙的。」

樓圭見此情景不知如何開口，只道：「當年我與你，還有子文、子遠相交甚厚。子文歸葬之事我已辦妥，子遠又驟然棄世令人驚異，你可更要保重身體。」

曹操聽樓圭道「子遠又驟然棄世令人驚異」，心頭不禁狂跳——他自然不必怕樓圭，但萬事逃不過一個理字，殺許攸既是酒後衝動，也是積怒已久，這些話如何向樓圭明言？提到王儁，他更加不安，昔年曹操罷官在家，王儁前去探望勸他再次出仕，當時曾囑託：「許子遠貪而好利，樓子伯倔強耿介，若有一日觸怒，還望你念在故舊之情多加容讓。」事到臨頭怎麼全忘了？又如何對得起九泉之下的王儁？

樓圭見他臉上一陣青一陣紅，已猜到了八九分，長歎一聲搖頭而去。

曹操心中不寧更覺頭上難受，忙端起剩下那半碗湯藥，一股腦都灌下去——自己作的病自己受，吃苦頭又能怨誰？忍著吧！

遊說周瑜

求神求鬼終究於事無濟，李瓚之也盡了最大的努力，可曹沖還是夭亡了。幾個月前曹操那可怖的幻想竟變成了現實，那具弱小無助的軀體似乎命中註定一般躺到了棺槨裡，終年只有十三歲。

往者已矣，曹操還得強忍悲痛處理焦頭爛額的戰事，這場可惱的戰爭還未結束，周瑜、劉備的先鋒部隊已至江陵，與曹仁、曹洪展開廝殺；孫權大軍依舊圍困合肥，袁術舊部的大叛亂還在蔓延。曹操又調臧霸率青州部南下助戰，任命夏侯淵為領軍將軍，代替自己率領還能勉強作戰的士兵前往廬江平叛，剩下的就只有等待了。

赤壁之敗喪師數萬，尤其自荊州接收的軍隊幾乎盡數失去，那些逃散未死的北方部眾或至襄陽，或至當陽，或者直接逃到譙縣。要把這些殘兵敗將聚集起來，補給輜重重新編制還需一段時日，這必須耐心等待。

恰在此時，有一位曹操征辟多年想要一睹真容的老賢士來到他面前——河內張範。

張範，字公儀，出身公侯世家，其祖父張歆曾任司徒，其父張延也曾在先朝擔任校尉，被宦官構陷而死。張範與父祖兩代不同，年近古稀卻從未當過官，以恬靜樂道、樂善好施著稱，尤其是他早年拒不肯與袁氏一族結親，更令曹操高看一眼。曹操想召見張範已將近十年，卻始終不能如願。當初曹操收復河內，張範偏偏在揚州避難；平定河北時再次征辟，張範又在北上途中染病，停留在廣陵，只好派其弟張承代替自己拜謁曹操。張範畢竟年事已高，養了一年多的病，好不容易要啟程趕往許都，他家的子姪又被山賊擒獲了，張範親往賊穴，又是遊說又是懇求，總算要回了子姪。原以為可以放心登程了，沒想到途經揚州又趕上了叛亂，這次老人家毅然決定，冒著戰亂之險直接來沛國見曹操。經過這麼多挫折變故，兩人終於見了面，這可真是亂世之中的一樁奇聞。

曹操當即拜張範為議郎、參丞相軍事。他原以為自己可以功成名就風風光光，傲然接見這位老先生，沒想到張範會在他最狼狽、最悲慘的時候到來。

「傳說唐堯之際洪水氾濫，全賴大禹治水解民倒懸，也因而奠定了夏氏基業。為規劃地域考課田頃，大禹將天下之地按土壤之別劃為九州……」張範斜靠在一張几案邊，邊說話邊把玩著手中的拐杖。這位老人瘦骨嶙峋，穿著粗布的長衫，臉上皺紋堆壘，修長的銀鬚似雪一樣潔白，講起話來慢慢悠悠。在張範身邊還侍立著一位三十多歲的文士，乃是名揚江淮的蔣幹蔣子翼，他是聽說張範要去沛國，特意趕來陪同侍奉老人家的。

張範緩緩地講，蔣幹洗耳恭聽，曹操卻耷拉眼皮有些心不在焉。他喘著粗氣靠在几案的另一邊，也在聽張範說教，不過心裡想得更多的還是戰事，以及剛死去的兒子。不知何時起，他竟把這兩件事連在了一起，彷彿是赤壁戰敗導致了曹沖的夭亡，他陷入了急切的報仇欲望中，久久不能自拔，而復發的頭風病更使他日夜煎熬，精神恍惚。張範早就把這位落魄丞相的一舉一動瞧得清清楚楚，卻毫不在意繼續往下說：「這九州之中以揚州最為貧瘠，卑濕水熱土壤泥濘，所以被定為下下等。昔高祖與項羽爭天下，垓下之戰項羽落敗，自稱無顏見江東父老，自刎於江畔。固然是他弒殺義帝，子弟兵喪盡，有愧江東之民，還在於江東並無多大實力。古人言吳越爭霸，闔閭、勾踐何等英雄，其實也不過數千人馬輾轉為戰，遠不及中原霸主，最終不過一時之傑。想那楚國也算泱泱大國，春秋都城在郢，漢初都於下邳，吳國之都乃在廣陵，皆處江北。直至淮南王劉安擊南海國之時，渡過大江尚未遇敵，病死者過半，皆因貧瘠濕熱山越縱橫，至於百姓耕種鋤刨更是所出無幾。那時江東根本就沒有一爭天下的本錢，也從未聽說有人曾於江上征戰。」

曹操聽到這裡倏然抬起頭來。他原本以為這位老先生談什麼玄而又玄的道理，可漸漸話歸正題，論的是江東之事，才漸漸感到他的話可能與自己的失敗息息相關。

張範見他換了一種眼神望著自己，欣然一笑，接著道：「到王莽篡國之時，中原動盪，百姓多遷於江東，才廣為闢田開荒。至孝景皇帝時，廬江太守王景修復芍陂，灌田萬頃。孝順皇帝時，會稽太守馬臻始利鏡湖，再闢良田九千餘頃，從此由會稽郡地界中分出吳郡，江東之地才開始有些興盛，細算起來這不過是近幾十年間的事。」

曹操無法解開的心結便在於此：「誠如先生所言，我始終不明白，既然江東未為富庶強大，我發十萬餘大軍臨於江表，孫權小兒何敢抗拒不降？」

「老朽要告訴丞相的恰恰在此。」張範歎息一聲，「我前些年南下避難也曾到過江東，親眼目睹了孫氏之治。孫策雖以兵戎起家，然執掌江東之後折節下士，勵精圖治，遷江淮之人以充民戶，奪山越之土以開耕稼。孫權繼位以來更是效仿中原施行屯田，囤積倉廩以備征戰。張昭、張紘之流，江東人望所在，高潔之士無不影從；程普、黃蓋之輩，披肝瀝膽忠誠無二；那周公瑾可堪文武雙全人中之傑。雄睿之主居其上，忠勇之吏充其下，田畝日增資財日盛。今日江東，早不是當年的荒蠻之地啦！」

若是先前有人說這種話，曹操必會將其痛斥一頓，可現在聽來，他是低估了江東的勢力。在他印象中江東還是卑濕水熱土地貧瘠，卻不知人家勵精圖治早已不可同日而語，有這樣的實力當然要橫下心來搏鬥。曹操似乎明白一些了，但他仍不願意接受失敗的命運，森然道：「即便江東已強，老夫坐擁北方諸州之大，關西眾將聞風歸順，遼東、鮮卑朝覲不絕，西蜀劉璋遣使奉貢，以天下之大獨對江東，難道還不足以取勝嗎？」

張範並不反駁，轉而道：「丞相自攻戰河北以來歲歲征伐，三年前定青州，兩年前遠涉塞外，回軍之際未加休整又練水戰，去歲先奪荊襄又圖江東，三軍將士難免疲憊，因此才會助長惡疾。古人云：『強弩之末不能穿魯縞』，為國者亦當與民休息，與兵休息，所謂『善為國者，馭民如父母之愛子』。」

這些道理曹操也懂，卻絲毫聽不進去，此刻他腦子裡只有仇恨。時至今日，戰爭已不僅是統一天下的問題，曹操更想挽回失去的名聲和威望——曹孟德永遠是正確的，永遠是不敗的，怎麼可能輸？怎麼可能有人敢不服？他猛然站了起來，一邊揉著隱隱作痛的腦袋，一邊踱來踱去。

張範瞧出他心浮氣躁，但還是接著勸說：「老朽懇請丞相以天下為重，休養生息造福吏民，兵戎之事不可急於求成。」

曹操現在心裡就是一個「急」字，怎聽得進良言？只道：「先生見教的是，不過天下未定，此時休息，天下何日方能一統？我還要召集人馬再次興兵。赤壁雖挫尚有敗軍，若聚攏餘部再募新兵，仍可得數萬之眾，我就不信區區江東之地這麼難打！孫權不是在合肥麼，老夫要率兵前去較量，倘若得勝便可順淮水而下再圖江東！」

張範與蔣幹對視了一眼，無可奈何——曹操陷入窮兵黷武的思緒裡，簡直有些不可理喻了。

「子翼！」曹操忽然又把矛頭指向蔣幹。

「諾。」蔣幹先前也曾求仕途之路，夢想宣揚教化輔佐聖主，但身處亂世心灰意冷，如今只想做個閉門讀書之人，其實已算不得曹操屬下，可聽到那嚴厲的呼喚，還是不由自主屈身答應。

「聽說你與周瑜相識有舊，可是真的？」

蔣幹的心都快蹦出來了，搞不清曹操究竟有何居心，又不敢欺瞞，只好如實回奏：「在下昔日遊學江淮，是曾與公瑾相交。」

「好，我想派你去見見他，勸他投降。」

什麼？蔣幹以為自己聽錯了——打贏了勸人投降還差不多，你打輸了，又憑什麼去勸降人家？

曹操卻煞有介事：「你就以朋友的身分去見見他，曉之以理動之以情，勸他不要再行無益之事。以區區江東抗拒中原，早晚是會落敗的。老夫覺他是個人才，不忍他功名未遂，只要他肯北上投誠，日後必定不失封侯之位。孫權所恃不過周瑜知兵，若周瑜肯降，江東必定納土。至於大耳賊，勢單力孤一戰可定矣！」

蔣幹實在有些為難，這件事根本無需考慮，去了只能自取其辱。他趕緊跪倒在地：「在下無能，恐不能當此重任。」

曹操毫不通融：「此事成敗與否老夫必不加罪，你但去無妨。」

「非是在下畏難，實是知曉公瑾其人，必不肯屈膝於敵。請丞相收回成命。」

「你不肯奉命嗎？」曹操通紅的眼睛已漸漸冒出火光。

蔣幹嚇壞了，情知再不應允禍不旋踵，忙道：「我去！不過……」

「去就好！」曹操一甩衣袖，根本不聽他再說什麼，「我料周瑜也是識時務之人，自會權衡輕重。天下一統戰亂自解，這也是為了黎民百姓。不過老夫也不能掉以輕心，我現在就去巡視軍營，從明天起調集人馬繼續練兵，一定要與江東拚到底！」說罷丟下兩位客人，昂首闊步出了大堂。

蔣幹領了這麼個受罪的差事，長歎一聲癱坐在地，半天都沒緩過勁兒來；張範以衣袖掩口嘿嘿笑了起來。

「老前輩，您還笑得出來啊？」

張範借著拐杖之力，慢慢站了起來：「聖人言，六十耳順。我都這把年紀了，還有什麼事看不開？自古成敗利害不過一時，又有什麼可在意的？」說完還伸手拉了蔣幹一把。

蔣幹借勢而起搖頭歎息：「昔日我也曾在許都，那時曹孟德也勉強稱得上公正賢明，如今一場敗仗怎麼就變成這樣了？」

張範拄著杖小心翼翼邁下臺階：「他自官渡以來再未受挫，已無當年許都初建如履薄冰的那份耐心了。順我者昌逆我者亡，思慕天命利令智昏，藐視天下英雄，聽不進良言。不願聽良言，所以偌大一個朝廷只有他一人在處置，當然要栽跟頭。」

「我這差事可怎麼辦呢？」蔣幹追過來攙起老人家胳膊。

張範笑呵呵道：「你只管去，辦事不成也不算無能，就當會會老朋友也不錯嘛！」

蔣幹卻輕鬆不起來：「以他今日之喜怒無常，周瑜不降，他若遷怒於我如何得了？」

「不會的。」張範搖了搖頭，「曹孟德並非庸人，不過是鑽了牛角尖，一時出不來，他早晚會想清楚的。他若果真是個窮兵黷武之人，也不可能兼併諸州走到今天。」

「您的意思是……雖然他一時受挫，可早晚還會統一天下？」

「這老朽可不好說。」張範收住笑容，抬頭仰望著碧藍的天空，「世人只能盡人事，而不可知天命。以曹操之才原可與古之名將比肩，但古人焉知今人之事，又豈會料知江東可成勢力？昔日秦皇、高祖、世祖一統天下，都不曾以江南為慮。雖然曹操輕慢致敗，不過也頗有可諒之處，他畢竟是第一個挫於大江之人。唉！泱泱大江困煞豪傑，自古無不滅之朝，不知千載之下又將有多少英雄望江興歎呢！」

第十六章
戰敗總結，曹操追悔莫及

合肥偃兵

曹操不甘心這次慘敗，他僅在譙縣安穩了數日，又開始著手備戰，又是召募新兵又是製造戰船，重新操練起水軍。可苦了那些剛剛逃歸的殘兵敗將，還沒來得及鬆口氣就要投入新戰鬥，許多人還身在創傷病痛之中，也不得不再上征途玩命。

中原之地畢竟實力雄厚，短短兩個月時，又聚集起六七萬兵馬，新造舟楫近千隻。不過這次除了曹操本人並沒有其他參謀將領看好，赤壁慘敗教訓不遠，況且連荊州裝備精良的大戰船都不能得勝，就憑新造的這些小船，豈能逾越長江天險？但曹操彷彿陷入了魔障，一心要征服江東，在一片爭議和哀怨聲中，大軍自譙縣出發，由淮水而下前往合肥。

正如大多數人預料，這又是一次損失慘重的出征，三軍勞苦士無戰心，完全是懾於軍令的行動。而且江淮之地還在鬧瘟疫，先前感染傷寒的士兵許多還未痊癒，如今又漂泊舟楫踏入險地，對於他們而言簡直是生生踏入了鬼門關。自譙縣出發伊始就有士兵因病死亡，情況愈演愈烈，船隊幾乎是一路行進一路往河裡拋屍體。天氣已經轉熱，大軍所經之地都瀰漫著腐屍的氣味。這樣疲病的軍隊又有何戰鬥力可言？淮水兩岸的百姓也頗為震駭，唯恐曹操再抓壯丁以充兵源，紛紛逃亡他鄉。

建安十四年七月，曹操終於趕到了合肥。不過遺憾的是，他未到之前，孫權已帶著軍隊撤回江東了。

孫權雖號稱十萬大軍，實際上只有分派周瑜後剩下的兩三萬兵，能鬧出這麼大風波全是拜曹操落敗人心不穩所賜。另外陳蘭、雷緒等人叛亂也助長了氣焰，搞得江淮之地人心惶惶。合肥告急之際，曹操只勉強抽出張憙率千餘騎救援，再加上汝南之兵也不過三四千，這點兒兵力根本不可能逼退孫權。危機時刻揚州別駕蔣濟突發奇謀，命人偽造軍中奏報，硬是把援軍的人數誇大了十倍，聲稱有四萬大軍趕來救援，派人扮作傳令之士分作三隊假裝趕奔合肥送信，故意引誘敵軍截獲。果不其然，偽造的書信落於孫權手中，得知四萬大軍來救，孫權慌了手腳，料想曹操雖敗實力仍不可小覷，唯恐有失退兵而去。

合肥城之所以能在圍困中堅守百日，不僅是官員將士的功勞，也是已故揚州刺史劉馥的功勞。當年前任刺史嚴象被李術所殺，孫權又擊殺李術，遷走大批江淮之民，劉馥受命時合肥幾乎是一座空城，是他召募百姓恢復生產，興辦學校推行屯田，不僅興修芍陂、茄陂、七門、吳塘等灌溉溝渠，還擴建加固了合肥城。而且就在他病勢沉重即將去世之際，還特意安排官兵囤積糧草，準備滾木檑石，深溝高壘增強守備。若非劉馥深謀遠慮，恐怕合肥城早被孫權攻下了。

有驚無險度過一劫，自揚州別駕蔣濟、從事劉曄以下，吏民士卒無不追念劉馥遺德，慟哭一片。歷經萬苦趕來救援的將士也鬆了口氣，唯獨曹操對這結果不滿意，他還打算追擊孫權再戰長江。

中軍帳一片肅靜，所有將領、參謀以及揚州的官員都緘口不言，所有人都以無奈的眼神注視著曹操，宛如一尊尊泥胎雕像，就連軍師荀攸、老友樓圭都不再說話。並非沒人有異議，而是已經沒人敢諍諫這位專橫固執的丞相了。

其實只要邁出大帳一步，誰都能看出這仗沒法再打。疲病交加的士卒都在痛苦呻吟偷偷落淚，士氣已跌落到低谷。曹仁還在苦苦堅守江陵，抵禦孫劉兩家的進攻；于禁、張遼還在跟袁術舊部玩命，夏侯淵也在圍追堵截廬江的叛亂部隊。整個江淮一帶就像條千瘡百孔的破船，而曹操偏偏視而不見，或許他心裡都清楚，卻不肯接受失敗的事實。

曹操手中緊緊攥著令箭，彷彿要把所有恨意都積聚起來，他冷峻的目光掃過帳內所有人——沒有異議，不敢有異議。他騰地站了起來，就要發布拔營南下的號令。

「報！」一個親兵稟報，「蔣幹先生求見。」

曹操耐著心緒又緩緩坐了下來：「帶進來。」

蔣幹趨步而進，只說了聲：「參見丞相，在下覆命。」就耷拉著腦袋往帳中一跪，等待曹操問話。

用不著問，看這模樣就知道白跑一趟，碰了一鼻子灰。曹操微合雙目深吸一口氣，還是忍不住開口問道：「他說什麼？」

「周瑜不肯來。」蔣幹死死盯著地面，眼皮都不敢抬一下。

曹操提高了嗓門：「我是問你，他都跟你說了什麼？」

蔣幹嚥了口唾沫，硬著頭皮道：「公瑾對我說：『丈夫處世，遇知己之主，外託君臣之義，內結骨肉之恩，言行計從，禍福共之，假使蘇張更生，酈叟復出，猶撫其背而折其辭，豈足下幼生所能移乎？』」

「哼！蘇秦之口、張儀之舌、酈食其復生都不能說動他，好大的口氣！」曹操的火氣上來了，「天下歸一近在咫尺，難道你就沒問問他，只顧知遇之恩骨肉之義，難道就不顧天下蒼生了嗎？他雖然暫時得勝，以東南偏僻之地獨抗九州之大豈能久哉？」

「晚生問過，」蔣幹擦著額角的冷汗，「他只說了四個字……」

「講！」

「事在人為。」

「事在人為……」曹操已然坐不住了，焦躁地站起來，「為什麼？他還要與老夫作對，這是為什麼？誰給他這麼大膽量！」

這個問題蔣幹自然無法作答，索性閉起嘴巴，裝聾作啞。

曹操陷入偏執之中，滿腦子都是自己曾經的輝煌武功，只覺五內俱焚，布滿血絲的眼睛簡直欲往外噴火。他像一頭餓極了的狼，喘著粗氣狂躁地踱來踱去，在軍帳中央繞著圈子，一隻手牢牢攥著劍柄，好像隨時準備殺人，另一隻手神經質地顫抖著，就這樣繞了兩圈，突然狂吼道：「我本想打完這場仗，整治一個全新的朝廷，與民休息，與兵休息……可是孫權、周瑜這兩個小兒，還有大耳賊……他們都是包藏禍心的好亂之徒！他們只知道縱橫捭闔，只顧他們的野心，豈知治理天下之大道？戰亂二十餘載，多少生靈塗炭？他們哪個經歷過先朝的昏暗，哪個曾為百姓造福？這二十年是我懲奸除惡，掃滅狼煙，安定黎民百姓！誅其凶，弔其民，如時雨降！天下一統舍我其誰……宵小豎子！他們都是混帳……」

群僚見他怒不可遏，都驚得連連後退，有些人生平第一次目睹曹操發這麼大火氣，嚇得腿都軟了。所有人都低著腦袋不敢做聲，大帳中唯有曹操那聲嘶力竭的喊叫。

「四方有罪無罪唯在我，天下曷敢有越厥志？為什麼他們這些好亂之徒不罷手？他們到底是何居心……其心當誅！氣煞我也……」

突然有個高亢的聲音道：「丞相！屬下有句話想問問您。」

眾人皆是一愣，何人敢在這時候多言？大家的目光齊刷刷望去，但見一個相貌醜陋的中年文士從人堆裡擠了出來。

曹操正無處撒火，側目一看——和洽和陽士。他面對這張醜得無以復加的臉竟沒有發作，只厲聲嚷道：「講！」

「諾。」和洽底氣十足，又往前蹭了幾步，「在下斗膽相問，倘若丞相與孫劉相易，您又當如何？」

「你說什麼？」曹操腦子太亂，根本沒聽明白。

和洽一句一頓又重複了一遍：「倘若丞相與孫權、周瑜之輩相易，他人占據北方坐擁強兵，您盤踞一地獨力相抗。別人勸您以天下大勢為重，勸您解甲歸降，您會不會從善如流？」

曹操啞口無言，一霎時火氣竟然全消了，瞪著布滿血絲的眼睛死盯著和洽——當然也不會，想在亂世有番作為的人都一樣，誰沒有爭的權力？誰又沒有獨霸天下的野心？昔日袁紹擁四州之眾，一紙書信叫曹操遷都投降，他是怎麼答覆的？官渡之時袁紹以十萬大軍相摧，他是怎麼搏鬥的？如今孫劉兩家和他當初一樣，他反倒成了袁紹，十餘萬軍隊南下征討最後鎩羽而歸！其事何其相似，又情何以堪？當年曹操嘲笑袁紹妄自尊大，傲慢輕敵，現在這些話都變成一記記耳光，反過來打到他自己臉上了。怎麼會走到這個難堪的地步呢？

曹操清醒了，直到此刻他才算徹底清醒，才從戰敗後不切實際的妄想中走出來。他顫顫巍巍在和洽肩膀上拍了兩下，既而爆發出一陣狂笑：「哈哈哈……你問得好！哈哈哈……」說罷大笑著，踉踉蹌蹌出了大帳。

「丞相！丞相！」眾掾屬呼喊著要追出去。

和洽張開雙臂把眾人攔住：「別去！越勸越壞。還是讓丞相自己想清楚吧！」

曹操離開大帳兀自笑個不停，笑自己愚蠢，笑自己狂妄，笑自己不識時務，笑自己跟袁紹一樣無可救藥。從征討烏丸得勝後他就開始自我膨脹，小視天下豪傑，荊州來得又太容易，更讓他不可一世，結果玩了個灰頭土臉。怨誰？怨他自己。可惜明白得太晚了，他已經喪失了統一天下的最佳時機。

笑著笑著他漸漸冷靜下來——滿營士卒都茫然注視著他。這些可憐的士兵有的身受創傷，有的疾病纏身，即便無傷無病，輾轉了這半年多也都形容枯槁精神萎靡，這還是當年威震中原的那支鐵軍嗎？曹操笑不出來了，他愧對出生入死的將士，更愧對那些殞命沙場的亡魂。可這還不是全部，他有什麼臉面回許都？他有什麼臉面去見荀彧？有什麼臉面再見那個傀儡天子？有什麼臉面去見那些費盡心機招攬來的各方名士？

他已經邁出那可怕的一步，不再是司空，而是中興建朝以來獨一無二的丞相。君不君臣不臣，不清不楚不尷不尬，怎麼辦？按照既定計畫代漢稱帝？那他當的不是皇帝，而是竊國奸賊。他成了謀朝篡位之人，豈不是讓孫劉成了大漢忠臣、正義之師？豈不是把剷除國賊的旗幟拱手送與敵人？豈不是和袁術做了一丘之貉？

可是不往前走也不行，已經到這一步，還能後退嗎？多少清算的罪名等著？又有多少攀龍附鳳之人盼著？他想收手都不行。怎麼走到這條絕路上來了？

猛然間，「騎虎難下」四個字映現在他腦海中，那是郭嘉病倒塞外山間，竭力喊出的最後一句話。當時沒弄清，現在終於明白了，但已經晚了，他真的已經騎虎難下了。

曹操仰天長歎：「若郭奉孝在，我焉能落敗至此……」想當初，除了郭嘉，荀攸也提醒他不要妄想一次瓦解孫劉兩個勢力，他當耳旁風；程昱告誡他切莫輕敵，他也沒聽進去。還有，賈詡所謂「乘舊楚之饒以饗吏士，撫慰百姓，使其安土樂業，則可不勞眾而使江東稽服」，這難道不是拐著彎勸他先定江夏後定江東，一步一步穩紮穩打嗎？

這麼多人都明裡暗裡提醒他了，他卻執迷不悟。還有蒯越那幫荊州舊僚，他們與江東久打交道，縱然清楚孫權、周瑜是何等底細，可作為投降之人他們能說什麼？又敢說什麼……一切都想清楚了，曹操追悔莫及。倘若以陸戰先定江夏之地，而後再圖江東，那現在的情勢如何？如果事先詳細觀察地理，自漢水進軍而不是貿然涉足長江，也未必會失敗吧？即便到了烏林僵持之際，若謹慎戒備無輕敵之心，結果又如何？

現在想這些還有什麼用，已經敗了，把這次慘痛的教訓牢牢刻在心底吧！曹操伏倒在地，眼淚奪眶而出……

建安十四年七月辛未（西元二〇九年十月十日），曹操下達了撫恤三軍將士的教令，這不啻一份「罪己詔」，他終於肯接受慘痛的事實了，這也標誌著此次南征的黯然收場：

自頃以來，軍數征行，或遇疫氣，吏士死亡不歸，家室怨曠，百姓流離，而仁者豈樂之哉？不得已也。其令死者家無基業不能自存者，縣官勿絕廩，長吏存恤撫循，以稱吾意。

此後的幾個月曹操把兵馬留駐，一者為休養傷病，二者擴建劉馥進行一半的芍陂工程，命令綏集都尉倉慈大規模開墾農田。這也算是挽回些民心吧！

江陵一線的防衛戰打了半年多，曹仁盡了最大努力，卻始終無法擺脫被動局面。周瑜派甘寧襲取夷陵，劉備率部繞至江陵後方，意欲斷絕糧道，這仗越打越被動。更不幸的是，鎮守汝南的大將李通帶病救援曹仁，一路上身先士卒拔出鹿角，雖然趕到了前線卻因病卒於軍中，曹軍不僅痛失一員重將，而且嚴重影響了軍心。萬般無奈之下曹操只能放棄，命令曹仁、曹洪、滿寵大踏步後退，捨棄了漢水以南的所有地盤，把防禦據點圈定在襄陽和樊城。

不少臣僚對此有異議，但曹操堅持這一決定。他畢竟是身經百戰的一代統帥，只要腦子不發熱，依舊有獨到眼光。丟棄的地盤雖大，但那些地方都無險可守，而襄樊擁有漢水作為屏障，襄陽與樊城隔水相對，南北呼應互相配合，只要守住這個地方，就可扼住敵人勢頭。更妙的是，襄陽以西就是房陵郡。

房陵原本只是個縣，《史記》稱其「縱橫千里，山林四塞，其固高陵，如有房屋」，因此而得名，此地原本在益州轄下，劉璋軟弱無能，其地落入荊州控制，劉表把房陵縣和附近一帶提升為郡，任命蒯氏一族的蒯祺出任郡守。曹操原打算撤換此人，但是赤壁落敗情勢不穩，像他這樣任職多年的實力派就不敢隨便動了。況且蒯祺與當地最大的土豪申氏家族關係融洽，有這樣深厚的基礎，乾脆讓他們繼續盤踞此郡。曹操雖沒見過諸葛亮，也沒聽說過什麼「隆中對」，但他知道房陵郡是入蜀的唯一通道，有襄陽擋住這地方，再加上對蒯祺的重用，誰都別想謀取蜀地。

轟轟烈烈的南征徹底宣告失敗，除了襄樊什麼也沒得到。十幾萬軍隊折損大半，統一天下的最佳機會失之交臂，曹操登基稱帝的夢想也變得遙遙無期。城池捨棄了，士兵撫慰了，叛亂遏制了，一切恢復平靜，但這並不等於戰敗的惡劣影響到此終結，恰恰相反，內部問題才剛剛顯露。

收拾殘局

曹操在合肥心不在焉忙了幾個月，轉眼又已入冬。他思考再三，還是懷著矛盾的心情回到譙縣過冬。不願意來是因為曹沖死在這裡，又要面對兒子夭折帶來的心痛；不得不來是因為將士疲憊，實在難以跋涉到河北。譙縣是曹操家鄉，也是大批親信將校的家鄉，回家過冬也算是一種慰藉吧！

曹仁退守襄陽之後，敵人果然不再追擊，但這並不意味著結束。孫劉兩家開始分享成果，在魯肅斡旋下，孫權竟把二十出頭的妹妹嫁與年近半百的劉備，兩家結成郎舅之親，而且孫權還把荊州沿江諸縣「借」給劉備屯軍。曹操最痛恨的「大耳賊」，竟成了這場戰爭的最大受益者。之後孫權又自命周瑜為偏將軍、領南郡太守，程普為江夏太守，徹底將曹操這個大漢丞相視若無物。不過程普雖為江夏太守，卻只能管江夏郡江南的那部分，江北的大部分地盤還是劉琦暫領江夏太守，治所仍在西陵縣。曹操當然也不甘示弱，在更北的石陽建立治所，讓朝廷明發詔書，任命文聘為江夏太守。區區一郡竟蹦出三個郡守，都說自己是正統，真是滑天下之大稽。

荊州江北之地，曹操只能睜一眼閉一眼，江南之地更是無力染指。劉備撤退南下後，第一件事就是搶占江南四郡。這四個郡實力薄弱，又失去與中原的聯繫，皆成待宰羔羊。長沙太守韓玄、武陵太守金旋雙雙被殺，曹操本欲升賞他們，沒想到反倒把他們害死了。零陵太守劉度、桂陽太守趙範本就是劉表麾下，這倆人索性破罐子破摔，當初怎麼降的曹操，這次就怎麼降劉備。至於臨危受命的劉巴，根本掌握不了局面，被人家趕得東逃西竄，後來斷了音訊，生死不明。

唯一的好消息是袁術舊部的叛亂被平定了，這仗打得還算漂亮，尤其是天柱山之戰。天柱山地勢險要，高峻二十餘里，只有一條蜿蜒狹窄的山道，張遼親自率兵硬闖，浴血奮戰真拿下了山頭，斬殺吳蘭、梅成，雷薄喪於亂軍之中。剩下廬江反賊雷敘，獨木難支，被夏侯淵打得四處逃竄，最後跑去投靠劉備了。為了提升士氣振奮人心，曹操對張遼格外嘉獎，將他的封邑翻了一倍，並授予假節之權。可這樣的平叛勝利，又有什麼可慶幸的？失敗的陰影很難走出，實力受損更不知要何年何月才能恢復。

無眠之夜曹操悶坐寢室，心情依舊煩亂。即便如張範所言，與民休息，與兵休息，但還有些事必須要做，他不但要撫慰將士，更要給朝廷一個交待。此刻他眼前放著口大箱子，裡面裝滿了詩文、書信、表章——這都是誅殺孔融滿門從府裡抄沒的。御史大夫郗慮遵從曹操授意上書彈劾，處死孔融曝屍許都城門，卻被太醫令脂習盜去，不知藏於何處，現在該了結這一案了。如今這個案子已不單是曹操與孔融個人恩怨的問題，這個節骨眼上，曹操急需利用這件事挽回自己的聲譽。

董昭滿面塵土侍立一旁——他本留守許都，聞知王師敗績便趕往許都恭候，卻接到指示，曹操在家鄉屯兵過冬，叫他提孔融所遺文書，連同犯官脂習一同押赴譙縣。董昭到許都腳跟都沒站穩，又星夜兼程趕往譙縣，這日天黑時分才到，連口水都沒喝就來覆命。

曹操看著這滿滿一箱子書簡，既好奇又為難，實不知該從哪一卷看起。董昭便從繁雜的簡冊中挑出一份遞過來：「這是他的臨終詩，是獄卒抄錄下來的。」

「臨死還有這等閒情逸志？」曹操實在無法理解，品讀起來。

言多令事敗，器漏苦不密。河潰蟻孔端，山壞由猿穴。
涓涓江漢流，天窗通冥室。讒邪害公正，浮雲翳白日。
靡辭無忠誠，華繁竟不實。人有兩三心，安能合為一？
三人成市虎，浸漬解膠漆。生存多所慮，長寢萬事畢。

看完這首詩曹操想笑，卻又笑不出來——孔融到死都不明白自己失誤在何處，還僅僅停留在「言多令事敗」、「讒邪害公正」的層面，對曹氏代漢的企圖隻字不提，是他太單純，還是根本對曹操不屑一顧呢？而他面對死亡又那麼坦然，「生存多所慮，長寢萬事畢」，沒有悲苦，有的只是從容。

曹操扔下這首詩，信手在箱子裡翻找，發現許多是抄錄的書信，給王修的、給邴原的、給張紘的，其中辭句頗令人感慨：「曹公輔政，思賢並立。策書屢下，殷勤款至。」「余嘉乃勳，應乃懿德，用升璽於王庭，其可辭乎？」「根矩（邴原，字根矩），根矩，可以來矣！」十幾年間，孔融一直在為朝廷招賢納士，這也等於幫曹操。應當承認孔融在清流中名望比曹操高得多，有不少人是看著孔融的面子才到許都的。費盡心力最後卻落個家破人亡的下場，與卸磨殺驢何異？曹操原以為天下將定，孔融沒有利用價值了，沒想到吃了這麼慘痛的一場敗仗。孔融死了，以後誰還能幫他網羅名士？誰還敢來？

曹操不住捏著眉頭，越發覺得處死孔融過於草率了，正不知如何是好，又聽外面傳來曹純的稟奏聲：「主公，兩位公子求見。」說罷不等曹操發話，推開門讓他們進來——曹丕、曹植各捧著一個食盒湊到他面前：「父親辛勞至夜保重身體，進些東西吧！」

「嗯。」曹操沒精打采地看著他們，「我吃不下。」

曹丕滿面春風奉上食盒：「這鮑羹是孩子吩咐庖人做的，天冷夜深，喝完早些歇息吧！」

曹植手捧的東西卻不一樣：「孩兒與身邊的僕僮親手做的嬌耳，裡面是羊肉，最能驅寒。」

曹操看著這兩樣不同的膳食，又抬頭看看兩個兒子——滿臉恭順，不卑不亢，自從曹沖死後日日來身邊侍奉，時時刻刻這麼殷勤，難道真的僅僅是父子天性？

「放到一邊，等我想吃的時候再用吧……你們出去。」

兩位公子都說著溫存的話：「父親多多保重身體，孩兒見父親日漸消瘦，心中實是……」

「為父有事，你們快出去吧！」曹操又揚了揚手。

曹丕、曹植不敢多言，施禮退了出去。曹操看著倆兒子的背影，總覺得他們在偷笑，曹沖之死固然是命運使然，可他們的機會也隨之到來了，難道弟弟的死對他們而言不是件好事嗎？

其實何止曹操，連董昭、曹純都在忐忑——曹沖死了，輪到他倆出頭了，一個身居長子，一個才華橫溢，各有一幫親信朋友，兩人要是爭起來，恐怕整個朝廷的人都要考慮前程各自擇主，一場奪嫡之戰似乎已經開始了。

曹操這會兒不敢多想，也沒心情去想，努力排遣著心頭憂慮，繼續翻弄遺物，不經意間發現幾份卷冊間夾著一張薄薄的絹帛。董昭一見此絹劈手搶過：「此物與丞相無礙。」

素來謹小慎微的董昭竟敢從他手裡搶東西，曹操更覺詫異：「你看過了？那是什麼？拿過來！」

董昭強笑道：「不過是首詩，不看也罷。」

「拿來！」

「丞相不必看了。」

「拿來！」

眼見曹操目露凶光，董昭還是膽怯了，戰戰兢兢遞回他手裡，卻喃喃道：「前些年孔融侍妾產下一子，恰逢他隨客遠行，那孩子未足周年就死了，孔融連面都沒見著，給兒子寫的悼亡詩……您別看了。」

曹操本已恚怒，聽他解釋才知也是一番好意，淡淡道：「你怕我見詩生情？我還沒那麼脆弱！」說罷展開就讀。

遠送新行客，歲暮乃來歸。
入門望愛子，妻妾向人悲。
聞子不可見，日已潛光輝。
孤墳在西北，常念君來遲。
褰裳上墟丘，但見蒿與薇。

白骨歸黃泉，肌體乘塵飛。
生時不識父，死後知我誰。
孤魂遊窮暮，飄搖安所依。
人生圖嗣息，爾死我念追。
俯仰內傷心，不覺淚沾衣。
人生自有命，但恨生日希。

「孤魂遊窮暮，飄搖安所依……俯仰內傷心，不覺淚沾衣……」曹操默念著這兩句，不知不覺竟出了神，「沖兒……我苦命的兒啊……人生自有命，但恨生日希……」

霎時間，曹操被這首詩擊倒了。此時此刻，他不再是當朝丞相，就是世間一個普普通通的父親。雖然他殺了孔融，但孔融卻沒有敗，眼前這首詩彷彿化作一把利刃，刺進他的軟肋，狠狠剜他的心。曹操可以踐踏孔融的生命，卻不能泯滅桀驁不馴的精神，更不能抹殺孔融的絕代文采。落敗的是曹操自己，敗得體無完膚。想至此處，不覺淚濕衣襟。

董昭與曹純眼睜睜看他哭兒子，不知此等家事該如何勸解。曹操泣涕多時拭去眼淚，把那絹帛往箱子裡一丟，順手將箱蓋狠狠扣上，莫說再往下看，連這箱子都不敢再碰一下了：「把脂習帶過來。」

不多時太醫令脂習就被士兵推搡進來。脂習表字元升，年近六旬，靈帝中平年間入仕，雖然官職不大，也算老臣了。此刻他披頭散髮，身披枷鎖，這副架勢從許都解到譙縣，早累得一瘸一拐，但精神還算不錯——盧洪倒是謹遵曹操之命，好吃好喝供著，也沒動刑，就等著讓曹操親自折磨。

可曹操的想法已經變了：「赦他的罪，鬆綁吧！」

曹純親自動手，為脂習解開綁繩，卸掉枷鎖。這玩意十好幾斤，就是不動刑，戴上也夠受的，脖子肩膀都是一條條血印。他重獲自由卻不謝恩，撲倒在地嚎啕大哭：「丞相！孔文舉冤枉！無罪而殺士，則大夫可以去；無罪而戮民，則士可以徙。您一再廣求賢才，豈能因言而置人於死地？冤啊……嗚嗚嗚……」

曹操只是木然點頭：「一令逆，則百令失。一惡施，則百惡結。老夫……」孔融殺錯了，華佗殺錯了，許攸也殺錯了，這幾年犯的錯還數得過來嗎？曹操俯身摸著脂習傷痕累累的肩頭，「元升，你是個重情重義慷慨之人，難怪孔文舉視你為知己。委屈你了。」

脂習聞聽此言越發唏噓——孔融蒙冤之際，多少自詡漢室忠臣的朝廷大員緘口不言？一個六百石的小官敢出來冒死盜屍，何等勇烈。

「你把孔文舉的屍首藏在哪兒了？」

盧洪那幫爪牙逼問了無數次，脂習就是咬牙不說，現在曹操又親自相問，脂習警覺起來，戛然收住悲聲，迸出充滿敵意的眼光：「你、你還要如何？」

「我要重新為他下葬。」

「此話當真？」脂習都不敢相信他的話了。

曹操沒有再答覆，只是閉著眼睛不住地點頭。

脂習這才安心：「他的屍首就埋在許都城外東土橋下。」

曹操不禁敬佩——好個脂元升，原來就藏在許都眼皮底下。東土橋就在城門外，可是越近越沒人想得到。不對，許都車水馬龍，焉能無人察覺？或許有人知道了也不舉報，大家都知孔融冤，沒人跟自己一條心……想至此曹操不寒而慄，「元升，文舉一家已經沒人了，安葬的事我就交給你辦。撥你一百斛糧食，你去召募民夫，將他屍骨遷回原籍安葬。」

脂習重重叩了個頭，又忍不住哭泣起來。那哭聲淒淒慘慘，曹操越聽越難受，恍恍惚惚間感覺這不僅是他一人在哭，而是被他冤殺的人和殞命疆場的無數厲鬼在一併哭泣。「不要哭了，百斛之糧肯定有結餘，剩下的也不必上繳，就當我送給你的。以後我還要給你升官，表彰俠義之舉。你別哭了，別哭了……」說到最後，曹操的口氣甚至帶了一絲乞求的意味。

董昭朝曹純使個眼色，曹純會意，趕緊把脂習攙起來，連哄帶勸把他送出去。曹操長出口氣，晃晃悠悠踱至榻邊，疲憊地倚著靠墊。董昭見曹操似乎要休息，理當告辭回去，但還有件事沒稟奏，他袖子裡揣著一封卷軸，本打算請曹操過目，現在這種情形他又有些拿不準主意了。

就在猶豫之際，外面有人說話：「啟稟丞相，涼州密使求見！」

曹操聽見了，卻沒立刻答覆，合上眼睛頓了片刻才道：「哪一部的使者？公職還是私屬？」涼州各部割據有十幾支，韓遂與馬騰不過是勢力最大的，他們雖名義上歸附朝廷，但還有極大的獨立性，另外朝廷也派了刺史邯鄲商以及幾個郡縣官員。魚龍混雜良莠不齊，單說是涼州密使，也搞不清是誰派來的。

「是涼州安定郡轄下騎都尉楊秋的人。」奏事人的聲音甚是喑啞。

楊秋不過是涼州十幾個小勢力的其中之一，實力很弱，為何會派使者跑這麼遠來奏事？曹操感覺蹊蹺，但實在懶得動，躺在那裡隨口道：「叫他進來吧！」

屋門打開，一個年紀輕輕的布衣使者低著頭，戰戰兢兢走進來。曹操這才看見奏事的是韓浩，可能他嗓子啞了，剛才竟沒聽出來。那使者一進門便跪倒在地：「小的參見丞相……」一嘴西北口音，口稱「小的」，想必沒有正經名分。

「什麼事，說！」對這種人曹操也不客氣，躺著沒起來。

「啟稟丞相，武威太守張猛把刺史邯鄲商給殺啦！」

「什麼？」曹操的疲憊感立時消失——武威太守張猛與涼州刺史邯鄲商都是朝廷任命的官員，而且幾乎是同時上任，怎麼自己人跟自己人攻殺起來？

那使者道：「張猛與邯鄲商自上任以來就不和，不過看在朝廷的份上勉強維持，他二人攻殺乃為私怨，並非有礙丞相。」

話是這麼說，但殺官等同造反，堂堂一州刺史，豈能說殺就殺？曹操反覆提醒自己不要發火，可這件事實在可惡——赤壁吃了敗仗，張猛趁這機會洩私憤，朝廷剛剛戰敗無力處置邊陲之事，他就以為能糊裡糊塗了事？

這還不算完，使者又道：「還有……還有……」

「說！別吞吞吐吐的。」

「諾。韓遂聞知張猛殺官，發下檄文召集涼州十餘部人馬，意欲兵伐武威，說是給邯鄲商報仇，還說要為朝廷除害。」

為朝廷除害，真是笑談。韓遂不會有這等好心，他是要搶糧草，搶地盤，不請示朝廷擅自發兵，還打著正義的旗號，趁火打劫著實可惡。

可張猛為什麼敢大膽殺官？韓遂為什麼敢擅自起兵？曹操深感不祥——他的權力在動搖，威信在下降。前方戰敗後方也開始不穩，那些懾於他強大實力而臣服的人開始不買帳了。袁術舊部的叛亂僅僅是開始，更大規模的動亂還在後面，西涼諸部也蠢蠢欲動了。可這個節骨眼上曹操毫無辦法，部隊死的死傷的傷，增援襄陽的還沒撤回，即便回來還不知什麼樣。他無力再管遙遠的涼州，只能聽之任之。

那使者又開了口：「另外韓遂也發檄文到我家楊將軍那裡了，我們該不該發兵？若是發兵，此事沒有丞相指示，我們不敢擅作主張。若是不發兵，我們又……又……」

「又什麼?你但說無妨!」

「又惹不起韓遂。」那使者憨然一笑,「總之是左右為難,請丞相示下。」

「嘿嘿嘿……」曹操明白了——這個楊秋是兩面三刀的大滑頭,既不得罪曹操,又不得罪韓遂,左右騎牆,明明想跟韓遂瓜分地盤,事先還得跑來送個信,弄得好像被逼無奈似的。曹操陰笑著坐起來:「你無須來問老夫,回去叫你家將軍摸摸良心,自己看著辦!」

莫看那使者身分低,卻甚是難纏:「恕小的直言,良心是有了,只怕腦袋就沒了!您准許我們發兵,由我家將軍給您做個內應,今後無論韓遂有什麼企圖,我們暗地把消息給您送來,您看好嗎?」

「嗯?」曹操一愣,這倒可以考慮,「你抬起頭來說話。」

使者微微抬頭,曹操一看之下叫出聲來:「奉孝!是奉孝嗎?」

此人柳葉眉,杏核眼,男生女相,尤其左目下有一顆小痣,隆鼻小嘴,兩撇小鬍子,這長相與郭嘉極為相似。可曹操叫了兩聲便發覺不是——人死不能復生,郭嘉要是活著比他年長,而且不會一嘴西北口音,最根本的差別是郭嘉絕不會有此人的這種眼神,這種撩著眼皮向上媚笑的眼神,只有淺薄的奴僕才有。曹操太懷念郭嘉,居然一時錯認。

那人也發覺曹操認錯了,趕緊自報名姓:「小的叫……孔桂。」

雖然不是郭嘉,但不知不覺間曹操的態度和緩許多:「你剛才的提議也不錯,張猛畢竟私自殺官為惡在先,老夫也懶得管他,發不發兵你們隨便吧!」其實這就是默許。

「謝丞相。」孔桂喜不自勝,「若丞相沒別的吩咐,在下就……」辦完差事他就要溜。

「且慢!」曹操叫住他,「從今以後,涼州大事小情一定要通報給老夫。」

「是是是。」孔桂連連作揖。

「還有……」曹操沖親兵招了招手，「子桓他們送來的膳食賞他吃吧，安排他休息一晚，臨走給他拿兩塊金子、兩匹絹帛。」

董昭暗暗咋舌：不過一介小人，丞相為何賞他這麼多？不過董昭更猜不到，恰恰就是這個小人，將來會躋身朝堂，成為曹操晚年須臾不能離開的佞臣。

打發走孔桂，曹操再也睡不著了，頭風痛又發作了，而且一閉眼就是郭嘉和曹沖的身影。他心緒煩亂起身披好衣服，董昭忙過來幫他繫上腰帶：「丞相，已經入夜了。」

「頭有點兒痛，到外面清醒清醒興許好些。」華佗死了，李璫之雖善湯藥卻不通針石，再無人能針到病除了，這也是曹操自作自受。董昭低頭看看袖中的卷軸，猶豫再三正要往外拿，曹操又道：「你們都回去歇著吧，不用陪我，有事明天再說。」

董昭又把話嚥了回去，道了聲：「諾。」與眾親兵退了出去。

曹操使勁捏了捏眉頭，這才邁步出門，見韓浩還呆呆立在院中：「元嗣，你有事嗎？」

韓浩站在黑暗中，喃喃道：「史渙舊傷復發又受了點兒寒，半個時辰前……斷氣了。」他的聲音中沒有哽咽，只有沙啞，短短一個月間兄長韓玄死了，最好的朋友史渙也沒了，直叫他欲哭無淚。

這次曹操卻毫無反應，死的人太多，傷心都傷心不過來；他只是感覺頭疼得厲害，在韓浩肩頭輕輕拍了兩下，歎息一聲繼續向外走，守門的侍衛要跟著，也被他揮退了。曹操獨自在冷清的院落裡轉悠，這裡是曹家舊宅，祖父曹騰、父親曹嵩還有幾位叔父都曾生活在這兒，這所宅院承載了曹家以往的榮辱，而他最愛的兒子曹沖也夭折於此。現在各房舍都成了掾屬臨時的辦公地點，夜深人靜，所有的房舍都黑了燈。這一年多太疲勞，終於沒什麼可忙的了，大夥都回營睡覺了，只留下這空蕩蕩、冷淒淒的院落，就像曹操的內心一樣陰暗而不知所措。凜冽的北風吹過，不知何處的窗櫺沒有關嚴，發出嗚嗚的響聲，如同鬼魅哭泣……

轉過第二道院子，右手邊忽然射來亮光，舉目望去——原來還有間小屋有人。曹操踱了過去，輕輕推開房門，只見裡面亂七八糟堆的都是簡冊，靠牆邊一張几案，有個皂衣掾吏趴在上面睡著了，手裡還攥著筆，沒看完的竹簡掉在榻邊。

如此恪盡職守之人理當大大表彰，曹操悄悄湊過去，俯身看了看此人面孔，不禁愣住了——刺奸令史高柔。

這人一直是他平白無故撒火、洩憤的對象；但人家不恨不怨，勤勤懇懇盡忠職守。曹操的臉上發熱，隨手拿起一份公文，上面密密麻麻都是高柔批示。刺奸令史管理司法，可又不同於法曹掾，更偏向於監察揭發。可高柔長長的批示內容卻是替一個蒙冤的人申訴，設法拯救一條生命。曹操心裡清楚，高柔的努力是徒勞，這些案子背後處理者是盧洪、趙達，高柔再爭辯也沒有用，只難得這片善心。他放下案卷，解下自己的狐裘，輕輕披在高柔身上。

「嗯……」高柔還是醒了，眨了眨眼睛，「丞相？」

「躺下睡。」曹操充滿笑意，和藹中透著愧意。

「屬下有話要說。」高柔猛地跪了下來，「冤案太多了，請您抽空看看這些案卷吧！可憐的、可憫的、蒙冤的、欲加之罪不擇手段的！盧洪、趙達每天都在害人，全都是冤案……」他伸手漫指這滿屋子的卷宗，似乎沒有一件不是冤案。

曹操豈會不知？但盧洪、趙達正是在他的授意下為他掃清障礙，只要對曹操稍有不滿的人就清除掉，哪在乎冤不冤？面對高柔的請求，曹操無言以對，只好苦笑著離去，走到門口才回頭道：「這兩年委屈你了。我升任你為倉曹屬，別幹這苦差事了。」

「可這些冤案……」

「你不必過問。」曹操頭也不回地走了——雖然追葬一個孔融，但大多數冤獄不能平反。一旦都翻出來，那等同於對建安以來政局的整體否定，也就意味著對曹操專權的否定。他已經是丞相，騎虎難下了，絕不能給任何人攻擊自己的機會。

曹操心情沉重地繞了一圈，始終無法排遣憂鬱，頭疼反倒越來越厲害，茫然遛了一會兒，踱過內院的門，又看見一個黑漆漆的人影：「元嗣，你還沒……」

「丞相，是我。」是董昭的聲音。

「哦，是公仁啊……你也睡不著？」

「卑職輾轉反側推枕無眠，有件事要向您稟報。」

「何事？」曹操不過隨口一說，這會兒什麼事他都沒心思聽了。

「請容卑職進去說。」董昭搶先推門，撩起簾子，讓曹操進去，又從袖中抽出卷軸，小心翼翼地展開，攤在幾案上。

這是一張城池的設計圖，畫得十分精致，還有詳細標注。這座城東西七里，南北五里，共七道城門，裡面街道寬闊，布局嚴密，東北處還有苑囿池塘。正北有座占地廣闊的府邸，畫得更是仔細，堂連堂院套院，分解小圖甚至連雕欄、斗拱的樣式都設計出來了，簡直就是一座宮殿。雖然這僅是一紙圖畫，但其恢弘的氣派已躍然可見，如果是真的，又何等雄偉？莫說那小小的許都，比之昔日的長安、洛陽都毫不遜色。

「鄴都……」曹操摸著這圖連連苦笑，「還有什麼用？」

這正是董昭躊躇再三為難之處。這一年多他留在鄴城，召集大批能工巧匠、五行術士、堪輿高手，集思廣益設計新都，又丈量土地，又繪圖測算，費盡心血才弄出這張圖。原指望曹操得勝而歸就開工，抓緊時間幹上一年，便可以大張旗鼓遷都易幟，輔保曹操改朝換代。哪料到前線會敗得這麼慘？這新朝國都還怎麼修？

曹操盯著這張圖紙，視線漸漸模糊，似乎那城池殿宇在眼前轉來轉去，抬頭看董昭也有了重影，耳朵裡嗡嗡作響，腦袋更是疼得厲害，彷彿全身氣脈逆行，都在往頭上頂——這感覺並不陌生，正是頭風最劇烈的症狀。

沒有了妙手神醫，還能怎麼辦？曹操慢慢起身，痛苦地踱來踱去，猛然看見牆角櫃子上有一盆淨手的水，晃晃悠悠走過去，一猛子把頭扎了進去。嚴冬時節天寒地凍，這盆水早就冰涼了，腦袋扎進去，激得曹操打了個寒戰，彷彿萬把鋼針刺來。

「丞相！怎麼了？」董昭這才察覺不對勁。

曹操把濕漉漉的腦袋抬起來，哆哆嗦嗦喘著大氣，可是這股寒意竟真的把頭風暫時祛除了。他跌坐案邊，閉著眼睛，任由冰涼的水珠從臉頰滴落，好半天才開口：「公仁……」

「在。」董昭被他這樣子嚇壞了，「您有何吩咐？我去叫醫官……」

「不。」曹操頓了片刻猛然睜開眼，「擴建鄴城之事照舊進行。」

「什麼？」董昭不敢相信。

曹操又重複一遍：「鄴城仍然要修，你來負責。工程一絲一毫都不能減省，只能比圖上的更好！」

董昭呆立半晌，望著他犀利的眼神，最終默默應了聲：「諾……」

就在曹操把頭浸入冷水那一刻，他猛然意識到一個道理——有些事只能正面應對，沒有退縮之法。恰如無法根除的頭風，只能憋一口氣把腦袋按進冰水裡，忍受寒冷來驅趕痛苦。如今他已經處在君不君臣不臣的位子上了，騎虎難下絕無後路可言，只能硬著頭皮走下去。開國君主也罷，竊國逆賊也罷，生生走到這一步，還能躲過是非嗎？赤壁戰敗了，但是並非再沒有機會，養精蓄銳還可以捲土重來。昔日袁紹就是因為落敗後抑鬱生疾，最後撒手人寰的。曹操可不願步自己手下敗將的後塵。他要重新開始，這就是與命運抗爭。

曹操決定了，反正臉已經撕破，索性就這樣了。他要堅強地支撐下去，要大口吃，大口喝，要修城，要升官，要把朝廷牢牢攥住。他打開房門對著黑漆漆的夜空放聲吶喊：「大耳賊，孫權小兒，等著瞧！老夫會找你們算帳的！誰也別想擊倒我！誰也別想！」

可能熬夜熬得費神，這幾聲喊罷他手扶門框不住喘息，花白鬍鬚迎風而顫——有一點曹操似乎忽視了，他已經五十五歲了，操勞半世，病魔纏身，再沒有昔日的精力；而且赤壁之敗撼動甚大，他不僅面前有敵人，更有無法預知的隱患在背後。他還有下次機會嗎？

INK PUBLISHING

從前 35

卑鄙的聖人 曹操7
現場直播，赤壁之戰

作　　者　王曉磊
總 編 輯　初安民
導　　讀　陳明哲
責任編輯　孫家琦　陳健瑜
美術編輯　陳淑美　黃昶憲　林麗華
校　　對　孫家琦　陳健瑜

發 行 人　張書銘
出　　版　INK 印刻文學生活雜誌出版有限公司
新北市中和區建一路249號8樓
電話：02-22281626
傳真：02-22281598
e-mail:ink.book@msa.hinet.net
網　　址　舒讀網 http://www.sudu.cc

法律顧問　巨鼎博達法律事務所
施竣中律師
總 代 理　成陽出版股份有限公司
電話：03-3589000（代表號）
傳真：03-3556521
郵政劃撥　19785090 印刻文學生活雜誌出版有限公司
印　　刷　海王印刷事業股份有限公司

港澳總經銷　泛華發行代理有限公司
地　　址　香港新界將軍澳工業邨駿昌街7號2樓
電　　話　852-2798-2220
傳　　真　852-2796-5471
網　　址　www.gccd.com.hk

出版日期　2018年 8 月 初版
ISBN　978-986-387-212-2
定　　價　370元

國家圖書館出版品預行編目(CIP)資料

卑鄙的聖人 ： 曹操. 7：現場直播，赤壁之戰 /
王曉磊著. -- 初版 --新北市 ： INK印刻文學，2018. 08
面；　17 × 23公分. --（從前；35）
ISBN 978-986-387-212-2（平裝）

1.（三國）曹操 2.傳記 3.三國史

782.824　　106021334